The Changing Academic Profession
in the World

変貌する
世界の大学教授職

Akira Arimoto
有本 章【編著】

玉川大学出版部

はしがき

世界の高等教育は現在、初等教育、中等教育の発展に伴い漸次成長を遂げ、社会的比重を増していることは周知のとおりである。およその学生数は一億五千万人、教員数は三五〇万人にのぼっていると推計されているが、その中枢に位置する大学もまた、急速な発展を遂げ大きな変化の時代に直面している。そして、教員、職員、学生という大学の主たる構成員のなかで、教員の比重は一段と大きくなっていることがわかる。日本の場合、二〇一〇年現在、大学数七七八校、学生数二八八万七千人に対して、教員数三五万九千人（本務教員一七万四千人、兼務教員一八万五千人）を数えている。終戦直後の一九五〇年に比較すると、大学数は三・九倍、学生数は一二・八倍に対して、教員数は一八・六倍に増加。このことは、大学が社会的な比重を増し、社会発展に不可欠な存在となったこと、そのなかで大学教員の比重が増したことの何よりの証拠である。そればかりではなく、二一世紀には、さらに比重が高まることの予兆であると容易に解されるであろう。

知識基盤社会化の到来は、大学と社会の間の境界線が希薄になり、知識を基盤として行われる研究、教育、サービスの機能が大学ばかりではなく社会全体で共通性をもつ度合が高まっていることにほかならない。これらの機能が社会的評価に耐えられない場合は、大学は社会的存在理由を喪失し、淘汰に至るのは避けられないだろう。計画経済によって設置が設計されている場合は別として、現在の大学は世界的に市場原理の洗礼をうけるのはもとより、最近では世界レベルでの大学ランキングが登場し生き残り競争が激化している。それに加えて日本の場合は、大学増設と一八歳人口減少の直撃を被って定員割れを生じ、淘汰の危機に直面している大学が増加している。私立大学約六〇〇校のうち定員割れが四〇％近くに達していることから推して、単純計算でも二〇〇校前後の大学が何時淘汰に見舞われても不思議ではないほど不安定な状態に陥っていると言わなければならない。全国で四〇校ほどある学生数一万人以上の大規模校は「スケール・メリット」の恩恵をうけて安泰であるとしても、多くの中小大学は大なり小なり経営の見直しはもとより、それと連動させて研究、教育、サービスなど教学の再検討を余儀なくされざるを得ない現実がある。

こうした、研究、教育、サービスなどアカデミック・ワーク（学事）と呼ばれる機能は、大学の中核を占める仕事であると同時に、大学教員の仕事の本質そのものを構成している。とりわけ研究と教育はその車の両輪を形成しているから、今日のように大学の重要性が増せば増すほど、両者に対する大学教員の質保証の資質や力量が問われるのは当然であるし、「専門職」の資質や力量が一段と重視されるようになる。研究と教育を両立させることは、単なる大学教員ではなく「専門職としての大学教員」、すなわち「大学教授職」（academic profession）に不可欠の使命となる。高等教育の大衆化からユニバーサル化が進行する時代には、研究と教育の両立を実現するだけにとどまらず、学生の学習（学修）を含めた、「研究・教育・学習の統合」が理念となるにもかかわらず、世界的に研究パラダイムが支配的になり、研究志向が席巻する現実が進行し、これらの両立や統合が崩壊し、分解し、分断化する傾向が加速され、大学教授職の再建が課題となっているのである。

本書は、こうした世界的動向を世界一八カ国の大学教員を対象に実施したCAP調査（Changing Academic Profession プロジェクト調査）を踏まえて分析するところに特徴がある。本調査は、一九九二年に世界一四カ国の大学教授職を対象に実施されたカーネギー調査を踏襲しているが、この種の世界規模の調査としては唯一無二である。本書の編者（有本）は、カーネギー調査に参画し、その成果の公表に携わった。(1)(2)(3) CAP調査には日本プロジェクト「二一世紀型大学教授職構築の国際比較研究」（二〇〇五―二〇〇九年）及び「二一世紀型大学教授職展開の国際比較研究」（二〇一〇―二〇一四年）の代表者として参画し、世界会議の開催などによって成果を公表してきた。(4)(5)(6) ウィリアム・カミングス氏（ジョージワシントン大学教授）と編集代表をつとめる、CAP調査に依拠したシリーズ一〇巻（オランダ、スプリンガー社）の刊行を着手したところである。(7)(8)

本書『変貌する世界の大学教授職』は、『変貌する日本の大学教授職』（玉川大学出版部、二〇〇八年）および『大学教授職の国際比較』（玉川大学出版部、一九九六年）とカーネギー調査を踏襲するという共通点を有しており、姉妹篇である。この特色に加え、ＣＡＰ調査結果を種々分析し、世界と日本の大学教授職の類似性と相違性を解析し、今後二一世紀の方向性を展望し、政策課題を提言する点に他の特色があろう。

最後に、貴重な玉稿を寄稿された執筆者各位に御礼を申し上げたい。また出版の快諾に加え、編集作業に携わっていただいた玉川大学出版部の皆様、とりわけ成田隆昌氏に感謝の意を表する次第である。

二〇一一年三月吉日

編者　有本　章

【注】

（1）Altbach, P., (ed.), *The International Academic Profession,* The Carnegie Foundation for the Advancement of Teaching, 1996.

（2）有本章・江原武一編著『大学教授職の国際比較』玉川大学出版部、一九九六年。

（3）有本章編著『変貌する日本の大学教授職』玉川大学出版部、二〇〇八年。

（4）The Changing Academic Profession in International Comparative and Quantitative Perspectives, *RIHE International Seminar Reports,* No. 12, RIHE, Hiroshima University, 2008.

（5）The Changing Academic Profession over 1992-2007: International, Comparative, and Quantitative Perspectives, *RIHE International Seminar Reports,* No.13, RIHE, Hiroshima University, 2009.

（6）The Changing Academic Profession in International and Quantitative Perspectives: A Focus on Teaching & Research Activities, *RIHE International Seminar Reports,* No.15, Hiroshima University, 2010.

（7）Lock, W., Cummings, W. K., and Fisher, D. (eds.), *Changing Governance and Management in Higher Education,* Springer, 2011.

（8）Shin, J. C., Toutkoushian, R. K., and Teichler, U. (eds.), *University Rankings,* Springer, 2011.

変貌する世界の大学教授職●目　次

目　次

序章　変貌する世界の大学教授職

はじめに

日本の行く手には暗雲が立ち込め、明るい展望が開かれないまま閉塞状態に陥っている。過去一五年間にバブル経済の崩壊、デフレスパイラルの進行、国民資産の目減り、環境悪化による失業、就職難をはじめ、非正規社員、未婚率、ワーキングプア、一人暮らしの老人、自殺、などの増加が生じた。特殊出生率は一・三前後に低迷し、少子高齢化に伴って総人口の逓減が続いている。高齢者人口の増加に呼応して、年金や医療費が急増したのに加え、それを支える労働人口は減少の一途をたどっているため、若年層の負担は増した。国の負債はＧＤＰ五〇〇兆円の約二〇〇％に膨らみ、財政はすでに破産状態に陥ったばかりではなく、教育、科学技術、福祉、産業、雇用など種々の領域は投資の縮小に見舞われ、社会発展の活力は急速に減退しつつある。『ヘラルド・トリビューン』紙が指摘したように、「日本はかつての活力豊かな国から社会的にも文化的にも深い溝に落ち込んだ」のである(1)。そして、この原稿を執筆中に、東日本大震災が突然起きて、日本はまさしく未曽有の国難に見舞われることになったのである。この暗澹たる状況を克服して再生を図るには、各界を挙げての必死の取組みが欠かせない。

そのため、ヒト、モノ、カネ、情報の重要性が高まるのは必然である。このうち、モノ、カネの物質的側面は元来が資源小国の上に、経済が行き詰まりをきたし、赤字国債と借金が膨張の一途をたどっている現実がある以上、何よりもその見直しが欠かせない。そのためには、的確な情報の収集・分析・応用が必要であり、それを操作・駆使するヒトが不可欠であるのはもとより、情報を駆使しながら、政界、財界、産業界などの各界で現状の診断と処方を行うことのできる洞察力、識見、決断、リーダーシップを擁した人材輩出が渇望される。国や社会の発展や存亡が経済、政治に左右される度合が大きいことからすれば、突然襲来した天災は別としても暗澹たる現状を帰結した原因は、ヒト＝人材を基軸とした従来の経済や政治の失敗に多く起因するのは否定できまい。こうして国や社会の将来を決める舵取り役のリーダー、それに続く潤沢な人材の拡がりと優秀な資質や力量が経済や政治の世界で必要なのをはじめ、ひとり経済・政治にとどまらず広く社会、文化、教育の各界に必要である。

一八歳人口の半分以上が大学進学を遂げるユニバーサル化時代が到来した現在は、この種の人材の多くが大学教育機会を享受する時代を迎えたとみなされる。そのことは、学生や卒業生の資質、学力、識見、リーダーシップなどの能力を醸成する、大学教育の意味がいやがうえにも重要性を高めることになったというほかはない。もとより、大学教育の担い手は大学教員であり、とりわけ専門職としての大学教員である教授、准教授、講師、助教などの総称たる「大学教授職」（アカデミック・プロフェッション＝academic profession）である。かつて、ハロルド・パーキンが指摘したように、あらゆる専門職・職業の従事者を教育し輩出するキー・プロフェッション（鍵専門職）こそは大学教授職なのである。その意味では、大学卒が優秀な人材として国や社会の発展に貢献すればするほど、大学教授職の名誉となり、失敗すればするほど不名誉となる公算は少なくない。もし過去半世紀、さらには近々一五年間に日本の舵取り役の多くが大学卒によって担われたのであれば、現状を招来した責任の一端は彼らを教育し養成した大学教授職にあり、その資質や力量が問われざるを得ない。その意味からすれば、国や社会の発展に直接間接に影響を及ぼす大学教授職に期待される社会的付託は一段と増すことにならざるを得ない。

そのことは、日本に限らず、同様の重責を担う世界の大学教授職に大なり小なり共通する問題であるとみなされるが故に、その動向が注目されるのは当然である。国際比較によって、そうした動向を実証的に解明することは、有意義な取組みに違いないし、実際に本書全体を通してその取組みを試みるのであるが、本章の主眼はまずその取組みの目的、方法、研究の視座、大学教授職の規定要因などを総論的に検討することにある。

1　研究の目的と方法

目　的

本研究には主として三つの目的がある。第一は、世界の大学教授職の現状を比較研究することである。複雑に発展した今日の世界の大学や大学教員がいかなる現状にあるか、ユネスコやOECDの統計書を紐解いて量的変化の現状を知ることはある程度可能であるとしても、大学教授職の意識そのものの現実を知るためには、この種の統計に加えて、実際に意識調査に基づく分析が必要である。そこで、そうした調査を通して過去から現在に至る意識変化の実態を解明する。具体的には、後述の「カーネギー調査」（カーネギー教育振興財団調査、一九九二年実施）と「CAP調査」（Changing Academic Profession＝CAP調査、二〇〇七年実施）という二つの国際調査を比較検討して、一五年間の変化を把握する。

第二は、大学教授職の国際比較研究によって、世界的に見た日本の大学教員の現状や課題を明らかにすることである。その場合に、上記の二つの調査以外に「日本調査」（日本の大学教授職調査、二〇〇七年実施）を併用し、同時に大学教授職の研究に関する各種の先行研究を参照する。(2)

第三は、世界と日本の大学教授職の現状を踏まえて、今後の改革課題と展望に関わる提言を行うことである。諸外国の種々の問題を理解すると同時に、日本に焦点を合わせた長所や短所の解明を通して、日本の大学教授職が直面する課題と今後の改革の方向性を探る。

方　法

第一に、使用するデータは「CAP調査」の分析結果であるが、必要に応じて「カーネギー調査」と「日本調

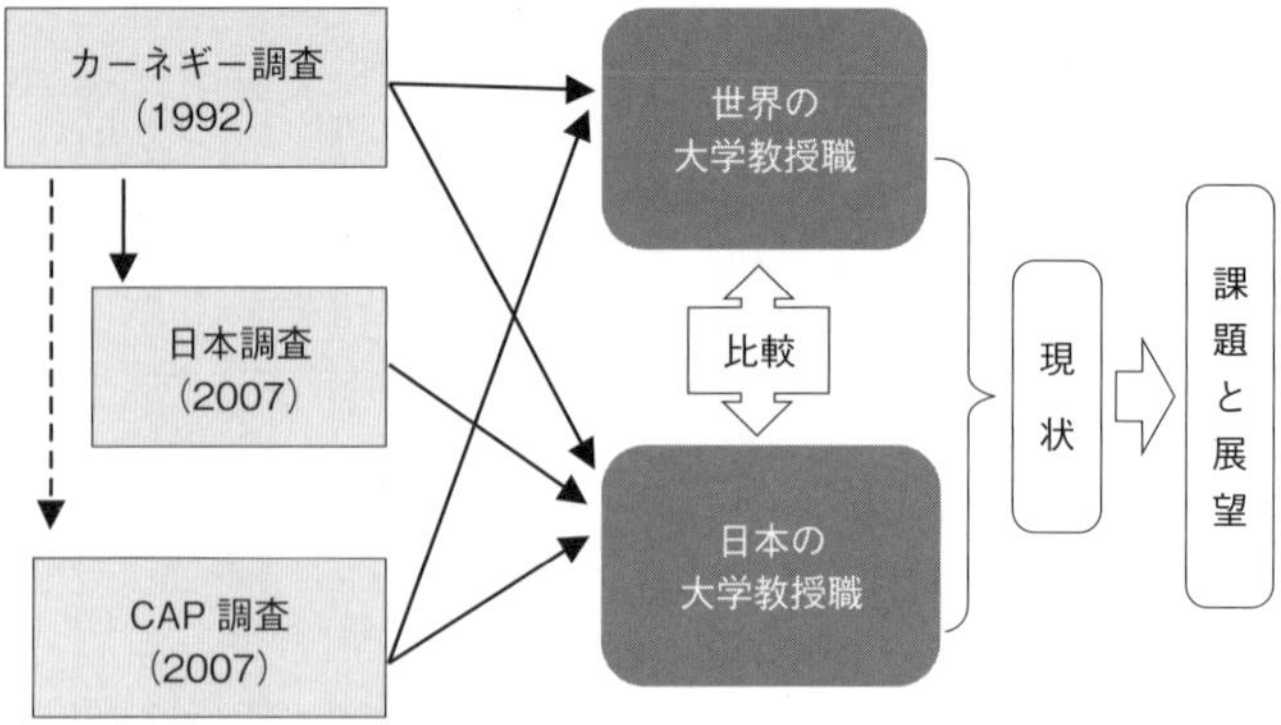

図序―1　国際調査と大学教授職の現状・課題・展望

査」を活用する（図序―1参照）。「カーネギー調査」の対象国は一四カ国（実際には、オーストラリア、ブラジル、チリ、ドイツ、イスラエル、日本、韓国、メキシコ、オランダ、ロシア、スウェーデン、イギリス、アメリカの一三カ国一地域＝香港）である。この中、今回のCAP調査には九カ国（オーストラリア、ブラジル、ドイツ、香港、日本、韓国、メキシコ、イギリス、アメリカ）が参加し、都合、一八カ国（実際には、アルゼンチン、オーストラリア、ブラジル、カナダ、中国、フィンランド、ドイツ、イタリア、日本、韓国、マレーシア、メキシコ、ノルウェー、ポルトガル、イギリス、アメリカ、南アフリカの一七カ国一地域＝香港）が参加した。この調査はカーネギー調査の修正版の質問項目を作成し、同様のサンプリング調査を行った（図序―1の点線表示は、内容的にカーネギー調査を半分程度継承したことを示す）。さらに本書で使用する「日本調査」は、図序―1に実線で示すように、カーネギー調査の日本のみ対象の再調査版であり、質問項目と対象機関は同一であって、日本のみの一五年間の定点観測として有効である。

第二に、両調査のサンプリングは、カーネギー調査の手法を基本的に踏襲し、各国共通マニュアルに従って実施し、二万三一三二人の回収数を得た。日本は郵送によったが、他の国では郵送とインターネットと区々であるため、回収率の確定が困難な場合も生じた（章末の表序―1に年齢、性など主な属性を、表序―2に回収数と回収率を記載）。

第三に、質問内容は、六領域一二九項目にわたる質問から構成されている。六領域とは、①キャリアと専門職的状況、②一般的仕事状況と諸活動、③教育、④研究、⑤管理運営、⑥経歴、である。本書で使用するこれらの質問内容は、3章以下に具体化するとおりかなり限定的であり、一三項目――グローバル化・国際化、アカデミック・キャリア、流動性、ジェンダー・バイアス、管理運営、労働条件、生活時間、教育活動、給料・収入、ストレス、研究生産性、研究と教育の関係、評価―に関わる回答に限られている。

第四に分析内容は、後述のように、主として、大学教授職の社会的条件、社会的構造、社会的機能の三領域に焦点を合わせている。**図序-2**に示したように、大学に所属する大学教授職は、大学との相互作用を通して意識や行動を規定され、同時に意識や行動の革新を行う。大学は、社会、政府、知識など広く社会との相互作用によって改革を行う以上、大学教授職は大学改革を媒介に規定されると同時に、これら社会からの影響や圧力を受けて直接規定される。したがって、大枠として、上述した三側面に即した分析を通して、世界と日本の大学教授職の間で生じている現状を検討し、現在の問題や課題を究明し、さらに今後の展望や提言を行う。

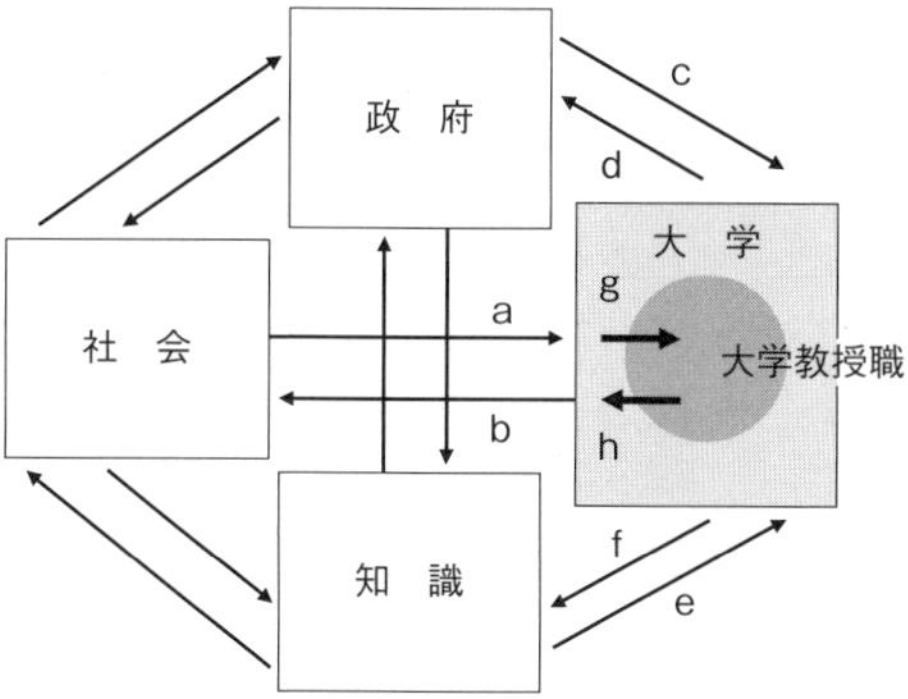

図序-2　大学教授職の環境変化

第四と関連して、第五に、理論的な枠組みを概略しておく必要がある。(3) 大学教授職の語源はacademic profession＝アカデミック・プロフェッションであり、そもそも単なる大学教員ではなく「専門職」を意味する。こうした世界の大学教授職は現在、大学をとりまく環境変化によって、その使命・役割・機能の再構築の課題に直面している（**図序-2**参照）。すなわち、社会（国際社会・国家社会・地域社会等）、政府（主に国家政府・地方政府等）、知識（上級知識・専門分野等）、大学（セクター・種別等）の間に生じている相互作用、とりわけ社会と大学、政府と大学、知識と大学の相互作用によって大学改革が余儀なくされ、大学に所属する大学教授職の理念・構造・機能等が問い直されている。大学教授職の環境変化に起因する各種影響や圧力との相互作用によって、他律的かつ自律的に新たな専門職像が構築される営みがみられる。

換言すれば、①社会変化（知識社会化、グローバル化、市場化など）、②政府の高等教育政策、③大学活動の基盤たる「知の再構築」などは、④大学（システム、セクター、種別、地域などの側面を含む）に影響を及ぼし、ひいては大学教授職へ影響を及ぼしている（例えば、アカウンタビリティへの要請）。あるいは知識（専門分野）との関係では、国際学界のごとく個々の大学を媒介せず、直接に影響を及ぼしている。大学教授職はこれらの影響への反応（例えば、「学問の自由」・専門職的アイデンティティ等への志向）を通して再構築の営みを余儀なくされているのである。その際、世界・国家・機関・組織などのレベルで大学教授職の伝統的なモデルや類型が形成されており、現代は、その崩壊や改革の動きが生じる中で新たなモデルが模索されている。このような視座から、各システム内・間の大学教授職の制度化・展開・再構築の過程を社会変化、政府、知識、大学、大学教授職自体の構造と機能（逆機能を含む）等に即して解明することが欠かせない。

その際に用いる研究の具体的な枠組みと期待される研究成果は次のとおりである。①社会変化（知識社会化、グローバル化、市場化などの国際社会・国家社会・地域社会での展開）が大学教授職へ及ぼす影響（図序–2の矢印a）と大学教授職が社会変化に果たす機能（矢印b）。②政府（主として国家政府の財政・学事・人事・評価などと関わる高等教育政策・計画、大学のガバナンスなど）が大学教授職に及ぼす影響（矢印c）と大学教授職が政府に果たす機能（矢印d）。③知識（知識の分化・統合、知の再構築、専門分野ごとの国際学界・研究網など）が大学教授職に及ぼす影響（矢印e）と大学教授職が学事を通して知識に果たす機能（矢印f）。④大学（システム、セクター、セクション、ヒエラルヒーなど）が大学教授職に及ぼす影響（矢印g）と大学教授職が大学に果たす機能（矢印h）。⑤以上の①②③④の観点を視座に据え、大学教授職自体の構造と機能（専門職の大学への制度化、知識・専門分野の機能・役割との関係［研究・教育・サービス・管理運営、国際学界・研究網・頭脳流出、形式知・暗黙知との関係など］、属性［年齢・職位・性別など］、文化・風土［エートス・価値観・使命など］、キャリア・パターン［学問的社会化・任用・昇任・任期制・テニュア・退職・移動性・労働・生活時間、学問的生産性、ライフサイクル」、ジェンダー、産学連携、質的保証・評価など）を通して生じる大学教授職像の変容と再構築の実態を明らかにする。

2　研究の視座――規範とその崩壊

大学教授職とは何かを主題にして、それに対する種々の角度からの分析を試みる本研究では、所期の目的を明らかにするために、どのような視点からアプローチするかが問われることはいうまでもない。ここでの「切り口」は社会学的な視座である。(4) 大学教授職を社会学的にとらえると、社会的構造（social structure）、社会的条件（social condition）、社会的機能（social function）の側面から規定されていると考えられる。

第一に、大学教員が所属する大学という組織体がもつ社会的構造に注目して、大学内部に存在する社会固有の構造を次のような要因から分析する。すなわち、ノルム＝規範、信念・文化・風土、階層［威信、地位、職階］、役割［研究者、教師、奉仕者、管理者、啓蒙家］、年齢・ライフサイクル［若手、中堅、年輩・古参、長老］、専攻・専門分野、などである。

第二に、社会的条件は、大学を取り巻く環境要因が大学を媒介にして大学教員に与える影響や圧力をみる側面を指しており、知識、社会変化、高等教育政策、などの要因から規定される。

第三に、社会的機能は、大学が社会に対して影響（信念・使命・役割など）を及ぼす側面を意味し、大学教授職が社会の中で果たす大学の仕事＝学事（academic work）の使命や役割は、学事が依拠する知識（特に専門分野）の機能に即して研究、教育、サービスなどから構成されているから、それらが実際に社会へ与える影響が問われる。

このようなアプローチの中で、大学の理念、規範、目的、目標と関わる側面は、第一に述べた大学の社会的構造に存在する。専門職を議論するには、その規範は何かが課題になるのは必至であるから、まず大学教授職のノルム＝規範について触れ、その規範が変貌し崩壊しつつある背景と原因を考えることは当然の筋道である。

そこには主として世界、システム、機関・組織という三つのレベルが存在する。①世界レベルでは、大学と同様に知識を素材に活動する大学教授職は、上級知識としての専門分野との関係が深い。専門分野を通して国際学界に研究網を形成し、「見えざる大学」(invisible college) のネットワークを形成し、世界共通の構造や機能を醸成し、価値、文化、意識、行動などの共通のモデルや類型を形成しているからである。その側面に注目すれば、大学教授職は遠く中世大学に誕生した原型（パリ大学・ボローニャ大学等）を継承し、一九世紀の近代大学の誕生を経由し、さらに二〇世紀にはドイツ型・アングロサクソン型・ラテン・アメリカ型などの主要なパターンが形成されている事実が判明する。(5) ②同様に国家システム（以下システムと略）レベルでは、世界モデルから派生したアメリカ型・韓国型・日本型など固有モデルを発達させている。③システム下部の機関・組織レベルでは、セクター・セクション・種別などに即して多様なモデルを発展させている。

こうした世界・システム・機関・組織の各レベルに発達した諸モデルは相互作用によって、普遍性と特殊性への力学が作用する中で、統合再編に関わる新陳代謝を持続している。このような文脈から、現在は総じて二〇世紀型から二一世紀型への展開が模索されているとの仮説が成り立つ。かかる仮説を現実の実態に援用して、理論的・実証的に検証するためには、大学教授職の形成・展開・再構築に関する総合的・比較的研究が欠かせない。特に、こうした世界・システム・機関・組織の成層を伴う種々の大学教授職モデルを対象に、とりわけその中軸に位置するシステム・モデルを主たる対象に設定して、体系的に研究することは最も重要である。本研究は、かかる視点から各国の大学教授職システムを対象に、上記①②③の視点に焦点を合わせつつ、縦軸は二〇世紀型と二一世紀型の関係、横軸は各システム相互の関係をそれぞれ比較考察する。

大学教授職の定義——大衆化の中の専門職

単なる大学教員ではなく、大学教授職という「専門職」としての大学教員を俎上にのせて議論するとすれば、定義が求められるが、それは一口でいえば次のようになる。「大学教授職は、大学に所属し、研究、教育、サービス、管理運営などに携わっている教授、准教授、講師、助教など大学教員の総称である」。このように、あくまでも単なる教員ではなく専門職を模索している集団や個人を意味するのであるから、専門職として重要な指標である、長期の教育、高い社会的威信、給与、職業倫理、など固有の文化を詮索するのは当然の理である。これらの事柄に関しては、別稿で詳論したので、それに譲ることにしたい(6)。

問題は、現代の大学教員は専門職としての統合性を喪失する時代に入り、何を目標として自己像を確立するかが見失われている深刻な現状に直面していることである。例えば、一口に専門職といっても、現在の大学教授職は、ユニバーサル化を迎えた大学と呼応して大衆化を遂げ、エリート時代とは一変している事実が厳然と存在するのである。

学生増と教員増は比例する。世界の第三期教育（tertiary level）の学生数は一億四四〇〇万人、大学教員数は三五〇万人（二〇〇六年現在）と推計される(7)。日本の場合、二〇一〇年現在、大学数は七七八校を数える中で、学生数二八八万七〇〇〇人、教員数三五万九三五九人（本務教員一七万四二八〇人、兼務教員一八万五〇七九人）である。大学教員数を終戦直後の一九五〇年の一万九三三二人（本務教員一万一五三四人、兼務教員七七九八人）と比較すると、一八・六倍（本務一五・一倍、兼務二三・七倍）に増加している(8)。本務教員に照準すると、男性一三万九二四六人、女性三万五〇三四人となり、女性教員比率は二〇・一％。本調査が比較する「カーネギー調査」実施時期（一九九二年）の本務教員一二万九〇二四人から見ると、二〇一〇年では一・三五倍増加した。このように大衆化の進展に伴い、従来の「共同体」は急速に変質するのは回避できない。実際、二〇〇七年以来、本務教員を兼務教員が総計で逆転し、セクター別では国立を除き公立と私立で逆転した（図序-3）。パートタイム化は、大衆化の裏返しであり、日本にとどまらず世界的にも今後持続するに相違ない。

マーチン・フィンケルスタインが指摘したように、アメリカでは最近、常勤減少と非常勤増加が加速し、常勤の中ではテニュア（終身在職権）が減少し任期制が増えており、大学教員は従来の同質的な構造から多様で異質的な構造へと変化している(9)。日本でも同様の方向へ移行しつつあることが観測できるが、量的変化に呼応して質的変化

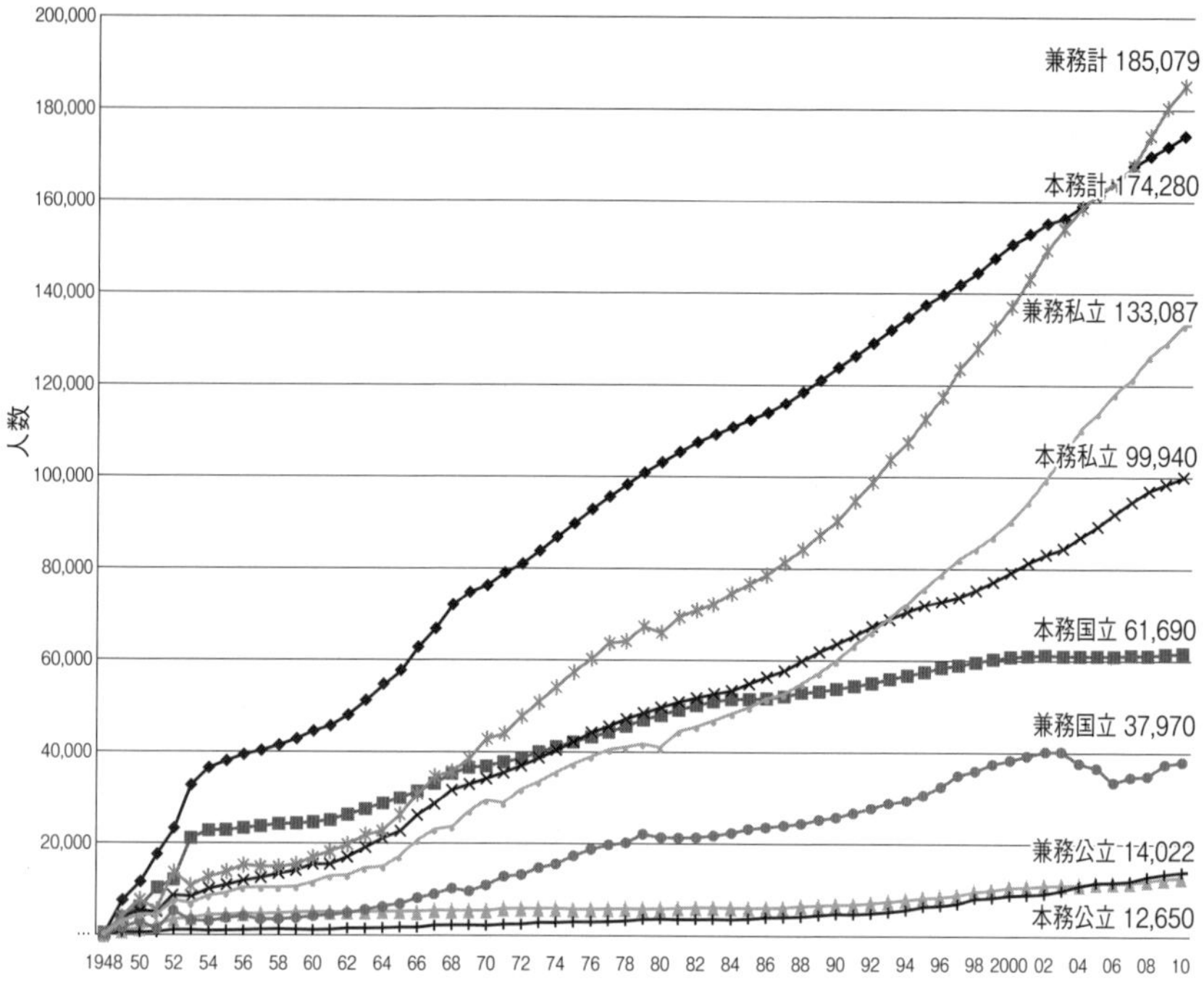

図序-3　大学教員の推移—セクター本務・兼務別

（資料：学校基本調査、2010）

も生じている。

例えば、職階別では教授の伸び率が下位職階より大きい（図序-4）。これは大衆化が専門職の劣化をきたす現象である。なぜなら、一九七〇年と二〇〇七年を比較すると、教授は二・八五倍（二三九一七→六八二三四）、助教授（准教授）は二・二九倍（一七三二二→三九六四六）、講師は一・九〇倍（一〇六四二→二〇三〇六）、助手（助教）は一・六一倍（二四四〇四→三九三九六）となり、教授と助（准）教授の構成比が逆ピラミッド型を呈し、教授昇任が容易な教授インフレ現象が生じているからである。これら質量変化を踏まえて、そもそも専門職とは何かを問い直す必要がある（終章参照）。内容的には、研究と教育の統一、専門分野による分断化を克服して、他の専門分野やそれを基盤に形成されている集団・組織間の連携や統合をいかに確立するかが問われる。

もう少し別の角度から大学教授職の定義

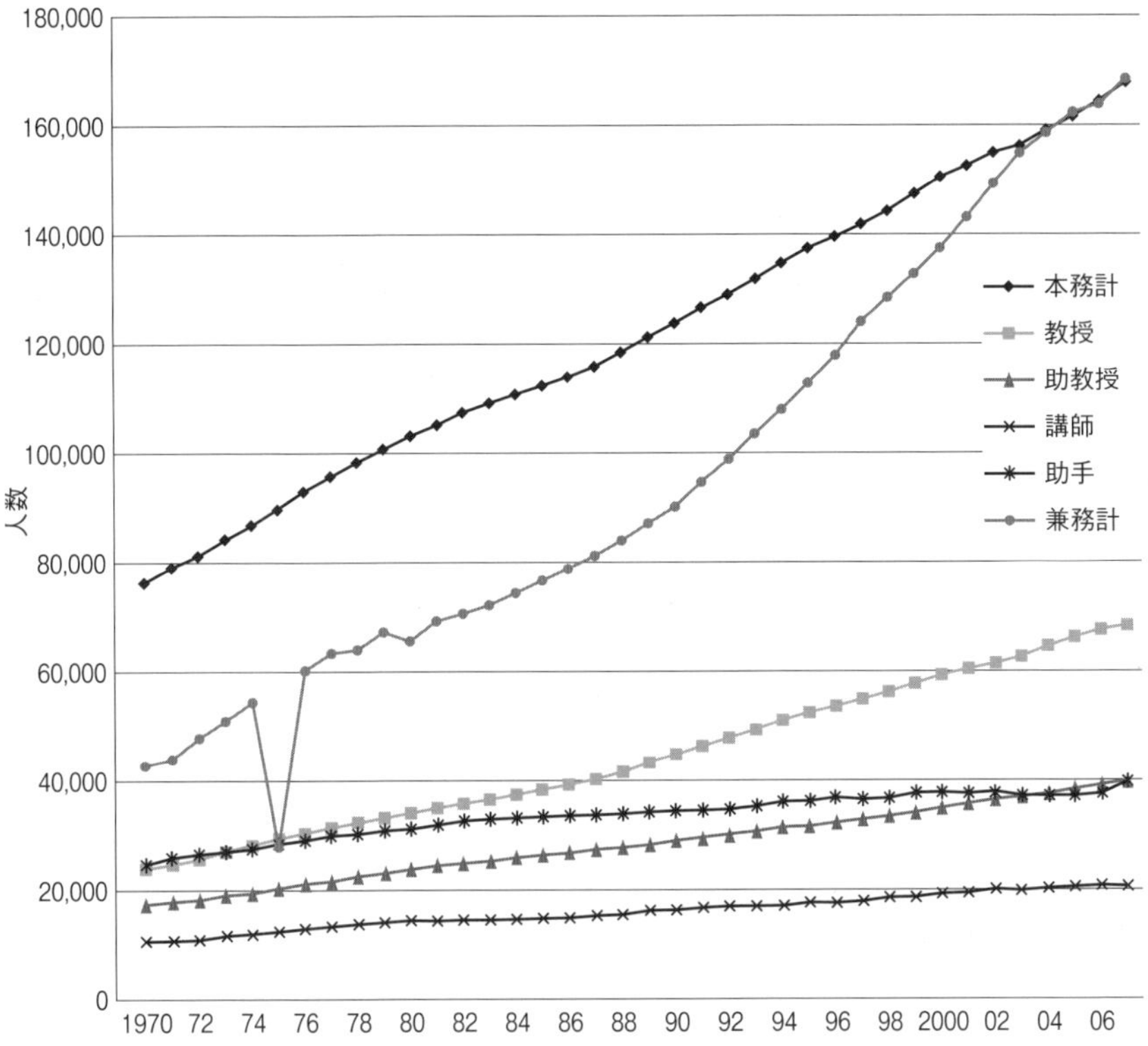

図序－4　大学教員数の推移―職階別

を行うとすれば、専門職としての大学教授職を構築することは決して簡単ではなく、大学教員の置かれている世界の現実を直視すればするほど、きわめて困難であるとの論点に帰着せざるを得ない。一つの専門職として統一的に大学教員の世界を捉えるにはあまりに多様化し、複雑化している現状が横たわっているからである。確かに、理念的な定義では、大学教授職とは専門職を意味し、専門分野によって規定されて、研究・教育・学習の統合志向に固有性を有している、とみなされる。しかしながら、大学教員が規定されるのは、主として社会、学問、国家システム、大学であり、換言すれば、社会、専門分野、政府、大学（キャンパス、学部、学科、講座など）から統制されているのである。これらの個々の圧力を受けて生じる分化と多様化が不断に生じる現実は回避できない限り、最初に専門職としての統合を困難にしている現実を直視するべきである。

知識の機能

第一に、知識の機能に注目する必要がある。(10) 知識は、知識社会を根底から規定する素材である以上、社会を動かす主力であると同時に、知識社会そのものである大学に不可欠な仕事の素材として、大学の社会構造の中核に位置する。換言すれば、知識は、大学や大学教員が「素材」として使用し、それを基盤にして成立する「学事」(academic work)の諸活動の基盤を構成している。知識の発見である研究、伝達である教育、応用であるサービスなどが学事を構成し、大学教員はその中からとりわけ研究と教育を「技術」として使用するのであるから、知識の性質は大学組織を規定する特質を擁しているのである。例えば、上級知識＝専門分野は拡大を遂げ分業化を遂げた結果、大学は学部、学科、講座を細分化するに至った。中世大学は学芸、法学、医学、神学のわずか四学部であったが、現在の大学では一〇学部以上は少なくなく、学科や講座に至っては無数に存在するのは、その証拠である。こうした集団や組織は「上級知識」である専門分野を単位に成立している。

知識の分解は新たな専門分野の創造と叢生を招くのは回避できない。例えば、教育学という専門分野には教育学会というアンブレラ学会のほかに、教育社会学会、教育哲学会、教育方法学会などをはじめ百以上の下位的な専門分野の学会が群立するのはその証拠である。それでも専門分野内の研究者同士の意思疎通はまだしも容易にできる半面、専門分野間の研究者同士の意思疎通はしだいに困難の度を増すのは必至である。なぜ困難かといえば、その理由は、専門分野には固有のオートノミー(自律性)が機能しており、独自の概念や文化や価値観が作用して、他の分野からの干渉や浸食を許さないからである。自己の専門分野に一般の人々からは想像できないほどの強力な愛着心を抱いている大学教員は、それがスクラップ・アンド・ビルドの対象になるのをきわめて嫌悪するのはその表れにほかならないだろう。いまや知識の最先端は日進月歩の発展を続け、創造的活動を要請しているのはもとより、「研究大学」を中心に知識発見の「先取権競争」をめぐって世界的に熾烈な競争が展開されている。アイザック・

ニュートンが「巨人の肩の上に立つ」[11]と言ったように、先人たちの蓄積した知識や学識を踏まえてフロンティアが開拓され、学問の進歩が成り立つことも知識の無限な可能性を秘めた性質の一端を示すものである。

そのようにして開発された最先端の知識や業績がカリキュラムに転化されて、教授——学習過程＝授業を通して教育が行われ、新しい世代の創造力や想像力を開発する営みがある。この営みもまた知識との関係が深い。知識の性質は、一般的知識もあり専門的知識もあり、その意味で包含する知識の範囲と振幅は大きい。中世大学の学芸学部は前者、他の三学部は後者に比重を置いたが、それは現代まで連綿と継承されて、前者は教養教育、後者は専門教育に接続していることがわかる。両者は統合されるよりも、葛藤を起こし、対立する場合が多いのは、両者に固有な知識の性質を反映しているとしても、あくまでもかかる知識を扱う以上、知識と大学や大学教員の関わりは古くて新しく、知識の性質によって大学教授職が規定される度合はけっして少なくないのである。こうして、知識の性質によって、学事の諸活動は規定されていることにかんがみ、それに取組む大学や大学教員の世界に知識固有の複雑な機能が投影されるのは必然であるし、複雑極まりない知識の性質を基盤に成り立つ世界が複雑になるのは当然の帰結である。

知識の性質に規定されながらも、それが大学において果たす機能には、主には発見、伝達、応用、統制の四つが識別できる。知識の発見が研究、伝達が教育、応用がサービス、統制が管理運営である。歴史的には、教育は中世大学以来開始され、研究、サービス、管理運営は主として近代大学以来開始された。各機能の競合する中で、いかにこれらを調整し、統合を図るかはけっして容易な問題ではないことから、近代大学は知識の複雑さを反映して複雑となり、葛藤に直面せざるを得なくなった。こうした知識の複雑な機能によって、大学教授職がさまざまな役割を演じる点に注目すれば、もはや知識抜きに大学教員を語ることはできないし、知識を基盤とした研究・教育・学習が分業化と断片化をたどる現段階において、いかにこれらを統合するかを模索する点に専門職の面目躍如たるところがあることも否定できない。

専門分野の世界

第二に、種々の知識の中で「上級知識」＝「専門分野」（academic discipline）に注目する必要がある。調査（一九九二年、二〇〇七年）の先行研究から明確なように、世界の大学教員は、専門分野、大学、学部、学科・講座の中では専門分野への志向度が圧倒的に高い。[12] 逆に、そのことは自分の専攻する専門分野へ同調するあまり、他の専門分野との間に垣根を作り、専門分野相互の意思疎通を損ねる原因になりかねない。こうした専門分野は大学教員集団を分断し分解する方向に作用する。専門分野に固有な文化、理念、到達目標を創造し、あるいは学祖、巨人、グル、偶像などを奉戴するメカニズムを通して、凝集力を高める価値観の内面化が作用するからである。トニー・ベッチャーがこれらの集団をアカデミック・トライブズ（学問部族）と命名したごとく、[13] 各集団に属する「部族」の世界が異なれば、意思疎通が円滑にできるとは限らない。各専門分野では部族内には通用しても他部族には理解不能なジャーゴン（専門用語）が使用されているからである。

かくして、個々の専門分野の数だけ異なる価値観が形成される。例えば、物理学、数学、化学、生物学、工学、医学、文学、歴史学、教育学、政治学、経済学、文化人類学、等々、夥しい数の専門分野が叢生し、独特の共通世界を形成する。さらに、基礎科学、応用科学、開発科学によって、「ハードな学問」と「ソフトな学問」によって、共通世界を形成しながら、専門分野は大学の学科・講座の中にそれぞれの固有の価値を割拠させている。そこには同じ集団に属する教員が学内外を問わず集合して、リサーチ・ネットワーク（研究網）という「共同体」を形成しているのである。こうして、大学教員は専門職として十把一からげに呼ぶにはあまりに複雑多様な世界を展開しているのであり、そこには、バートン・クラークが指摘した「小さな世界、されど多様な世界」が現出するのである。[14]

科学社会と大学社会のダブルバインド

第三に、専門分野は科学社会と大学社会の両社会にまたがって制度化されている点も大学教授職の専門職的性格を論じる場合に重要な視点である。大学教授職は、分析的に捉えれば、学者、研究者、科学者、教育者、教師などから構成されている、とみなされるのはこの視点との関係が深い。大学教員は基本的には「科学社会」（scientific community）と「大学社会」（academic community）という二つの世界を準拠集団として活動しており、前者の場合、専門分野の世界はつきつめれば科学知識の世界である以上、科学社会＝科学者共同体へ帰結するとともに、その理念や規範によって規定され、その価値を内面化するとみなされる。例えば、ロバート・マートンが提唱した、科学社会のエートスであるCUDOSは、大学内のアカデミズム科学の世界においても価値規範として作用するのはその証左である。(15) 科学社会の論理は、一七世紀の科学革命以後、とりわけ近代大学の中に科学を制度化した以後に、大学への影響力を増し、それから現在に至るまで、大学への支配力を強めたのであり、そこでは大学教員が科学者、研究者、学者のカテゴリーに属すること、学事の中では研究の比重が大きいことを意味する。

他方、大学教員が所属する大学は、ほかならぬ高等教育機関として教育を付託されている以上、学生に対する教育に主たる責任を担う世界であり、言ってみれば「科学者共同体」に加えて、「教育者共同体」の価値や論理が作用する。そのことは、大学教員は、もっぱら教育者、教師、師範などのカテゴリーに属することを意味し、学事の中では教育の比重が大きいことを物語る。

これら二つの価値や論理が合流する大学社会に所属する大学教員には、専門職としての大学教授職の論理に基づいて、理想的にいえば研究と教育の統合を志向する営みを通して、研究者と教育者の両立が期待されるが、現実には研究者、教育者が分業化し、分離する傾向があるし、中にはどちらにも同調性の低い無力型、鳴かず飛ばず型、サイレント型、あるいはサラリーマン型も生じていると観察される。

大学の企業化

第四に、大学の企業化が生じ、大学教員のハイブリッド化が生じている点を見逃せない。大学教員は中世大学では、法学部、医学部、神学部を通して、専門家を養成する上位の専門職を形成していた。とすれば、その時点から専門職であったとみなされるかもしれないし、その意味では、ハロルド・パーキンが命名したようにキー・プロフェッション（鍵専門職）と呼称するのは正鵠を射ている。(16)しかし実際に専門職になったのは、科学社会と大学社会が結合した近代大学以後であり、大学教員に研究が必要とされ、研究を基盤としたアカデミック・キャリアが制度化され、研究基盤のキャリア・パスが出現した以後であり、それを実現した近代大学では中世大学以来の教育型に研究型が追加されて、両者の競合する時代を迎えたのである。社会変化に対応して大学は変容したといえる。

その点から考えると、現在は、世界的に大学世界に社会の新たな勢力が大規模に侵入する時代へ突入したとの観測が可能である。アカデミック・キャリアや教育や研究のキャリア・パスを経ないで、いわば「アクシデント型」のキャリアが出現し、学問世界の経験や見識を欠如した素人人材の登用が浮上しているのである。特定分野での能力は高いが、学位を持たない、学術論文を書いたことのない、大学教員のポストに就いたことのない、大学世界にとっては宇宙人が増加の一途をたどっているのである。それは、職員の世界に限らず、教員の世界にも顕著になりつつあるのであり、中世大学から見れば、近代大学の革命に続きいまや現代大学の革命が生じているといって過言ではあるまい。

近代大学が大学社会と科学社会の結合であったとすれば、今日はさらに企業社会との結合の時代へ突入したのであって、革命的ともいえる画期的な変化が大学社会に生じつつあるのである。科学社会や大学社会の両方の世界とは分離した世界から大学の教職員へ流入する動きが顕著になっている以上、大学教員の世界は決して一枚岩的に統合されているのではなく、「ハイブリッド化」が不断に生じつつある。多様な価値観を反映して、分業化、分断化、多様化が加速的に進行している今日は、大学教授職の規範がアノミー化し、従来の大学教授職像が次第に崩壊する傾向に拍車をかけていても不思議ではないのである。

国家システムとセクター分化

第五に、国家システムに照準して分析的な定義を施してみれば、セクター分化の実態が明確になるはずである。もとより世界の大学教員は、各国のシステムに所属しているので、けっして一様には把握できない側面がある。日本では、セクターは国立、公立、私立に別れ、私立セクターの比率は機関や学生の構成比においてほぼ八〇％に達している。これに対して、欧州大陸の大学はほとんどが公立であり、多くの教員は公務員であって、最近私立が出現しているとしても、そのシェアはなお少なく、日本とは異なる。アメリカの場合は、州立の比重が圧倒的に多く私立のシェアは少なく、日本とは対照的な構造を呈している。設置者の設置目的が国家、地方自治体、法人によって異なる以上、セクター間に相違があるのは当然であるし、そこに所属する大学教員の意識や行動が規定されるのは当然である。中央集権で国立が支配的なシステムでは、国立大学やその教員の威信は高くなり、地方分権で私立が優勢なシステムでは、私立大学とその教員の威信は高まる。前者には、イギリス、フランス、中国、韓国、日本など、後者にはアメリカが該当するだろう。ドイツは地方分権で州立が優勢である。こうして大学や教員の威信格差が拡大すれば、専門職の統合性も拡散するのは避けられない[17]。

翻って日本の国立大学は、二〇〇四年以来、国立大学法人に改組され、（公立も法人化が増えているので）、企業化し、株式会社化し、私立大学の性格に近くなり、教員は公務員ではなくなったが、運営費交付金を受けるなど国家の統制や監督を受ける度合いは依然として大きい。もはや「親方日の丸」と呼ばれないまでも、依然として政府支援に依存する度合いの大きい国立大学法人と、授業料・寄付金などに依存する私立とでは経営基盤が異なり、教員の意識や行動に及ぼす影響も異なるのは容易に想像できる。国家との結びつきの大きい国立大学、とりわけ研究大学の教員が法人化後にも比較的大学に対する高い満足度を持つのに対して、非研究大学の教員が満足度を低下させている現実は、国立大学の中に格差社会が進行し、利害対立が高まっている証拠であろう。

このように同じ大学教員といっても、国家の統制からの距離は大小さまざまであることがわかる。大学の威信や評判もセクターによって異なる。これは各種の大学ランキングに具現するように、欧州大陸型は概して公立の威信が高い。日本は国立の威信が高い。これは「帝国大学」以来持続した政府の肩入れと保護政策に起因するだろう。アメリカは概して私立の威信が高い。これは「国有地付与大学」政策が行われて以来州立大学を設置したものの、連邦大学はつくらず、むしろ私立大学を中心として自由競争を重視してきた政策に帰因するだろう。例えば、ロンドン・タイムズのランキングでは、ベストテンには英米の大学が入り、アメリカからは私立が優勢であるし、日本では、ベスト二〇〇位以内に国立大学が多くランクされているのは、そのような実情を裏書きしている。

大学種別

第六に、現在の大学は、さまざまな種別に区分できる。それは上で述べた専門分野が縦横に拡張する点と呼応した現象である。縦への拡張は、大学（および短期大学）と大学院の分化、前者では準学士、学士、後者では修士、博士などの学位の分化、を具現している。欧州大陸では伝統的に大学のみであったが、アメリカでは大学とは別にコミュニティ・カレッジ（短期大学）や大学院を発明して、多様な高等教育機関を叢生させる方向に先鞭をつけ、国家からの統制ではなく、各大学の自由競争によってさまざまな機関を自己増殖させることに成功した。

カーネギー分類では、短大レベルを含め四〇〇〇近い大学を対象にして一〇種類以上の機関が区分されている。(18) 研究大学は研究に比重を置くのをはじめ、博士号授与大学や総合大学は、研究と同時に教育に、専門大学は専門教育に、リベラル・アーツ・カレッジは教養教育に、コミュニティ・カレッジは教育に、それぞれ比重を置く。そこには当然、威信秩序や階層構造が成立していて、上位層は歯止め効果を期待し、下位層は上位をモデルに上層移動を図るから、アカデミック・ドリフト（大学の漂流）現象が不断に観察される。アメリカでは、教員養成大学が総合大学へと昇格した歴史があるし、現在も多数の大学間で研究大学や博士号授与大学をめざす上昇移動のための競争が展開されている。イギリスではポリテクニクが大学へ昇格した歴史がある。日本でも、短大が四大へ、四大が大学院へ、教育大学が研究大学へと昇格し、研究大学はさらには世界大学ランキングの上位をめざすなど、地位や評判を追求する現象が観察される。

こうして、同じ大学教授といっても、機関種別の何処に所属するかによって威信、評判、可視性、給料、研究費、授業時間、学問的生産性、学生の学力、などに差異が生じるのは回避できない。例えば、アメリカの大学の授業時間を事例にしても、研究大学では週に四〜六時間、総合大学では八時間程度、リベラル・アーツ・カレッジでは一二時間程度、コミュニティ・カレッジでは二〇時間程度と多様になっている。成層の上位では研究の比重が高く、下位では教育の比重が高い構造を呈している。[19] 少数の研究大学と多数の教育大学が分化して成層を形成している。国内外を問わず基本的には同様の構造が存在する。

アカデミック・ワーク（学事）

第七に、大学教員は、大学の仕事であるアカデミック・ワーク＝学事を遂行する。知識の社会的機能に照らした場合、広く学事を構成するのは、研究・教育・サービス・管理運営であり、とりわけ研究と教育が車の両輪として重要である。これら各種の仕事に携わることから、一口に教授といっても、画一な教授像はとても描けない。分析的には研究教授、教育教授、サービス教授、管理運営教授などに区別できる、とみなされる。実際、今日では、大学教員の世界には、一九世紀以来の近代大学の多くに定着した伝統的な研究と教育を行うタイプはなお主流であるとしても、それ以外の研究・教育・サービス・管理運営などが個々に成立し、分業化し、各々に別個に専念するタイプが存在し、しかも増加しつつある。近代大学では、フンボルト理念を踏襲した研究と教育の統合が理念として標榜されるにもかかわらず、実際には学事は個々の分業に分解して断片化を深める実態がみられるのである。

しかも最近は、主として大学院で大学教員になるための訓練を積んで、助教、講師、准教授、教授などの「正統の」アカデミック・キャリアをたどらず、その種のオーソドックスな訓練を積まず産業界や社会からいきなり大学教員に就任する「傍系の」アカデミック・キャリアの事例も「ハイブリッド型」「アクシデント型」などとして増加している。旧来の教授たちが不案内な専門知識や技術を身につけた人々を大学以外の業界から招聘せずには大学の経営や教学の遂行が困難になったからである。こうして、知識の拡大に伴う分業化に起因して統合化が生じる半面、断片化や分断化が生じる結果、大学教授職の世界は雑多なキャリアを包摂した複雑多様な世界に変貌を遂げつつあるのであり、単純明快な専門職像を描くことは次第に困難を極めているのである。

3　大学教授職の規定要因

以上のように、大学の社会構造に注目して、専門職としての大学教員の角度から現在の大学教授職を対象にアプローチすると、専門職としての統一性を欠如して、分業化、多様化、断片化に彩られた特徴が観察できる。単純な専門職像を求めても、それを不可能にする複雑な現実が強まっているのである。この現実の背景を探るには、上で述べた「切り口」の第二の視点である大学の「社会的条件」に注目し、特に社会変化と政策に焦点を合わせた検討が欠かせない。

現代の社会変化

大学は種々の社会制度の一翼を担う社会的存在であるばかりか、社会組織・集団である以上、社会からの直接的かつ間接的な影響や規定を免れることはできない。大学教授職も大学組織に所属する主たる構成員である以上、他の構成員である管理者、職員、学生ともども同様の影響や規定を被るのは当然至極である。他方、大学とその構成員が社会変化によって規定されると同時に、単に従属するのではなく、それと呼応して、あるいは対峙して、大学改革や自己革新を模索し、さらには社会改革に貢献することが期待される。

社会変化といってもさまざまな水準のものがあるが、パラダイム変換といわれるほどの巨視的な社会変化は、農業社会→産業社会→脱産業社会→情報社会→知識社会(知識基盤社会)などの変化に具現していると解される。このような変化は、さまざまな社会制度に影響を与えるのは必至であり、大学もけっして例外ではなく、中世大学、近代大学、現代大学、未来大学、といった変遷をもたらす。それほどの影響力を擁する社会変化は、時々刻々と大学や大学教員へインパクトを与えているが、現代社会の世界的な変化は、知識社会化、グローバル化、市場化などに代表されると考えられる。

第一に知識社会化。一九六〇年代にエレクトロニクス革命によってポスト産業社会が進行して実質的には情報社会が展開されたが、その後、一九八〇年代から次第に変化が加速して、一九九〇年代に入ると情報よりも知識に比重を置き、情報の蓄積よりも、知識の創造的加工に重点が移行し、創造性や問題解決能力を重視する知識社会が出現するに至った。電気とコンピュータの結合したエレクトロニクス革命は一段と加速した結果、IT革命や、人間の代替をするロボットの登場など技術革新が飛躍的に進行した。その結果、最先端の研究による知識開発、発明発見による「知の再構築」は大学の研究機能への期待を一段と高めることになった。

このような動きは、専門分野のメカニズムで検討したごとく、大学社会の分業化や断片化を推し進めると同時に、最先端の知識を適切なカリキュラムに転換して、新たなカリキュラムや教材を開発し、それを媒介に学生の創造性や問題解決能力を引き出す教育の重要性を増した。研究の最先端と教育の最先端とは隔絶するのではなく、架橋し、連携し、統合することが必要性を増したのである。

第二に、グローバル化。国単位の文化や価値を尊重し、担保するのが国際化であるとすれば、国境をボーダレスにし、曖昧にして、地球レベルの文化や価値の画一化を強める動きがグローバル化であるといってよかろう。国際化とグローバル化は現実には明確に一線を画し難いほど重複して進行しているにしても、グローバル化が知識社会化や市場化と結合して、「知識経済」の流通を通して、従来の国家社会を変え国際社会を変えつつあることは、否定できないであろう。

大学は本来、知識を素材に成立する知識社会であるし、大学内部の狭い世界を超越して世界と交流するグローバル化の進行する社会であり、ローカル志向よりもコスモポリタン志向の世界である。その証拠に、学者の世界では、専門分野の最先端の研究者が世界のどこに所在するかを的確に把握しているばかりか、ダイアナ・クレーンの指摘した「見えざる大学」を通して相互作用のリサーチ・ネットワーク（研究網）を形成する。(20) 彼らは、エリート科学者とその将来の候補者たちが所在する拠点大学を中心に学問中心地が形成されていることを熟知しているから、中心地の動向に敏感に反応する。例えば、ポワンカレ予想やリーマン予想が出ると、それを解決するために世界の秀才や天才科学者が競争を展開してきたのであり、これら科学者・研究者の多くは大学世界で活躍している。このような知識の世界を形成する大学世界は本来、知識社会そのものである。こうして大学のみが知識社会を形成した「知識社会1」の構造は、現在のように社会全体が知識社会化を遂げつつある「知識社会2」に移行する前から、国境を越えたグローバル化が進行していたことにほかならず、現在はその延長線上にあり、大学社会と一般社会が融合しつつあると解される。

現在は、大学のみに成立した「知識社会1」が社会全体へ拡大して、大学と社会を巻き込んだ「知識社会2」に移行したために、大学と社会とが共通の土俵に入って、あるいは協同し、あるいは競争する関係になった。知識論的には、従来の大学はマイケル・ギボンズたちが指摘した「モード1」の世界であり、現在の大学は「モード2」を加えた世界へ変化したことを意味する。(21) そこには、純粋研究や基礎研究のみではなく、応用研究や開発研究の重要性の高まりが見られる。

ロバート・マートンの指摘した科学のエートスであるＣＵＤＯＳ（Communarity＝公有制、Universalism＝普遍主義、Disinterestedness＝没私利性、Organized Skepticism＝組織的懐疑）は現在の「知識社会2」では通用しない側面が多々あり得るのは、学界と社会の境界がボーダレス化したために、公有制に対する企業秘密による私有制、普遍主義に対する特殊主義、没私利性に対する利潤追求などの対抗価値が出現したからである。(22) グローバル化の時代は、「知識社会2」や「モード2」の影響や圧力が強まり、伝統的な大学の価値観と異なる価値観が作用し始めたのである。上で傍系が増え、伝統的な正統のアカデミック・キャリアが変貌していると論じた背景には、大学をめぐる知識社会の変質が作用している側面が少なくない。したがって、大学教授職は、変貌を見究め新たな使命や役割を創造しなければ、新しい知識社会に対応できなくなっていることは明白である。

第三に、市場化。例えば経済と知識の結合した「知識経済」は、効率性や能率性の高い知識を有用とみなし、需要と供給の経済論理が作用する市場メカニズムにおいて高い価値を得る。その支配力は経済の領域でまず浸透し、やがて政治、文化、教育の領域に浸透して威力を発揮するから、大学世界にも次第に影響を強める。学事の全域において、国際競争性（国際水準、互換性、ランキング）、経済性（合理化、効率化、能率化、アカウンタビリティ）、質保証（自己点検・評価、第三者評価）、などが容赦なく追求されるようになるのは、その帰結である。

競争性に着目すると、上記のごとく元来、大学世界は共同の世界に加え競争の世界である点に特徴がある。学者の世界はその専門分野での発明発見の一番乗りをめざして、先取権競争を展開し、エポニミー（冠名）への先陣を競うのが常態である。[23] そのために、逆機能としては、剽窃、先駆け、データ捏造、など「不正科学」や科学の逸脱行動が頻繁に生じる。シグモンド・フロイトのような著名学者も誰かに先を越される悪夢に頻繁に悩まされ続けていた。[24] 世界に開かれた大学システムや組織は競争による地位や威信の新陳代謝のメカニズムに不断に組み込まれているのであり、その意味では競争を組み込まない、あるいは競争が無いか乏しい大学システムは失敗である。

従来から科学者・研究者の発明発見や創造性を重視する大学世界は競争的であるが、グローバル化は学界のみではなく社会を含めて、地球全体に競争を拡大する現象である。日本の大学システムや組織が世界の学問中心地をめざし、同時に現在世界大学ランキングの上位を形成しているハーバード、ケンブリッジ、スタンフォード、プリンストンなどと競争するのは当然のことであるし、この動きは二一世紀では一段と強まるであろう。実際、大学ランキングは、アメリカでは一九二五年から社会学の領域を中心に小規模に発展し、次第に種々の領域を巻き込んだ全国的な動きに展開した経緯がある。[25] このような市場原理はアメリカ内に発展したとはいえ、世界的な現象には至らなかったが、二〇〇三年以来、ロンドン・タイムズや上海交通大学の世界大学ランキングが登場して、グローバル化の水準にエスカレートするに至ったのである。

こうして、経済性を刻印した市場原理に注目すると、効率性やアカウンタビリティが重視される方向へと動き、その影響が高まり、大学は本来、ノンプロフィット（非営利）の組織であるにもかかわらず、この一五年間に様相を一変した。「知の共同体」は「知の経営体」へと変貌を遂げた。そこでは、アメリカの大学に代表されるように、市場原理や知識経済と結合して進行する、アカデミック・キャピタリズム（大学資本主義）[26] が跋扈するに至り、利益の追求をめざす経営の論理が教学の論理を容赦なく圧倒する方向に変質したのである。

日本の国立大学の法人化は、市場原理の翻訳である民営化を追求した結果であり、伝統的な大学の特徴であった「学部自治」や「学問の自由」を少なからず抑制する結果を招いた。従来の教授会を中心にしたボトムアップの管理運営方式は、学長や理事会を中心にしたトップダウンのそれに変質したし、大学教員の権限の低下をもたらした。「公共性」を追求する教学組織である大学は、法人化を機に経営組織の性格を強め、その過程でかなりの後退を余儀なくされたことは否めない。(27)

世界的に国家の大学政策は、経済的な合理化、効率化、能率化を求めるために、運営費交付金などの経営費用を削減して、大学が競争資金や寄付金など外部資金を自力で獲得する方向へと拍車をかけた。その結果、アメリカを先頭に全大学の五%程度のシェアを占める研究大学（研究重点大学）とその他九五%程度を占める教育大学（教育重点大学）の仕分けが進行し、大学格差が次第に拡大することになった。大学ピラミッドの頂点に君臨する一握りの研究大学は競争資金や産業界との連携などによる資金獲得などで潤沢な資源を享受するのに対して、教育を中心とする大多数の教育大学は資金獲得ができないまま、疲弊するなど、市場原理は富者と貧者を仕分けし、格差社会を確実にもたらすことになった。日本の場合も例外ではなく、特に、圧倒的に教育大学を占める私立大学の多くは定員割れ（二〇一〇年現在三八%程度）をきたし、授業料収入が減少し、財務状態が悪化し、すでに淘汰された大学が出現したのをはじめ、多くの大学が淘汰の危機に見舞われている。

学問中心地の移動

大学教授職の世界は、専門分野を基盤に成り立つため、細分化を遂げ、他方では巨大化を遂げながら、学会や学界を形成している。それは、個々の専門分野に世界、国家、地域、機関などの個々の側面に応じて学問中心地を基軸にした階層構造が形成されている事実に他ならない。例えば、物理学を事例にすれば、国際的、国内的にいずれかの機関や物理学者が中心を占め、高い科学的生産性を軸とした「見えざる大学」のネットワークを形成している事実がある。ハリエット・ズッカーマンはアメリカのノーベル賞受賞科学者を分析して、科学者の世界に存在するエリート、エリート候補、一般科学者などの階層構造を検証し、エリート科学者を集積した中心地の存在を指摘した。(28) エポニミー研究では、フランス、イギリス、ドイツ、アメリカと中心地が移動したことが検証されている。トムソン研究所が実施している、論文生産数、引用数、影響力などの指標でもって比較すると、現在は、アメリカに中心地が存在し、イギリス、ドイツ、フランス、日本などが二番手を占め、中国、韓国などが続く構造が見られる。(29)

この学問中心地形成の動きは、ランキングと関係が深い。アメリカではすでに一九二五年から大学ランキングが登場した。この事実はどの国よりもそれを支える市場原理が発達したことを物語るのであり、そこでは大学教授市場が出現し機能した。この市場メカニズムは、機関や研究者の競争を刺激し、優秀な人材の引き抜き合戦を招来し、研究者の機関間の移動を頻繁に促す作用があるし、実際に移動は昇任と結合した。高い生産性を上げた人材がスカウトされて移動し、上昇移動するメカニズムは大学教員の世界に流動性を高める結果を生じたし、アメリカは世界的に先鞭をつけ最も発展した。スタッフを自校卒で固めるインブリーディングは極力抑制されることになった。(30) 有力な科学者や研究者を集積した大学や機関は、おのずから学問中心を形成するから、機関の新陳代謝が頻繁に生じる。

大学ランキングは、二一世紀には世界的な潮流と化した。二〇〇三年からロンドン・タイムズや上海交通大学の世界大学ランキングが登場したため、アメリカの慣行は、舞台を世界に移してグローバル化することになり、世界の国々、大学、大学教員はこのメカニズムに巻き込まれることになった。知識社会化、市場化、グローバル化が結合して進行する二一世紀は、学問中心地が世界のどこに存在するかを意識せざるを得ない時代の到来であり、そのことが大学に所属し、学問的生産性の向上に携わる大学教授職に与える影響は少なくない。かくして、アメリカで作用した、特殊主義よりも普遍主義、閉鎖性よりも開放性、インブリーディングよりもアウトブリーディング、属性主義よりも業績主義、といった原理は世界的な水準や標準を形成することになったといって過言ではあるまい。そこには、学問中心地の視座に立脚した新たな大学教授職の理念、規範、エートスが形成されつつあると観察できるのである。

第四にユニバーサル化が注目される。これは高等教育人口の構造的変化であるから、社会変化の一つとしてカウントできるにちがいない。人口構造が少子高齢化を顕著にし、長期的に人口の逓減が予想されている日本では、その問題は深刻さを増すが、ここでは、それはさておき、世界的に見て大学と直接関係する学生人口の増加に伴う高等教育のユニバーサル段階の出現に注目したい。世界の国々は、高等教育のエリート化、大衆化、の各段階を通過して、現在はユニバーサル化の段階へと到達し、あるいは到達しつつある。今世紀はユニバーサル化の時代を迎える。大学教授職にとっては、研究よりも教育や学習の問題が比重を高めるのは必至である以上、それから逃避することは許されない。

学問中心地の形成は研究に比重を置き、研究生産性が重要な指標になりがちであるのに対して、ユニバーサル化は学生への教育や学習支援が比重を高めるから、教育生産性が問われることになる。大衆化段階で資質、モラール、学力など多様化した学生は、次段階では超多様化するのは回避できない以上、従来の教育方法では対応できない状況が出現し、ＩＴ（情報技術）やＩＣＴ（情報通信技術）を含め革新的あるいは革命的な教育方法を開発し、教育成果や学習成果を上げなければ、社会的期待にこたえることはできなくなる。一九九二年のカーネギー調査では、日本の大学教員は進学率が四〇％を超えることに難色を示し、二〇〇七年の「日本調査」ではやはり同じ比率を超えることを拒否した。しかし、この拒絶反応とは裏腹に進学率はいまや五〇％を超えて学生の「超多様化」に拍車をかけているのであるから、大学教員の意識と現実の間には相当の乖離が拡大したことになる。

これは日本の実情であるが、世界的にもグローバル化の進行は、大学教員の意識を超えた現実が進行するのは自明である以上、大学教員の意識革命が不可欠の課題となる。学問的生産性の概念を応用すれば、先ほどの研究生産性の向上が一方で強化される必要性があると同時に、学生の学習を重視し、学習支援を活発化させるなど、教育生産性の向上が他方で強化される必要性があるという局面が到来する。研究と教育の両立が制度的にも意識的にも期待されるのである。

高等教育政策の変化

高等教育政策の変化は、大学にとっては広義には社会変化と同様に環境変化に包括されるが、ここではその重要性を勘案して単独に扱うことにしたい。知識社会化、グローバル化、市場化など大きな社会変化が生じたこの時期に、世界における高等教育政策はイギリスをはじめ、アメリカ、日本などで新保守主義が台頭して、「小さな政府」が主流を占める方向を示した。市場化と呼応して概して合理化や財政カットを志向する国家政策が導入された結果、それが大学へ与えた影響は著しく大きい。知識経済を重視し、高等教育の経済発展への貢献を重視する観点から、世界的に同様の動きが生じ、高等教育への期待が高まると同時に、効率化、合理化、予算削減を求める高等教育政策が断行されるに至った。その点を考慮すると、多くの大学や大学教員が「選択と集中」の資源配分政策の中で試練の時代を迎えている事実は大同小異であるとみなされる。

日本の場合に限定すると、大まかには一九八〇年代から開始された臨時調査会の合理化政策、それを継承した臨時教育審議会の答申、さらにはそこから派生した、大学審議会答申（一九九一年）に起因する大綱化政策、大学審議会答申（一九九八年）、中央教育審議会答申（二〇〇五年）などの一連の政策が大学に与えた影響は大きい。資源配分の合理化、選択と集中、研究と教育の質保証が政策の重点戦略となった。すなわち、政策の中枢には、国際的競争力の向上を期した学問的生産性の確保、そのために必要な教育研究の質保証が位置づく。具体的には研究生産性と教育生産性の向上を図る政策である。科学技術基本計画（一九九六年）を皮切に、一連のCOE、GP政策によって、研究と教育の拠点形成を画策したのは、そのことを端的に例証するものである。日本に限らず、中国、韓国などに同様の政策が出現した(31)。これらの政策は、選択と集中政策である以上、ピラミッドの頂点を高めることが主たる狙いである。しかし、この政策は、大学の階層構造を「持てる大学」と「持たざる大学」の二極分解する方向に奏功して、「マタイ効果」を強め大学の格差社会を助長した事実は否めない。

概して二極の下位は私立大学が占め、その三八％（二〇一〇年現在）は定員割れ現象を起こしている。一八歳人口が逓減する中で、進学率は上昇しても、大学定員拡大によって、大学全入時代を迎えつつあり、学生の超多様化と定員割れが同時に進行している。特に下位大学は、超多様化した学生の底辺層の入学の受け皿となっているため、これらニュー・スチューデントをして入学から四年間に大学水準の資質や学力の質保証をいかに成功裏に行うかが問われることになった。

かくして量的拡大の中で進行した質的低下の見直しと「体質強化」がこの時期における大学政策の喫緊の課題になるのは当然の成り行きであったといわなければならない。具体的には片方でピークの上昇を図る「選択と集中」政策を進める傍ら、他方で底辺の底上げを図る教育改革と質保証を重視する政策への転換が行われる必要があった。

実際に、政策は成功して、質保証は実現したのであろうか。それは、基本的には評価システムの問題に直結するのであるが、その成否はカリキュラム、学生、教員の側面で確認される必要があるし、特に大学教授職の資質や実力は向上したのであろうか。「日本調査」で検討したごとく、その回答は否定的であるといわざるを得ない(32)。①カリキュラムをみると、すでに一九九一年の大綱化政策は、カリキュラムの自由編成と自己点検・評価をワンセットにして教育の質保証を企図したにもかかわらず、教養教育の後退を招き、今日まで悪化の一途をたどった。②学生をみると、資質や学力の多様化が進行して従来の大学では考えられない、リメディアル教育、導入教育、初年次教育、キャリア教育などが総花的に不可欠となり、「学士力」の保証が改めて問題にされるに至った。③教員の資質は高まったかをみると、教育を偏重するＦＤ政策の導入と機関別認証評価の補完によって、研究と教育の両立が困難となり、現状改革のためにスカラーシップの見直しが不可欠となった。

これらの政策は特に市場原理を媒介に行われた以上、総じて政策が失敗したとすれば、「市場の失敗」であるとみなされる。市場原理の世界では、「需要と供給の論理」が導入されるのは避けがたいのに加え、規制緩和によって、事後評価を厳しくするメカニズムが作用するから、大学教員の自主性と主体性を尊重し、事後結果に責任を持たせるシステムが作用しなければならない。その点、カリキュラムの質を保証するために一九九一年に導入された、「自己点検・評価」は、わずか七年後の大学審議会答申（一九九八年）によって第三者評価に代替される方向へ転進し、二〇〇四年から「機関別認証評価」へと移行し、二〇〇七年からは法的に義務化が実施されるに至った(33)。換言すれば、大綱化による規制緩和を行い、レッセフェールの市場原理を導入して、毎年一〇校以上の大学を新設する大衆化路線を推進した傍らで、機関別認証評価による事後評価を導入して質統制を行うことになった事実がある。その結果、大学教員に「評価漬け」と「評価疲れ」をもたらし、やる気や意欲を阻害し、肝心のカリキュラム・学生の本丸部分を含め教育の質保証は停滞するという現実をもたらしたのである。質保証の原動力は外部評価ではなく教員の自主性・主体性を基軸とした「自己評価」に存在するとみなせば、日本のそれは世界的に見て低調であるから、政策は失敗しているとみなされる（終章参照）。

原因が自主性・主体性の制限にあるとすれば、それに拍車をかけたのは、組織体の管理運営方式のボトムアップ型からトップダウン型への転換である。二〇〇四年には市場化の一環としての民営化を推進して、国立大学の法人化を実現した結果、上述の「知の共同体」から「知の経営体」への転換に拍車をかけると同時に、資源配分の競争制度の導入が引き金になって大学格差を拡大した。公的財政支出はＯＥＣＤ三〇カ国の中で最低に位置するのをはじめ[34]、国立大学への運営費交付金の縮小、私立大学への助成金の低下、ファンディングの競争配分による「選択と集中」方式の各種資源配分の政策などは、「持てる大学」と「持たざる大学」の分極化を顕現する方向に作用した。大学のピラミッド構造の中で、大学市場の八〇％という高いシェアを占める私立大学の半数近くは定員割れをきたし、定員八〇〇人以下の私大は軒並み定員割れを起こし、市場の五〇％を寡占する上位二三校のマンモス大学を除けば、瀕死の状態に陥っている最底辺層を含め総じて青息吐息の状態に陥っているのである。こうしてこの時期には大学教員の世界にも同じく大きなひび割れ現象が生じ、二極分解が急速に拡大したといわなければならない。

4　大学教授職の変貌

以上の考察から、社会・学問・政策・大学の変化を反映して大学教員の世界は急速に変貌を遂げつつあり、単なる大学教員ではなく、キープロフェッションといわれる大学教授職の世界にも、伝統的な概念や価値を喪失して、新たな専門職像を模索しなければならないという、重要な変化が生じているといわなければならない。そのような事実の実態に関しては、今回のCAP調査に具現した個々の国々の大学教員の意識調査を踏まえた分析検討を通して実際に明らかにされることであるが、その前にこれまでの考察を踏まえて大枠からの概括を行うと、次の点が重要であると考えられる。

(1)「知識社会1」から「知識社会2」へ、国際化からグローバル化へ、大きな政府から小さな政府へ、といった現象が生じている環境変化の中で、「知の共同体」から「知の経営体」への移行が進行する状況が出現しつつある。このような動きの中で、大学教員はこれまでの社会の伝統的な文化や価値への同調から新しく台頭しつつある社会への同調へと意識変換を模索しているにもかかわらず、それに必ずしも奏功しているとはいえない。むしろ両者の中間に位置して、過去への同調、愛着、固執と未来への革新、模索、挑戦をいかに調整するかをめぐって、緊張や葛藤を深めているという実態が読み取れる。

(2) この時期には、世界的に国の高等教育政策が市場原理を導入して、経済的な合理化、能率化、効率化を追求し、アカウンタビリティを追求する動きを強めた。市場化に一足先に踏み込んだ、アメリカの州立大学は、いち早く市場メカニズムの支配下に入り、資源獲得競争を激化することになったのは、その事例である。(35) 日本の国立大学の法人化は、この動きの日本版である。そのために、ファンディングが競争的資源配分に傾斜し、結果的に大学間の格差を助長することになった。こうした財政の合理化に加え組織体の合理化も急速に展開され、官僚制化が進行した。

官僚制化は、すでに一九九二年のカーネギー調査の時点で、アメリカのみにとどまらずイギリス、ドイツ、オランダなど欧米先進国では進行していたが、日本ではいまだ対岸の火事であった。しかし、知識経済のグローバル化と呼応して日本でも同様の現象が急速に生じることになった。国立大学法人化は、国際的には遅れて出発したものの、国立大学の民営化を展開したばかりではなく、学長の権限を強化し、従来の欧州大陸に見られたレクター型の学長を擁したボトムアップの管理運営方式を一挙にアメリカに見られたプレジデント型の学長を擁したトップダウン型に転換した功罪は少なくない。この動きは、世界的に波及しており、今回の調査対象国でも一段と加速していると予想される。

(3)　経営が市場原理に呼応して動く時代の到来は、教学を切り離して考えることはできないばかりか、やはり市場原理の影響に晒されざるを得ない。一九九〇年当時以上に、今日では経営の市場への感応を促進した反面、教学では教授会の権限が後退し、「学部自治」や「学問の自由」も相応の後退を生じたのは否めないはずである。理論的には、①経営と教学の市場化への傾斜、②経営の傾斜と教学の非傾斜、③経営と教学の非傾斜、の各タイプが想定される。③が減少する中で、増加した①②は②を担保しながら①への加速化を強めていると解される。こうした現象は、世界的に大同小異で進行していると観察できるだろう。

大学の変貌は、そこに所属して学事を遂行する大学教授職の変貌を直接間接に導くことは回避できないし、大なり小なり市場化への動きを顕著にする運びとなった。需要と供給の市場メカニズムに依拠し、利潤追求を目的とする企業の場合は、市場化に適応するほど企業の価値や評判は高まるに違いないし、同時に市場化の原理を受容しない企業は淘汰されざるを得ない。これに対して、本来、経営よりも教学に比重を置く、ノン・プロフィットの制度である大学は、利潤追求ではなく、研究、教育、サービスなど学事の質保証を目的としているから、高い研究や教育の生産性を上げる場合に評判を高めるに違いない。利潤追求を求め、質保証を疎かにすれば、大学ばかりか学事を担う大学教授職の評判を損ない、威信の喪失を招くのは避けられない。

(4)　大学は中世大学の誕生以来、八〇〇年の年輪を刻み、「ガウンとタウンの闘い」をはじめ、各種圧力団体との抗争に直面しながら、苦難や風雪に耐えて、「学問ギルド」の中核を占める「学問の自由」や「学部自治」などの概念を踏襲し、鋭意展開してきた経緯がある[36]。このようなヨーロッパに起源をもつ大学に対して、アメリカではショート・サイクルの短大やコミュニティ・カレッジを含む「高等教育」の概念が導入され、さらに今日では、世界的に第一期教育、第二期教育の上に、それらと接続する第三期教育が急浮上してきた。大学が先にできて、それと接続した下方の予備門としての中等教育が発展する下構型制度と、他方で義務教育の上に中等教育ができて大学

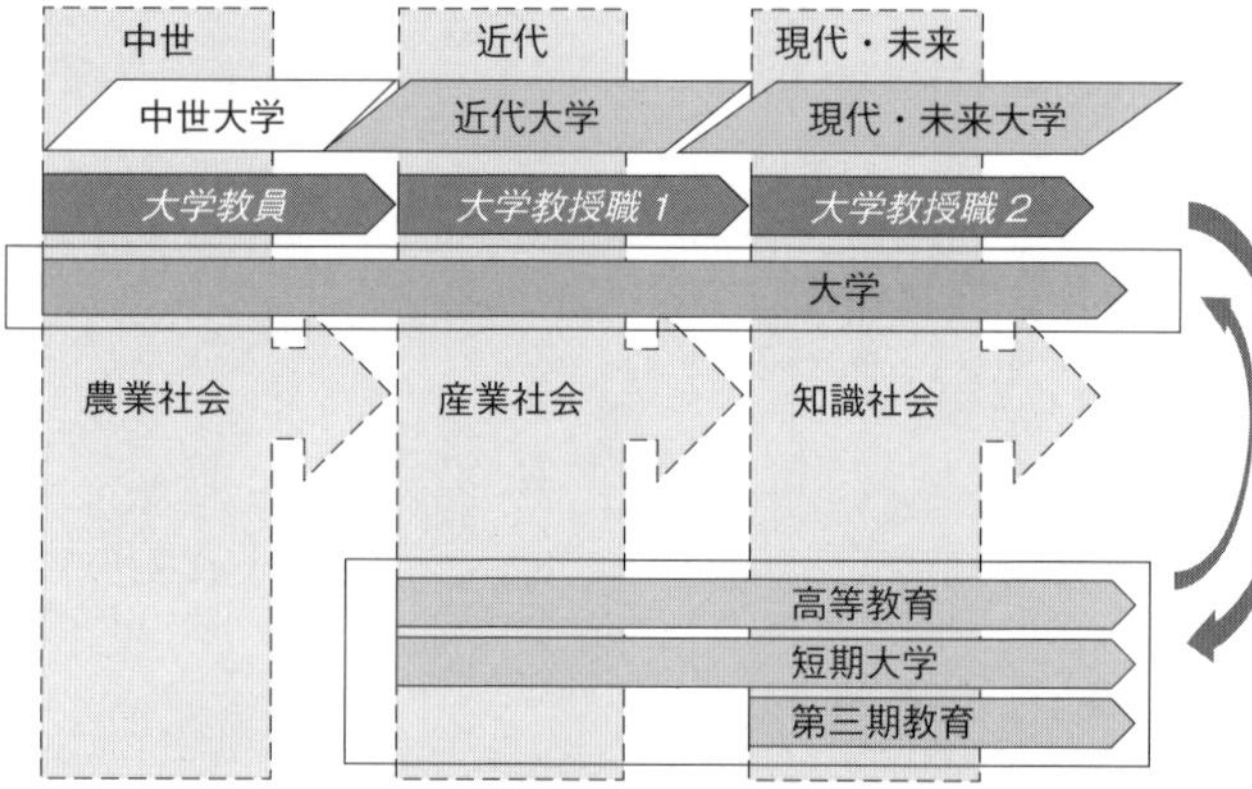

図序−5　大学・大学教授職の変遷と第三期教育の台頭

へ接続する上構型制度のせめぎ合いの中で、上構型が発展を遂げた結果、エリート型から大衆型への潮流が見られる。人間の誕生から死亡までの生涯の教育や学習を包括する概念として、生涯教育や生涯学習と接続する可能生が高いとしても、こうした大衆化を踏襲する第三期教育はエリート化を踏襲する大学の存在と競合をきたさざるを得ない。

(5)　図序−5に示したように、第三期教育の台頭に伴い、大学教授職は１から２への展開が期待されていると解される。なぜならば、次のような事情が作用しているからである。農業社会から近代社会や現代社会、未来社会への社会変化に対応して大学は中世大学、近代大学、現代大学へと展開してきたし、さらに未来大学へ向けて展開すると予測される。このような大学の画期的な変貌に応じて、中世大学の教育志向の大学教員は、近代大学に至り教育活動に加え研究活動を包含した「大学教授職１」へと変容した。かくして単なる教員ではなく専門職の時代が到来し、研究がアカデミック・キャリアに組み込まれた。しかし現代では、この伝統型の大学教授職は、過去と未来の両方からの影響を受けて、大学自体が現代大学から未来大学への変貌を余儀なくされるのと対応して、「大学教授職２」への変容が迫られる時点に到達した。研究と教育の統合が模索されたにもかかわらず、近代・現代大学がたどったのは、研究パラダイムの支配と、研究志向への傾斜であった。

しかも、近代社会になって大学と並行して登場した高等教育や大学のショート・サイクル版である短期大学のように比較的大学に近い概念とはかなり異質な第三期教育が台頭して、それが大学に対峙し、大学内にリメディアル教育や初年次教育などの形態を通して容赦なく浸透する状況が急速に浮上し、伝統的な大学の改革を迫る事態が進行するに伴い、大学教授職の世界にもその影響が及ぶことになった。

特に、第一期（初等教育）、第二期（中等教育）の延長上に第三期が立つ以上、下から押し寄せる大衆化の波への対応が回避できないし、その原理である人間の成長発達に応じた教育の概念の構築が不可欠となる。大学教育において、学士課程、修士課程、博士課程のカリキュラムや教育内容、方法の整備を行い、学生の学修や学習に重点を置く方向が追求されなければならない状況が出現しているのは、このような改革の潮流と関係が深い。他方、大学は学術研究を重視し、「知の都市」や「学問の府」を自認する以上、単なる教育機関や学校との差別や差異を主張する存在であることからすれば、過去八〇〇年の大学の歴史が追求してきた、「学問の府」や「学問の自由」の追求の伝統を放棄することは、大学の自壊現象のなにものでもないだろう。

このような現実の中で、今後二一世紀に大学が生き残るためには、専門分野への愛着や学問の自由の追求など他の制度にはない大学らしさを担保しながらも、この種の新たな教育への挑戦と改革が不可欠であることは自明であり、そのためには同時に伝統型の「大学教授職1」から「大学教授職2」への革新が不可欠である。研究偏重に陥るのではなく、研究と教育の両立はもとより、学生の成長発達と学習を重視する理念に立脚しつつ、「研究・教育・学習の統合」（R-T-S nexus）型スカラーシップ観の確立が問われるのである。

(6)　大学教授職は、環境変化の外圧を受けて、伝統的な大学において醸成された理念、役割、使命を新たな状況の中で再構築する必要性に迫られることになった。単なる大学教員ではなく「専門職」としての大学教授職は、遂行すべき学事の質保証によって学問的生産性の向上を図ることが本来の使命であるし、役割期待であるはずであるにもかかわらず、その使命や役割期待が損なわれる可能性が高まっている。とすれば、大学はその中枢に位置付くべき専門職を欠如する方向へと向かい、専門職の中核を占める理念、スカラーシップ、使命、教育愛、倫理、威信、権威などに次第に翳りが生じ、そして専門職の本質そのものが朽ちて崩壊する過程をたどるのであって、大学は日増しに「第三期教育」に呑み込まれ埋没し、大学らしさを喪失する公算が高いというほかあるまい。大学が「第三

―年齢・性・専門分野・取得学位

日本	韓国	マレーシア	メキシコ	ノルウェー	ポルトガル	南アフリカ	イギリス	アメリカ	合計
51.7 (1) 9.36	46.1 (11) 7.13	39.5 (17) 9.12	48.2 (4) 9.67	47.0 (8) 11.62	42.8 (16) 8.61	45.8 (12) 10.68	46.3 (10) 9.85	51.7 (2) 11.00	45.5 10.56
91.0% (1)	81.6% (2)	51.7% (14)	64.5% (6)	62.1% (8)	55.0% (11)	52.9% (13)	50.5% (15)	58.1% (10)	61.4%
9.0% (18)	18.4% (17)	48.3% (5)	35.5% (13)	37.9% (11)	45.0% (8)	47.1% (6)	49.5% (4)	41.9% (9)	38.6%
11.0% (13)	18.5% (5)	5.5% (17)	5.1% (18)	17.7% (6)	8.5% (16)	22.6% (1)	21.6% (3)	22.3% (2)	13.9%
11.1% (18)	21.9% (12)	18.7% (15)	29.0% (3)	18.6% (16)	22.3% (11)	28.6% (4)	29.8% (2)	24.8% (8)	22.8%
15.3% (16)	17.7% (13)	21.8% (8)	17.7% (12)	29.4% (3)	24.7% (5)	14.1% (18)	23.6% (7)	17.0% (14)	22.8%
20.0% (5)	15.9% (9)	26.9% (1)	20.6% (4)	7.8% (13)	21.4% (3)	3.0% (18)	6.9% (15)	6.2% (16)	15.1%
9.5% (1)	3.9% (5)	1.0% (16)	5.0% (3)		2.5% (8)	1.9% (11)	2.1% (10)	1.3% (14)	3.0%
18.5% (2)	7.6% (15)	10.0% (11)	13.3% (7)	16.8% (4)	7.4% (16)	5.0% (17)	9.5% (14)	9.8% (12)	11.1%
5.7% (14)	12.2% (2)	6.1% (12)	9.1% (7)	4.2% (16)	6.5% (11)	21.8% (1)	5.9% (13)	11.8% (3)	7.6%
8.8% (2)	2.4% (12)	10.0% (1)	0.2% (16)	5.5% (7)	6.7% (6)	3.1% (9)	0.7% (14)	6.7% (5)	3.6%
76.5% (6)	97.0% (1)	38.4% (14)	24.6% (17)	65.6% (10)	69.2% (9)	50.6% (12)	72.9% (8)	83.1% (3)	55.3%
23.5% (12)	3.0% (17)	61.6% (4)	75.4% (1)	34.4% (8)	30.8% (9)	49.4% (6)	27.1% (10)	16.9% (15)	44.7%

期教育」に呑み込まれることなく、独自性・固有性を発揮するには、大学教授職が専門性の理念をいかに追求するかにかかる度合が大きいのである。

5　おわりに

序章では、総論的な視座からさまざまな問題を検討したが、本書はそのような視座を踏まえて、序章「変貌する世界の大学教授職」と終章「大学教授職の展望」の他に、三部一五章から構成されている。すなわち、第Ⅰ部「環境の変化」＝①大学改革の世界的動向、②知識社会のインパクト、③グローバル化・国際化、④アカデミック・キャリア、⑤

表序－1　対象国別主な属性

		アルゼンチン	オーストラリア	ブラジル	カナダ	中国	フィンランド	ドイツ	香港	イタリア
年齢	平均値	47.0 (7)	47.1 (6)	44.7 (14)	47.4 (5)	38.8 (18)	43.1 (15)	45.7 (13)	46.4 (9)	49.6 (3)
	標準偏差	10.34	9.85	9.40	9.54	8.52	11.23	11.10	8.74	10.58
性	男性	41.5% (18)	49.7% (16)	53.9% (12)	59.1% (9)	62.9% (7)	49.6% (17)	72.5% (3)	67.3% (4)	66.8% (5)
	女性	58.5% (1)	50.3% (3)	46.1% (7)	40.9% (10)	37.1% (12)	50.4% (2)	27.5% (16)	32.7% (15)	33.2% (14)
専門分野	人文科学系	16.5% (8)	14.8% (10)	10.2% (14)	17.0% (7)	14.6% (11)	15.8% (9)	9.2% (15)	18.8% (4)	12.8% (12)
	社会科学系	22.6% (9)	25.6% (7)	30.8% (1)	28.5% (6)	20.5% (13)	22.4% (10)	16.7% (17)	28.5% (5)	18.8% (14)
	自然科学系	15.9% (15)	24.2% (6)	18.2% (11)	19.4% (10)	26.5% (4)	20.1% (9)	33.6% (2)	14.4% (17)	36.1% (1)
	工学系	17.3% (6)	4.9% (17)	9.9% (11)	7.3% (14)	22.7% (2)	14.7% (10)	16.8% (7)	8.8% (12)	16.1% (8)
	農学系	9.5% (2)	1.8% (13)	2.8% (6)	1.1% (15)	1.8% (12)	2.6% (7)	2.5% (9)		5.0% (4)
	保健&医学系	10.1% (10)	18.9% (1)	17.9% (3)	12.0% (8)	3.3% (18)	11.9% (9)	14.7% (5)	13.5% (6)	9.7% (13)
	教員養成系	8.1% (8)	9.5% (6)	9.6% (5)	7.8% (10)	8.0% (9)	5.7% (15)	3.4% (17)	11.5% (4)	1.5% (18)
	その他	0.0% (18)	0.4% (15)	0.7% (13)	6.8% (4)	2.6% (11)	6.9% (3)	3.1% (10)	4.5% (8)	0.1% (17)
取得学位	博士号	31.5% (16)	73.5% (7)	55.9% (11)	91.1% (2)	32.3% (15)	*	77.5% (5)	82.0% (4)	47.1% (13)
	その他	68.5% (2)	26.5% (11)	44.1% (7)	8.9% (16)	67.7% (3)	*	22.5% (13)	18.0% (14)	52.9% (5)

流動性、⑥ジェンダー・バイアス、第Ⅱ部「大学組織と生活」＝⑦管理運営、⑧労働条件、⑨生活時間、⑩給与、⑪ストレス、第Ⅲ部「学問的生産性と評価」＝⑫研究業績の国際比較、⑬教育活動、⑭研究と教育の関係、⑮評価、から成り立つ。

序章では、本書の意図や枠組みを論述して、総論的な視点から水先案内の役割を果たすことを試みている。全体の構成は、社会の環境変化が大学へ影響を及ぼし、大学が変貌を遂げつつあると同時に、それに所属して学事の活動に携わっている大学教授職の変貌をもたらしている実態を分析し、さらに、その中で生じている専門職の研究と教育を中心とした社会的機能を検討している。終章では、種々の実証的な検証を総括して、各国の大学教授職の動向を整理し、二一世紀型大学教授職構築の方向性を模索すると同時に、それとの対比の中で日本の大学教授職の問題点や課題を明らかにし、若干の提言を行っている。

最後に、対象国一八カ国の主な属性（年齢、性、専門分野、取得学位）ならびに回収数、回収率、は表序－1・2のとおりである。

表序－2　対象国の回収数と回収率

国名	回収数	回収率
アルゼンチン	825	23.3
オーストラリア	1,022	22.8
ブラジル	1,197	25.5
カナダ	982	15.8
中国	3,507	86
フィンランド	1,417	28.2
ドイツ	1,317	35
香港	797	12.9
イタリア	1,690	35.5
日本	1,391	22.7
韓国	900	*
マレーシア	1,202	28.6
メキシコ	1,815	29.2
ノルウェー	989	*
ポルトガル	874	*
南アフリカ	716	*
イギリス	1,356	15
アメリカ	1,135	21.7
計	23,132	

出典：INCHER-KASSEL, 2009
注）* オンライン使用、回収率不詳

【注】

（1）*Herald International Tribune*, Monday, October 18, 2010, p. 1, p. 18.

（2）「カーネギー調査」の詳細は次の文献参照。Altbach, P. G. (ed.), *The International Academic Profession: Portraits of Fourteen Countries*, Princeton: Carnegie Foundation for the Advancement of Teaching, 1996. 有本章・江原武一編著『大学教授職の国際比較』玉川大学出版部、一九九六年。「日本調査」の詳細は、有本章編著『変貌する日本の大学教授職』玉川大学出版部、二〇〇八年、参照。また、大学教授職の先行研究は少なくないが、例えば次の文献参照。W・カミングス（岩内亮一・友田泰正訳）『日本の大学教授』至誠堂、一九七三年。天野郁夫「日本のアカデミック・プロフェッション」『大学研究ノート』三〇、広島大学大学教育研究センター、一九七七年。新堀通也『日本の大学教授市場——学閥の研究』東洋館出版社、一九六五年。同編『学閥——この日本的なるもの』福村出版、一九六九年。同編『大学教授職の総合的研究——アカデミック・プロフェッションの社会学』多賀出版、一九八四年。加野芳正『アカデミック・ウーマン』東信堂、一九八八年。山野井敦徳『大学教授の移動研究』東信堂、一九九〇年。同編著『日本の大学教授市場』玉川大学出版部、二〇〇七年。竹内洋『大学という病——東大紛擾と教授群像』中公叢書、二〇〇一年。潮木守一『職業としての大学教授』中公叢書、二〇〇九年。阿曽沼明裕［編集］『大学と学問——知の共同体の変貌』玉川大学出版部、二〇一〇年。

　本書の編者には次の著作がある。有本章『大学人の社会学』学文社、一九八一年。同『マートン科学社会学の研究——そのパラダイムの形成と展開』福村出版、一九七八年。同『大学教授職とＦＤ——アメリカと日本』東信堂、二〇〇五年。有本章・江原武一編著『大学教授職の国際比較』前掲書。Arimoto, A., "Japan: Origins, History and Transition to a Universal Higher Education System", Locke, W. and Teichler, U. (eds.), *The Changing Conditions for Academic Work and Careers in Select Countries*, INCHER-Kassel, Werkstattberichte-66, Nov. 2007, pp. 113-126.

　なお、先行文献の詳細は拙著『大学教授職とＦＤ』（前掲）の巻末（二六一—二六八頁）に掲載した、和書の著書・翻訳書・報告書約一三〇点も参照。

（3）有本章（研究代表者）報告書『二一世紀型アカデミック・プロフェッション構築の国際比較研究』二〇一〇年三月、参照。

（4）例えば、クラークは国家、専門分野、機関からアプローチしている。Clark, B. R. (ed.), *The Academic Profession: National, Disciplinary, & Institutional Settings*, University of California Press, 1987.

（5）有本章・江原武一編著『大学教授職の国際比較』前掲書。

（6）有本章編著『変貌する日本の大学教授職』前掲書。

（7）Altbach, P., *Tradition and Transition: The International Imperative in Higher Education*, Rotterdam, The Netherlands: Sene Publishers, 2007.

（8）文部科学省『文部科学統計要覧』および『学校基本調査』、二〇〇九年、二〇一〇年参照。

（9）Finkelstein, M. J., "Diversification in the Academic Workforce: The Case of the US and Implications for Europe", *European Review*, Vol. 18, Supplement No. 1, May 2010, pp. 141–156.

（10）Clark, B. R., *Higher Education System: Academic Organization in Cross-National Perspective*, Berkley: University of California Press, 1983.（有本章訳『高等教育システム――大学組織の比較社会学』東信堂、一九九四年）。有本章『大学教授職とＦＤ――アメリカと日本』前掲書。

（11）Merton, R. K., *On the Shoulders of Giants: A Shandean Postscript*, New York: The Free Press, 1965. Merton, R. K., *The Sociology of Science: Theoretical and Empirical Investigations*, edited by Storer, N., Chicago: The University of Chicago Press. 1973, pp. 274–275.

（12）有本章・江原武一編『大学教授職の国際比較』前掲書。

（13）Becher, T., *Academic Tribes and Territories: Intellectual Enquiry and the Cultures of Disciplines*, Milton Keynes: Open University Press, 1989.

（14）Clark, B. R., *The Academic Life: Small Worlds, Different Worlds*, Princeton: The Carnegie Foundation for the Advancement of Teaching, 1987.

（15）Merton, R. K., *The Sociology of Science*, op. cit.

（16）Perkin, H., *Key Profession: The History of Association of University Teachers*, London: Routledge and Kegan Paul, 1969.

（17）バートン・クラーク『高等教育システム――大学組織の比較社会学』前掲書。

（18）「カーネギー分類」。Ｅ・Ｌ・ボイヤー（有本章訳）『大学教授職の使命――スカラーシップ再考』玉川大学出版部、一九九六年、一五〇―一五二頁、参照。

（19）Boyer, E. L., Scholarship Reconsidered, Princeton: Carnegie Foundation of the Advancement of Teaching, 1990.（有本章訳『大学教授職の使命――スカラーシップ再考』前掲書）。

（20）Crane, D., *Invisible Colleges*, Chicago: The University of Chicago Press, 1972.（津田良成監訳『見えざる大学』啓文堂、一九七九年）

（21）Gibbons, M., Limoqes, C., Nowotny, C., Schwartzman, S., Scott, P., and Trow, M., *The New Production of Knowledge:*

The Dynamics of Science and Research in Contemporary Societies, London: Sage Publications, 1994.（小林信一監訳『現代社会と知の創造――モード論とは何か』丸善ライブラリー、一九九七年。）

(22) Merton, R. K., *The Sociology of Science*, op. cit. Ziman, J., *Prometheus Bound*, Cambridge: Cambridge University Press, 1994.（村上陽一郎他訳『縛られたプロメテウス――動的定常状態における科学』シュプリンガー・フェアラーク東京、一九九五年。）

(23) 新堀通也編『学問業績の評価――科学におけるエポニミー現象』玉川大学出版部、一九八五年。有本章編『「学問中心地」の研究――世界と日本にみる学問的生産性とその条件』東信堂、一九九四年。

(24) Merton, R. K., *The Sociology of Science*, op. cit., p. 386, pp. 387–391.

(25) Arimoto, A., "Reaction to Academic Ranking: Knowledge Production, Faculty Productivity from an International Perspective", Shin, J. et al. (eds.), *Ranking*, Springer, Chapter 13, 2010 (Forth Coming). 有本章『大学人の社会学』前掲書。

(26) Slaughters, S. and Leslie, L. L., *Academic Capitalism: Politics, Policies, and the Entrepreneurial University*, Baltimore: The Johns Hopkins University Press, 1997. Clark, B. R., *Creating Entrepreneurial Universities: Organizational Pathways of Transformation*, Oxford: Pergamon/Elsevier, 1998.

(27) 天野郁夫『国立大学・法人化の行方――自立と格差のはざまで』東信堂、二〇〇八年。

(28) Zukerman, H. A., *Scientific Elite: Nobel Laureates in the United States*, New York: Free Press, 1977.（金子務監訳『科学エリート』玉川大学出版部、一九八〇年）。

(29) 文部科学省『平成二二年版科学技術白書』二〇一〇年。

(30) 有本章『大学人の社会学』前掲書。

(31) Altbach, P. G. and Umakoshi, T. (eds.), *Asian Universities: Historical Perspectives and Contemporary Challenges*, Baltimore: The Johns Hopkins University Press, 2004. 馬越徹『韓国大学改革のダイナミズム』東信堂、二〇一〇年。

(32) 有本章編著『変貌する日本の大学教授職』前掲書。

(33) 大学審議会『大学教育の改善について』一九九一年。大学審答申「二一世紀の大学像と今後の改革方策について」一九九八年。中央教育審議会『学士課程教育の構築に向けて』中央教育審議会、二〇〇八年、参照。

（34）『図表でみる教育』OECDインディケーター（二〇〇八年版）明石書店、二〇〇八年。
（35）Clark, B. R., "Genetic Entrepreneurialism among American Universities", *Higher Education Forum*, RIHE, Hiroshima University, Vol. 2, 2005, pp. 1-17.
（36）次の文献参照。H・ラシュドール（横尾壮英訳）『大学の起源』（上・中・下）東洋館出版社、一九六七―八年。島田雄次郎『ヨーロッパの大学』玉川大学出版部、一九九〇年。中山茂『アメリカ大学への旅――その歴史と現状』リクルート出版、一九八八年。

（有本　章）

第Ⅰ部 環境の変化

1章　大学改革の世界的動向

はじめに――大学改革の背景

世界同時進行の大学改革

一九八〇年代後半以降、高等教育における大きな変革が世界的な規模で進んでいる。それは高等教育がすでに大衆化した日本やアメリカ、カナダをはじめ、イギリスやドイツ、フランスなどの西欧諸国、韓国や台湾といった東アジア諸国だけでなく、高等教育の大衆化が現在進行中の中国や東南アジアなどの発展途上諸国でも同時進行の形でみられる。

本章では、はじめにこの世界同時進行の変革をうながす共通の主要な社会的背景を、分析的に、①社会のグローバル化、②市場競争の原理を重視する「小さな政府」の大学政策、③情報通信技術（ＩＣＴ）革新の進展の三つに集約して、大学改革の世界的動向を概観する。またそうした学外の環境変化に対応した大学改革の方向を、①大学経営の健全化、②増大する利害関係者のニーズへの対応、③多様化する大学の三つに絞って考察することを通して、日本を含めた各国の大学改革を分析する際のポイントを整理する。さらに進展する大学改革のなかで、大学教授職はどのように位置づけられ、どのような問題や課題があるのかを明らかにし、今後の方向を探ってみたい。

社会のグローバル化の進展

高等教育の変革を促す一つ目の社会的背景としてとりあげた社会のグローバル化（globalization）とは、モノやカネ、ヒト、情報などに代表される人間の諸活動が次第に国民国家の国境を超えて交流したり流動化して、ついには国民国家の拘束を離れて独自の展開を示すようになる過程を指す言葉である。(1)

この社会のグローバル化は、個別化よりも普遍化、標準化の方向へ、また多元化よりも一元化の方向へ社会や大学（大学の他に短期大学等を含む）のあり方を変えるように作用する。各国の社会や大学には共通する特徴もたくさんあるが、違っているところも少なくない。ところが社会のグローバル化によって、そうした一つひとつの国民国家や文化による違いが少なくなり、世界共通の特徴がみられたり、社会や大学のあり方を考えるときの基準や次元も複数ではなくて一本化されたり、国際標準や国際水準などが設けられるようになる。

また社会のグローバル化は実際には、経済や政治、文化、思考様式などにおける西欧流の近代化（modernization）、特にアメリカ化（Americanization）が地球規模で世界全体に波及することを意味する。近代社会や近代大学の仕組みやあり方は、一八世紀後半の産業革命やフランス革命の後、主にイギリスやフランス、ドイツなどの西欧諸国を中心に発展してきた。資本主義経済や政治的民主主義、近代科学、客観的・合理的な思考様式などは、このときから重視され発展するようになったが、社会のグローバル化は（やや極端にいえば）、この西欧流の近代化が世界全体に地球規模で広がることを意味する。特に第二次世界大戦後は、西欧流の近代化をふまえて独自に発展したアメリカ流の近代化が大きな影響力をもち、国境を超えて世界中に広がるようになった。

社会のグローバル化の進展をもう少し具体的にみると、次のようにまとめられる。例えば経済のグローバル化についてみると、企業の生産過程や経営様式、意思決定の仕組みなどが国境を超えて世界に伝搬した。一九八九年にベルリンの壁がなくなり、ソ連が崩壊した後は、アメリカ流の資本主義経済をベースにした経済体制が世界各地に広がり、経済体制の一元化も進んでいる。このような経済のグローバル化が進んだため、各国の経済はますますグローバルな経済活動の影響を受けるようになってきている。また国によってはヨーロッパ連合（ＥＵ）とか北米自由貿易協定（NAFTA）などの新しい貿易圏が生まれた。世界銀行や世界貿易機構（WTO）のような国際機関も、大きなインパクトを及ぼしている。

ところで社会のグローバル化は、こうした経済の領域だけでなく、政治や文化の領域でも確認できる。高等教育の変革を促す二つ目の社会的背景としてとりあげた「大きな政府」から「小さな政府」への転換は、アメリカやイギリスといったアングロサクソン文化圏における政府のあり方の転換が、国境を超えて他の国々でもみられるようになった現象であり、政治の領域におけるグローバル化だといってよいだろう。

文化の領域におけるグローバル化のなかで、大学改革との関連で特に重要なのは、大学で発見・統合・応用・教育する知識の考え方やあり方が変わってきていることである。近代科学はもともと西欧で発達したものが各国に移植されたが、この近代科学では従来、社会にとって役に立つ応用的な研究よりも、専門分野の発展のために行う基礎的な研究が重視されてきた。ところが八〇年代以降は、基礎的な研究よりも応用的な研究が強調されるようになってきている。もっとも一九世紀初頭にドイツで生まれた近代大学でも、実際には社会にとって役に立つ物理学や化学、医学などの新興の近代科学が重視されていたので、そのような知識の考え方やあり方が八〇年代以降、再び強調されるようになったという方が正確である。

国境を超える大学

こうした社会のグローバル化の進展にともない、国境を超えた高等教育の提供と質の問題が最近世界的に注目されるようになった。その直接の契機は、一九九五年に世界貿易機構が発足した際に、サービス貿易に関する一般協定（GATS）が作成されたことである。この協定により、モノの貿易だけでなく、金融・情報・通信などのサービスの貿易を対象にした貿易自由化も促進され、各国の教育サービスとしての大学教育のあり方に大きな影響を及ぼすようになった。

協定の分類によると、高等教育サービスの貿易は、①eラーニングなどの遠隔教育、②外国人留学生などの受け入れ、③海外キャンパスの設立・運営、④大学教員などの海外派遣の四つの分野に分けられており、諸外国ではすでにさまざまな取り組みが展開されている。

例えばヨーロッパ連合では、加盟国の経済的生産性を教育と研究の充実により維持・向上させることをめざして、「欧州高等教育圏」の構築や域内外の学生や大学教員などの人的交流が積極的に進められてきた。「エラスムス計画」（一九八七年）や「ボローニャ宣言」（一九九九年）などの実績をふまえ、国境を超えた高等教育の提供や教育の質保証をめぐる問題への対応がはかられている。国境を超えて国際的に通用する教育の質保証の仕組みを確立することをめざして、複数の国の評価機関が協力して相互承認を行う動きもみられる。

大学のグローバル市場への進出が盛んなアメリカでは、アメリカ教育協議会（ＡＣＥ）などの大学連合組織を中心に、自国の事業者が他国で活動しやすいように、市場の開放や内国民待遇の保証を各国に求めてきた。またＧＡＴＳ交渉では、アメリカの高等教育の長所（公立校と私立校の併存、大学の制度的自律性、分権化した大学の管理運営など）を保持することをめざすとともに、欧州連合と連携した国際水準のカリキュラム開発や学生交流の促進に努めている。

アジア・オセアニアの国々も、社会のグローバル化に対応した大学改革に国を挙げて取り組んでいる。留学生の受け入れやオフショアプログラムによる高等教育の輸出を積極的に進めるオーストラリア、ツイニングプログラムや学外学位プログラムといった国際的なプログラムを矢継ぎ早に開設するマレーシア、世界水準の大学構築をめざした大学政策を推進する中国と韓国など、各国の動向には目をみはるものがある。

国境を超えた高等教育の展開に対応するために、日本でもようやく、日本の大学の海外校や外国大学の日本校に関する制度改正が行われた。海外先進教育研究実践支援や戦略的国際連携支援など、各大学の教育研究の組織的な国際展開を支援する「大学教育の国際化推進プログラム」をはじめ、高等教育の国際競争力の強化や留学生等に魅力的な水準の学習環境の構築をめざす「国際化拠点整備事業（グローバル三〇）」など、さまざまな支援プログラムも実施されるようになった。

「小さな政府」の大学政策

高等教育の変革を促す二つ目の社会的背景は、世界各国の政府の役割が八〇年代以降、「大きな政府」から「小さな政府」に変わったことである。「大きな政府」とは政府の権限を拡大し、政府が指導的な役割を果たすことによって、貧困や失業などの社会問題の解決や、国民の安全の確保や教育の普及などの公益の実現を推進しようとする政府である。典型的な政府像としては、社会主義国家や福祉国家の建設をめざす政府を想起すればよい。それに対して「小さな政府」とは政府の権限を縮小し、国民のやる気や競争心を活用することが国家の発展にとって役に立つという立場から、国民の自助努力や市場競争の原理を重視する新保守主義の考え方にもとづいた政府である。(2)

なお「市場競争の原理」とは、人間の諸活動、特に経済活動は特定の商品に対する需要と供給とが相対して価格と取引量が決定される市場（マーケット）における競争によって左右されており、しかもそれが基本的に望ましいとみなす考え方である。しかし市場のもつ機能は完全なものではないので、政府の介入により市場競争がもたらす諸問題の解決をめざすことが、「大きな政府」の基本的な方針だった。それに対して「小さな政府」は、国民の自助努力を社会発展の原動力として積極的に評価するとともに、政府による市場への過度の介入を抑制し、政府規制の緩和や税制改革などにより競争促進をめざす政府である。

この「大きな政府」から「小さな政府」への転換は、八〇年代以降、イギリスのサッチャー首相の保守党政権やアメリカのレーガン大統領の共和党政権によってはじめられた。その後、オーストラリアやカナダなどの英連邦諸国をはじめ、ドイツやフランスなどの西欧諸国、日本や韓国、中国、台湾といった東アジア諸国、東南アジア諸国など、世界の多くの国々でも、「小さな政府」による国家政策が実施されるようになった。

そのため各国の大学政策も「小さな政府」の考え方にもとづいて行われるようになり、現在の大学改革では、政府の大学政策も重要だが、個別の大学における大学改革が強く求められている。この個別大学のレベルでは、各大学がその理念や改革の基礎になる手持ちの資源や条件をふまえて、自らにふさわしい改革を独自に進めることがめざされている。例えば日本の大学政策についていえば、政府も日本の大学全体のことを考えて改革を進めるが、中央集権的な大学行政のあり方を分権化し、大学に対する規制も緩和するから、各大学は政府や公的資金に頼らないで、自助努力により大学改革をしてほしいという方針である。

なおアメリカが実質的に主導してきた一極集中的なグローバル化は、経済成長が著しいＢＲＩＣｓ、つまりブラジル、ロシア、インド、中国の台頭にともない、多極化の方向に進み、環境問題や人口問題などのグローバルな課題を解決する新しいアプローチが模索されている。またアメリカを震源地とする二〇〇八年の世界的経済危機を契機に、「小さな政府」の見直しがはかられようとしているが、政府のあり方は今後当分の間大きくは変わりそうにない。

大学政策の特徴

この新保守主義の考え方にもとづいた「小さな政府」の大学政策は、大学における教育と研究を充実して国家の経済的生産性を維持・向上させることをめざしている。もともと経済学では、経済発展には天然資源と資金力が重要だという考え方が主流であった。しかし最近では、それよりも科学技術力の向上や高学歴人材の育成の方が、経済的生産性を支える要因として重視されるようになった(3)。

そのために各国の政府は大学制度全体に対して、先端的な科学技術の研究開発の推進と高学歴人材の育成を要請している。これらの二つの要請のうち、高学歴人材の育成は、①高等教育レベルの教育機会をできるだけ開放して、国民全体の基礎学力を向上させ、労働力の質を高めるための「人的資源の全般的な底上げ」と、②先端的な科学技術の研究と開発を推進するための「先端的な人材の育成」という、二種類の人材育成を含んでいる。

ところが個別の大学レベルでみると、それぞれの大学はこれらの要請をすべて達成できないから、大部分の大学は次第に、できるだけ多くの学生を受け入れて教育することをめざす「教育重視型大学」と、優秀な学生を受け入れて先端的な人材を育成するだけでなく、先端的な科学技術の研究と開発も推進する「研究重視型大学」の二つのタイプに大きく分化すると予想される。

また各国の政府は、一方で、大学に対する規制を緩和して、大学の自助努力を促すとともに、他方では、大学に投入する公財政支出を増やさずに、大学間の競争にもとづいて効率的に資金配分する方針など、市場競争の原理を重視しているので、高等教育の市場化が著しく進むようになる。各大学はそうした状況のなかで、外部資金の確保や大学組織の合理的・効率的運営などの自助努力により、大学経営を健全にすることを求められている。

情報通信技術（ICT）革新の進展

三つ目のコンピュータやインターネットなどといった情報通信技術革新は九〇年代後半から、高等教育に対して目にみえる形で影響を与えるようになった。情報通信技術革新の進展は教室での授業の改善や遠隔教育の普及、国境や大陸を超えた研究の交流と推進など、今後の大学のあり方を豊かにする可能性を秘めている。

しかし他方で、その進展がもたらす負の側面や留意すべき問題も指摘されている。例えば国際比較の観点からみると、情報通信技術の生産国と消費国との間の格差は今後ますます拡大する恐れがある。また流通する情報自体の生産国と消費国との間の格差も今後いっそう拡大して、さまざまな問題や混乱が生まれることが予想される。それは、現在インターネットで流通している情報の大部分が英語であることにもあらわれている。さらにこれまでの伝統的な大学教育で重視されてきた、学習過程における大学教員と学生、学生同士の直接的な相互作用をどのように確保するのかも議論を呼んでいる。

それでは、このような厳しい学外の環境変化に対応して、高等教育の将来はどのようになるのか。各国の大学改革でよく参照されるアメリカの動向を主に参考にすると、大学改革の基本的方向は、①大学経営の健全化、②増大する利害関係者のニーズへの対応、③多様化する大学の三つにまとめることができるだろう。

1　大学の未来像

大学経営の健全化

第一に、どの国でも、今後は設置者に関係なく、大学は健全な大学経営を支える資金を確保するために自助努力したり、大学組織を合理的・効率的に運営することを強く求められるようになる。その結果、大学は私的企業化して、企業に似た管理運営組織をもつように変わると予想される。民間の企業と同様に、大学経営が健全でなければ、その大学は倒産したり、他の大学に統合されたり合併される恐れがあるからだ。

近代大学は基本的に、政府による公的資金の援助を受けて発展してきた。西欧諸国の大学は現在でも政府から手厚い財政援助を受けて運営されている。アメリカの大学も一九七〇年代前半までは、連邦政府や州政府の公的資金の援助を受けて拡大してきた。しかし公立大学の規模をさらに拡大して高等教育の大衆化をはかるには、非常に多額の公的資金が必要である。ところが政府のあり方が「小さな政府」に転換したため、ドイツやフランスなど、政府の公財政支出の負担が少ない私立大学の設立を進めようとしている国も少なくない。アジアの大学をみても、第二次世界大戦後大学が急速に拡大したのは日本や韓国、フィリピンなどといった私立大学の比重が高い国だった。

アメリカについてみると、大学を経営するのに必要な経費が非常に高くなったために、八〇年代以降、公立でも私立でも授業料を値上げする大学が増えた。ところが授業料をあまり高くすると、入学する学生が減ってしまうので、多くの大学は新しい財源を確保するために努力するようになった(4)。

例えば連邦政府の研究資金を獲得したり、奨学金付きの学生を入学させる大学や、卒業生や民間の企業などから寄付金を集める大学が大幅に増えた。ただし実際には、大学経営に必要な財源を寄付金として十分に獲得できる大学は非常に限られている。また多くの大学は資金獲得を担当する組織や部局を学内に設置して専門の担当者を採用したが、その経費がかさんで収入増に結びつかないところも少なくない。

その他に、どの大学も限られた財源の有効利用をめざして大学経営の効率化に努めるようになった。例えば大学の食堂や清掃事業、学生寮など、大学の使命である教育や研究と直接関係しない事業を外注（アウトソーシング）する大学が大幅に増えた。このようにアメリカの大学は大学組織を合理的・効率的に運営して、大学経営を安定させるために、民間の企業に似た管理運営組織をもつように変わってきている。

こうした動向を参考にしてみると、日本を含めたアメリカ以外の国々の大学の管理運営のあり方も、大学組織を合理的・効率的に運営して、大学経営を安定させるために、民間の企業に似た管理運営組織をもつ方向に変わっていくように思われる。つまり大学の管理運営のあり方は、大学構成員、とくに大学教員の考え方や意思決定を重視する同僚制的管理運営から、大学の経営責任がある理事会の理事や学長とか副学長などの上級大学管理者の権限が強い企業経営的管理運営へ変化すると考えられる。(5)

利害関係者に左右される大学改革

第二に、各大学は自分の大学に関係のある利害関係者（stakeholder）の要求や要望に対して、いっそう配慮しなければならなくなると予想される。なお利害関係者には伝統的学生や社会人学生、留学生などの多様な学生の他、民間企業や政府、ＮＧＯやＮＰＯなどが含まれる。

例えば大学教育のカリキュラム改革では、顧客である多様な学生のニーズに敏感に対応した改革がいっそう進行する。卒業後の社会生活で役に立つ実利的な科目が増えたり、専門分野としては重要でも、学生に人気のない人文科学や社会科学系の科目は廃止される恐れがあるということである。

また大学と社会、特に市場競争の原理が支配的な産業界との結びつきはこれからますます強化されるので、大学は学生市場や大学教員市場に加えて、産業界の労働力需要や外部資金など、学外の市場との関係改善をいっそう要請されるようになる。そのため教育面では、企業が求めるすぐに役立つ即戦力の人材の育成が重視され、研究面では、基礎的な研究よりも産業上の応用や特許と結びついた研究が重視されるようになり、産学協同のベンチャービジネスなどが盛んになると考えられる。

さらに政府も大学をめぐる重要な利害関係者の一つだが、アメリカや日本をはじめ、どの国の政府も公的資金により大学支援を行うときには、すべての大学を平等に扱うのではなくて、投資効果のある大学に重点的に資金を投入するようになると予想される。

アメリカについていえば、連邦政府の研究資金は基本的に個人の研究者や研究グループを対象にして配分されてきた。しかし研究資金の獲得額が多い大学が有力な研究重視型大学であるのは、そうした大学が連邦政府の研究資金を獲得しやすい優秀な研究者を戦略的に集めてきたからだ。例えば米国教育統計センター（ＮＣＥＳ）は毎年、連邦政府から公的研究資金を受けた大学を一二〇校公表しているが、一位の大学と一二〇位の大学の獲得金額には大きな開きがある。しかも全米レベルでみれば、その後に四〇〇〇校を超える大学や短期大学が続いている。

またアメリカでは大学教育の質の維持・向上策の一つとして、実績による資金配分（performance funding）を実施する州政府が増えてきている。これは州政府が州立大学を対象に、各大学が過去に達成した実績にもとづいて予算配分を行う施策で、個別大学の実績評価と予算配分を連動させた大学政策である。実績評価の対象は教育活動であり、その達成を測る尺度として学生の卒業率や転学率、大学教員の授業負担、学生の満足度などが使われている。

日本の大学政策についてみると、一九九一（平成三）年から開始された大学院重点化政策をはじめ、一九九六年に策定された「科学技術基本計画」による科学技術活動への重点投資政策なども同じ方向をめざしているといってよいだろう。この他にも文部科学省は、第三者評価にもとづいて競争的な公的資金配分を行うさまざまなプログラムを実施している。例えば二〇〇二年から実施された「二一世紀ＣＯＥプログラム」は、研究水準の向上と世界をリードする創造的な人材育成をはかるために重点的な支援を行い、国際競争力のある大学づくりを推進することを目的とした事業である。その成果をふまえて、「グローバルＣＯＥプログラム」が二〇〇七年から開始された。

教育面では、「特色ある大学教育支援プログラム」が二〇〇三年から五年間実施された。これは大学教育の質の充実や世界で活躍できる人材の育成をはかるために、大学教育の改善や改革を推進していくことを目的とした事業である。この事業は二〇〇四年から「特色ＧＰ」と略称され、ほぼ同様の目的をもった支援プログラムとして、「現代的教育ニーズ」（現代ＧＰ）や「専門職大学院形成」などに特化した事業が実施された。さらに二〇〇八年から、特色ＧＰと現代ＧＰを発展的に統合した「質の高い大学教育推進プログラム」が新しく開始された。

「小さな政府」の大学政策では、文部科学省自体も予算を獲得するために、こうした市場競争の原理にもとづいた公的資金の重点投資政策を立案・実施する必要に迫られている。しかし明確な将来展望がないまま、パッチワークのように個別の事業をつぎあわせても、日本の高等教育の発展にとって望ましい成果は得られないだろう。

多様化のメカニズム

高等教育の変革の方向として第三に指摘する必要があるのは、どの国でも、国内の大学制度は全体としてこれまでよりもはるかに多様化すると予想されることである。

すでに述べたように、社会のグローバル化は個別化よりも普遍化、標準化の方向へ、それから多元化よりも一元化の方向へ社会や大学のあり方を変えるように作用する。また情報通信技術革新の進展は遠隔教育の普及、国境や大陸を超えた研究の交流と推進などを促すので、大学教育や研究のあり方を均質化する方向へ変えるように作用する。「小さな政府」による大学政策も、各国の大学を同じように扱う方針を今後いっそう強めるようになると思われる。

しかし近代以降の大学の歴史をふりかえってみればわかるように、たとえ社会のグローバル化や情報通信技術革新が進んでも、どの国でも同じように「小さな政府」の大学政策が進められても、各国の大学改革はその国の政治経済体制や歴史的文化的伝統の違いを反映して、一方では共通性をもちながら、それぞれ異なったパターンを描くようになる。また学外の環境変化に対する対応は大学や大学のタイプによって異なるので、国内の大学制度は全体として従来よりもはるかに多様化すると予想される。社会のグローバル化への対応を例にすると、施設設備が充実していて有利な条件を備えている大学と備えていない大学では、その対応には大きな違いがみられるからだ。

さらに大学は今後、教育重視型大学と研究重視型大学の二つのタイプに大きく分化するが、実際には教育重視型大学にも研究重視型大学にも、多種多様な特色のある大学が生まれるだろう。特に教育重視型大学のなかには、大学の規模が比較的小さく、社会的な知名度も低いけれども、その大学の長所や持ち味を生かして、大学産業界でその大学にふさわしい適所を得ようとする「隙間（ニッチ、niche）」志向の大学が数多く生まれると考えられる。

例えば大学経営の方針として、すでに社会的な評価が高く、今後も優秀な入学志願者を十分に確保できると見込める学部や学科をいっそう拡充するのは、ごく当然のことである。また大学教育の目玉として、大学が所在する地域社会の関心や要求に応じた教育目標を掲げ、教育プログラムやキャンパスの施設設備を整える大学もたくさん出てくると思われる。地元にある地域産業向けの人材育成とか、現職研修の機会を活用したい有職者をはじめ、退職後の高齢者や子育ての終わった主婦などの成人学生の積極的受け入れなどを教育目標にする大学である。

多種多様な特色のある大学が生まれて、大学制度が全体として多様化することは、それ自体望ましいことである。しかしそれと同時に、大学教育の質の保証や内容の標準化をはかることも、今後重要な課題になるだろう。それは個々の大学にとっても重要な課題だが、それとともに大学連合組織、日本でいえば日本私立大学連盟や国立大学協会、大学基準協会や短期大学基準協会などの大学連合組織が大学と連携・協力し、長期的な観点から大学教育の質の維持・向上に積極的に寄与することが強く求められている。

2　大学改革と大学教授職の変容

大学改革における大学教授職の位置

それではこうした世界同時進行の大学改革のなかで、大学教授職はどのように位置づけられ、どのように変わってきたのか。また大学教授職にはいかなる問題や課題があり、今後どのように変容していくのだろうか。その大まかな概要を、具体的なイメージがわきやすい日本とアメリカの動向に焦点をあてながら素描してみよう。

本書の編著者である有本によれば、大学教授職とは、大学に勤務し、専門分野を専攻し、学術活動に携わり、固有の文化を有している教授や准教授、講師、助教などを総称する言葉である(6)。この定義にはいくつか補足説明が加えられているが、第一に、大学教授職は単なる大学教員ではなく、長期の教育歴や学識（スカラーシップ）、学問の自由、職業倫理、社会的権威、学問的生産性などと関連した特色をもつ専門職である。

第二に、大学教授職の仕事は知識を基盤に成り立っており、知識の発見・統合・応用・教育によって規定されている。第三に、大学教授職が専攻する専門分野には、所属する大学の講座や学科、学部に関連したローカルな側面と、所属する大学や国を超えた世界的な共通文化を志向するコスモポリタンな側面があるが、大学教授職にとってより重要なのは後者の方である。第四に、高等教育の大衆化にともなって大学教授職も大衆化し、その規模は大幅に拡大した。日本では一九五〇年の一万一〇〇〇人が二〇〇七年には一六万七〇〇〇人と、一五倍にまで増えている。

この大学教授職の標準的で典型的な役割モデルは、二〇世紀を通じて、第二次世界大戦後もつい近年まで、教育や研究、社会サービス（社会貢献）、大学の管理運営といった仕事を同時並行的に進める常勤（フルタイム）の教授（プロフェッサー）だった。しかしそうした大学教授職の役割は社会のグローバル化や「小さな政府」の大学政策、情報通信技術革新の進展などを背景に進められた大学改革のなかで大きく変容してきた。そのポイントをいくつか列挙すると次のようにまとめられる(7)。

大学教授職の変容と課題

第一に、大学教員の雇用形態についてみると、終身在職権のある（テニュア付きの）常勤雇用が減少し、臨時雇用、つまり非常勤（パートタイム）雇用や常勤雇用でもテニュア資格のないポストや任期付きのポストが増加してきている。アメリカで二〇〇一年に新規採用された大学教員のうち、半数は非常勤雇用、また常勤雇用の半分以上は任期付きでテニュア資格のないポストだった。この雇用方式が今後二〇年間続くと、終身在職権のある常勤教員は三〇％まで縮小するという。このような雇用形態の多様化は日本をはじめ、他の国々でも次第に顕著になってきている。

ところで臨時雇用の増大は雇用条件の悪化や不安定化をもたらしただけでなく、教育専従や研究専従といった単一の職務に従事する臨時雇用の大学教員を増やしており、教育や研究、社会サービスなどの複数の職務を同時並行的に進める大学教授職という役割モデルも大きく変わってきている。

こうしたなかで、第二に、従来の伝統的な大学教授職の中核的な役割であった教育と研究も分離する方向に進んでいる。例えば常勤教員の採用でも、教育活動、特に教養教育課程や導入教育課程における教育活動への専従を条件に採用されたり、自然科学分野や専門職業分野であれば研究活動や臨床活動への専従を条件に採用されたりする者が増えた。高等教育の大衆化にともなって学生の能力や興味・関心が多様化したので、学生の教育はますます重要になってきている。また研究活動が大規模化し高度化すれば、研究活動に専念するスタッフが大幅に増えるのは当然なのかもしれない。しかし今求められているのは、研究者と教師の役割をこれ以上分離したり断片化したりすることではなく、両者に架橋して有機的な連携をはかるようにすることであり、そのためには大学教員が意欲的に教育研究活動に従事できるキャンパスの条件整備が不可欠である。

第三に、大学の管理運営のあり方は全体として、大学構成員、特に大学教員の考え方や意思決定を重視する「同僚性」と近代組織に不可欠な「官僚性」の特徴をもつ管理運営から、大学の経営責任がある理事会の理事や、学長とか副学長といった上級大学管理者の権限が強い法人性・企業性の特徴をもつ管理運営へ変化してきている。法人性・企業性の特徴をもつ大学の管理運営では大学経営陣の意思決定の権限が強いので、学外の環境変化に対応した効率的な大学経営を行うことができる。ただしこうした中央集権的な大学の管理運営を円滑に行うには、大学構成員、特に大学の教育研究活動に直接従事する大学教員や大学職員が自らの意思を反映できる仕組みを整備する必要がある。また大学教育やキャンパスの施設設備の改善などといった学生向けの大学改革を効果的なものにするには、利害関係者としての学生の意向や支持を十分に考慮する必要があるだろう。

第四に、市場競争の原理を重視する「小さな政府」の大学政策の実施にともない、「選択と集中」による強者中心主義が支配的になり、研究重視型大学と教育重視型大学との間、もてる大学ともたざる大学との間、あるいは有利な条件をもつ大学教員ともたない大学教員との間の格差が拡大し、専門職としての大学教授職のアイデンティティは大きく揺らいでいる。こうした大学や大学教員の二極化を是正し、二一世紀の大学の発展にとって望ましい大学教授職を確立するには、なによりもまず、新しい大学の理念にふさわしい大学教授職の理念を再構築する必要がある。しかしそれと同時に、公的資金を大幅に拡大充実して大学の諸活動を支える基盤経費を全体として底上げしたうえで、適切な競争的資金配分を実施することも強く求められる。

おわりに

本章では、大学改革の主要な社会的背景を、社会のグローバル化、「小さな政府」の大学政策、情報通信技術革新の進展の三つに集約して、大学改革の世界的動向を概観するとともに、大学改革の方向を、大学経営の健全化、利害関係者のニーズへの対応、多様化する大学の三つに絞って考察することを通して、日本を含めた各国の大学改革を分析する際のポイントを整理した。さらにそうした大学改革のなかで大きく変容した大学教授職の特徴と課題を明らかにし、今後の方向を探ってみた。

二一世紀の大学の発展にとって望ましい大学教授職を確立するには、なによりもまず、新しい大学にふさわしい大学教授職の理念を再構築する必要がある。しかしそれと同時に、大学教員が意欲的に教育研究活動に従事できるように、その雇用条件やキャンパスの環境などを整備することが強く求められる。また大学教員をはじめ、大学職員や学生が自らの意思や意向を反映できる、新しい大学にふさわしい管理運営のあり方を定着させることも重要な課題である。

【注】

（1）社会のグローバル化の定義については、江淵一公編著『トランスカルチュラリズムの研究』明石書店、二〇〇〇年、二一一四八頁、Clayton, T., "Competing Conceptions of Globalization, Revisited: Relocating the Tension between World-Systems Analysis and Globalization Analysis." *Comparative Education Review*, Vol. 48, No. 3, August 2004, pp. 274-294 などを参照。

（2）江原武一「高等教育におけるグローバル化と市場化――アメリカを中心として」『比較教育学研究』第三二号、二〇〇六年、一一四頁。

（3）L・サロー（土屋尚彦訳）『大接戦――日米欧どこが勝つか』（講談社文庫 P540）講談社、一九九三年、六〇―六一頁。

（4）江原武一「アメリカの大学」有本章・羽田貴史・山野井敦徳編著『高等教育論――大学の基礎を学ぶ』（MINERVA教職講座⑯）ミネルヴァ書房、二〇〇五年、一五三―一五四頁。

（5）江原武一「大学の管理運営改革の世界的動向」江原武一・杉本均編著『大学の管理運営改革――日本の行方と諸外国の動向』東信堂、二〇〇五年、二九―三二頁。

（6）有本章編著『変貌する日本の大学教授職』玉川大学出版部、二〇〇八年、一四―一七頁。

（7）大学教授職の変容については主に次の文献を参照。M・フィンケルスタイン（羽田貴史他訳）「アメリカ大学教授職の変容――日本への示唆」広島大学高等教育研究開発センター編『大学教授職の再定義――第三二回（二〇〇四年度）研究員集会の記録』（高等教育研究叢書八三）広島大学高等教育研究開発センター、二〇〇五年、二一―三八頁。有本章、二〇〇八年、前掲書、三二五―三五一頁。大膳司「臨時教育審議会以降の大学教員の構造と機能の変容――教育・研究活動を中心として」『高等教育研究』第一二集、二〇〇九年、七一―九四頁。江原武一「転換期における日本の大学改革――動向と課題」『立命館百年史紀要』第一七号、二〇〇九年、一―四七頁。

（江原　武一）

2章　知識社会のインパクト

はじめに

「知識社会」(knowledge society) あるいは「知識基盤社会」(knowledge-based society) という言葉を含んだ政策関連文書や論文・エッセイは多く、しばしば枕詞のように使われており、知識社会や知識基盤社会が大学に与えるインパクトについての考察も少なからずある(1)。

しかし、知識社会あるいは知識基盤社会というのは摑みどころがない、というのが筆者の正直な感想である。知識社会においては知識が重要であり、大学は知識に関わる最も典型的な機関であるから、当然ながら知識社会から大きな影響を受けるであろう。だが、すべて「知識社会であるがゆえに」で大雑把に片づけられてしまう感があり、しかしながら知識社会というのは一枚岩ではなく、いろいろな内容を含んでいるようであり、その使われ方も幅広い。知識社会が摑みどころがないのは、それが具体的に何を指すのかが論者や文脈によって異なっているからではなかろうか。したがって、知識社会の大学へのインパクトを論じる以前に、知識社会の論じられ方を検討すべきではないか。これは、知識社会のインパクトが現実に大学を変容させているのか、知識社会の捉え方が大学の対応の変化をもたらしているだけなのか、その区別が難しいからでもある。

そこで本章は、知識社会そのものよりも知識社会の論じられ方の多様性を検討する。知識を重視する社会であるという点で知識社会論はどれも同根ではあるが、何を重視するかで、つまりどこに比重を置くかでいくつか異なる側面をもつと考え、以下では「イノベーション重視の知識社会論」「学習重視の知識社会論」「マネジメント重視の知識社会論」の三つに分けて検討する。その前に、まずは知識社会論の由来や普及のプロセスをみておこう。

1　「知識社会」論の普及

知識社会や知識基盤社会という考え方はどこから来たのか。まずは身近なところでは、二〇〇五年の中央教育審議会答申『我が国の高等教育の将来像』で「二一世紀は「知識基盤社会」(knowledge-based society) の時代であると言われている」とある。同答申では、知識基盤社会とは、「新しい知識・情報・技術が政治・経済・文化をはじめ社会のあらゆる領域での活動の基盤として飛躍的に重要性を増す社会」であると定義し、その特質として以下四つをあげる。①知識には国境がなく，グローバル化が一層進む。②知識は日進月歩であり、競争と技術革新が絶え間なく生まれる。③知識の進展は旧来のパラダイムの転換を伴うことが多く、幅広い知識と柔軟な思考力に基づく判断が一層重要となる。④性別や年齢を問わず参画することが促進される。

また、高等教育だけでなく初等中等教育においても、二〇〇八年の中央教育審議会答申『幼稚園、小学校、中学校、高等学校及び特別支援学校の学習指導要領等の改善について』では、「一九九〇年代半ばから現在にかけて顕著になった、「知識基盤社会」の時代などと言われる社会の構造的な変化の中で、「生きる力」をはぐくむという理念はますます重要になっていると考えられる」、として、いわゆる「生きる力」の必要を強調する。

生涯学習においても、二〇〇八年の中央教育審議会答申『新しい時代を切り拓く生涯学習の振興方策について――知の循環型社会の構築を目指して』で、知識基盤社会が前提とされ、やはり中央教育審議会答申『教育振興基本計画について――「教育立国」の実現に向けて（答申）』においても、「今後の知識基盤社会において，一人一人の充実した人生と我が国社会の持続的な発展を実現するため，改めて「教育立国」を宣言することを求めた」とある。

実はこうした教育政策においてよりも、科学技術政策関連の文書で早くに知識社会への言及がなされている。二〇〇〇年の『科学技術白書』では、二一世紀の社会を「知識基盤社会への移行」と位置づけ、同じく二〇〇〇年の科学技術会議『二一世紀の社会と科学技術を考える懇談会』（中間報告）』の第四章「新たな「知識社会」の構築を目指して」では、「二一世紀は知識基盤経済（ナレッジ・ドリヴン・エコノミー）といわれるように、経済はますます知識の基盤を必要としてくる。しかも、知識は製造業のみでなく、金融等のサービス産業等、多くの方面に用いられるに違いない。二一世紀は情報の世紀であるともいわれるのは、知の有効な活用が何よりも重要であるためであろう」とある。どうも知識社会や知識基盤社会のベースには、知識基盤経済（knowledge-driven economy あるいは knowledge-based economy）という考え方があるようだ。

この知識基盤経済という考え方がどこから来たかといえば、一九九〇年代半ばにＯＥＣＤ（経済協力開発機構）の科学技術政策担当者が中心になって導入した経緯がある。(2) 早い時期としては、一九九四年に、コペンハーゲンで「知識基盤経済における雇用と成長」と題するカンファレンスが開かれ、(3) 一九九六年には、ＯＥＣＤはその名も『知識基盤経済』（The Knowledge-Based Economy）を公表した。これは知識基盤経済のパフォーマンスを示す指標（指標作成は、各国の政策担当者のためのシンクタンクであるＯＥＣＤにとって、基本的な役割である）を検討しているが、知識基盤経済を体系的に論じた最初のものであろう。

『知識基盤経済』では、知識基盤経済は「直接に知識と情報の生産、流通、消費に基づく経済」と定義される。同書は、ＯＥＣＤ諸国の経済は知識や情報に基づく傾向がますます増え、知識は生産性と経済成長の駆動力とみなされ、情報・技術・学習の役割が重視される状況であり、そうした強い認識から「知識基盤経済」という用語が生まれたとする。知識基盤経済は、「情報化社会」（information society）の出現が背景にあり、経済学的には「新しい成長理論」（new growth theory）を基礎に考えねばならず、(4) 労働者のスキル獲得への要求は「学習経済」（learning economy）の根拠となり、知識や技術の伝播については「ナショナル・イノベーション・システム」（national innovation systems）（次節で説明する）を理解する必要があるという。科学政策研究を専門とするブノア・ゴーディンによれば、知識基盤経済に関わる諸政策の展開において、ＯＥＣＤがその加盟国のシンクタンクとして行動し、その重要なプロモーターとして、普及に機能した。(5)

このように知識基盤経済という概念を形成し広めたのはＯＥＣＤであったが、もちろん、知識社会の考え方には多くの先達がいたことはいうまでもない。例えば、一九六二年に経営学者フリッツ・マッハルプは『知識産業』（和訳一九六九年）を著し、知識産業という言葉を使って、知識社会論の走りともいうべき役割を果たした。一九六九年には、ピーター・ドラッカーが、『断絶の時代――来たるべき知識社会の構想』（和訳一九六九年）で、知識社会の到来を予言した。ドラッカーは、知識産業の台頭、知識労働者の増大という「知識経済」（knowledge economy）の出現を指摘したが、この論議はのちに一九九三年の『ポスト資本主義社会――二一世紀の組織と人間はどう変わるか』（和訳一九九三年）でも展開された。つまり「知識基盤経済」以前に「知識経済」という概念はすでに存在していた。さらに、一九七三年の社会学者ダニエル・ベルによる『脱工業社会の到来――社会予測の一つの試み（上・下）』（和訳一九七五年）論など、一九六〇年代末から、知識社会論というべき論議が盛んに行われるようになった。

知識社会論は、以上のようなマッハルプ、ドラッカー、ベル等にまで遡るが、ＯＥＣＤは、一九九〇年代半ばに、従来の知識社会論を知識基盤経済という概念をテコにして、各国の政策に影響を与えるほどの新しい知識社会論へと飛躍させたといってよいだろう。(6)そこにはＥＵ経済の長期的な停滞という文脈がある。ＯＥＣＤはヨーロッパを中心とするが、ＯＥＣＤを中心に知識基盤経済という概念が広がったのは、結局のところ、一九九〇年代のアメリカの経済成長がＩＴ産業などのニュー・エコノミー（情報技術の進歩や規制緩和などによって収穫逓減の法則から免れ、インフレなき経済成長が続く経済）によってもたらされたと考えたヨーロッパが、それを追うように一九九〇年代後半から、知識基盤経済と言い始めたことによる。同時に一九八〇年代以降のヨーロッパ諸国では、高等教育の大衆化によって高学歴化が進み、それが知識基盤経済への移行の準備となったと考えられていたこともあるだろう。ニュー・エコノミーも知識基盤経済も内容的には似ているが、こうした背景もあってか、知識基盤経済はヨーロッパでより多くつかわれる傾向があるようだ。いずれにしてもこの新しい知識社会の考え方は政策担当者やそれに近い人々を通じて世界に広まることになった。

なお、知識基盤社会という言葉はしばしば知識社会と同様に使われている。もしそれが知識基盤経済という言葉が出てから頻繁に使われるようになったとすると、既存の知識社会という考え方に知識基盤経済の概念が影響を与えて知識基盤社会という言葉が使われるようになったのかもしれないが、この点は確認できていない。

2　イノベーション重視の知識社会論

知識基盤経済という概念は、既にみたようにナショナル・イノベーション・システム（NIS, National Innovation System、あるいはNSI, National System of Innovation）を基礎の一つにする。イノベーションを経済成長の中に位置づけたのはいうまでもなくヨゼフ・シュンペーターである。イノベーションとは、新しいものを生産したり、新しい方法で既存のものを生産することであるが、シュンペーターは、一九一二年の『経済発展の理論』で、物や力等の諸資源を従来とは異なった形で結合する「新結合」をイノベーションと考えた。そのイノベーションには、新しい製品の開発、新しい生産方法の開発、新しい市場の開拓、原材料の新しい供給源の開拓、新しい組織の実現、の五つがあるとされるが、しばしばいわれるように、日本語の「技術革新」が意味するよりも広い概念である。

この組織や制度も含めてイノベーションをとらえる考え方が、一九八〇年代後半に、リチャード・ネルソン、クリストファー・フリーマン、ベンクト＝オーケ・ルンドヴァルらによってＮＩＳの理論へと発展した。(7) イノベーションの誕生は社会の様々な制度や仕組みの影響を受けるし、社会的な制度や仕組みは当然ながら国によって異なるために生まれた考え方である。すなわちＮＩＳは、「第一に、各国の歴史的背景によって大きく異なる経路依存性（path dependency）をもち、その意味で進化的なシステムとして捉えられる」「第二に、システムの深化は、制度の在り方が技術に影響を及ぼすばかりでなく、同時に技術が制度を規定するという側面を持った共進化

（coevolution）のプロセスとして描かれる」「第三に、システムを構成する諸制度は、合理的に設計された「ルール」ではなく、進化的な均衡状態にあるものとして定義される」「第四に、それらの制度ないしNISを構成する主要プレーヤー（企業、政府および大学）による相互作用の形態や強度の差によって、多様なNISが形成されている」(8)。共進化の考えはネルソンらの進化経済学を基礎とするが、技術と制度、イノベーションと制度、組織と制度、制度と制度、などさまざまなものの間に生じる。制度や組織は知識が蓄積されているものであり、知識の移動や変化を通じて組織や制度そのものがイノベーションを起こし、それが逆に制度や組織を変異させ、こうした相互作用の中でイノベーション（と制度）は淘汰され、進化していくと考える。

こうした考え方から、多様な諸制度やアクター間の相互作用が重要であり、例えば、ヘンリー・エッコウィッツ等は、大学、産業界そして政府の間で形成される相互作用を「トリプルヘリックス（三重螺旋構造）」とよぶ(9)。小林信一の表現によれば(10)、イノベーションは水面の波紋のようにNISに広がっていくので、NISのゆらぎを生み出すために、その源泉として大学が位置づけられ、その活性化が求められている。一九九〇年代からの産学連携の論議はしばしば、こうしたNISを基礎にしている。つまり、大学が生産する知識の技術移転によって、例えば特許化や技術移転組織、大学発のベンチャー、そのためのインキュベーション（起業支援）などが組織化され、知識のスピンオフを通じてイノベーションが生じる、と考えられている。そこでは、従来の「リニアモデル」、つまり、基礎研究—応用—開発という段階的なプロセスではなく、イノベーションは「市場発見（market finding）」に起因するというステファン・クラインの「連鎖モデル」や、マイケル・ギボンズらの、知識生産モードにおいて社会的なアプリケーションを要とする「モード2」の論議などが主流となっている(11)。

一九八〇年代に双子の赤字を抱え、経済停滞が続いたアメリカは、一九八〇年に制定されたバイドール法（Public Law 96-517, Patent and Trademark Act Amendments of 1980）によって、政府資金による研究開発から生じた発明・特許については民間企業等に帰属させることができるようになった。これによって研究成果の特許化が促進され、ベンチャー企業が生まれるなど、ニュー・エコノミーが成長し、国際競争力を取り戻すきっかけになったといわれている。こうしたパターンは、いわばアメリカ型のＮＩＳであり、ヨーロッパも日本もそれに学ぼうとした。

日本では、従来政府の委託研究を通じて得られる知的財産権については一〇〇％国に帰属することになっていたが、一九九〇年代前半にバブル経済崩壊後、経済不況にあえぐなかで、遅まきながら一九九八年に「大学等における技術に関する研究成果の民間事業者への移転の促進に関する法律」（大学等技術移転促進法、ＴＬＯ法）が制定され、さらに一九九九年に日本版バイ・ドール条項である「産業活力再生特別措置法第三〇条」が制定され、政府資金の受託研究の成果が企業や大学に帰属する道が開かれ、次々と大学に知的財産本部が置かれるなど、大学の研究成果の移転の促進が図られることになった。ただし、アメリカ的なこうした特許化による技術移転中心の産学連携は、日本に必ずしも適合しないかもしれない。日本の大学には従来からインフォーマルなコンサルティング的な関係が企業とあり、そのような関係が日本のイノベーション・システムには重要であるとの指摘がなされている。(12)

また、最近よく聞かれるのは、地域イノベーションである。『国の競争優位』（和訳一九九二年）等で有名なハーバードの経営学者マイケル・ポーターらによって、地域における産業集積がイノベーション創出に重要な役割を果たす「クラスター」として論じられ、地域クラスターは、大学を拠点とする産学連携のモデルとして盛んに論議されるようになった。日本でも文部科学省による知的クラスター創成事業、経済産業省による産業クラスター計画等の事業が推進されている。こうして、いわば「イノベーション重視の知識社会論」が、大学に対して、技術移転やベンチャー、知財戦略、企業との共同研究やコンサルティングなどの産学連携推進の圧力になっている。また、若手研究者養成、博士号取得者のキャリア・パスなど、大学院レベルの高度な人材養成の問題もイノベーションの文脈で大学が対応すべき重要課題とされる。

3　学習重視の知識社会論

知識を重視する知識社会で教育や訓練、学習が重要であると考えるのは当然であろう。一九六〇年代には「人的資本論」が登場し、経済成長における教育の役割の重要性が広く認識されるようになり、経済学的には新古典派成長モデルの修正や内生的経済成長理論の形成に貢献することになった。他方で一九六八年にはロバート・ハッチンスが『ザ・ラーニング・ソサエティ』を発表し、「学習社会」という言葉が知られるようになり、先述した知識経済や知識社会を予言したドラッカーも学習を重視した。ドラッカーは、経済活動の中心に知識を据えたが、単なる知識だけではなく、「知識の知識への適用」つまりメタ知識の存在を重視するとともに、学習機能や意欲も含めて、学習方法の学習が大事であり、そのための継続的な生涯学習が必要であることを主張した(13)。

そして一九九〇年代に知識基盤経済の考え方の基礎の一つとなったＮＩＳ論もまた学習を重視する。先述したフリーマンはイノベーション創出のためには質の高い労働力が必要であり、そのための教育・訓練の重要性を指摘した。また、これも前述したＮＩＳ論者だが、ＯＥＣＤの知識基盤経済の概念形成に中心的な役割を果たした一人であるルントヴァルは、「学習経済」(learning economy) への移行を強調した。例えば製品のイノベーション創出には、ユーザーと生産者との間でユーザーのニーズや技術の機会に関する情報のやり取りが必要だが、暗黙知が多いので「相互行為的な学習」が鍵となる(それは日常的な生産・流通・消費活動でなされる学習行為である)。また、制度や組織には、知識を使う知識(メタ知識)や暗黙知が蓄積されているため、「制度のイノベーションとは、制度に具現化されている知識やメタ知識を入れ替えたり、追加したりすることによって起こる」のであり、「制度のイノベーションとは学習そのもの」である(14)、という具合にイノベーションには「学習」が不可欠である。

ただし、学習重視のＮＩＳ論は知識基盤経済の概念形成で大きな位置を占めたが、知識基盤経済の考え方はＮＩＳ論のみに縛られるものではない。前述したＯＥＣＤ『知識基盤経済』(一九九六年)による知識基盤経済のパフォーマンス指標の検討のなかで、「知識と学習を測る」指標に関しては「人的資本論」が重要な位置を占めている。また、ヨーロッパでは、一九八〇年代から長期失業者、若年失業者が増え、構造的な失業問題が続き、一九九二年にＯＥＣＤが「ジョブ・ストラテジー・プログラム」を開始するなど、知識基盤経済の考え方が出る以前から、雇用、労働者のスキルの獲得や向上、教育の職業的レリバンス、コンピテンシーなどが重要な課題として認識されており、一九九〇年代半ばにそれらも知識基盤経済の枠組みで語られるようになるにつれ、むしろ知識基盤経済の方も幅広い概念として捉えられるようになったと考えられる。

一九九〇年代後半からのヨーロッパの教育改革の動きは、こうした知識基盤経済、さらにはより広い概念である知識基盤社会の考え方を背景にしているといえよう。特にＥＵ統合のプロセスで、経済のグローバル化に対して国際競争力を取り戻す必要があるという強い認識があり、また、ソ連崩壊による北欧諸国の経済的ダメージの立て直しが求められ、そのなかでヨーロッパ全体での教育改革に向けた取り組みが行われた。例えば、一九九七年には、「コンピテンシー定義・選択（DeSeCo）計画」が始まった。「経済協力開発機構（ＯＥＣＤ）は、一九九七年から二〇〇三年にかけて、多くの国々の認知科学や評価の専門家、教育関係者などの協力を得て、「知識基盤社会」の時代を担う子どもたちに必要な能力を、「主要能力（キーコンピテンシー）」として定義付け、国際的に比較する調査を開始している」[15]。また、ＯＥＣＤの「生徒の学習到達度調査」（Programme for International Student Assessment, PISA）も一九九七年に始まった。しばしばいわれるように、ＰＩＳＡは、単なる知識ではなく、読解力や問題解決能力さらには学習習慣や学習動機などを重視する。

そして、知識基盤経済の考え方が典型的に表れているのが「リスボン戦略」である。リスボン戦略は、「より多くのより良い雇用と、より強い社会的連帯を有しつつ、持続可能な経済成長を可能とする、世界で最も競争力があって最もダイナミックな知識基盤経済を形成すること」を目標とした。二〇〇〇年三月にリスボンで開催された欧州理事会では、「二〇一〇年までに世界で最も競争力のある、ダイナミックな知識を基盤とした経済空間を創設すること」として、「知識社会における生活と労働のための教育および訓練」「研究と革新の欧州空間の創設」、「雇用、教育および訓練における社会的統合の促進」などのＥＵの取るべき方向性が示された[16]。そして高等教育政策に関して、このリスボン戦略の展開の中に位置づけられていると言われるのが「ボローニャ・プロセス」である。

一九九八年の、イギリス、ドイツ、フランス、イタリア四カ国の教育関係大臣による、ヨーロッパ高等教育圏の構築を目指す「ソルボンヌ宣言」を基礎にして、一九九九年に二九カ国による「ボローニャ宣言」がなされた。そこでは、以下のような六つの課題の達成が求められた。(1)比較可能な学位システムの導入：欧州市民の域内流動・就職可能性を高め、欧州の高等教育システムの国際競争力を高める。ディプロマ・サプリメント（学位の学修内容を示す共通様式）の試験的導入等を進める。(2)学部と大学院の二段階構造を導入：第二段階（大学院、学位は修士号・博士号）進学条件として最低三年の第一段階（学部）の修了を課す。(3)単位制の確立：欧州大学間単位互換制度（ECTS）を確立する。(4)障害を取り除き、人の移動を最も効果的に実現：学生に学習と職業訓練の機会を提供する、教員・研究者・行政官に欧州全体の枠組みの中で研究・教育・職業訓練活動を行う期間を設けることが重要。(5)質保証のためのヨーロッパ域内協力の推進：比較可能な基準・方法論を開発。(6)高等教育におけるヨーロッパの特質を促進：カリキュラム開発、機関レベルでの協力、モビリティ向上のための方策、学習、教育訓練、研究プログラムの統合に配慮。[17] ボローニャ・プロセスはヨーロッパ高等教育圏の構築を目指すものだが、その背後には、アメリカ主体の経済グローバル化(グローバル知識経済化)とそれに伴う高等教育のグローバル化に対抗すべく、高等教育の国際競争力を高める目的があるといえよう。

ボローニャ宣言の内容は着実に実施されてきたが、その中で例えばドイツでは、従来の基礎課程、専門課程という分け方はなくなり、新しい課程における学修単位としてモジュールが導入された。[18] 小林はこうしたモジュール化を「教育経験の可搬化」と表現しているが、アメリカで盛んになっている「サーティフィケート」とともに、知識社会における大学教育の変容の典型例としてあげている。[19] こうした変化は、従来の学問分野依存型の段階的な学習方式ではなく、問題解決型の教育モードであり、知識基盤経済に適合した教育への変化とされる。

日本においても、高等教育の職業的レリバンス、コンピテンシー、質の保証、カリキュラム改革（問題解決能力重視）、職業訓練機会の提供、学士レベルの学習成果の評価、国際競争力、国際的通用性、国際化など、必ずしもヨーロッパと全く同じ文脈ではないにせよ、グローバル化した知識社会、知識基盤経済のなかで同様の課題への対応に迫られているといえよう。こうした意味で、知識社会論は「グローバル社会」や「グローバル知識経済」として論じられることも多い。[20] さらには高等教育の海外進出や高等教育のオフショア化、高等教育サービスの貿易自由化、さらには高等教育の国際的な質保証問題など、いわゆる高等教育の国際化も、知識社会や知識基盤社会への変化に位置付けられて論議されている。[21]

4　マネジメント重視の知識社会論

以上の「イノベーション重視の知識社会論」や「学習重視の知識社会論」よりも、高等教育に関してはあまり馴染みがないかもしれないが、一般的には、知識社会といえば「ナレッジ・マネジメント」（knowledge management KMと略される）を思い浮かべる人が多いかもしれない。ナレッジ・マネジメントは、企業経営の世界で、一九九〇年代後半より欧米で盛んになってきた、知識を経営資源として利用し、生産性を上げようとする論議である。商品に関する知識だけではなく、企業という組織そのものに組み込まれた知識の活用を重視する。

ナレッジ・マネッジメントが注目されたのは、野中郁次郎・紺野登らによれば、[22]米国企業が短期的コスト削減のために行ったリストラやエンジニアリングの副作用で、人材とともに知が流出してしまい、その個人の知識を組織的な仕組みやシステムで維持しようとしたためであるという。一九九〇年代初めにはアメリカの経済はどん底であったのに対して、日本経済は好調で日本的経営ブームが起こっており、日本企業についてアメリカのビジネススクールでも多くの研究がなされていた。日本の終身雇用や年功序列をベースにした企業内教育やジョブ・ローテーションによる人材育成などが注目を浴びたが、そうした中で日本企業の強みを企業の内部資源に求めることで、知識資源や学習組織といったことが重視されるようになった。同時に、その後に回復したアメリカ経済の好調はサービス業、情報産業を中心にして、さらに製造業も顧客重視のサービス化が進み、コンサルティング・サービスや顧客ごとのカスタマイズ管理などで、専門的知識が不可欠になった。一九九〇年代半ばには、マイクロソフトに見られるような知識資産や知識資本に注目が集まり、市場の変化に敏感に適応して価値を生み出すのが知識と考えられ、知識経済と企業内部の知識資産が結合した。[22]このころ、日本の経営学研究者の貢献も大きく、野中郁次郎の『知識経営創造の経営』(一九九〇年)、紺野登・野中郁次郎の『知力経営』(一九九五年)、野中郁次郎・紺野登『知識創造企業』(一九九六年)などが出版され、世界的にも注目を集めた。野中らは、ナレッジ・マネジメントを「知識の共有・移転、活用のプロセスから生み出される価値を最大限に発揮させるための環境の整備とリーダーシップ」と定義する。[23]そこには個人が持っている暗黙知を形式知に変換・共有化し、さらに形式知から暗黙知が創造されるといった知識創造プロセスが中心にある(SECIモデル)。

こうしたナレッジ・マネジメントの論議は、企業内部の経営にとどまるものではなく、自治体や医療機関、非営利組織のナレッジ・マネジメントへ広がりつつある。そして、教育についても、たとえば、OECDは二〇〇〇年に、『学習社会におけるナレッジ・マネジメント――教育とスキル』を発表したが、そこでは、医療や工業の部門と違って、教育セクターは未だ明確な改善がないとして、教育システムのあらゆるレベルでのナレッジ・マネジメントを強化する必要があることを強く主張している。現に大学教育、図書館業務、大学経営、産学連携等の個別の活動や組織に関して、ナレッジ・マネジメントを適応して効率化しようとする検討も多く現れている。[24]

他方で、それを危ぶむ議論もある。科学論者のスティーブ・フラーは『ナレッジ・マネジメントの思想――知識生産と社会的認識論』(二〇〇二年)において、ナレッジ・マネジメントの本質は、知識を必要悪とみなす思想であると考えた。同書の訳者である永田晃也によれば、「ナレッジ・マネジメントは知識を、それ自体として目的とするのではなく、市場で競争優位を確保するための手段になりうると仮定されるかぎりにおいて必要なものとし、知識生産の費用を徹底して節減しようとするという。[25]そして、そのように捉えなおされたナレッジ・マネジメントの思想的起源が、一八世紀にまで遡って検討される」。フラーによれば、大学に対する現代のナレッジ・マネジメントの典型は、イギリスの大学で行われているRAE(Research Assessment Exercise 研究活動外部評価)とそれに基づく財政資源配分であり、そうしたナレッジ・マネジメントは大学の知識生産を変質させるものとして問題があるとする。[26]

おわりに――神話としての知識社会

知識社会という言葉はしばしば政策的なスローガンとして使われるが、それは、先人たちが議論してきた「新しい社会」を示す言葉である「知識社会」に、ＯＥＣＤによる知識基盤経済という概念が加わったからだろう。これまで「イノベーション重視の知識社会論」「学習重視の知識社会論」「マネジメント重視の知識社会論」をみてきたが、(27)この区分は、知識社会の捉え方で重視することの比重が異なるだけであり、かなり共通の部分がある。ＮＩＳの考え方は「イノベーション重視の知識社会論」だけでなく「学習重視の知識社会論」にも影響を与え、実は、企業におけるナレッジ・マネジメントも、知識や組織や制度を論じる上でＮＩＳの論議とも関係している。さらに面白いのは、ＮＩＳ理論が形成される際にはフリーマンは日本の産業政策を研究したし、ナレッジ・マネジメントの興隆には日本の経営学者が大きく貢献しており、一九八〇年代の日本的経営に関する研究が、これらの論議に貢献していることである。一見すると外国から輸入されたと思われる知識社会論に日本は相当に影響を与えている。

いずれにしても、こうして知識社会論を分けると、多少なりとも、大学が多方面から知識社会化といわれるもののインパクトを受けつつあることがわかる。例えば、特許や技術移転、ベンチャー、地域クラスターなど産学連携等の取り組みは「イノベーション重視の知識社会論」を背景とし、専門職教育の充実、新しい教育プログラムやモジュールの編成、コンピテンシーやジェネリックスキル、学士力といった問題への対応は「学習重視の知識社会論」から来るし、機関評価や研究評価、ガバナンス、財政資源配分、ＩＲ（インスティテューショナル・リサーチ）などの問題は、「マネジメント重視の知識社会論」と関わる。

ところで大学は知識社会化に揺さぶられているが、それに対する大学の対応や変容、具体的な取り組みが本当に適切なものかどうかは必ずしも自明ではない。とりあえず機能主義的に考えて、つまり知識社会とはこういうもので、大学はこのような役割・機能を果たすはずだから、そのためにこれこれの対応をせねばならない、これこれの構造変化をせねばならない、という具合に動いているというのが実際のところだろう。それは、社会学におけるマイヤー流の新制度学派的な解釈をすれば、「知識社会の神話」に過ぎないのかもしれない。(28)だが、現実に世界の高等教育はその枠組みの中で進展しているのであり、その妥当性を確認できなくても大学は対応に奔走せざるをえない。知識社会という神話がある限り、ゲームは続くのである。

【注】

（1）　小林信一「知識社会の大学――教育・研究・組織の変容」『高等教育研究』第四集、二〇〇四年、一九―四五頁。広島大学高等教育研究開発センター編『知識社会における高等教育システムの新たな展開――第三五回（二〇〇七年度）研究員集会の記録』広島大学高等教育研究開発センター。有本章「日本の大学教授職――過去と現在」有本章編著『変貌する日本の大学教授職』玉川大学出版部、二〇〇八年。ウルリッヒ・タイヒラー（馬越徹・吉川裕美子監訳）『ヨーロッパの高等教育改革』玉川大学出版部、二〇〇六年、二七八―二八二頁。Välimaa, J. and Hoffman, D., "Knowledge Society Discourse and Higher Education," *Higher Education,* Vol. 56, Issue 3, pp. 265-285, 2008. Enders, J., "Crisis? What Crisis? The Academic Professions in the 'Knowledge' Society," *Higher Education,* Vol. 38, No. 1, 1999, pp. 71–81. Sörlin, S. and Vessuri, H., *Knowledge Society vs. Knowledge Economy : Knowledge, Power, and Politics,* Palgrave Macmillan: New York, 2007.

（2）　Godin, B., "The Knowledge-Based Economy: Conceptual Framework or Buzzword?", *The Journal of Technology Transfer,* Vol. 31, No. 1, 2006, pp. 17–30.

（3）　会議のプロシーディングスは、OECD, *Employment and Growth in the Knowledge-based Economy,* Paris: OECD. として出版されている。この前後に知識基盤経済関連の文書が多く出されている。Etzkowitz, H. and Leydesdorff, L,. "The Triple Helix—University-Industry-Government Relations: A Laboratory for Knowledge Based Economic Development", *EASST Review* 14 (1), 1995, pp. 14-19. OECD, *The Implications of the Knowledge-Based Economy for Future Science and Technology Policies,* Paris: OECD, 1995. OECD, *Conference on New S&T Indicators for a Knowledge-Based Economy: Background Document,* Paris: OECD, 1996. OECD, *Conference on New Indicators for the Knowledge-Based Economy:*

Summary Record, Paris: OECD, 1996. OECD, *New Indicators for the Knowledge-Based Economy: Proposals for Future Work*, Paris: OECD, 1996.

（4）新しい成長理論とは、従来の新古典派的な成長理論における生産関数が労働、資本、原材料、エネルギーに焦点を当て、知識や技術は外生的要因として位置づけてきたのに対して、知識への投資を生産関数の中に直接含めようとするものである（内生的成長モデル）。

（5）Godin, B., "The Knowledge-Based Economy: Conceptual Framework or Buzzword?", *The Journal of Technology Transfer*, Vol. 31, No. 1, 2006, pp. 17–30. ゴーディンによれば、一九八〇年代後半から知られるようになったナショナル・イノベーション・システムの理論がOECD各国の政策担当者にとっては、現実には使いにくいアプローチであり、ナショナル・イノベーション・システムのパフォーマンスを示す指標が不十分であり、その指標の検討がなされるなかでOECDは知識基盤経済の概念を深めていったという。

（6）久保広正「EU経済の長期的停滞とリスボン戦略」『経済学雑誌』第一〇七号第三号、二〇〇六年、三五―四六頁。

（7）Freeman, C., *The Economics of Industrial Innovation, 3rd edn*, Cambridge: MIT Press, 1992. Nelson, R. (ed.), *National Innovation Systems. A Comparative Analysis*, New York/Oxford: Oxford University Press, 1993. Lundvall, B-Å. (ed.), *National Innovation Systems: Towards a Theory of Innovation and Interactive Learning*, London: Pinter, 1992.

（8）永田晃也「ナショナル・イノベーション・システム」杉山公造・永田晃也・下嶋篤編著『ナレッジ・サイエンス』紀伊國屋書店、二〇〇二年、一九八―二〇一頁。

（9）Etzkowitz, H. and Leydesdorff, L.(eds.), *Universities and the Global Knowledge Economy: A Triple Helix of University-Industry-Government Relations*, Pinter, 1997. ヘンリー・エツコウィッツ（三藤利雄・堀内義秀・内田純一訳）『トリプルヘリックス――大学・産業界・政府のイノベーション・システム』芙蓉書房出版、二〇〇九年（原書は二〇〇八年）。

（10）小林前掲論文「知識社会の大学」二三―二四頁。

（11）Kline, S.J., "Innovation is not a Linear Process", *Research Management*, Vol. 28, No. 4, 1985, pp. 36–45. マイケル・ギボンズ編著（小林信一監訳）『現代社会と知の創造――モード論とは何か』丸善ライブラリー、一九九七年（原書一九九四年）。

(12) 例えば、馬場靖憲・後藤晃編『産学連携の実証研究』東京大学出版会、二〇〇七年。後藤晃・永田晃也「日本のイノベーション・システムにおける大学の役割――産学間の知識のフロー」一橋大学イノベーション研究センター編『知識とイノベーション』東洋経済新報社、二〇〇一年、二一三―二四五頁。

(13) 久野弘幸・渡邊沙織「知識基盤社会に対応する学力観に関する研究」『愛知教育大学教育実践センター紀要』第一二号、二〇〇九年、七七―八六頁。藤原幸男「知識社会におけるキー・コンピテンシーと学校教育」『琉球大学教育学部紀要』第七一号、二〇〇七年、九五―一〇三頁。

(14) 小林前掲論文「知識社会の大学」、二三―二四頁。

(15) 中教審前掲答申『幼稚園、小学校、中学校、高等学校及び特別支援学校の学習指導要領等の改善について』。

(16) ＥＵ議会のウェブサイトの *LISBON EUROPEAN COUNCIL 23 AND 24 MARCH 2000 PRESIDENCY CONCLUSIONS* より(http://www.europarl.europa.eu/summits/lis1_en.htm)。また、木戸裕「ヨーロッパ高等教育の課題――ボローニャ・プロセスの進展状況を中心として」『レファレンス』第八号、二〇〇八、一―二七頁、久保前掲論文「ＥＵ経済の長期的停滞とリスボン戦略」。

(17) 中央教育審議会大学分科会制度部会(第九回)平成一六年六月一七日の参考資料２「欧州における高等教育に関する動向について」(http://www.mext.go.jp/b_menu/shingi/chukyo/chukyo4/003/gijiroku/04072001/012.htm)。

(18) 一つのモジュールは、テーマを同じくする講義、ゼミナール、演習から構成され、最大で2ゼメスターの長さになり、一つのモジュールを修了すると、ＥＣＴＳ(欧州履修単位相互認定システム)に基づいて成績がつけられる。このシステムは、学生の学修努力を、学位取得に必要な勉学の負担量により測定しようとするものである。以上はドイツ学術交流会のウェブサイトより(「ボローニャ・プロセスに基づく大学改革」http://tokyo.daad.de/japanese/jp_sid_bologna_prozess.htm)。

(19) 小林前掲論文「知識社会の大学」二三頁。

(20) 例えば、Gnrnz, K., *Higher Education and International Student Mobility in the Global Knowledge Economy*, Albany: State University of New York Press, 2008.

(21) 例えば、塚原修一編著『高等教育市場の国際化』玉川大学出版部、二〇〇八年。

（22）野中郁次郎・紺野登『知識経営のすすめ』ちくま新書、一九九九年、一三―一九頁。

（23）野中・紺野前掲書、五四頁。なお、日本語の「知識経営」はそれより意味が広く、「知識の創造、浸透（共有・移転）、活用のプロセスから生み出される価値を最大限に発揮させるための、プロセスのデザイン、資産の整備、環境の整備、それらを導くビジョンとリーダーシップ」（五三頁）と定義されている。

（24）例えば、ＫＭをＩＲに適用した、Serban, A. M. and Luan, J., "Overview of Knowledge Management," *NEW DIRECTIONS FOR INSTITUTIONAL RESEARCH*, No. 113, 2002, pp. 5-16. 及び Serban, A. M. "Knowledge Management: The "Fifth Face" of Institutional Research," *NEW DIRECTIONS FOR INSTITUTIONAL RESEARCH*, No. 113, 2002, pp. 105-111. ＫＭを大学管理者に適用した、Dagli, G., Silman, F., and Birol, C., "A Qualitative Research on the University Administrators' Capacity to Use Management Knowledge Tools (The Case of TRNC Universities)," *Educational Sciences: Theory and Practice*, Vol. 9 No. 3, 2009, pp. 1269-1290. ＫＭを小規模大学の運営に適用した、Gill, A. "Knowledge management initiatives at a small university," *International Journal of Educational Management*, Vol. 23, No. 7, 2009, pp. 604-616. ＫＭを産学連携に適用した、Chen, J. and Wei, S., "University-industry collaboration, knowledge management and enterprise innovation performance," *INDUSTRY & HIGHER EDUCATION*, Vol. 22, No. 5, 2008, pp. 275-287. ＫＭを研究訓練に適用した、ZHAO, F., "Transforming Quality in Research Supervision: a knowledge management approach," *Quality in Higher Education*, Vol. 9, No. 2, 2003, pp. 187–197.

（25）永田晃也「訳者あとがき」スティーブ・フラー（永田晃也・遠藤温・篠崎香織・綾部広則訳）『ナレッジ・マネジメントの思想――知識生産と社会的認識論』新曜社、二〇〇九年（原書二〇〇二年）、三八四頁。

（26）大学の自治への影響については、Henkel, M. "Can academic autonomy survive in the knowledge society? A perspective from Britain," *Higher Education Research & Development*, Vol. 26, No. 1, 2007, pp. 87–99. 等。

（27）本稿では知識社会論の新自由主義的な側面について検討しなかったが、以下の文献は知識経済における高等教育政策の理念的背景を、新自由主義的にとらえ自由市場から知識資本主義への変化として論じている。Olssen, M. and Peters, M. A., "Neoliberalism, higher education and the knowledge economy: from the free market to knowledge capitalism," *Journal of Education Policy*, Vol. 20, No. 3, 2005, pp. 313–345.

(28) Meyer, J. W., Ramirez, F. O., Frank, D. J., and Schofer, E., "Higher Education as an Institution," Gumport, P. J. (ed.), *Sociology of Higher Education: Contributions and Their Contexts*, Boltimore: The Johns Hopkins University Press, 2007, pp. 187–221.

（阿曽沼　明裕）

3章 グローバル化・国際化

はじめに

グローバル化と国際化という二つの用語はよく混同されるものである。過去十数年間で、その先行研究は少なくなかったものの、まだ完全に定められていない概念である。本章では、グローバル化と国際化との異同を解明したうえで、二〇〇七年に実施された国際共同研究「大学教授職の変容に関する国際調査」（ＣＡＰプロジェクト、現在世界一八カ国）の関連データの分析結果に基づいて、国際比較の視点から、教育・研究活動に焦点をあてて、日本における大学教員の国際化に関する意識と行動の特質を明らかにすることが目的である。具体的には、まず、先行研究を踏まえたうえで、グローバル化と国際化の関係について分析する。次に、教育活動に焦点をあてて、今回の国際共同研究に参加したすべての国々における大学教員の国際化に関する現状および専門分野別にみる日本の特徴を取り上げる。そして、関係諸国における大学教員の研究活動に関する国際化の概略を整理し、同じ専門分野別で日本における大学教員の研究活動の国際化について論じる。最後に、現在における、大学教員の国際化に関する世界的動向および日本の大学教員の国際化の課題を指摘する。

1　概念の解明

グローバル化（globalization）という用語は一九六〇年代後半から使われ始めており、一九八九年のベルリンの壁の崩壊、および一九九〇年代における情報技術の発達に伴って、経済、政治、文化的な領域において急速に用いられるようになった。と同時に、高等教育においてもほぼ同様な現象が起きてきた。こうしたプロセスの中で、さまざまな視点からグローバル化に関する研究成果があげられている。例えば、一九九〇年代から、グローバル化の概念について、ローランド・ロバートソンの定義がよく引用されている。つまり、「グローバル化」とは、「世界が社会的に縮小すること、および一つの全体としての世界という意識が増大すること」を意味する。[1]これに対して、「国際化」（internationalization）という用語は、少なくとも一八八三年から使われ始めた。[1]もちろん、時代や国によって国際化に関する定義は異なっているが、一般的には、国際化とは、自国を超えて、自国が他国への影響を与え、他国からの影響を受け入れることとして捉えられることが多いと思われる。一九九〇年代の初めごろ、日本では、高等教育のグローバル化は同時に高等教育の国際化を意味し、両方が同義で使用できるという議論があった一方で、最近では、この二つの概念を区別し、またその関連性に関する議論も注目された。例えば、イギリスの学者ピーター・スコット（Peter Scott）は、高等教育の国際化がすでに国家・民族の大学となった近代以後の時代に行われてきたと指摘し、その国際化（internationalization）がグローバル化（globalization）と順次の（linear）あるいは累積的な（cumulative）関係ではなく、むしろ弁証的な関係を持っていると述べている。具体的には、「グローバル化はけっして簡単に古い国際主義の繰り返しであるとはみられないし、国際化のもっと高い発展段階でもない。ある意味で、新しいグローバル化は古い国際化の競争相手である」と強調している。[2]また、カナダの学者ジェーン・ナイト（Jane Knight）は、高等教育のグローバル化は高等教育の国際化とは違った概念であると述べる一方で、「高等教育の国際化は、ある国がグローバル化の影響に対応する一つの方法であると同時に、自国の特質も尊重しているということである」と述べている。つまり、グローバル化の進展に伴って生じている現象である(3)。

上述した主要な先行研究に基づいて、本章では、この二つの用語について、次のように定義しておく。つまり、グローバル化という概念は国家・国境を越え、「一体化」、世界的に通用する基準、あるいは唯一の標準の確立を強調することに対して、国際化という言葉は、地理的・主権的国家単位をもとに、あるいは国家・民族の存在を前提として、国と国との間に行われている交流である。また、この二つの概念の間の関連性も否定できない。換言すると、両方とも国境や国家という範囲・枠を乗り越え、自国以外の国や地域との交流の拡大、促進を目指しながら、世界的規模で交流のプロセスならびにその結果を可能にするのである。さらに、ここで留意しておくことが必要なのは、時代によって高等教育の国際化の目的や内容、パターンなどが異なっているということである。例えば一九七〇年代までの高等教育の国際化は基本的には留学生・教員もしくは学者を中心とした人的な活動が多かった。これに対して、一九八〇年代、特に一九九〇年代以降の経済などのグローバル化の影響では、高等教育の国際化は人的な活動はもとより、国境を越えて大学間における共同研究やカリキュラムの流動、単位・学位などの相互認定、大学間の提携なども急速に行われている。現在、高等教育の国際化は、少なくとも次のような内容を含めている。すなわち、(1)学生・教職員・研究者をはじめとする人的な交流、(2)カリキュラムの相互活用をはじめとする教育科目・単位および学位の交換・相互認定、特にトランスナショナルプログラムの開発、および、(3)研究成果の発表・交流を中心とする国際学術会議や共同研究等の研究プロジェクト活動である(4)。

したがって、本章では、こうした概念の分析に基づいて、具体的には、今日世界的に進められている、経済的、文化的、政治的などの場面で生じているグローバル化を背景に、日本を含む世界一八カ国における大学教員の国際化に関する行動および意識に注目したい。具体的には、授業の国際化、留学生の受け入れ、研究の国際的な視野や志向、外国の研究者との共同研究などを絞り込んで、世界的にみた日本の大学教員の国際化の位置づけや、現状および特徴などについて究明する。

2　教育活動の国際化

授業の国際的な視点や志向

大学教員は授業において国際的な視点や内容をどの程度重視しているかについてみると、**表3-1**が示したように、世界一八カ国の平均は三・七六で、最も当てはまると回答したのはポルトガル（四・一六）で、最も当てはまらないと回答したのはフィンランド（三・四六）であった。

日本の平均は三・四七となっており、日本の大学教員はフィンランドの大学教員とほぼ同じ程度に、授業において国際的な視点や内容を重視していないことがうかがえる。

しかし、専門分野別でみると、**表3-2**でみられるように、全体的にみれば、日本の各専門分野において、当てはまらないと回答したのはいずれも一割以下となっているため、単に分野別で分析すれば、日本の大学教員は授業で国際的な視点や内容を全く否定していたわけではないと考えられる。にもかかわらず、**表3-1**で示したように、世界的にみると、日本の大学教員は授業において国際的な視点や内容を重視していないとなっている。一方で、最も当てはまると回答したのは人社系の教員（三一・六五％）で、その他を除けば、それに続くのは理工農系（一五・二〇％）と医系（一三・四五％）である。

表3-1　授業の国際化

イギリス	3.83
オーストラリア	3.86
カナダ	3.71
香港	3.92
マレーシア	3.69
韓国	3.90
ノルウェー	3.83
南アフリカ	3.64
アメリカ	3.50
フィンランド	3.46
中国	3.86
日本	3.47
メキシコ	4.08
ドイツ	3.69
アルゼンチン	3.72
ポルトガル	4.16
イタリア	3.71
ブラジル	3.51
平均値	3.76

注）平均値は、「当てはまる」を5、「少し当てはまる」4、「どちらともいえない」を3、「あまり当てはまらない」を2、「当てはまらない」を1として計算した。

これに関連して最も当てはまらないと回答したのは理工農系の教員（八・三三％）であった。人社系の教員と理工農系の教員の間に大きな差が出てきた。さらに、ある程度当てはまるという回答した数値を入れると、六割以上の人社系の教員は授業の国際化を行ったのに対

表3-2　授業の国際化―専門分野別（日本）　（%）

	当てはまる	2	3	4	当てはまらない	合計
人社系	31.65	34.34	19.53	9.43	5.05	100.00
理工農系	15.20	28.43	34.31	13.73	8.33	100.00
医系	13.45	33.61	39.92	8.40	4.62	100.00
その他	25.00	30.91	26.82	13.64	3.64	100.00
平均値	21.32	31.82	30.15	11.30	5.41	100.00

して、医系と理工農系の教員は半分以下にとどまっていた。このことから、世界的に日本の大学教員は授業でそれほど国際的な視野や内容を重視していなかったものの、日本国内においては、人社系の教員はこの側面にかなり大きな力を入れていたことが考えられる。

留学生の増加

大学教員は教え始めてから留学生数が増加したかどうかについてみると、表3-3が示したように、世界一八カ国の平均は三・一三で、最も当てはまるのはオーストラリア（四・〇〇）で、最も当てはまらないのはブラジル（二・一一）であった。

留学生数が増加したということについて、日本の当てはまるとする程度は二・二一で、一八カ国のうち、ブラジルに続いて二番目に当てはまらない国であった。

同様に、専門分野別でみても、表3-4が表したように、全体的には、日本ではどの分野の教員においても当てはまらないと回答した数値は、いずれも三割以上となっている。これに対して、当てはまると答えたのは一割以下となっている。具体的に分析すれば、最も当てはまると回答したのは人社系の教員（六・一九％）であった。その他を除けば、当てはまると答えた数値については、理工農系の教員と医系の教員の結果がほぼ同様である。一方で、当てはまらないと答えた医系の数値（五

表3-3　留学生数の増加

オーストラリア	4.00
フィンランド	3.83
ポルトガル	3.83
イギリス	3.73
ノルウェー	3.60
カナダ	3.52
香港	3.50
中国	3.44
ドイツ	3.42
アメリカ	3.33
南アフリカ	3.07
イタリア	2.96
マレーシア	2.62
メキシコ	2.50
韓国	2.42
アルゼンチン	2.30
日本	2.21
ブラジル	2.11
平均値	3.13

注）平均値は、「当てはまる」を５、「少し当てはまる」４、「どちらともいえない」を３、「あまり当てはまらない」を２、「当てはまらない」を１として計算した。

表３-４　留学生数の増加―専門分野別（日本）　（％）

	当てはまる	2	3	4	当てはまらない	合計
人社系	6.19	14.43	36.43	8.25	34.71	100.00
理工農系	2.47	6.91	38.16	9.54	42.93	100.00
医系	2.54	4.24	29.66	10.17	53.39	100.00
その他	5.45	8.64	35.91	7.27	42.73	100.00
平均値	4.16	8.56	35.04	8.81	43.44	100.00

三・二九％）のほうが理工農系のそれ（四二・九三％）より高くなっているから、医系の教員が教え始めてから、留学生数の増加が最も少なかったということが明らかになった。

大学院生における留学生数

表３-５は大学教員が指導している大学院生の大部分は留学生であるかどうかについて示したものである。世界一八カ国の平均は一・七五で、最も当てはまるのはイギリス（二・七九）で、最も当てはまらないのはブラジル（一・三〇）であった。

日本の平均は一・六一と、世界の平均よりは低くなっており、ブラジル、イタリア、ポルトガル、アルゼンチン、ドイツ、メキシコに続いて七番目に低い値を示す国となっていた。この数値は英語圏のオーストラリア、カナダ、香港、マレーシア、アメリカの平均より低くなるだけではなく、非英語圏の韓国や中国のそれよりも低い。

また、**表３-６**は、日本における大学教員が指導している大学院生のほとんどは留学生であるかどうかについての専門分野別でみる分析結果を示したものである。すべての分野において、当てはまらないと答えた教員はいずれも五割以上を占めており、現在、日本の大学教員が指導している大学院生のうち、留学生がごく少数であることがうかがえる。これは国際的な比較の結果と一致して

表３-５　大学院生における留学生数

イギリス	2.79
オーストラリア	2.49
カナダ	2.30
香港	2.08
マレーシア	1.85
韓国	1.79
南アフリカ	1.71
ノルウェー	1.68
アメリカ	1.67
フィンランド	1.66
中国	1.63
日本	1.61
メキシコ	1.60
ドイツ	1.58
アルゼンチン	1.57
ポルトガル	1.36
イタリア	1.35
ブラジル	1.30
平均値	1.75

注）平均値は、「当てはまる」を５、「少し当てはまる」を４、「どちらともいえない」を３、「あまり当てはまらない」を２、「当てはまらない」を１として計算した。

表3-6　大学院生における留学生数―専門分野別（日本）　（%）

	当てはまる	2	3	4	当てはまらない	合計
人社系	8.85	8.46	16.92	11.15	54.62	100.00
理工農系	2.36	3.04	9.12	12.50	72.97	100.00
医系	1.75	3.93	8.30	10.92	75.11	100.00
その他	3.00	1.50	14.50	12.00	69.00	100.00
平均値	3.99	4.23	12.21	11.64	67.92	100.00

いる。日本の大学における留学生の増加、特に大学院生全体に占める留学生比率はそれほど目立ったものではないと思われる。一方で、具体的に専門分野別にみると、最も当てはまるのは人社系の教員（八・八五%）である。これに対して、最も当てはまらないのは医系の教員（七五・一一%）である。

3　研究活動の国際化

外国の研究者との共同研究

大学教員は今年度（あるいは昨年度）外国の研究者と共同で研究を進めているかどうかについて確認したところ、表3-7が示したように、「はい」と答えた世界一八カ国の平均は四四・五三%で、フィンランドの大学教員は七〇・三〇%でトップとなっており、中国の大学教員は一二・六〇%で一番低くなっていた。

日本の平均は二三・八〇%で、一八カ国の平均を下回っていただけではなく、同じアジアのマレーシア（三一・八〇%）と韓国（二九・四〇%）のそれよりも低くなっていた。

専門分野別で日本の大学教員は今年度（あるいは昨年度）外国の研究者と共同で研究を進めているかどうかについてみると、表3-8で示したように、全体的には、「いいえ」と答えたのは七割以上であるため、表3-7が示した結果とほぼ同様で、日本の大学教員のほとんどは外国の研究者と共同で研究を進めていないことが裏付けられている。具体的に専門分野別にみると、「はい」と回答した医系の教員は最も多く、二七・六九%である。これに対して、「いいえ」と答えたのは人社系の教員（八五・四七%）でトップとなっている。

研究の国際的な視点や志向

大学教員は国際的視野や国際的志向の研究を行っているかどうかについて、「大変よく当てはまる」という答えを5として、当てはまる程度を五段階で示して回答を求めた。

表3-9でみられるように、世界一八カ国の平均は三・四二で、ポルトガルは四・一四で最も研究の国際的視野や国際的志向が強くなっており、ブラジルは二・四〇で最も弱くなっている。日本の平均は三・一九で、一八カ国の平均より弱くなっている。

表3-7　外国の研究者との共同研究

（%）

国	はい	いいえ
フィンランド	70.30	29.70
ノルウェー	65.80	34.20
カナダ	63.80	36.20
イギリス	61.40	38.60
香港	60.20	39.80
イタリア	59.40	40.60
オーストラリア	59.30	40.70
ドイツ	50.10	49.90
アルゼンチン	47.20	52.80
南アフリカ	40.80	59.20
ポルトガル	34.20	65.80
アメリカ	33.30	66.70
マレーシア	31.80	68.20
メキシコ	30.50	69.50
韓国	29.40	70.60
ブラジル	27.60	72.40
日本	23.80	76.20
中国	12.60	87.40
平均値	44.53	55.47

表3-8　外国の研究者との共同研究
—専門分野別（日本）（%）

	はい	いいえ	合計
人社系	14.53	85.47	100.00
理工農系	25.74	74.26	100.00
医系	27.69	72.31	100.00
その他	26.51	73.49	100.00
平均値	23.62	76.38	100.00

表3-9　研究の国際的な視野や志向

ポルトガル	4.14
イタリア	4.03
中国	3.86
ノルウェー	3.84
オーストラリア	3.77
香港	3.71
イギリス	3.71
フィンランド	3.52
カナダ	3.44
南アフリカ	3.40
マレーシア	3.38
ドイツ	3.33
日本	3.19
アルゼンチン	3.17
アメリカ	2.94
メキシコ	2.92
韓国	2.86
ブラジル	2.40
平均値	3.42

注）平均値は、「大変よく当てはまる」を5、「当てはまる」を4、「どちらともいえない」を3、「当てはまらない」を2、「全く当てはまらない」を1として計算した。

表3-10　研究の国際的な視野や動向—専門分野別（日本）　（%）

	大変よく当てはまる	2	3	4	全く当てはまらない	合計
人社系	30.19	28.68	23.02	6.42	11.70	100.00
理工農系	14.76	27.24	26.89	12.48	18.63	100.00
医系	14.91	30.70	16.67	11.40	26.32	100.00
その他	17.73	31.53	25.12	8.37	17.24	100.00
平均値	19.39	29.54	22.93	9.67	18.47	100.00

また、専門分野別でみて日本の大学教員は国際的視野や国際的志向の研究を行っているかどうかについて質問したところ、表3-10で示したように、「大変よく当てはまる」と答えたのは人社系の教員（三〇・一九％）である。これに対して、「全く当てはまらない」と答えたのは医系の教員（二六・三二％）となっており、研究活動においては国際的な視点や志向を重視していないことがいえる。

出版物の形態

過去三年間でみた大学教員による出版物の形態は、表3-11のように示されている。すなわち、世界一八カ国の平均は、現在の自身の機関での教授語と異なった言語で発表したものは三一・一五％、外国の研究者と共同で執筆したものは一一・二七％、外国で出版したものは三二・七五％であった。

また、日本は、現在の自身の機関での教授語と異なった言語で発表したものは四五・七八％、外国の研究者と共同で執筆したものは八・四三％、外国で出版したものは二一・六九％であった。

日本は、他の国に比べて、現在の自身の機関での教授語と異なった言語で発表したものの比率は高くなっており、逆に、外国の研究者と共同で執筆したものや外国で出版したものの比率は低くなっていた。

一方、表3-12は日本における専門分野でみる過去三年間の出版物のうち、国際化関係項目に対する回答を示したものである。その中で、まず、現在の自身の機関での教授語と異なった言語で発表したものの平均は、その他を除けば、理工農系の教員の数値が最も多くて五一・四〇％となっている。これに対して、人社系の回答はわずか二〇・

七〇％で最も低かった。また、外国の研究者と共同で執筆したものについて、その他を除けば、すべての分野において、いずれも一割以下となっている。そのうち、理工農系の教員に関する平均値は九・八〇％であるのに対して、人社系の教員の平均は三・八〇％にとどまっている。さらに、外国で出版したものに関する結果について、人社系の教員の平均は最も低くて六・三〇％である。その他を除く医系の教員の数値は最も高かったものの、二四・八〇％しかなかった。こうした意味で、理工農医系の教員を中心に自身の機関での教授語と異なった言語（日本の場合はおそらく英語であること）で論文などを発表した数値はやや高かった以外に、外国の研究者との共同で執筆したり、外国で論文などを出版したりする研究活動の国際化については、それほど進められていないと考えられる。

表3-11　出版物の形態　（%）

国	現在の自身の機関での教授語と異なった言語で発表したもの	外国の研究者と共同で執筆したもの	外国で出版したもの
アルゼンチン	28.85	9.39	31.95
オーストラリア	1.08	12.73	31.19
ブラジル	30.37	6.58	21.11
カナダ	19.22	12.88	32.36
中国	25.99	1.08	11.71
フィンランド	53.99	15.96	47.47
ドイツ	56.35	19.75	41.10
香港	11.90	16.01	71.26
イタリア	63.36	16.19	50.95
日本	45.78	8.43	21.69
韓国	37.12	6.62	27.36
マレーシア	17.70	7.85	21.94
メキシコ	25.55	7.69	26.82
ノルウェー	75.48	21.49	58.92
ポルトガル	49.29	17.34	51.25
南アフリカ	13.32	5.02	12.97
イギリス	2.65	12.19	21.83
アメリカ	2.61	5.58	7.70
平均値	31.15	11.27	32.75

表3-12　出版物の形態——専門分野別（日本）（%）

現在の自身の機関での教授語と異なった言語で発表したもの	人社系	20.70
	理工農系	51.40
	医系	47.60
	その他	64.20
	平均値	45.97
外国の研究者と共同で執筆したもの	人社系	3.80
	理工農系	9.80
	医系	7.70
	その他	12.50
	平均値	8.45
外国で出版したもの	人社系	6.30
	理工農系	23.90
	医系	24.80
	その他	35.10
	平均値	22.53

まとめ

以上のように論述したことに基づいて、日本における大学教員の教育活動および研究活動に関わった国際化に関する主な特徴として以下のような二つの点があげられる。

まず、教育活動の国際化について、世界の他の一七カ国と比較すると、授業における国際的な視点や、留学生の増加、および大学院生における留学生数の上で、日本の平均はアメリカや、イギリス、ドイツなどの先進国の数値を下回っただけではなく、世界の平均よりも低くなっている。今回のデータの分析結果をみる限りでは、日本における大学教員の教育活動に関する国際化が遅れているといわざるを得ない。このように全体としての教育活動における国際化が遅れている中で、専門分野別で注目すると、特に理工農系における教育活動の国際化が遅れていることは目立っている。これに対して、人文社会系においては、約半数以上の教員は授業で国際的視点や志向を重視していることが明らかになった。

次に、研究活動の国際化については、外国の研究者との共同研究や、研究活動における国際的な視野や志向、外国の研究者と共同で執筆したもの、外国で出版したものなどについては、日本はいずれも一八カ国の平均より低くなっている。全体的には、こうした研究領域に関する国際化についても、日本は進んでいないと考えられる。しかし、一方で、日本は他の一七カ国に比べて、自身の機関での教授語と異なった言語で発表したものの比率が世界の平均を上回っているにとどまらず、アメリカや、イギリス、オーストラリアなどの先進国のそれよりも高くなっている。また、専門分野別にみると、その他を除けば、特に理工農系と医系における教員が自身の機関での教授語と異なった言語で多くの業績を発表し、積極的に世界に発信したと思われる。人文社会系以外のほかの分野における大学教員は外国語による論文の発表を通じて日本の研究活動に関する国際化に際立った貢献をしたといえよう。さらに、研究活動において国際的な視点や志向を重視しているかどうかについてみると、日本は一八カ国の平均数値を下回ったものの、当てはまるという回答も入れると、約六割の人文社会系の教員（五八・八七％）は研究の国際的な視点や志向を重視していることがわかった。それに続くのは、医系の教員（四五・六一％）と理工農系の教員（四二・〇〇％）である。

要するに、他の一七カ国と比較すれば、教育活動の国際化については、日本は全体として世界の平均よりは明らかに低くなっている。これに対して、研究活動の国際化については、日本は全体としてそのほとんどの指標が世界の平均よりも低くなっているものの、外国語で発表したものに関する数値はノルウェー、イタリア、ドイツ、ポルトガル、フィンランドといった欧州諸国の平均より低くなっているが、韓国、アルゼンチン、中国などのラテン・アメリカとアジア諸国のそれより高まっており、世界的には六位となっている。言わば、日本の大学教員の国際化は教育活動よりもむしろ外国語での論文などの発表を中心とした研究活動のほうに力を割いているのではないかと考えられる。こうしたことはある程度、日本の大学教員の固有の伝統、つまり、強い研究志向を反映しているといえるだろう。

他方、専門分野別で考察すると、人文社会系の教員は、授業だけではなく、研究活動においても国際的な視点や志向を重視している。これに対して、医系および理工農系の教員は、どちらかというと外国語による研究論文の発表をはじめとした研究活動の国際化に目を向けて多くの成果をあげた。

一九九〇年代以後、経済、政治、文化的なグローバル化の進展に伴って、多くの国々ではさまざまな改革の試みを実施してきた。その中で、高等教育の国際化というものはますます重要な対策の一つとして講じられている。前述したように、現在、グローバル化が展開されつつある中で、高等教育の国際化は、単に外国語による論文をはじめとする研究活動に限られているわけではけっしてなく、留学生の受け入れや、カリキュラムの国際化などの内容も意味している。この意味においては、今後、日本における大学教員の国際化全体をこれまで以上に促進させるために、論文発表を中心とする国際化や、ごく一部の教員、あるいは特定の分野における教員の努力だけではなく、より幅広い領域で多くの分野における教員が積極的に貢献することが不可欠だと考えられる。

【注】

（1）江淵一公『大学国際化の研究』玉川大学出版部、一九九七年、四二頁。

（2）Scott, Peter, *The Globalization of Higher Education*, The Society for Research into Higher Education & Open University Press, Published by SRHE and Open University Press, 1998, pp. 123–124.

（3）IMHE, *Quality and Internationalization in Higher Education*, OECD, 1999, p. 14.

（4）黄福涛「高等教育の国際化に関する研究の展開——比較的な視点」『大学論集』広島大学高等教育研究開発センター、二〇〇二年、二九—四一頁。

（黄　福涛）

4章 アカデミック・キャリア

はじめに

大学教授職のキャリアには、「点としてのキャリア」と「線としてのキャリア」を想定し得る。前者は、調査時点における業務や処遇の状況を指し、本書の他の章で詳細に論じられている。後者は、調査時点までにたどったキャリアのプロセスを指し、今回の調査では、学位取得までのプロセスやアカデミック・キャリアの開始時期、これまでに経験した職場の種類や移動の設問群が該当する。以下では、この「線としてのキャリア」に着目する。

日本では一九九〇年代以降、甲種から乙種いわゆる論博から課程博へのシフトを伴う形で、博士学位取得者が急増した[1]。博士学位取得の早期化が、量的拡充を伴って進行したのである。他方で、一九九〇年から二〇〇〇年の半ばにかけて、大学教員の新規採用者の年齢は高くなる傾向にあり[2]、大学教授市場への新規参入は厳しくなっている。加えて、一九九二年から二〇〇七年の間に、高等教育機関以外の経験年数が長期化する傾向にあり[3]、潮木のいう「ハイブリッド」ないし「カジュアル」教員の増加が示唆される[4]。

このように、学位取得からアカデミック・キャリアへの参入をめぐり大きな変容を経験した日本の動向を、国際比較の文脈で相対化することが本章の目的である[5]。扱うデータは一時点という限界があるものの、年齢別の回答傾向を扱うことで、時代的変遷にも着目する。第1節では、博士学位取得の早期化傾向が、世界的潮流であるのかを検証する。また、その前提となる議論として、博士学位の取得率にも言及する。第2節では、アカデミック・キャリアへの参入時期と、アカデミックな世界以外の経験を持つ大学教員の考察を行う。第3節では、学位の取得国に着目して、学位をめぐる国際化と自国学位の制度化の関係を明らかにする。

1　博士学位の取得状況——大学教授職の基礎要件へ

表4−1　博士学位の取得率　（%）

	〜39歳	40〜49歳	50歳以上	計
韓国	98.1	97.8	98.2	98.0
カナダ	93.8	92.7	93.5	92.9
アメリカ	83.3	83.7	84.4	83.5
香港	72.6	85.1	84.6	82.1
ポルトガル	66.1	87.8	90.5	81.9
ノルウェー	66.2	85.2	81.8	78.2
日本	78.3	80.4	74.5	76.6
ドイツ	47.4	94.9	95.8	76.4
オーストラリア	81.9	77.7	76.2	69.6
イギリス	79.1	71.3	64.4	67.0
ブラジル	51.0	63.1	77.3	64.8
イタリア	89.4	74.3	13.1	49.5
南アフリカ	25.7	41.0	67.2	44.9
メキシコ	36.5	39.5	40.8	40.2
マレーシア	26.1	53.3	61.2	39.7
中国	30.5	44.9	20.0	33.8
アルゼンチン	26.9	32.7	32.7	31.4

博士学位の取得状況は国によってかなり異なり（表4−1）、八割以上が取得している上位グループ（五カ国）、六割〜七割が取得している中位グループ（六カ国）、五割未満の下位グループ（六カ国）に分かれる[6]。

上位グループの中でもトップ3の韓国、カナダ、アメリカは、年齢層による取得率の相違もほとんどない。博士学位を取得してアカデミック・キャリアに参入するのが前提となっており、学位の制度化が最も進んでいる国といえる。香港とポルトガルも上位グループだが、アカデミック・キャリアの後期で博士学位の取得者が増えている。

中位グループの中で特徴的なのは、ノルウェーとドイツである。両国とも取得率は三九歳以下の層で低く、四〇歳以上になると高まる。日本は年齢層による相違が顕著でないが、イギリスやオーストラリアと同様に、四九歳以下の層で取得率が若干高い。これらの国では、将来的に博士学位の取得率

表4－2　博士学位を取得するまでのプロセス

	博士学位を取得した年齢（歳）				博士学位を取得するまでに要した年数(年)			
	～39歳	40～49歳	50歳以上	計	～39歳	40～49歳	50歳以上	計
韓国	31.9	33.8	37.4	34.6	8.3	10.4	13.1	10.8
カナダ	30.7	33.3	35.6	33.6	7.9	10.2	12.3	10.5
アメリカ	30.6	32.8	35.2	33.9	8.2	10.1	11.9	10.9
香港	30.2	34.9	38.3	35.2	7.9	11.4	14.0	11.6
ポルトガル	31.6	36.4	40.0	36.1	10.0	12.1	13.4	11.9
ノルウェー	32.3	34.8	39.6	36.7	8.8	11.0	14.4	12.0
日本	29.7	32.5	36.4	34.4	6.4	8.7	13.0	10.8
ドイツ	30.3	31.5	30.9	31.0	4.1	4.9	5.3	4.8
オーストラリア	29.7	34.6	39.4	34.9	7.6	11.0	13.9	11.1
イギリス	28.5	31.5	35.0	31.8	6.1	8.2	11.0	8.5
ブラジル	31.6	37.4	43.2	38.6	8.6	13.9	18.1	14.5
イタリア	29.7	31.6	35.0	31.3	5.0	6.4	9.1	6.2
南アフリカ	30.6	37.3	41.7	38.4	8.6	14.0	17.1	14.5
メキシコ	32.3	38.8	44.1	40.9	7.4	14.4	18.4	15.7
マレーシア	31.7	38.4	38.3	35.9	8.5	14.1	13.3	11.8
中国	31.1	36.8	43.8	34.5	8.5	14.5	16.6	11.6
アルゼンチン	32.4	36.0	42.7	38.2	7.3	10.6	16.1	12.3

の上昇が見込まれる。これに対してブラジルは、アカデミック・キャリアの後期で博士学位を取得するパターンである。

下位グループは多様性に富む。メキシコやアルゼンチンは年齢層による相違が小さく、今後も現行の水準が維持される可能性が高い。南アフリカやマレーシアは年齢層が高いほど取得率が上昇しており、アカデミック・キャリアの後期で博士学位を取得するパターンの国である。博士学位の取得率が今後高まりそうなのは、四九歳以下の層で取得率が高いイタリアである。

続いて、博士学位取得までのプロセスを検証する。具体的には、博士学位を取得した年齢と、学士学位取得後に博士学位を取得するまでに要した年数である（表4－2）。年齢計でみると、いずれの国も学位取得の平均年齢は三〇歳代前半から半ばで、国と国の間で大きな相違はない。ただし、学位取得率が相対的に低かった南アフリカやブラジル、メキシコ、アルゼンチンといった南米諸国では、学位取得の平均年齢が高めである。

むしろ重要な傾向は、学位取得年齢の早期化だろう。いずれの国でも、年齢層が若い教員ほど、学位取得の平均年齢が若年化している。博士の学位は、年齢が高い層で取得する大学教授職としての完成資格、ないし名誉的な意味あいから、大学院あるいは大学院相当の学修の段階で取得する、基礎要件的なものに変化している。例外はドイツで、ドイツでは年齢層を問わず、学位取得年齢が三〇歳前後と若い。ドイツでは、大学教授職に就くには博士学位の取得の後、さらに大学教授資格を取得する必要があるため、[7]もともと学位取得年齢が若く、それ以上の早期化は生じていないと考えられる。

博士学位を取得するまでの年数は、学士学位の取得時点から要した年数を便宜的に用いている。[8]まず、ドイツ、イギリス、イタリアというヨーロッパ諸国では、博士学位を取得するまでの年数が短い。これらの国を除けば、学位取得率の上位グループ、中位グループでは、学士学位取得後、一一年前後で博士学位を取得している。なお、下位グループでは学位取得までの年数が長期化する傾向にある。ただしここでも、学位取得は早期化している。マレーシアを除くすべての国で、年齢層が若い教員ほど、学士学位取得後、博士学位を取得するまでの年数は短くなっている。[9]

2　博士学位の効用と大学教員の二層化

前節でみたように、博士学位の取得は、若年層でより一般的となり、アカデミック・キャリアにおいて基礎要件的な意味合いが強まっている。他方で、学位取得年齢が若年化しているとはいえ、それがアカデミック・キャリアに必須のパスポートとなれば、博士学位を取得するまで学修を継続するという力学は強まる。つまり、博士学位の制度化のプロセスは、キャリアの開始年齢を早める効果と遅らせる効果の両面を備えている。

この点を、高等教育機関・研究所の常勤職の開始年齢から確認してみたい（表4-3）。カナダ、ノルウェー、ドイツ、イタリア、南アフリカ、マレーシア、中国の七カ国では、博士学位取得者は非取得者と比べて、高等教育機関・研究所で常勤職として仕事を開始した年齢が遅い。ただし、一歳以上の相違があるのは二・一歳のイタリアと一・三歳のドイツのみで、他の国では、むしろ年齢差は小さい。また、韓国を除く残りの九カ国では、博士学位取得者の方が、高等教育機関・研究職の常勤職の開始年齢がむしろ若い。

この事実をもって、博士学位の機能を論じるには無理がある。なぜならば、後述するように、一貫してアカデミック・キャリアを歩む大学教員ばかりではないからである。ただし、比較的若い段階でアカデミック・キャリアをスタートさせようとする者にとっては、博士学位の取得が優位に機能することを示していると考えられる。他方で、博士学位を取得せずに大学教授職の地位にある場合は、実務家教員など、高等教育機関・研究所のみの経験でなく、政府・民間部門等の経験者が多いと想定される。この点を、高等教育機関・研究所のみしか経験していない比率（一〇〇％からこの比率を引けば、高等教育機関・研究所と政府・民間部門等を共に経験している比率が求められる）から検討してみたい（**表4-3**）。

まず確認されるのは、博士学位の取得の有無を問わず、高等教育機関・研究所のみのキャリアしか持たない者が多い国と、そうでない国とが存在していることである。前者の典型は、韓国、日本、中国という東アジアの国々である。逆にいえば、大学（院）における実務型の教育プログラムが、これらの国々では相対的に発展していないと推察される。同様の傾向は、ドイツやイタリアでも認められる。その他の国では、高等教育機関・研究所のみのキャリアしか持たない者は六割前後で、政府・民間部門等も経験している教員が少なくない。なお、後者の典型は

表4-3　高等教育機関や研究所等で常勤職として最初に採用された年齢と高等教育機関・研究所のみを経験しているキャリア

	高等教育機関・研究所の常勤職開始年齢　（歳）		高等教育機関・研究所のみ経験　（%）	
	博士取得	なし	博士取得	なし
韓国	33.3	33.3	83.0	91.7
カナダ	32.4	31.9	66.3	40.0
アメリカ	33.5	37.2	56.3	41.9
香港	31.3	32.5	62.1	42.2
ポルトガル	28.7	30.4	69.3	57.9
ノルウェー	31.8	31.7	64.0	58.5
日本	29.5	31.8	85.4	83.7
ドイツ	30.0	28.7	73.5	78.8
オーストラリア	32.5	33.8	62.7	49.4
イギリス	30.9	34.3	68.5	37.1
ブラジル	32.2	32.9	69.5	46.7
イタリア	33.5	31.4	78.1	81.1
南アフリカ	31.7	31.3	56.4	52.7
メキシコ	31.1	33.1	69.8	62.4
マレーシア	28.8	28.2	74.6	64.5
中国	26.4	25.8	91.9	91.1
アルゼンチン	36.2	37.8	14.3	8.2

表4-4　キャリア展開別の教育・研究志向　（%）

	高等教育機関・研究所のみ経験		政府・民間部門も経験	
	教育志向	研究志向	教育志向	研究志向
マレーシア	55.5	44.5	54.7	45.3
南アフリカ	54.2	45.8	55.9	44.1
中国	50.8	49.2	42.7	57.3
メキシコ	47.8	52.2	53.6	46.4
アメリカ	44.7	55.3	51.6	48.4
ポルトガル	40.8	59.2	43.6	56.4
ブラジル	39.9	60.1	43.6	56.4
アルゼンチン	39.8	60.2	43.3	56.7
韓国	33.1	66.9	25.6	74.4
カナダ	30.7	69.3	36.0	64.0
香港	28.2	71.8	43.6	56.4
日本	27.4	72.6	32.9	67.1
ドイツ	26.0	74.0	35.1	64.9
イギリス	25.3	74.7	39.6	60.4
イタリア	23.7	76.3	19.7	80.3
オーストラリア	21.4	78.6	31.9	68.1
ノルウェー	13.2	86.8	21.7	78.3

アルゼンチンで、大半が政府・民間部門等の経験者である。

その上で、博士学位の取得者と非取得者の相違に着目すると、韓国、ドイツ、イタリアの三カ国を除くいずれの国でも、博士学位の取得者の方が、高等教育機関・研究所のみしか経験していない比率が高い。つまり、博士学位の非取得者の方が政府・民間部門等も経験している者が多い。この傾向は、特にイギリスとカナダ、香港という旧イギリス領の国と、ブラジルにおいて顕著である。

アカデミック・キャリアのみの経験者と政府・民間部門等も経験している者という、大学教員のキャリアの二層化は、大学教授職に対する考え方にも影響している可能性がある（表4-4）。なお、高等教育機関・研究所のみしか経験していないキャリアと、政府・民間部門等も経験しているキャリアという呼び名が長いので、以下では前者を「モノ・キャリア」、後者を「マルチ・キャリア」と呼ぶことにする。

マルチ・キャリアの者では、モノ・キャリアの者と比べて教育志向が強い。この傾向は特に、香港、イギリス、オーストラリアで顕著である。ただし、中国、韓国、イタリア、マレーシアでは、マルチ・キャリアの方がむしろ研究志向が強くなっている。加えて、モノ・キャリア、マルチ・キャリアを問わず、教育志向が相対的に強いのは、マレーシア、南アフリカ、メキシコ、アメリカといった国々、研究志向が強いのは日本とドイツ、イギリス、イタリア、ノルウェーというヨーロッパ諸国とオーストラリアである。教育志向か研究志向かは、基本的に大学教授職に対する歴史・文化的な文脈が作用しており、アカデミック・キャリアの経験がもたらす影響は限定的ないし必ずしも明確でない。

3　学位をめぐる中心――周辺と国際化

藤村は、学位取得国の地域別分布から、安定した個別国家の自給体制が存在する一方で、アメリカや旧宗主国と学位の依存関係があるとして、中心―周辺の従属関係が読み取れると指摘している[10]。調査対象が異なるので、一五年前と単純な比較はできないが、学位の取得国を再度検証してみよう（表4-5）。自国での取得比率をみると、年齢計では日本、中国、アメリカ、ドイツでは九割を超えている。典型的な自給型の国である。これに続く八割台の国が五カ国、六〜七割台の国が五カ国で、一五年前も自給率の低かった韓国や香港（マレーシアは前回調査がない）は、現在もなお自給率が低い。

表4-5　博士学位の取得国（自国比率）　（%）

	〜39歳	40〜49歳	50歳以上	計
日本	92.8	95.0	95.7	95.1
中国	98.8	91.1	86.9	93.7
アメリカ	93.4	92.3	93.9	93.3
ドイツ	89.6	91.0	92.5	90.8
南アフリカ	91.1	83.5	90.5	88.2
ブラジル	93.2	83.8	84.4	86.1
イギリス	81.9	79.7	89.2	83.9
アルゼンチン	90.0	77.3	84.0	83.0
イタリア	94.5	88.7	41.8	81.8
ポルトガル	79.7	79.9	68.4	75.8
オーストラリア	69.6	70.3	73.6	71.3
ノルウェー	55.1	77.2	77.7	70.4
カナダ	67.8	73.5	66.3	67.5
メキシコ	73.9	67.1	59.1	62.6
韓国	64.8	52.0	54.3	55.1
マレーシア	45.3	38.6	31.7	38.3
香港	37.9	27.8	14.6	25.7

学位の取得国に対する見方には、中心―周辺という軸以外に、国際化という軸もある。明確な判断基準はないが、もともと自給率が高い国において、海外での学位取得者が増える傾向、つまり自給率が減る傾向にあれば、国際化の

進展と考えてよいだろう。年齢層による違いに着目すると、多少こうした傾向が読み取れるのは、イギリスとノルウェーである。他方で、中心ではないにせよ周辺からの離脱、つまり自国の学位の制度化が進んでいると思われる国々もある。年齢層が若いほど自給率が増えるケースである。イタリアは五〇歳以上の自国取得率の低さが際だっているが、他の国では香港、マレーシア、メキシコ、韓国といった国々が、こうした傾向にある。

なお、海外での博士学位取得者の比率が高い国のうち、韓国ではアメリカ二九％、イギリス二二％、マレーシアではイギリス三八％、アメリカ一一％、南アフリカではアメリカ三〇％、香港ではアメリカ三一％、イギリス一七％となっており、アメリカならびに宗主国との依存関係の強さは継続している。また、オーストラリアではイギリス一一％、アメリカ六％、カナダではアメリカ一七％、イギリス六％となっている。

おわりに

本章では「線としてのキャリア」に着目し、特に学位を中心としながら各国の状況を記述してきた。国によって博士学位の取得率には大きな相違があり、アカデミック・キャリアにおける博士学位の位置づけも同様ではない。しかしながらいずれの国でも、アカデミック・キャリアに参入するうえで、博士学位の基礎要件化が進展している。また以前からすでに基礎要件化していた国でも、他の国と同様に博士学位取得年齢が若年化する傾向がある。日本における課程博をコアとした博士学位授与数の増加は、こうした世界的な潮流と期を同じくしている。

また博士学位の基礎要件化は、アメリカや旧宗主国への依存関係を残しつつも、自国内での博士学位の自給体制を整備する形で進行している。博士学位の取得国の変動は、中心―周辺や国際化の文脈が錯綜する中で生じており、それぞれの国の文脈に応じた解釈が必要である。日本は以前から自給率が高く、年齢層による相違に着目する限り、国際化も進展していない。他方で、中心―周辺という視点に立てば、どれほど海外の学生を大学院に惹き付けられるか、少なくとも東アジアの中心として日本の大学院がどこまで機能し得るのかが、問われている。

今回の国際比較データを見る限り、比較的若い段階でアカデミック・キャリアをスタートさせようとする者にとって、博士学位の取得は優位に機能しているようである。しかし、博士学位の基礎要件化は、アカデミック・キャリアを首尾よくスタートさせることを必ずしも意味しない。学位取得年齢が若年化しているとはいえ、博士学位を取得するまで学修を継続するという力学は以前にも増して強まる。日本のように、これに供給側である大学院生の量的な拡大と需要側である大学教員市場の収縮が加われば、アカデミック・キャリアへの道程は、さらに厳しさを増さざるを得ない。博士学位の基礎要件化と、システムとして大学院が機能しているか否かというのは、別の問題である。

他方で日本でも、さまざまなルートを経て大学教員になる者が増えている。高等教育機関・研究所のみを経験した教員と、政府・民間部門等も経験した教員の比率は、国によって大きく異なり、日本を含めて韓国や中国という東アジアの国々では、依然としてアカデミック・キャリアのみの経験者、すなわち伝統的なタイプが圧倒的に多い。これは、大学の教育・研究に実務的な要素が、相対的に入り込んでいないことの裏返しでもある。なお、国際的にみても、非伝統的なタイプの教員の場合、博士学位の取得者が少ない傾向にある。大学教員とは何かが改めて問われる所以である。(11) マス化、ユニバーサル化は、否応なく大学に多様な機能への適応を迫り、その一方で多様化は、大学とは何か、大学教員とは何かという理念や規範への回帰もまた要求する。学位をコアとしたアカデミック・キャリアの国際比較は、多様化の圧力への対応と規範・理念の再構築という、相矛盾するパズルに取り組まざるを得ないことを、改めて我々に提示している。

【注】

(1) 潮木守一「第三段階教育の登場と大学教員の変貌」『IDE』五一九、二〇一〇年、四―一一頁。

(2) 小方直幸・村澤昌崇「学位授与数の変化」『大学院教育の現状と課題』戦略的研究プロジェクトシリーズI、広島大学高等教育研究開発センター、二〇〇九年、一三一―一五四頁。

表4-6　学士学位の取得年齢　（歳）

アルゼンチン	ドイツ	メキシコ	イタリア	フィンランド	ポルトガル	ブラジル	マレーシア	ノルウェー
26.5	26.4	26.1	24.9	24.7	24.6	24.5	24.4	24.4
オーストラリア	南アフリカ	イギリス	韓国	香港	日本	中国	カナダ	アメリカ
24.3	24.2	24.0	23.8	23.7	23.6	23.3	23.2	23.2

（3）Hasegawa, Yusuke and Ogata, Naoyuki, "The Changing Academic Profession in Japan", in *The Changing Academic Profession over 1992-2007: International, Comparative, and Quantitative Perspectives*, Research Institute for Higher Education, Hiroshima University, 2009, pp. 271-287.

（4）山野井敦徳「流動性」有本章編著『変貌する日本の大学教授職』玉川大学出版部、二〇〇八年、六二―八〇頁。

（5）ここでいう年齢は、調査時点と生年の差をとって求めている。

（6）フィンランドについては、取得率を算出できなかった。そのため、以下の分析においてもフィンランドのデータは除いている。なお、年齢計の値は、年齢層によって回答者数が異なればその影響も受けるため、解釈には慎重である必要がある。以下の年齢計に言及した部分も同様。

（7）長島啓記「ドイツの大学院」市川昭午・喜多村和之編『現代の大学院教育』玉川大学出版部、一九九五年、一七二―一八三頁。

（8）ここで便宜的というのは、学士学位取得後、直ちに大学院ないし大学院相当の学修を開始しない者もおり、正確な意味での測定は行えていないからである。

（9）学士学位の取得時点から博士学位の取得までに要した年数を用いて解釈する場合には、学士学位の取得年齢の違いにも着目しておく必要がある。なぜならば、日本のように学士課程の学生の大半が高卒後直ちに入学する若年層とは限らないからである。学士学位の平均取得年齢は、南米と一部のヨーロッパで高く、東アジアと北米で低い。なお、この情報は、大学教授職というキャリアを選択した者に関するものであり、各国の平均的な学士学位の取得年齢とは限らないことを付言しておく（表4-6）。

（10）藤村正司「周辺国家とアカデミック・プロフェッション」有本章・江原武一編著『大学教授職の国際比較』玉川大学出版部、一九九六年、一三〇―一四六頁。

（11）天野郁夫「歴史の中の大学教員」『IDE』五一九、二〇一〇年、一八―二六頁。

（小方　直幸）

5章 流動性――研究活動を活性化しているか

はじめに

大学教員の流動性は、教育研究活動に良好な影響を及ぼすと考えられている。一九九六年の大学審議会答申「大学教員の任期制について」もこの立場に立つものであり、「教員の流動性が高まり、異なる経験や発想を持つ多様な人材が交流して、相互に学問的刺激を与え合ったり批判し合ったりすることは、教員の教育研究能力を高める上で有効である」としていた。同答申は、大学間の人材交流が乏しいと「相互の批判や競争の機会も少なくなり、教育研究が低調になりがちである」との認識の下、流動性を高める方策の一つとして、大学の判断により任期制を導入し得る選択的任期制を提案する。この提案は、一九九七年に「大学の教員等の任期に関する法律」として法制化され、施行された。施行翌年の一九九八年には、任期制を導入している大学は国立一四校、公立二校、私立五校、任期制の適用を受けている教員は国立七四名、公立八名、私立一七名に過ぎなかった。これに対して二〇〇七年には、国立八一校（全体の九三%）、公立四七校（同五三%）、私立四一四校（同七一%）に任期制が導入され、任期制の適用を受けている教員は国立一万一一五六人（同一八%）、公立二八四〇人（同二四%）、私立一万七三七一人（同一八%）に上っている。(1)

任期制の導入以外にも、二〇〇三年度に発足した専門職大学院において実務家教員が必置とされたこと、あるいは、一八歳人口の減少にもかかわらず四年制大学の新増設が続いていることなど、日本の大学は、世紀の変わり目を含む十数年間に、教員の流動性が促進される要因を経験してきた。

それでは、現在の日本の大学教員の流動性は、どの程度の水準にあるのだろうか。結論をいえば、前回の大学教授職国際調査が行われた一九九二年当時と同様、国際的にみると低い水準にあるのだが、それはどのような要因によっているのだろうか。そして、実際に大学間移動を経験した教員の研究生産性や仕事上の満足度は高まっているのだろうか。本章では、このような問題を検討する。

1　大学教員はどれくらい移動しているか

表5－1は、山野井と同じ方法によって(2)、各国の大学教員の生涯移動期待値を算出した結果である。まず、大学教授職国際調査から得られた勤務機関数から一を減じて移動回数とする。移動回数を経験年数で除したものが年間移動平均値である。この値に、大学教員の平均的な生涯経験年数である三〇年を乗じて、生涯移動期待値とした。対象は常勤職のみとし、勤務機関数が六以上という極端なサンプルも、山野井に倣って、除外した。

表5－1では、調査対象国を二〇〇七年の生涯移動期待値が大きい順に配列し、山野井による一九九二年の値が得られる国については、それを記載した(3)。生涯移動期待値は全体として上昇しているが、この理由の一つとして、勤務機関数の回答を求めるにあたって、一九九二年調査では高等教育機関のみを対象にしていたのに対し、二〇〇七年調査では高等教育機関だけでなく研究機関も含めていることが考えられる。したがって、移動期待値の絶対的大きさよりも、調査対象国の中での位置（順位）に注目したい。日本は、二〇〇七年データが得られた一六カ国中、移動期待値が大きい方から一一位である。一九九二年データも得られる八カ国に限ると七位であり、一九九二年から一つ順位を上げたに過ぎない。

国際調査データには前述のような問題点があるので、これを補うために、官庁統計によって我が国の大学教員の

表5－1　生涯移動期待値（2007 年）

	勤務機関数(A)	移動回数(B)	教職・研究職経験年数（C）	年間移動値(D)	生涯移動期待値(E)	N（人）	生涯移動期待値(92年)
オーストラリア	2.34	1.34	13.32	0.101	3.03	526	2.58
カナダ	2.44	1.44	14.70	0.098	2.94	861	
香港	2.33	1.33	13.70	0.097	2.90	607	2.69
イギリス	2.39	1.39	14.97	0.093	2.79	708	1.77
アルゼンチン	2.60	1.60	17.93	0.089	2.68	387	
ドイツ	1.98	0.98	13.53	0.072	2.17	732	2.00
アメリカ	2.19	1.19	18.73	0.063	1.90	731	1.62
ブラジル	1.81	0.81	13.22	0.061	1.83	473	2.42
ノルウェー	1.93	0.93	15.97	0.059	1.76	537	
南アフリカ	1.80	0.80	13.72	0.058	1.75	361	
日本	1.98	0.98	20.03	0.049	1.47	928	0.78
マレーシア	1.43	0.43	11.30	0.038	1.14	523	
イタリア	1.59	0.59	19.18	0.031	0.93	1,192	
メキシコ	1.52	0.52	16.98	0.031	0.92	433	1.54
ポルトガル	1.43	0.43	16.97	0.026	0.77	677	
中国	1.27	0.27	12.84	0.021	0.64	2,165	
全　体	1.85	0.85	15.44	0.055	1.65	11,841	1.63

注）B＝A－1，D＝B/C，E＝D×30

流動性を計測してみよう。表5-2の転入教員比率は、文部科学省「学校教員統計調査」から得られる移動教員数（講師以上の本務者のみ）を、同「学校基本調査」から得られる大学教員数(同前)で除すことによって得たものであり、それぞれの年度における大学間移動率に相当する。山野井(4)も同様の計算をしているが、そこでは、移動率の分母として「学校教員統計調査」から得られる移動翌年度の大学教員数を用いている。本章では、二〇〇七年度から大学教員の職名が変化したことも考慮して、移動年度の教員数を分母とした。しかし、一九九一年度について山野井の計測結果と比較しても大きな違いはない。重要な点は、二〇〇六年度の大学間移動率（転入教員比率）が全体としては一九九一年度よりも減少していることである。設置者別に見ても、大学間移動率が上昇しているのは公立大学のみであり、国立大学と私立大学で減少している。(5)

確かにこの期間、助手を除く大学教員数の増加率は、公立大学（一五年間で一・九四倍）が最も大きく、国立大学（同一・二〇倍）や私立大学（同一・四五倍）を上回っている。「大学間移動は基本的には大学教授市場の成長率によって大部分が規定される」(6)ので、教員数

表5-2　大学教員市場内部の移動と外部からの移動（日本）

	1991年度				2006年度			
	計	国立	公立	私立	計	国立	公立	私立
大学教員計(人)	92,270	37,067	4,617	50,586	127,100	44,665	8,946	73,489
転入教員比率＋採用教員比率(%)	5.32	4.02	5.50	6.24	6.26	4.52	6.10	7.34
転入教員比率(%)	2.71	2.26	2.90	3.02	2.60	1.91	3.06	2.96
採用教員比率(%)	2.61	1.76	2.60	3.22	3.67	2.61	3.04	4.38
新規学卒者	0.23	0.21	0.30	0.24	0.18	0.09	0.16	0.24
官公庁から	0.33	0.37	0.56	0.27	0.34	0.36	0.40	0.32
民間企業から	0.46	0.22	0.56	0.62	0.61	0.34	0.59	0.78
自営業から	0.04	0.01	0.11	0.05	0.15	0.03	0.04	0.23
研究所等から	－	－	－	－	0.56	0.60	0.51	0.54
高校以下の教員から	0.23	0.09	0.13	0.34	0.12	0.06	0.01	0.17
専修・各種学校の教員から	0.00	0.00	0.00	0.00	0.13	0.02	0.07	0.20
その他の既卒者	1.32	0.86	0.93	1.69	1.58	1.12	1.25	1.90

注）大学教員計＝100%

増加率が大きい公立大学の移動率が増加していることは首肯できる。しかし、国立大学や私立大学の教員市場も、増加率は小さいとはいえ成長しているのである。

そこで注目すべきは、外部市場からの移動である。山野井が指摘するように、大学教員市場における転入移動の全体は、大学間移動と外部市場からの移動からなる。[7]外部市場から大学教員市場への移動としては、新規学卒者の参入（新規就職）と官公庁・民間企業・初等中等教育機関などからの参入（転職）があげられる。この一五年間に大学間移動が減少したとしても、外部市場からの移動が拡大した可能性がある。

「学校教員統計調査」において外部市場からの移動に相当するのは「採用教員」である。同調査では、「転入」は大学・短大・高専の本務教員からの移動、「採用」は大学・短大・高専の本務教員以外からの移動（新規就職と転職）と定義されている。[8] **表5-2**に示されているように、転入教員比率すなわち大学・短大・高専からなる大学教員市場内部での移動率は減っている。しかし、採用教員比率すなわち外部市場からの移動率は増加しており、両者を合わせた移動率は、この一五年間で増えている。採用の中で比率の上昇が大きいのは、二〇〇四年度の「学校教員統計調査」から新たに加わったカテゴリーである研究所等に加えて、民間企業であり、新規学卒者の比率は低下している。つまり、民間企業から大学への移動などが増加したため、新規学卒者の参入や大学間移動の比率が減少したのである。

以上のように、「学校教員統計調査」データによれば、日本の大学教員の大学間移動率はもともと小さいうえ、この一五年間に低下した。その理由として、このように外部市場からの移動が増えていることがあげられる。講師以上の大学教員数が一五年間に一・三八倍になるという市場要因は移動を促進する方向に進んだが、教員数の増加分のかなりの部分は民間企業をはじめとする外部市場からの転職者によって補充され、大学間移動率の上昇をもたらさなかったのである。

2　なぜ移動しないのか

日本の大学教員の流動性が高まらない要因として、このような市場要因のほか、任期制の有無や教員の職階構成などの制度的・組織的要因をあげることができる。

表5-3には、常勤職についている大学教員のうち「任期付雇用」であると答えた者の比率を示した。(9) 生涯移動期待値は**表5-1**と同じものである。これによれば、日本の任期付教員の比率は、山野井(10)が集計した一九九二年の値(一・三%)よりも高くなっているものの、マレーシアやメキシコと同程度であり、生涯移動期待値もこれらの国と同様に低い。しかし、ブラジル・イギリス・南アフリカのように、任期付き比率が低くても移動期待値が大きい国もあれば、ポルトガルのように任期付き教員比率が高いにもかかわらず移動期待値が小さい国もある。任期付き教員比率と生涯移動期待値との相関係数は〇・四三で、任期制と流動性との間には正の相関の傾向がみられるものの、有意ではない。

表5-3には各国の教授比率も示している。教授比率が低いと教授昇格をめぐって移動が発生する可能性が高く、

教授比率が高いと教授昇格が年功序列的になされるので移動の機会は少ないとされる。(11) 表5-3の教授比率と生涯移動期待値との相関係数はマイナス〇・一七で、負の相関の傾向がみられるものの、有意ではない。マレーシアやポルトガルのように教授比率も移動期待値も共に低い国があるからである。任期制と同様、教授比率と流動性の関係も一概にはいえないのだが、日本は、任期付き教員比率からみても、教授比率からみても、教員の移動が促進されるような状態ではないということはいえるだろう。

表5-3　任期制・教授比率と移動期待値（2007年）

	N	任期付き教員比率　（%）	教授比率　（%）	生涯移動期待値
アメリカ	799	27.5	39.8	1.90
アルゼンチン	419	79.2	−	2.68
イギリス	906	6.8	19.0	2.79
オーストラリア	703	39.4	12.8	3.03
カナダ	1,109	26.1	36.3	2.94
韓国	896	42.5	40.2	−
中国	2,816	21.4	24.3	0.64
ドイツ	813	39.0	39.2	2.17
日本	1,387	8.9	54.8	1.47
ノルウェー	856	31.1	36.4	1.76
フィンランド	898	44.9	22.3	−
ブラジル	526	4.8	18.7	1.83
ポルトガル	776	40.5	10.7	0.77
香港	748	54.9	21.7	2.90
マレーシア	890	6.7	7.0	1.14
南アフリカ	545	8.6	−	1.75
メキシコ	507	7.9	69.8	0.92
全体	15,594	26.7	25.4	1.65

表5-4　移動希望者率と行動者率　（%）

	移動希望者率	具体的行動者率
アメリカ	42.8	28.1
アルゼンチン	12.6	5.7
イタリア	31.6	7.1
イギリス	45.1	35.9
オーストラリア	47.0	27.7
カナダ	33.1	19.2
中国	15.3	5.9
ドイツ	48.0	29.9
日本	51.7	14.9
ノルウェー	35.3	8.5
ブラジル	32.2	8.4
ポルトガル	26.2	4.8
香港	35.0	17.2
マレーシア	45.1	13.0
南アフリカ	31.2	19.2
メキシコ	18.7	8.1

実は、移動を希望する日本の大学教員は少ないわけではない。表5―4に、過去五年間に他の高等教育機関や研究機関（国内および国外）に移動することを考えた者の比率を示したが、この移動希望者率は日本が最も高い。移動希望者率は、各国とも年齢が高くなるほど低下する傾向にあるが、どの年齢層においても日本の移動希望者率は他国に比べて高い。

ところが、同じく表5―4に示した具体的行動者率（過去五年間に他の機関に移動するための具体的行動をしたことがある者の比率）をみると、日本は中程度で、一六カ国中八位である。さらに、実際に移動する者の比率は先にみたように低い水準にあるから、日本の大学教員は、移動希望は持っていても、前述の市場的・制度的・組織的要因により、実際に行動を起こして移動する者は少ないということができる。

3　大学間移動がもたらすもの

これまでは、大学間移動を被説明変数として検討してきた。そこでは、日本の市場的・制度的・組織的要因が大学間移動を阻害する状態になっていることを示したが、ここからは移動を説明変数として検討してみよう。すなわち、移動が研究上の生産性や仕事上の満足度に及ぼす影響の検討である。

まず、大学間移動が研究上の生産性に及ぼす影響について検討してみよう。図5―1は、各国のサンプルを大学間移動経験者とそうでない者に分け、過去三年間に発表した学術論文数を比較したものである。常勤職に限った点は表5―1と同様であるが、図5―1ではさらに、現在の勤務機関での勤続年数が三年以下の者も除外した。過去の発表論文数が多い者がその業績をもって、より研究環境の優れた大学へ移動するというパターンが多くみられるからだ。[12] ここで、勤続年数三年以下の者を除外したのは、このような、多数の発表論文をもって移動するという移動前の因果関係を排除し、移動後の研究生産性をみるためである。

文系と理系とでは発表論文数が大きく異なるので、左右に分けて示している。[13] まず、文系についてみると、全体

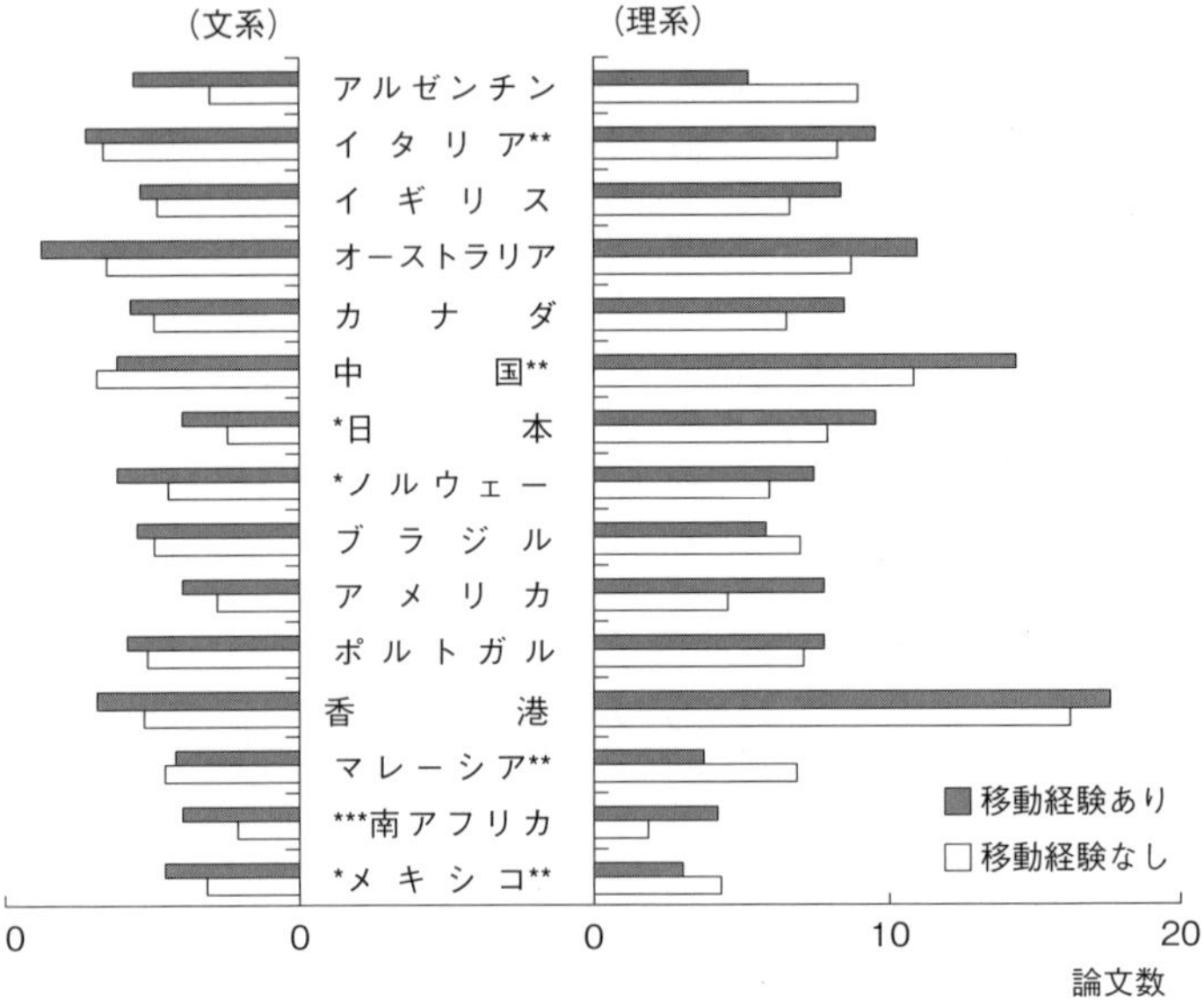

図5−1　大学間移動の経験と研究の生産性

注）国名の左に付したアスタリスクは文系についての、右に付したアスタリスクは理系についての検定結果（*10％有意、**5％有意、***1％有意）。

的には大学間移動を経験した者の方が発表論文数が多いが、中国やマレーシアのようにそうでない国もみられる。大学間移動を経験した者の方が発表論文数が多い場合でも、非移動経験者との間に統計的有意差が認められる国は四カ国に限られており、両者間の差が有意でない国が多い。

理系でも、日本を含む一一カ国において、大学間移動を経験した者の方が発表論文数が多い。しかし、イタリアと中国以外では、両者の差は有意ではない。逆に、マレーシアとメキシコでは、非移動経験者の発表論文数が移動経験者よりも多く、その差は五％水準で有意である。

12章でも検討されているように、研究の生産性を規定する要因は複雑であり、ここで示したように大学間移動経験の有無だけで簡単に説明できるものではない。しかし、ここに示されていることは、大学間移動は研究生産性の向上を必ずしももたらすわけではないということである。なるほど、文系については、大学を移動して研究環境を変えることによって新しい情報が入るようになり、それが刺激となって研究生産性が向上するということはあるだろう。しかし、理系の特に大規模な実験装置を必要とする場合など、移動先の大学で研究環境を新たに整えることは大きな負担であり、これが移動経験者の生産性が非移動経験者よりも必ずしも高くはないという結果をもたらしていると考えられる。

より広く、移動経験と仕事上の満足度との関係についてみても、移動経験者が満足度が高まるという明確な関係はみられない。満足度については分野間に大きな差はみられないし、移動直後の者を含めて分析しても差し支えないので、**表5-5**では各国の常勤職全体について、大学間移動経験の有無による仕事に対する満足度の違いを各国の大学教員全体の平均値で示した。数値が高いほど満足度が高い[14]。データが得られた一六カ国中一四カ国において、大学間移動を経験した者の満足度が非経験者の満足度を上回るが、オーストラリア・ドイツ・香港を除いて、その差は有意ではない。藤村は、大学教員の離職（移動）性向を規定する要因として、仕事上の満足度や同僚との関係などをあげている[15]。すなわち、満足度が低く、同僚との関係などにおいて不満が高い方が移動性向が高まる。しかし、実際に移動してみると、教育研究環境を整えることに加えて、移動先の慣行に適応し、新たな人間関係を構築しなければならないという負担がある。したがって、不満を解消するために移動しても、満足度が簡単に高まるわけではない。

表5-5　移動経験・学外共同研究者の有無と仕事に対する満足度

	移動経験		学外共同研究者	
	あり	なし	あり	なし
アメリカ	2.70	2.60	2.73	2.43 ***
アルゼンチン	2.81	2.75	2.80	2.88
イギリス	2.35	2.35	2.37	2.12 **
イタリア	2.80	2.78	2.81	2.63 **
オーストラリア	2.53	2.34 *	2.55	2.15 ***
カナダ	2.86	2.84	2.87	2.77
中国	2.54	2.54	2.56	2.53
ドイツ	2.75	2.54 ***	2.70	2.67
日本	2.65	2.64	2.66	2.61
ノルウェー	2.79	2.78	2.79	2.72
ブラジル	2.73	2.80	2.80	2.65
ポルトガル	2.40	2.47	2.49	2.29
香港	2.70	2.54 *	2.76	2.42 ***
マレーシア	2.80	2.72	2.80	2.80
南アフリカ	2.38	2.38	2.40	2.30
メキシコ	3.27	3.23	3.28	3.21

注）*10％有意、**5％有意、***1％有意。

同じく藤村は、仕事上の満足度を左右する条件として、移動回数よりも共同研究の有無が重要であることを明らかにしている。**表5-5**をみても、国内他機関ないし国外に共同研究者がいると回答した者は、アルゼンチン以外の国において、そうでない者よりも仕事上の満足度が

表５−６　移動経験と学外共同研究者の有無が研究生産性に及ぼす影響

（国別回帰分析結果）

文系	定数	移動経験有無	学外共同研究者有無	決定係数	N
アメリカ	0.396 ***	0.094	0.147 ***	0.050	193
アルゼンチン	0.444 *	0.058	0.288 ***	0.145	90
イギリス	0.546 ***	0.026	0.180 ***	0.070	176
イタリア	0.597 ***	−0.010	0.229 ***	0.081	280
オーストラリア	0.380 ***	0.070	0.421 ***	0.165	76
カナダ	0.419 ***	0.075	0.277 ***	0.139	245
中国	0.637 ***	−0.078	0.192 ***	0.047	186
日本	0.370 ***	0.109 **	0.178 ***	0.108	147
ノルウェー	0.443 **	0.097 *	0.242 ***	0.127	164
ブラジル	0.546 ***	0.031	0.154 **	0.049	104
ポルトガル	0.547 **	−0.022	0.145	0.013	124
香港	0.633 ***	0.037	0.157 ***	0.058	175
マレーシア	0.398 **	0.071	0.309 ***	0.158	49
南アフリカ	0.280 ***	0.172 **	0.223 ***	0.190	81
メキシコ	0.387 ***	0.008	0.345 ***	0.204	111
理系	**定数**	**移動経験有無**	**学外共同研究者有無**	**決定係数**	**N**
アメリカ	0.290 **	0.182 *	0.373 ***	0.118	142
アルゼンチン	0.694 **	−0.252	0.244 ***	0.065	184
イギリス	0.383 ***	0.070	0.409 ***	0.114	142
イタリア	0.579 ***	0.023	0.308 ***	0.074	635
オーストラリア	0.502 **	0.136	0.332 *	0.108	41
カナダ	0.400 ***	0.053	0.393 ***	0.111	179
中国	0.760 ***	0.135 ***	0.181 ***	0.052	498
日本	0.623 ***	0.024	0.280 ***	0.110	335
ノルウェー	0.271 **	0.100	0.427 ***	0.104	162
ブラジル	0.362 ***	0.015	0.347 ***	0.100	151
ポルトガル	0.230 **	0.005	0.514 ***	0.107	215
香港	0.751 ***	0.021	0.362 ***	0.081	110
マレーシア	0.444 ***	−0.129	0.311 ***	0.100	96
南アフリカ	0.248 **	0.095	0.294 **	0.238	35
メキシコ	0.382 ***	−0.075	0.337 ***	0.205	118

注）*10%有意、**5%有意、***1%有意。

高くなっており、五カ国において有意差が認められる。

上述のように、大学間移動経験者の研究生産性は非移動経験者よりも高いわけではない。では、大学間移動の有無と学外共同研究者の有無を同時に考慮すると、研究生産性に及ぼす移動の影響はどのように説明できるだろうか。

文系と理系に分けて、国別に回帰分析を試みた結果を表5-6に示す。過去三年間の学術論文数に一を加えて対数変換したものを被説明変数、移動経験の有無と学外共同研究者の有無を説明変数（いずれも「あり」を一とするダミー変数）とする重回帰分析である。分析対象は常勤職のみとし、図5-1と同様、移動前の生産性の影響を除去するために、現在の勤務機関での勤続年数が三年以下である者を除外した。(16)

まず、文系についてみると、いずれの国においても、大学間移動の経験より学外共同研究者の有無の方が研究生産性に及ぼす影響が大きい。たとえば表5-6上段（文系）のアメリカをみると、大学間移動の経験者は非経験者よりも過去三年間における学術論文数が九％ほど多いが、係数は有意ではない。他方、学外共同研究者がいる者はそうでない者より学術論文数が一五％ほど多く、係数は有意である。アメリカを含め、一五カ国中一四カ国において学外共同研究者の有無が正で有意となっている。移動経験が研究生産性に対して有意な影響を及ぼしている国は、日本・ノルウェー・南アフリカの三カ国のみであるが、これらの国でも、研究生産性に及ぼす影響は学外共同研究者の有無の方が大きい。

理系についても、ほぼ同様の結果である。学外共同研究者ダミーの係数はいずれも正であり、すべての国について有意である。移動経験が研究生産性に対して有意であるのは中国とアメリカであるが、いずれも、研究生産性に及ぼす影響は学外共同研究者の有無の方が大きい。

日本で導入された任期制は、大学間移動は研究を活性化させるものであり、逆に大学教員が一箇所にとどまると組織が淀む恐れがあるという前提に立つものであった。しかし、表5-6の結果をみると、研究の活性化が目的であるのなら、必ずしも大学間移動をする必要はない。むしろ重要なのは、学外の研究者との交流であり、それによって形成される「見えざる大学」である。

まとめ

本章では、大学教授職国際調査と既存統計を用いて、日本の大学教員の移動率が依然として低い水準にあることを示した。その要因として、①大学教員市場は成長しているものの、成長分のかなりの部分は外部市場からの移動によって充足されていること、②教員構成において教授比率が高いため、教授昇格をめぐって移動が促進されることが少ないこと、③任期制を導入する大学が増えているとはいえ、その比率は国際的にみると低いことをあげた。教員の大学間移動は教育研究の活性化をもたらすという、大学審議会答申の立場に立てば、移動率が低いことは問題とされるであろう。しかし、大学教授職国際調査の結果をみると、大学間移動は必ずしも研究生産性の向上をもたらしているわけではない。調査は、過去三年間の発表論文数という、いわば短期的な研究成果を把握したものである。ましてや、短期的成果が上がらなくても研究を継続することが求められる基礎的分野については、大学間移動の効果は疑わしい[17]。本章では、大学間移動よりも、学外に共同研究者を有することが研究の生産性にとって有効であることを示した。この結果を踏まえると、研究生産性を高めるには、大学間移動を促進するよりも、むしろ、それぞれの大学での安定的な地位を確保したうえで、十分な通信基盤や研究旅費を確保するなどして、大学教員の知的交流を促進する方が有効であるといえよう。

【注】

（1）文部科学省調べ。ただし、一九九八年度の値は中央教育審議会答申「新時代の大学院教育」二〇〇五年より、二〇〇七年度の値は文部科学省『科学技術白書（平成二一年版）』日経印刷、二〇〇九年より引用した。

（2）山野井敦徳「移動性と威信」有本章・江原武一編著『大学教授職の国際比較』玉川大学出版部、一九九六年、一八四―二〇四頁。

(3) 一九九二年の全体は、二〇〇七年に調査対象とされていない国、すなわち表5-1に示されていない国も含む。
(4) 山野井敦徳「統計からみた大学教授市場」山野井敦徳編著『日本の大学教授市場』玉川大学出版部、二〇〇七年、一一一―一四九頁。
(5) この大学間移動率に平均的在職年数(例えば三〇年)を乗ずることによって、生涯移動期待値を推定することができる。全体について推定してみると、一九九二年度が〇・八一、二〇〇六年度が〇・七八である。この推定によっても、二〇〇六年度は移動期待値が減少しており、この時期に実施された二〇〇七年大学教授職国際調査の値が過大であることがわかる。
(6) 山野井「統計からみた大学教授市場」前掲書、一二六頁。
(7) 山野井敦徳『日本の大学教授の移動研究』東信堂、一九九〇年。
(8) 文部科学省『学校教員統計調査報告書(平成一九年度)』日経印刷、二〇〇九年、六〇一頁。
(9) 日本の任期付雇用教員の比率は「はじめに」で示した文部科学省調べの値よりかなり小さい。これは、本調査が助教・助手を対象としていないことによる。ただし、文部科学省調べの値によってみても、日本の任期付雇用教員の比率は国際的には低い方である。
(10) 山野井敦徳「流動性」有本章編著『変貌する日本の大学教授職』玉川大学出版部、二〇〇八年、六二―八〇頁。
(11) 山野井「移動性と威信」前掲書、二〇一―二〇二頁。なお、主要国における大学教員の職階構成および昇進システムについては、潮木守一『職業としての大学教授』中央公論新社、二〇〇九年を参照されたい。
(12) 矢野正晴・富田純一「我が国の大学研究者の移動原理」『MMRCディスカッションペーパー』第二五号、東京大学COEものづくり経営研究センター。
(13) ここで文系は人文科学と社会科学であり、理系は数学、物理学、コンピュータ科学、生命科学、工学、農学である。文系と理系が混在している教育学や医学・福祉・社会サービスなどの分野は除外した。
(14) 大学教授職国際調査では、仕事に対する全般的満足度について、「非常に満足」を一、「どちらでもない」を三、「非常に不満足」を五、それぞれの中間を二および四とする五件法で調査しているが、平均値の算出にあたって、「非常に満足」を五、「非常に不満足」を一、中間を四および二に変換した。

(15)　藤村正司「誰が大学を移動するのか」『COE研究シリーズ』一五、広島大学高等教育研究開発センター、二〇〇五年、九七—一一〇頁。

(16)　ただし、勤続年数三年以下の者を含めて分析しても、同様の結果が得られた。

(17)　本章では、大学教員の研究活動に対する移動の効果を検討したが、長期にわたり一貫した方針が望まれる教育活動については、大学間移動の効果はさらに疑わしい。

（浦田　広朗）

6章　ジェンダー・バイアス――教員のライフスタイル

はじめに

本章の目的は、大学教員の教育や研究の活動面に影響をおよぼすと考えられる家庭生活環境を、国際比較調査の結果に基づいて検討し、それを踏まえて日本の大学教員のライフスタイルの特徴を、ジェンダーの視点から明らかにすることである。

大学の使命は教育、研究、社会貢献機能の遂行にあり、大学教授職は、教育、研究、管理運営、社会貢献などの役割を担う専門職である。従来、高等教育研究において大学教授職といえば、圧倒的多数を占める男性教員を想定するのが一般的であり、ことさら女性教員に目が向けられることは少なかった。昨今、日本の女性教員の比率は漸増しているとはいえ、先行研究[(1)]によれば諸外国に比べると非常に低く、数値の上で大学間格差があり、平等のための実行化が当面の政策課題となっている。女子学生の専攻分野の偏りが、女性大学教員の専攻の偏りを生んでいるのも事実である。そしてこうしたジェンダー・バイアスの背景には性別役割分業観の影響があると指摘されてきた。

では、大学におけるジェンダー・バイアスを弛緩させるにはどのような政策が必要であろうか。ジェンダーは国の文化や慣習、社会構造によって大きく異なるため、政策的インプリケーションを得るには、まず国際比較の視点からアプローチする必要がある。それに加えて、教員のライフスタイルまで視野を広げて検討することも重要である。これまで大学教員を取り巻く教育・研究条件というと、施設設備等をはじめとする財政基盤や、学生の学力・学習態度などを中心に、影響源は大学内に求められることが多く、教員の生活の場である家庭環境にはさほど目が行き届かなかった。仕事と家庭の調和に関してジェンダーの視角から迫ってきたのは、社会学あるいは労働経済学の研究領域であった(2)。しかし大学教員とはいえ働く生活者にほかならない。家庭生活環境は何らかの形で教員の原動力となり、キャリア形成に直接、間接的に影響をおよぼしている。さらに社会構造と大学教員との関連性に着目することは、高等教育研究の重要なテーマとなり得る。

本章はこうした問題意識のもと、一八カ国の大学教員を対象として二〇〇七年に実施された「大学教授職の変容に関する国際調査」結果を用いて、次の四項目について性別に比較考察する。まず、第一に、大学教授職としての教育・研究への関心の所在を確認し、さらにその実態を把握するため、教育・研究活動に費やす時間配分を分析する。第二に、仕事に対する満足度、および教育・研究の両立に関する教員の認識を探る。第三に、ジェンダー・バイアスを生み出す文脈なり背景となる家庭生活環境を検討する。最後に第四では、日本の大学教員のライフスタイルの特徴を明らかにする。

ただ今回の女性サンプル数(3)は十分とはいえず、数量的分析結果を一般化するには異論があるかもしれない。また、大学分類や教員の専門分野が必ずしも統制されていないという限界はある。しかし、本調査データは日本の高等教育研究においては数少ない国際比較調査の結果であること、教員のライフスタイルに関しても比較検討できる資料が得られること、そして何よりも各国の女性教員たちは高い問題意識を持って回答したものと判断し、分析することにした。なお、本章では常勤教員の調査結果のみを対象とした。

1　教員の関心の所在と教育・研究活動の実態

カーネギー教育振興財団の主催で一九九二年に実施された「カーネギー大学教授職国際調査」によれば、大学教員の教育・研究に対する関心の強さは、地域差はあるものの、全体では研究に関心があると回答した教員の比率が優勢であった。男性の教育志向は全体平均が四〇・八%、女性は五四・〇%で、教育を志向する大学教員は男性よりも女性に多かった。[4] 一方、二〇〇七年実施の本国際調査の全体平均をみると（表6−1）、女性（四一・七%）は男性（三二・三%）に比べて教育への関心が強く、男性（六七・七%）は女性（五八・三%）よりも研究に対する関心が強いことに変わりはない。しかし一九九二年から二〇〇七年の間に、教育への関心は男性が八・五ポイント、女性は男性以上の一二・三ポイント減った分だけ研究志向が強まる結果になった。また、研究よりも教育志向の比率が高い女性教員は、中国（六七・七%）、南アフリカ（六〇・一%）、マレーシア（五七・七%）、アメリカ（五三・七%）の四カ国のみであった。国別に性差をみると、中国、南アフリカ、アメリカ、香港等の男性教員は女性よりも研究志向が強く、女性教員は男性に比べると教育に関心を寄せていることが判明した。このように一部の国では性別の差異が認められたものの、一八カ国中一四カ国に有意差はなかった。日本に着目すれば、一九九二年調査では女性教員（四七・一%）は男性（二五・九%）に比べると教育への関心が強く、男性教員（七四・一%）は女性（五二・九%）よりも研究志向が強いことが明らかにされた（〇・一%水準）[5]が、今回の調査では、関心の所在に性差は認められなかった。

　国際比較の結果、一九九二年から二〇〇七年の一五年間で、教育・研究への志向性に性差はなくなりつつあった。むしろ男女教員と

表6−1　関心の所在　（%）

国　名	教　育		研　究		
	男性	女性	男性	女性	
中国	40.1	67.7	59.9	32.3	***
南アフリカ	48.6	60.1	51.4	39.8	*
マレーシア	49.7	57.7	50.2	42.3	
アメリカ	42.3	53.7	57.7	46.2	***
メキシコ	49.7	49.2	50.3	50.8	
香港	31.1	40.7	68.9	59.3	*
ポルトガル	43.0	37.8	57.1	62.2	
ブラジル	43.0	37.6	56.9	62.4	
カナダ	30.3	35.4	69.7	64.5	
アルゼンチン	28.8	34.2	71.1	65.8	
韓国	31.5	33.9	68.5	66.1	
日本	27.6	32.5	72.4	67.5	
イギリス	26.1	32.4	73.9	67.6	
ドイツ	26.4	28.6	73.6	71.4	
フィンランド	21.7	26.2	78.3	73.8	
イタリア	21.8	25.6	78.2	74.4	
オーストラリア	25.1	25.1	75.0	74.9	
ノルウェー	18.5	15.1	81.4	84.9	
全　体	32.3	41.7	67.7	58.3	***

注1）教育:「主に教育」+「どちらかといえば教育」の割合。研究も同様。
　2）***$p<0.001$, **$p<0.01$, *$p<0.5$　以下同様。

表6-2　教育と研究活動に占める時間配分の割合　（%）

国名	学期中の週平均				休暇中の週平均			
	教育		研究		教育		研究	
	男性	女性	男性	女性	男性	女性	男性	女性
南アフリカ	45.8	54.9	21.4	17.7	23.6	34.0	41.7	34.3
中国	42.2	54.2 **	36.9	29.3 ***	15.7	16.7	52.4	49.1
ポルトガル	45.1	50.7	33.9	32.0	18.9	22.6 *	58.1	57.3
マレーシア	45.1	50.4	21.4	19.1	21.7	24.2	36.4	33.7
日本	38.7	49.8 ***	33.4	26.1	18.2	18.6	54.8	57.8
香港	36.7	47.2	32.8	25.3	13.5	18.5	52.8	51.7
ブラジル	43.0	46.7	31.3	28.8	22.0	30.2	49.0	46.5
イタリア	39.8	44.8	38.5	38.2	16.0	18.7 *	60.9	63.3
アメリカ	37.8	43.5	31.7	23.9	12.0	15.6	56.1	48.5
イギリス	36.8	42.8	31.5	23.5 **	16.2	18.8	52.9	48.0
カナダ	38.3	41.5	32.9	29.7	11.0	13.4	59.6	57.5
フィンランド	33.6	41.1 ***	41.0	41.5	13.9	16.1	60.5	66.5
韓国	39.6	40.5	34.3	32.4	15.9	16.1	54.8	55.2
メキシコ	43.9	40.3 **	25.2	27.1	—	—	—	—
オーストラリア	34.0	36.3	34.8	32.7	11.2	12.0	57.1	51.8
ノルウェー	37.0	35.1 *	37.5	42.9	13.5	12.2	59.0	64.4
ドイツ	29.7	34.9	35.8	35.7	13.2	16.8	52.5	54.7
アルゼンチン	32.4	33.2 *	44.6	43.8	15.3	16.3	57.8	57.0
全体	38.8	44.8 ***	34.3	30.7 ***	15.4	18.0 ***	55.1	53.8 ***

注1）数値は、各回答者の各項目を合計で除して算出された数値の平均値。
　2）「その他」の活動は略したので、「教育」と「研究」を加えても100%にならない。

も研究志向に傾斜してきていることが判明した。その原因の一つには、女性教員の研究志向への国際的高まりがあげられる。日本も例外ではなかった。もっともこれはあくまで意識レベルであり、実際の活動状況とはズレがあるかもしれない。そこで教育・研究活動の実態について次に検討してみる。

表6-2は、教育（授業の準備、授業、学生指導、採点、評価など）、研究（文献購読、執筆、実験、フィールドワークなど）に占める時間配分の割合を、学期中と休暇中について性別に国際比較したものである。学期中における女性教員の教育活動の配分比率が高い国順に並べた。まず学期中の教育に占める割合を性別に比較すると、女性教員の教育に費やす比率が男性よりも有意に高かったのは、中国、日本、フィンランド、メキシコ、ノルウェー、アルゼンチンの六カ国であった。**表6-1**で確認したように、多くの女性教員の関心は教育よりも研究に

あった。にもかかわらず、表6-2で学期中の教育・研究活動の割合をみると、教育に多くの活動時間を割いているのは男性よりも女性教員であった。日本の女性教員も学期中の約半分の四九・八%を教育活動に充てており、全体平均(四四・八%)を上回る結果であった。これに対して研究時間の配分率で性別の有意差が認められたのは、中国、イギリスの二カ国のみであった。研究活動に費やす時間配分に顕著な性差がみられない国の方が多かったのである。他方、休暇中になると各国とも教育活動の割合は減り、時間配分に性差のある国も減っている。全体平均をみると、教育・研究活動に占める時間配分比率の休暇中の男女差(教育は二・六ポイント、研究は一・三ポイント)は、学期中(教育は六・〇ポイント、研究は三・六ポイント)に比べると減少していることがわかる。おおむね教員は、休暇中は教育よりも研究に多くの時間を充てていた。とりわけ女性教員の研究活動は休暇中に集中している様子が見て取れた。

特に日本の女性教員に注視すると、休暇中の研究時間配分率(五七・八%)は、学期中(二六・一%)の倍以上増加していた。先に概観した教員の関心の所在と照らし合わせると、国際比較の視点から次のような興味深い点が明らかにされた。第一に、女性教員の研究への関心の高まりは、国際的傾向の一つといえる。第二に、学期中の教育活動に多くの時間を費やしているのは男性よりも女性教員であった。その代わり女性教員は男性以上に休暇中の研究時間を確保していた。

研究に関心を抱いている女性教員は少なくない。しかし現実的に学期中は教育活動を優先させているため、研究時間が十分ではない。そのため休暇中に研究時間を充てることで、教育と研究活動のバランスを取る工夫をしていると考えられる。日本の女性教員にも同様の傾向があるといってよい。

国際的見地からすれば女性教員は男性以上に教育熱心であった。女性教員は男性よりも教育活動に親和的と捉えられよう。しかし、教育・研究に対する志向性に教員の性差はなくなりつつあり、女性教員も男性と同じように研究志向の傾向にある。だとすれば、女性教員の教育・研究活動において、意識と実態の間に乖離が生じていることを見逃すわけにはいかない。とりわけ学期中の教育・研究活動の各時間配分の性差を、女性教員はどのように受け止めているのであろうか。

2　仕事全般についての満足度と教育・研究の両立

それを知る手がかりは、「あなたは今の仕事に対して全般的にどの程度満足していますか」の問に見出すことができる（表6−3）。表は、女性の否定的回答率が高い国順に並べた。満足度が五〇％以下の国はイギリスの教員（男性は四八・二％、女性は四七・四％）のみであった。性別に比較すると、日本、ドイツ、カナダ、イタリア、マレーシアの五カ国では、女性教員よりも男性教員の方が有意に満足度が高く、女性教員は男性よりも不満足度の方が高い。日本の女性教員の否定的回答（二〇・二％）は全体平均（一〇・二％）の倍近くに達しており、最も高い値であった。男性教員（一二・八％）との七・四ポイント差は大きく、男女間で認識の差がうかがえた。国際比較すれば、大学教員の仕事全般に対する満足度は決して低いわけではない。しかし、日本に限定すると、満足していない女性教員が男性教員の約一・六倍いるという結果は、男女の平等な関係が必ずしも成立していない部分があることを物語っているのではな

表6−3　仕事全般についての満足　（％）

国名	男性		女性		
	肯定的	否定的	肯定的	否定的	
日本	69.0	12.8	62.2	20.2	**
中国	60.3	13.4	54.7	16.7	
オーストラリア	58.1	19.1	57.9	16.1	
南アフリカ	51.4	21.7	53.7	16.0	
ドイツ	68.3	10.6	55.3	15.7	*
イギリス	48.2	18.5	47.4	15.2	
香港	66.3	9.7	59.0	13.9	
ポルトガル	59.5	14.1	52.6	13.9	
ブラジル	66.7	8.5	65.1	13.0	
アメリカ	63.1	10.0	62.1	11.4	
カナダ	76.2	9.0	69.6	10.1	***
ノルウェー	69.5	7.9	69.0	8.5	
メキシコ	89.7	12.0	85.1	7.7	
フィンランド	71.3	8.5	66.7	7.6	
イタリア	67.8	6.2	59.1	7.0	***
マレーシア	70.3	14.0	59.9	6.8	***
韓国	77.1	3.7	75.9	6.6	
アルゼンチン	77.0	3.2	64.5	5.2	
全体	66.9	9.2	60.7	10.2	***

肯定的：「非常に満足＝1」〜「非常に不満足＝5」の5件法のうち、「どちらかというと満足」＋「非常に満足」の割合。否定的：「どちらかというと不満足」＋「非常に不満足」の割合。「どちらでもない」があるので100％にならない。

かろうか。形式的には平等が保証されているようでも実質的にはまだ達成されていない部分があるのかもしれない。

次に、大学教授職にとって関心事である「教育と研究の両立は非常に難しいか」の問に対する回答を、表6-4に示した。女性の「両立は難しい」回答率が高い順に並べた。一八カ国中、九カ国（日本、中国、フィンランド、ドイツ、イギリス、イタリア、ノルウェー、アメリカ、メキシコ）で有意差がみられた。すなわち両立は可能と認識している男性教員の割合が多いのに対して、困難と回答した比率は女性教員の方が多かった。では、両立を困難と感じる女性教員にはどのような悩みがあるのであろうか。ここで注目すべきは表6-1、表6-2でみてきたように、教育への関心が強くかつ教育に時間を多く割いていた中国の女性教員と、教育志向が強いとみなされたアメリカの女性教員は、両者とも教育・研究の両立に困難を感じている比率が高いことであった。教育・研究に対する関心の所在と現実の活動状況が教育志向という点で一致しているからといって、大学教授職である限り研究活動をおろそかにして良いわけではない。何らかの背景があるにせよ、中国やアメリカの女性教

表6-4　教育と研究の両立　（%）

国　名	男　性			女性			
	両立は可能	どちらでもない	両立は難しい	両立は可能	どちらでもない	両立は難しい	
日本	29.8	20.5	49.6	17.7	16.8	65.5	**
中国	30.7	28.0	41.3	27.8	27.2	45.0	*
フィンランド	39.3	27.6	33.0	28.4	28.4	43.3	***
ドイツ	46.4	23.8	29.7	34.5	26.4	39.1	*
マレーシア	44.9	28.9	26.2	39.7	25.7	34.6	
ポルトガル	54.3	23.7	22.1	45.9	23.6	30.5	
香港	53.7	21.8	24.5	50.0	21.6	28.4	
イギリス	63.5	13.1	23.3	58.3	14.5	27.2	*
南アフリカ	60.4	19.4	20.1	55.9	19.1	25.0	
オーストラリア	53.3	21.9	24.8	55.2	21.0	23.9	
カナダ	64.6	17.2	18.3	57.0	20.1	23.0	
イタリア	70.4	17.5	12.1	59.3	23.5	17.2	***
ノルウェー	70.7	17.5	11.8	57.5	25.3	17.2	***
アメリカ	72.0	18.1	9.8	60.9	21.9	17.1	**
韓国	69.2	20.2	10.6	62.5	23.6	13.9	
メキシコ	79.6	7.2	13.2	72.0	15.1	12.9	*
アルゼンチン	80.2	10.7	9.1	85.7	9.1	5.2	
ブラジル	84.9	9.0	6.1	91.8	3.3	5.0	
全　体	53.5	20.8	25.8	50.3	21.7	28.0	***

注1）両立は可能：「全くそう思う＝1」〜「全くそう思わない＝5」の５件法のうち、「そう思わない」+「全くそう思わない」の割合。
2）両立は難しい：「全くそう思う」+「そう思う」の割合。

員はその点を認識しているからこそ、教育・研究のバランス調整に苦悩していると思われる。

ところで、日本の女性教員が両立の困難を訴えた割合は（六五・五％）、一八カ国中最も高い値であった。教育と研究の両立という悩ましい問題は大学教員にとって永遠の課題であるが、その認識に性差が生じている。原因をどこに求めれば良いのであろうか。少なくともキャリア形成において、男女の明確な能力差は考えにくい。だとすれば、教育・研究活動は、大学教員の生活環境全般、すなわち教員が置かれている家庭というもう一つの社会的状況や、社会通念としての役割期待とあながち無関係とはいえまい。むしろそこにはライフスタイルに刻印された阻害要因があるのかもしれない。以下ではそのあたりを探ってみよう。

3　家庭生活環境

二一世紀の現在もなお、研究者に占める日本女性の割合が世界的に少ないことは、統計的に提示されている。[(6)] では、その中に含まれる女性大学教員のライフスタイルにはどのような特徴があるのだろうか。それは大学教授職にどのような影響をおよぼしているのであろうか。教員の生活環境は、教育・研究活動にポジティブに働くのか、あるいはネガティブな要因なのであろうか。ひとまず家族形態について検討していく。

配偶者の有無

本調査における男性教員の全体平均年齢は四六・七歳、女性教員は四三・五歳であった。[(7)] はじめに配偶者（パートナーを含む）の有無を確認しておく。図6-1は、男性の有配偶者率が高い国順に示したグラフである。フィンランドとノルウェー以外の一六カ国で、男性の有配偶者率が女性のそれを有意に上回っていた。女性の独身者の比率が男性教員よりも高いという実態は、女性大学教員のライフスタイルの一つの特徴といえる。

有配偶者率が男女とも八〇％以上の国は、韓国（男性は九四・三％、女性は八八・〇％）、中国（男性は九一・四％、女性は八五・五％）、ドイツ（男性は九〇・一％、女性は八二・〇％）、ノルウェー（男性は八四・七％、女性は八一・四％）の四カ国であった。配偶者がいる男性教員の全体平均は八七・四％であるのに対して、女性のそれは七四・六％で、男性よりも一二・八ポイント低かった。日本の男性教員の有配偶者率は非常に高い（九一・七％）が、女性教員（五二・五％）は一八カ国中最も低く、同じアジア圏とはいえ女性教員の有配偶者比率が高い韓国や中国とは大きな開きがあった。日本では高学歴女性の未婚率が比較的高いといわれているように、女性教員の未婚比率（四七・五％）は全体平均（二二・一％）を二五・四ポイント下回っていた。ここで二〇〇五年に実施された国勢調査(8)の三五〜三九歳の年齢層と比較してみる。国勢調査の結果、この年齢層の女性の未婚率は一八・四％、男性は三〇・〇％であった。一方、本調査における同年齢層の未婚率は女性大学教員が五七・一％で、国勢調査結果よりも三八・七ポイントも高く、男性教員の未婚率は一六・八％で逆に国勢調査結果を一三・二ポイント下回っていた。年齢層を限定した比較ではあるが、女性大学教員は同世代の女性よりも未婚率が高いのに対して、男性教員は家庭重視の生活設計を比較的早い時期に実現させている。大学教員の結婚観は性別により

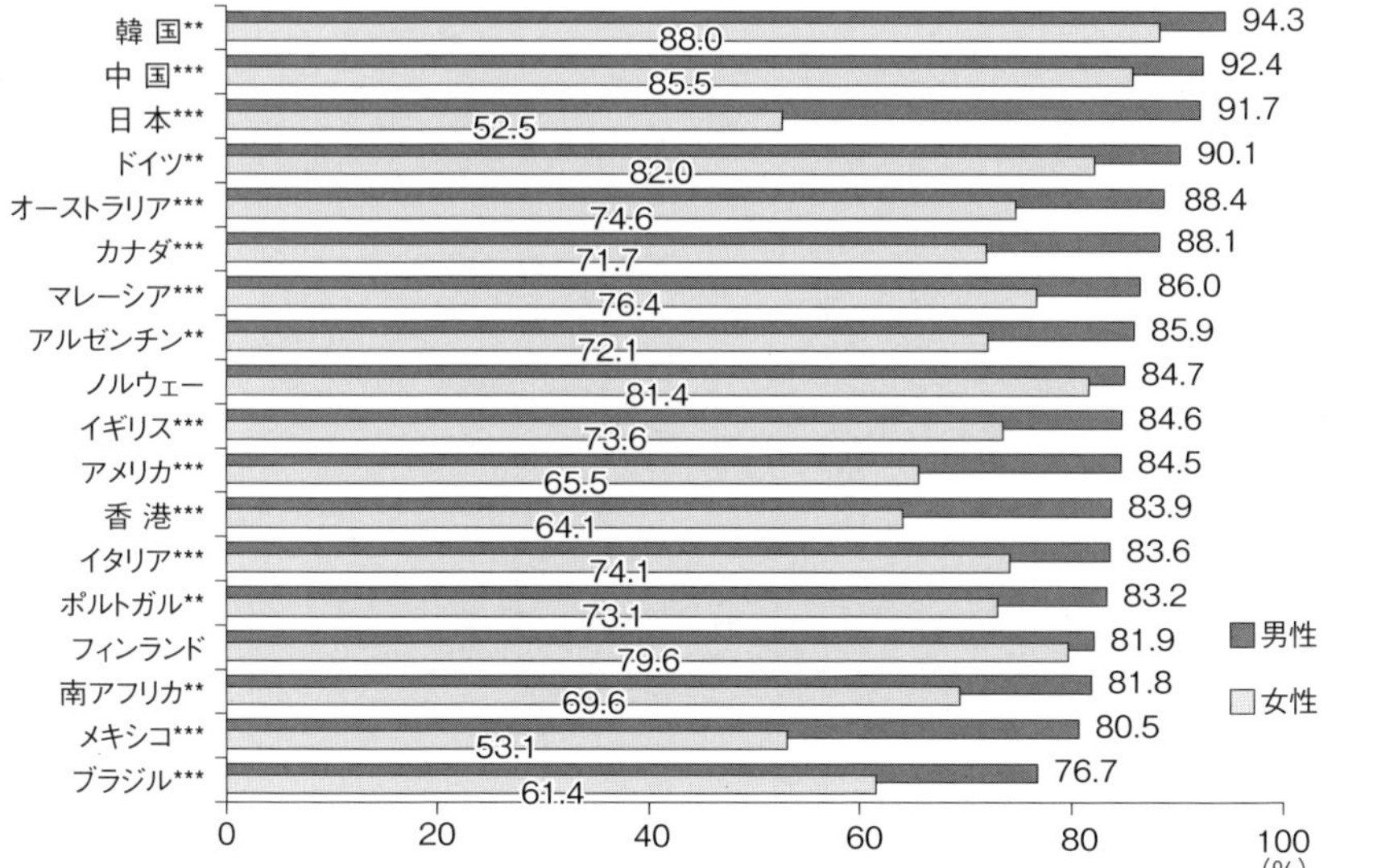

図６－１　有配偶者の割合

差異のあることがわかる。

結婚・出産・育児が教育・研究活動にプラスに働く局面があることは否めない。しかし、女性教員の場合、特にそれがキャリア形成の初期であるほど、研究時間の確保という点において負担は大きい。他方、有配偶者比率に男女の有意差がない北欧フィンランドやノルウェーの実態は、女性の社会進出を促進させる手厚い支援策が施され、また就業継続が保証されていることを示している。[9]

配偶者の職業および子どもの有無

では、大学教員はいかなる職種の配偶者を選んでいるのだろうか。「大学教員」という職業に限定してたずねたところ（表6-5）、一一カ国で性別の有意差がみられた。女性教員の方が、同業である大学教員を配偶者に持つ割合が多い国は降順番に、中国（四九・三％）、カナダ（四三・〇％）、韓国（四一・一％）、ドイツ（三七・九％）、ポルトガル（三七・二％）、イギリス（三七・一％）、香港（三四・九％）、日本（三三・九％）、イタリア（二五・八％）の九カ国、逆にフィンランド（四六・二％）とマレーシア（三五・一％）の二カ国は男性教員が大学教員を配偶者に選ぶ割合の方が女性よりも多かった。日本の女性教員の三三・九％は配偶者が大学教員であったが、男性教員が女性大学教員を配偶者とするケースは

表6-5　配偶者は大学教員および同居する子どもがいない割合　（%）

国　名	配偶者は大学教員			同居する子ども無し		
	男性	女性		男性	女性	
ノルウェー	67.9	71.2		48.8	45.7	
メキシコ	63.6	61.5		57.9	72.7	***
ブラジル	47.6	49.7		40.7	39.8	
フィンランド	46.2	35.1	**	49.4	57.0	
アメリカ	42.0	45.2		62.0	70.3	***
アルゼンチン	41.8	36.7		41.3	47.9	
中国	38.1	49.3	***	22.6	30.0	***
マレーシア	35.1	24.8	**	16.7	18.4	
カナダ	35.0	43.0	*	43.2	57.3	***
南アフリカ	29.2	35.7		36.7	40.6	
イギリス	26.7	37.1	*	55.7	64.7	**
ポルトガル	26.3	37.2	*	30.0	33.2	
ドイツ	24.9	37.9	**	42.5	62.7	***
オーストラリア	23.7	23.4		41.0	59.4	***
韓国	21.7	41.1	***	5.5	12.2	*
香港	19.7	34.9	***	42.3	53.8	*
イタリア	14.3	25.8	***	49.8	48.0	
日本	3.1	33.9	***	42.6	69.5	***
全　体	29.3	40.2	***	38.3	46.7	***

まれ（三・一％）といってよかろう。そもそも大学の中に女性が少なければカップルが成立する確率は低い。選択肢が限られている男性側からすれば当然の結果なのかもしれない。

有配偶者率と関連して、子どもの有無が親の就業におよぼす影響は小さくない。子どもの年齢が低いほど養育に要する時間は増える。ただし同居する子どもの有無とは、調査時点で住居や生計を共にしていないということであって、必ずしも子どもを持たないわけではない。表6－5をみると、同居する子どもがいない男性教員の全体平均は三八・三％であるのに対して、女性教員は四六・七％であった。男性よりも八・四ポイント高く、メキシコ、アメリカ、中国、カナダ、イギリス、ドイツ、オーストラリア、韓国、香港、日本の一〇カ国で有意差が認められた。配偶者はいるが現在同居している子どもがいない割合は、男性よりも女性の方が高かった。日本の女性教員は有配偶者比率が低いこともあって、同居する子どもを持たない割合は六九・五％で、メキシコの七二・七％、アメリカの七〇・三％に次いで三番目に高かった。男性（四二・六％）と比較すると、二六・九ポイントもの開きがあった。逆に女性教員の有配偶者率（図6－1）が日本よりもきわめて高い韓国（一二・二％）や中国（三〇・〇％）の同居する子ども無しの比率はずっと低かった。裏返せば、韓国（男性は四六・二歳、女性は四五・八歳）や中国（男性は三九・九歳、女性は三六・五歳）の教員の平均年齢も低く、比較的若いカップルであることが、子どもとの同居比率を高めていると考えられる。

配偶者の就業形態

続いて配偶者の就業形態を表6－6に示した。男性教員の配偶者の、フルタイム従事者の比率が高い国順に並べた。配偶者の就業形態にも性差が認められた。すなわち、フィンランドを除く一七カ国において、女性教員の配偶者はフルタイムの仕事に従事している割合が高く、男性教員の配偶者は無職あるいはパートタイム従事者が多い傾向にあった。フルタイム就業の全体平均をみると、男（五五・五％）女（八五・二％）間に三〇ポイントの開きがみられた。国際比較の結果、女性大学教員の家庭は共働き傾向にあることが明らかにされた。これに

表6-6　配偶者の就業形態　（%）

国名	男性			女性			
	フルタイム	パートタイム	無職	フルタイム	パートタイム	無職	
中国	89.5	2.1	8.4	96.7	1.4	1.9	***
ポルトガル	82.1	4.8	13.1	93.3	1.8	4.9	**
フィンランド	75.9	10.6	13.6	82.5	7.3	10.2	
ノルウェー	73.0	16.3	10.7	91.5	1.7	6.8	***
マレーシア	62.8	3.6	33.6	79.3	6.9	13.8	***
南アフリカ	62.4	14.8	22.8	86.5	5.3	8.2	***
カナダ	57.6	18.2	24.2	78.2	11.4	10.3	***
イタリア	57.0	20.2	22.8	90.8	5.7	3.5	***
ブラジル	54.0	19.2	26.8	81.8	6.8	11.5	***
アルゼンチン	51.6	27.4	21.0	81.8	12.3	5.8	***
香港	51.2	12.6	36.2	84.9	6.6	8.6	***
アメリカ	50.4	22.0	27.6	76.1	9.6	14.2	***
オーストラリア	50.0	30.7	19.3	80.3	11.1	8.6	***
イギリス	46.2	31.8	22.0	78.1	12.0	9.9	***
メキシコ	40.6	24.0	35.4	89.7	6.2	4.1	***
ドイツ	35.8	36.6	27.5	77.5	8.7	13.8	***
韓国	31.9	15.1	53.0	59.3	13.1	27.6	***
日本	16.8	21.1	62.0	87.1	8.1	4.8	***
全体	55.5	16.4	28.1	85.2	6.6	8.2	***

対して男性教員のうち、共働きが七割以上を占める国は、中国（八九・五％）、ポルトガル（八二・一％）、フィンランド（七五・九％）、ノルウェー（七三・〇％）の四カ国、逆にフルタイムの仕事に従事している配偶者の比率が五〇％以下の国は日本が最も低く（一六・八％）、続いて韓国（三一・九％）、ドイツ（三五・八％）、メキシコ（四〇・六％）、イギリス（四六・二％）、オーストラリア（五〇・〇％）、の六カ国であった。

日本について少し詳細にみてみる。日本の女性教員のカップルは諸外国と同じく共働き比率が高かった（八七・一％）。一方、男性教員の配偶者は無職、いわゆる専業主婦が六割以上（六二・〇％）を占めていた。この値は一八カ国中最も高く、全体平均（二八・一％）を三三・九ポイントも上回っていた。男性教員の配偶者の就業形態のうち、無職（専業主婦）が過半数を占める国は、日本以外は韓国（五三・〇％）のみであった。日本の男性大学教員は、家族のために一人で家計を支えていることになる。

ところで家庭生活の中には、子どもの養育のみならず、高齢者介護の役割期待も少なくない。こうした家族のケアが就労に影響を及ぼすのも事実である。育児、高齢者介護で就業を一時的に中断した経験者の割合を、女性の比率が高い順に図6-2に示した。各国とも女性に比べると男性教員の割合は低調であったが、その中では韓国や北欧諸国の男性の比率の高さがめだった。仕事と育児等の両立支援策等が充実し、男性の参加率を高めているのかもしれない。日本の女性教員の中断経験比率は一六・五%で、この値は本国際調査において、ノルウェー、韓国、オーストラリア、フィンランド等、三割以上の実施率を有する国に劣っているのみならず、二割以上を占める六カ国にもおよばない値であった。男性教員はというと最も低調で、わずか一・一%でしかなかった。先進国の中では最低のレベルといわざるを得ない。育児や子どもの養育に関して父親と母親の分担を比較すれば、母親の方により多くの時間と労働の負担がかかりがちとなる。家庭生活環境が教育や研究の活動面におよぼす影響は、男性よりも女性教員の方が大きい。もちろん、日本においても一九九二年には育児・介護休暇法が施行されており、こうした法整備は若手教員を後押ししているにちがいない。しかし、いずれにせよ若手女性大学教員にとって、キャリアの中断が昇進への障害になる可能性を含んでいる限り、結婚、それに伴う出産と子どもの養育負担は、ライフスタイルを決定する際の重要なポイントとなる。家庭責任の重さが女性教員の教育・研究活動にネガティブな影響をおよぼすことのないようにするためにも、女性に限らず男性の育

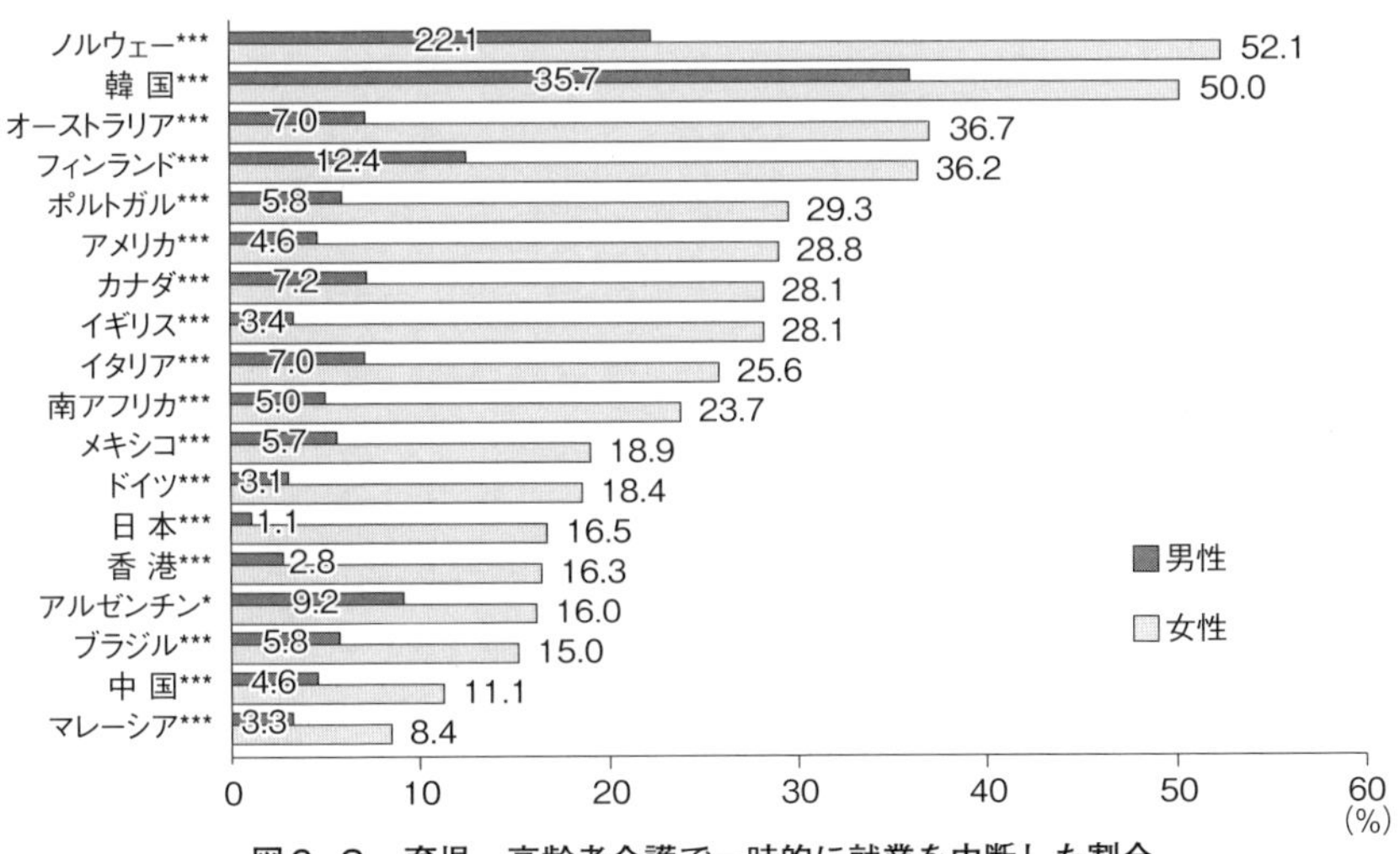

図6-2　育児、高齢者介護で一時的に就業を中断した割合

児・介護休業の取得を促進させることは課題の一つといえる。

4　日本の大学教員のライフスタイル

以上、国際比較調査の結果から得られた知見を踏まえると、日本の大学教員はどのような生活環境にあり、いかなるライフスタイルの特徴を描くことができるであろうか。男性教員から概観してみる。

日本の男性大学教員は九割以上が結婚しており、そのうち約四割は少なくとも一人以上の子どもと現在同居していた。ここで注目すべきは、調査対象国における男性教員の配偶者の、五〇％以上はフルタイムで就業していたことである。すなわち一八カ国中一三カ国において共働きの大学教員が五割以上を占めていた。そういう国際状況の中で、日本の男性教員の配偶者の就業形態をみると、フルタイム就業率（一六・八％）は最も少なく、逆に他に例をみないほど専業主婦の割合が高いことが指摘できる。そういう国際状況の大学教授職の給与水準の高さを示唆しているのかもしれない。しかし、配偶者間のキャリア調整の結果、妻が常勤職を断念し、パートタイムへの転職や、退職を余儀なくされたケースが全くないともいえまい。加えて育児や高齢者介護等による男性教員の中断経験率は皆無に等しかった。こうした生活環境からは、大学教授職に専念することが比較的容易な状況にある、日本の男性教員に共通したライフスタイルが浮かび上がってくる。[10]もっとも、一九九七年以降、男性のみの生計負担から共働き負担へと変化してきている日本の社会構造を考えれば、今後の変貌を見守る必要があることはいうまでもない。

次に、女性教員をみてみよう。女性教員は既婚者と独身者（四七・五％）の割合がほぼ互角で、この点で大きく二つに分かれる。既婚者の場合は、共働きのカップルが八七・一％を占める。そのうち約三割は一人以上の子どもと現在同居していた。他方、男性教員の有配偶者率の高さとは裏腹に、本調査国の中で女性教員の独身者比率が最も高いのは日本であった。さらに、日本の女性教員の育児・高齢者介護のための一時中断経験の割合（一六・五％）

はどちらかというと下位群に位置していた。女性大学教員にとって結婚、そして育児・高齢者介護のための一時中断は、諸外国の女性教員以上に、仕事を継続していく際の障壁となっていることがわかる。教育・研究に傾倒することが比較的可能な生活環境にある男性教員に対して、女性教員のライフスタイルは二つのタイプに分けられる。一つは積極的にキャリア発達を選択し、どちらかというと男性並みに働くことを優先したため、結果的に結婚を見送ったとみなされるタイプ。他の一つは、結婚して何かと家庭的役割を背負いつつ、大学教授職と折り合いを付けているタイプである。

近年、男女共同参画社会の立場から家庭内役割の平等化が進む中で、家庭的責任を持つ男性教員も徐々に増えつつある。若い世代では、そうした役割を果たしたいという男性も増えてきている。家庭内における固定的な性別役割分担意識がしだいに変化してきているとはいえ、男女間や世代間格差がなくなったわけではない。本調査による育児や高齢者介護の役割は程度の差こそあれ、いずれの国も女性の方が男性教員よりも有意に多くを担っていた。したがって、こうした家庭的責任と調和を図りながらキャリア形成をしていく女性教員には、量的質的バランスを取る上での苦労もあり、男性教員以上のストレスや葛藤がある。その一端は表6-3および表6-4でみたとおりである。結婚後も女性が働き続けることが決してたやすくないことは、大学教員も例外ではない。少子化の助長をくいとめていくためにも若手教員を意識した結婚、出産後の条件整備が急がれることはいうまでもない。大学教授職と、家庭的責任の兼ね合いをいかに図るかという女性教員にとって大きな問題は、男性教員にとっても問題であることに変わりはない。家庭生活において男女が責任の共同を図っていくことは、女性教員のみならず、男性教員にも重要な課題といえる。

まとめ

本章は、いわゆる文化的装置としての家庭的背景を一つの環境要因とみなし、教育・研究活動は教員が置かれた

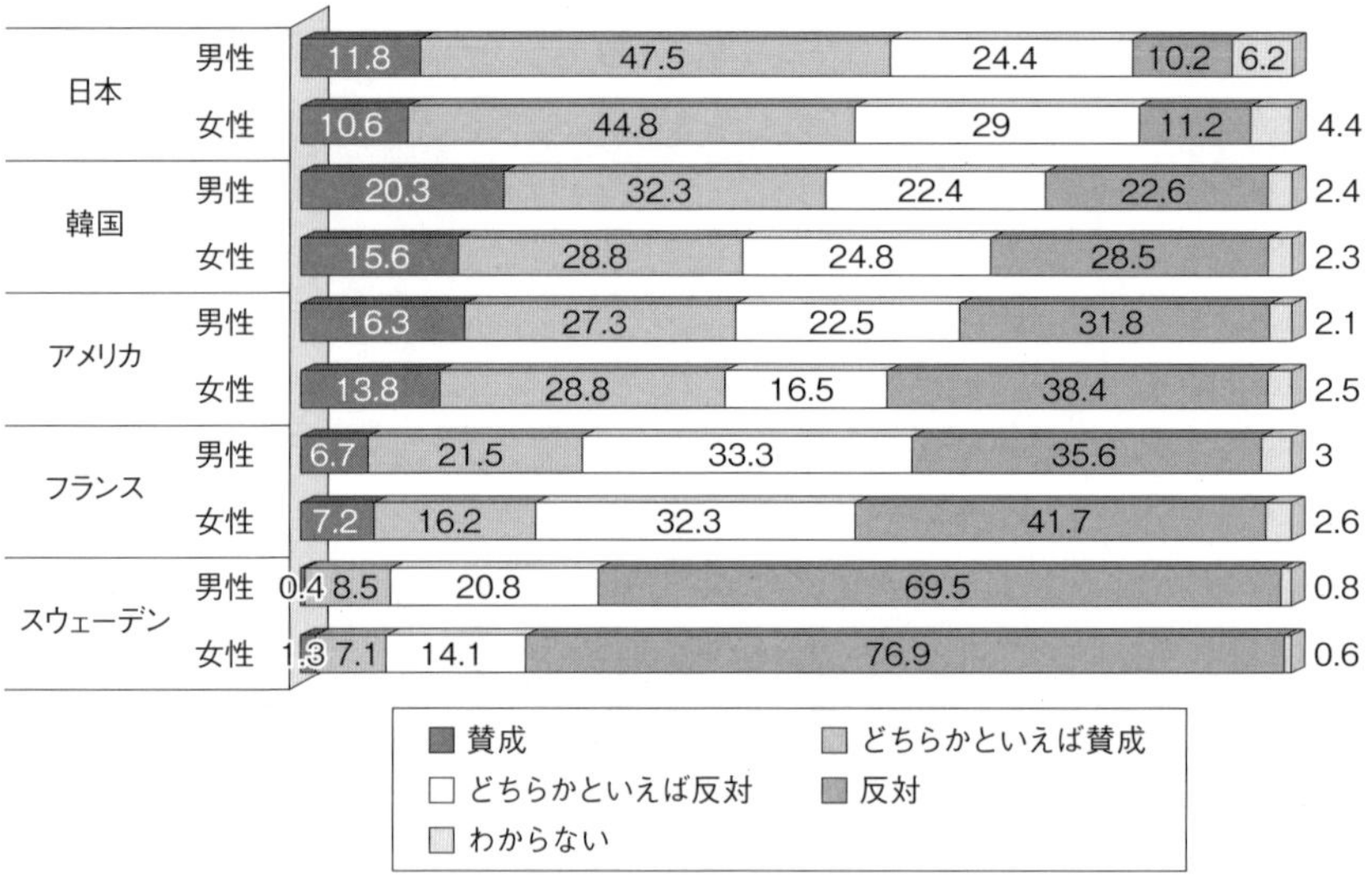

図6-3　「夫は外で働き、妻は家庭を守るべきである」の性役割に対する意識

注)「少子化社会に関する国際意識調査」結果に基づき筆者が作成した。

生活環境に影響されるとする仮説に立ち、国際比較で浮き彫りにされた日本の大学教員のライフスタイルを考察してきた。そして大学教授職の性別比較により、改めて女性教員の置かれた状況や立場が男性教員とは異なることを明らかにすることができた。

日本において女性が大学教授職に身を置くということは、男性との競合をいとわない、男性が中核的に担ってきた領域への進出を意味している。すなわち歴史をさかのぼれば、旧大学令以後、第二次世界大戦終了後の新制大学発足まで、制度上大学は男性のための機関であり、ごくわずかの例外を除いて女性は大学から排除されていた。そして女性のキャリア形成が時代の文脈に大きく規定されていたこの間、男性は家庭責任から免れる存在と強く位置づけられていた。そのため今日もなお、それを標準とする社会規範は払拭されていない。例えば、図6-3は、二〇〇六年に内閣府が実施した「少子化社会に関する国際意識調査」[11]の質問項目「夫は外で働き、妻は家庭を守るべきである」という考え方について、日本、韓国、アメリカ、フランス、スウェーデンの五カ国の回答を性別に示したものである。日本の回答比率は、「どちらかといえば反対」と「反対」を加えると男性が三四・六％、女性が四〇・二％で最も低かった。欧米に比べると日本のジェンダーによる平等化は道半ばといえる。また、第三期科学技術基本計画（二〇〇六～二〇一〇年度）には、自然科学系で新たに採用する女性研究者の比率を二五％に引き上げる目標数値が盛り込まれている。[12]この中にはもちろん大学も含まれている。しかし、女性だけが、あるいは少なくとも女性が主として家庭責任を負うという性別役割分業の認識を見直さない限り、出産・子育て期にある女性にとって、競争の中で研究成果を上げることはたやすくない。

このようにみてくると、女性教員のキャリア発達は、男性に比べるとより多くの困難に直面しており、教育・研究活動の中で、女性は男性教員以上に迷いや不安、葛藤を経験する機会が多いことがわかる。男性教員の働き方をモデルにして女性教員がそれに近づくという対応には、もはや限界がある。つまり人が働く社会とは、男女が家庭的責任や地域の役割を担う社会であることを理解する必要があろう。女性大学教員の比率を高め、良い意味で男女の競合関係が生まれるか否かは、女性教員の大学市場での処遇のみならず、家庭内の性役割規範のあり方にかかっているといっても過言ではない。

日本のジェンダーに関する実証的研究はどちらかといえば後発であり、高等教育研究でも未だ十分な蓄積はない。本章においても、複雑な関連性と構造をなす現実のごく一端を、かなり限定した枠組みで切り取って検証したにすぎない。残された検討課題は多々ある。場合によってはケース研究も必要となろう。ジェンダー・バイアスは、日本のみならず国際的に共通する重要な課題である。今後この分野の研究が進展していくことを期待したい。

【注】

（1）加野芳正『アカデミック・ウーマン』東信堂、一九八八年、加野芳正「ジェンダー・バイアス――女性教員の世界」有本章・江原武一編著『大学教授職の国際比較』玉川大学出版部、一九九六年、二〇五―二二〇頁、原ひろ子『女性研究者のキャリア形成――研究環境調査のジェンダー分析から』勁草書房、一九九九年、加野芳正「女性教員の大学教授市場」山野井敦徳編著『日本の大学教授市場』玉川大学出版部、二〇〇七年、一六八―一八九頁、河野銀子・佐藤香・藤森宏明「女性大学教員のキャリア・ライフスタイルと地域との関わり」米澤彰純・佐藤香編『大学教員のキャリア・ライフスタイルと都市・地域――「大学教員の生活実態に関する調査から」』（高等教育研究叢書九六）、広島大学高等教育研究開発センター、二〇〇八年、四一―五九頁などに詳しい。

（2）樋口美雄・阿部正浩『経済変動と女性の結婚・出産・従業のタイミング――固定要因と変動要因の分析』樋口美雄・岩田正美編著『パネルデータからみた現代女性――結婚・出産・就業・消費・貯蓄』東洋経済新報社、一九九九年、二五―六五頁、前田信彦『仕事と家庭生活の調和――日本・オランダ・アメリカの国際比較』日本労働研究機構、二〇〇三年、村尾祐美子『労働市場とジェンダー――雇用労働における男女不公平の解消に向けて』東洋館出版社、二〇〇三年、矢島洋子「わが国の女性就業の特質――従業実態および希望と現実のギャップ」武石恵美子編著『女性の働きかた』ミネルヴァ書房、二〇〇九年、四四―七〇頁などに詳しい。

（3）回答者の属性については序章参照。

（4）江原武一「教育と研究のジレンマ」有本章・江原武一編著『大学教授職の国際比較』玉川大学出版部、一九九六年、一四七―一六五頁。

（5）木本尚美「ジェンダー・バイアス――女性教員の何が変化したのか」有本章編著『変貌する日本の大学教授職』玉川大学出版部、二〇〇八年、一二三―一四二頁。

（6）内閣府『平成二一年版　男女共同参画白書』二〇〇九年、一〇五頁。

（7）教員の平均年齢は表6-7の通りであった。

表6-7　教員の平均年齢（歳）

	男性	女性
アメリカ	52.5	50.7
日本	51.9	49.2
メキシコ	51.1	48.2
イタリア	50.5	47.4
ノルウェー	48.9	44.1
アルゼンチン	48.5	49.0
カナダ	47.9	46.2
イギリス	47.6	44.2
香港	47.3	44.5
南アフリカ	46.9	44.3
ブラジル	46.6	46.5
オーストラリア	46.6	45.4
韓国	46.2	45.8
ドイツ	46.0	43.5
ポルトガル	45.1	42.2
フィンランド	42.9	40.6
マレーシア	40.7	37.9
中国	39.9	36.5
全　体	46.7	43.5

注）女性の平均年齢の降順に示した。

（8）http://www.e-stat.go.jp/SG1/estat/List.do?bid=000001005118&cycode=0（平成二一年一一月二日）。

（9）山崎隆志「主要国における仕事と育児の両立支援策——出産・育児・看護休暇を中心に」国立国会図書館『少子化・高齢化とその対策総合調査報告書』、二〇〇五年、四四—五八頁。
http://www.ndl.go.jp/jp/data/publication/document2005.html（平成二一年一一月一五日）。

（10）内閣府前掲書、二一頁。

（11）内閣府政策統括官『少子化社会に関する国際意識調査報告書』二〇〇六年。
http://www8.cao.go.jp/shoushi/cyousa/cyousa17/kokusai/index.html（平成二一年九月二〇日）。

（12）http://www.mext.go.jp/a_menu/kagaku/kihon/06032816/001/001.pdf（平成二一年九月二四日）。

（木本　尚美）

第Ⅱ部　大学組織と生活

7章　管理運営

はじめに

タフなゲーム

本章のねらいは、大学組織内部にヒエラルキーが導入された場合、教員はどのように反応するのか、「変容する大学教授職調査」を用いて明らかにすることである。

このような課題を設定した背景は、以下のとおりである。我が国では二〇〇四年に国立大学が法人化したが、西欧諸国では一九八〇年代から政府と大学の関係が変わっていた。大学の権限や意思決定が管理者（経営者）に移行し、大学は管理者によってもはや「知のシェルター」としてではなく、利害関係者に適った組織として見なされるようになった。知識社会といわれるが、むしろ大学教授職の地位は揺らぎ、社会から尊敬されなくなっている。教員の疎外感が増し、教員は知的労働者として見なされるようになった。このことが、国や地域によるバリエーションはあれ、九〇年代初頭に実施された「カーネギー大学教授職国際調査」によって明らかにされたことであった。(1)

二一世紀初頭の世界の高等教育を取り巻く環境は、マス化の進展であれ、市場化、マクドナル化、グローバル化の進行であれ、世界文化の普及であれ、(2)そしてその担い手がＯＥＣＤ、世界銀行、ボローニャ宣言であれ、ＮＰＭ（ニュー・パブリック・マネジメント）の考え方が、席巻するようになっている。(3)政府と大学の関係が急速に見直され、大学はより感応的・効果的・効率的に管理運営されるよう期待され始めたのである。

実際、財政難を抱える各国の政府は、福祉国家政策に別れを告げて、新自由主義の名の下に新たな統治法＝間接的統治（indirect governance）を採用するようになった[4]。大学界についていえば、政府は財産の所有と経営を分離し、大学に司令塔を配置して経営権を譲渡した。政府は、政治的にサイレントな大学をして第三者政府（third party governance）と見立てたのである。選挙や任命にかかわらず、強い権限を与えられた司令塔は、大学の慣行を監視しつつ、評価に基づいて資金を配分するルールを敷いた。政府は大学の機関自治を強めることで、つまり大学改革に最も通じた者に経営を任せることで大学の生み出す果実を得ようとしたのである。管理者は、ボトム・ヘビーな大学組織にトップダウン型の管理運営体制や金銭を通じた競争を組織することで学内を統制したのであった。

それだけに、こうした大学と社会とのレリバンス、あるいは組織の有効性に大学の正当性を求める方向性は、今日、大学教授職に信任をおく古典的な「知の共同体」と「利害関係者のための大学」の対立をいっそう先鋭化させているともいえる。前者は、意思決定において教員による民主的な合議制を重視し、管理者は大学教員が教育・研究活動にエネルギーを注げるように支援すべきだと訴える。大学の管理運営や管理者のリーダーシップは、〝必要悪〟と見なされる。後者は、公益や外部の利害関係者のため大学の資源は効率的に配分すべきだと主張する。そこで、大学はより多くの外部資金を得るため、あるいはより質の高い教育と研究に向けて市場競争力をつけ、大学の歳入と威信関数の最大化を目指す、「大学資本主義」や「企業的大学」の考え方に従うのである[5]。こうして学問の自由と機関自治とは、表裏の関係にあるといえる。

主人・代理人論

ところで、政治的・財政的誘因にかかわらず、このような自己の利害を最大化することに関心がある政府と大学、大学管理者（経営者）と教員の関係を理解するうえで[6]、近年、有益な示唆を与える理論と目されているのが、新制度派経済学の「主人・代理人」論である。それは権限の委譲（delegation）に伴う行為者間の利害関係を、合理的選択モデルから捉えようとする点に特徴がある。ここで「主人」とは権限を委譲する側であり、公益サービスを遂行したいが、自らは教育研究サービスを遂行する専門能力と時間を持たない政府や大学管理者（経営者）である。「代理人」とは権限を委譲された側で、そうした能力を欠いた「主人」に代わって使命を遂行するために、一時的ないし長期的契約を結んだ知的労働者である。

当然、権限の委譲には、「代理人問題」が存在する。「代理人問題」とは、専門的知識を有する「代理人」とそれを持たない「主人」の立場が逆転する「情報の非対称性」が存在することである。「主人」は、この「情報の非対称性」ゆえに「代理人」の怠業への誘因を十分に監視できない。わけても、政府からみると、「代理人」としての大学、および大学教員は、「学問の自由」を楯にして公益や大学の使命とは無関係に教育研究活動を行い、自由裁量と分権化を欲する。例えば、本来、教育（研究）に使用すべき経費と時間を研究（教育）や人件費に配分しても監視の目が十分行き届かないし、そうした歪曲の事実や契約の不履行を知るには時間を要する。

そこで、「主人」は、「代理人」の機会主義や隠された情報を回避するために、契約の実施過程や更新時に目標の達成状況を「評価」する取引を交わした。通則法を準用した我が国の国立大学法人法では、事業終了時に〝敗戦報告書〟を提出した法人に対し、事業の改廃を主務大臣に勧告することで結果責任を問うことができる（通則法第三五条三項）。

こうして政府は、評価と結果責任（制裁）をリンクさせることで代理人の怠業への誘因を最小に止めることが可能になる。大学は、契約更新時において自己が確証されていることを見いだすのである。この点で、ガバナンスとは自己正当化の活動に他ならない。ところで、一般的に、教育研究活動や福祉のような公共サービスは、パフォーマンスの評価に際して技術的な問題を伴う。管理者は成果の同定作業よりも、成果を生み出すプロセスや内部システムの統制に向かいやすい(7)。実際、専門家としての知識を持たない管理者は、多様なディシプリンを持つ構成員の仕事を継続的に評価できるような一般的な書式（パフォーマンス指標）に翻訳しようとする。ここに官僚主義への誘因が作用し、平準化の力が働くのである。

ポイントは、主人・代理人関係が政府と大学管理者だけで閉じていないこと、大学管理者は学部長との関係では「主人」にもなることである。さらに、学部長は大学管理者との関係では「代理人」であるが、教員との関係では「主人」にもなる。こうした主人・代理人の連鎖を通じて各国の政府は、大学組織の末端まで政策意図を貫徹させる統制システムを構築したのであった。

しかし、大学組織のなかにヒエラルキーを導入して「垂直的統合」をはかれば、経済学者のオリバー・ウィリアムソンが指摘したように、組織の一体感が高まり、取引コストが節約できるのであろうか。[(8)] 機関自治へのシフトは、期待された効果を生み出しているのか。それとも副作用をもたらしているのか。いずれにせよ、管理運営体制の実態は、構成員の意識や行動に立ち入った検証を必要とする。この検証は、我が国の国立大学法人化の第一期レビューにも関わることであり、それはまた「民主化と組織の有効性」という古典的なテーマにも繋がっている。

以下、第1節で、一八カ国について管理運営業務の負担を時間で計測する。次いで、教員が所属大学の管理運営体制をどのように認識しているのか明らかにしつつ、日本の特徴を探る。第2節では、教員の所属大学と専門分野に対する帰属意識、学内の重要な決定方針に与える教員の権限、労働条件の認識、そして移動希望について一八カ国の現実を探る。第3節で、管理運営体制の認識が、そうした教員の意識や行動にどのような影響を与えているのか検討する。サンプルは、高等教育機関がまだ公的セクターの一部として見なされている西欧諸国と日本の一〇カ国である。

結果として、トップダウン型の管理運営体制が、大学への帰属意識や権限を制約し、労働条件の認識や移動希望に影響を与えていることなどを明らかにする。

1　コミュニケーションの喪失

管理運営時間

まず、各国の教員は、どの程度管理運営業務に時間を割いているのか検討しよう。調査票では、教員の平均的一週間における仕事の時間配分を聞いている。表7-1に、常勤教員について学期中の管理運営(学内委員会、教員会議、事務など)に要する平均時間、仕事時間全体に占める割合を示した。なお、管理運営業務は、一般に教授層に集中する傾向があるから中央値を併記した。管理運営業務は、一八カ国全体でみると週六時間(中央値は四時間)。教育、研究、社会サービスを含めた仕事時間に占める割合は、一三%程度である(中央値は九%)。ただし、国別でみると、イギリスやオーストラリアのように仕事全体の二〇%を占める国からイタリアやアルゼンチンのように一〇%に満たない国まで幅がある。

しかし、管理運営業務の負担は、それに費やす時間の大小よりも教育・研究時間との関連で評価すべきである。表の五列からは年齢の影響を除いたときの管理運営時間と教育、研究、社会サービス時間数との偏相関を示した。偏相関係数をみれば、教育時間では一八カ国中一三カ国、研究時間数では一五カ国がマイナスの符号条件を示している。管理運営時間は、研究時間とマイナス相関がやや高いことから、国際的にみても研究時間の劣化を招く業務としてみられていることを確認しておく。

トップダウンの台頭

表7-2に、一八カ国について所属する大学の管理運営体制に対する教員の認識を示した。数値は、問「あなたの所属大学について、以下のような意見をどのようにお考えになりますか」の肯定的意見である(四件法で「全くそう思う」と「そう思う」の割合)。具体的項目は、表の上段から【トップダウン型の管理運営を行っている】、【機関

表7－1　国別にみた管理運営時間

国　名	時間数		割合（%）		管理運営時間との偏相関		
	平均値	中央値	平均値	中央値	教育	研究	サービス
1．イギリス	10	8	21	18	－0.098	－0.296	－0.065
2．オーストラリア	9	6	18	14	－0.038	－0.237	0.022
3．メキシコ	8	5	17	11	－0.283	－0.301	－0.037
4．カナダ	8	5	16	11	－0.150	－0.236	－0.028
5．香港	8	5	15	11	－0.160	－0.109	0.079
6．アメリカ	8	5	15	10	－0.139	－0.218	0.010
7．日本	7	5	14	11	0.005	－0.180	－0.077
8．南アフリカ	7	5	15	13	－0.067	－0.085	0.036
9．マレーシア	7	5	17	13	0.008	0.133	0.144
10．韓国	6	4	11	9	0.052	－0.099	0.219
11．ノルウェー	5	4	14	11	0.096	0.033	0.147
12．中国	5	3	11	9	－0.032	0.019	0.100
13．ポルトガル	5	2	10	4	0.031	－0.139	0.079
14．フィンランド	5	3	11	7	－0.095	－0.247	0.049
15．ドイツ	5	3	10	7	－0.139	－0.145	－0.114
16．ブラジル	5	2	11	7	－0.161	－0.154	0.006
17．イタリア	4	3	9	7	－0.021	－0.150	－0.066
18．アルゼンチン	4	2	9	5	－0.150	－0.319	0.020
合　計	6	4	13	9	－0.031	－0.138	0.020

$\eta^2 = 0.05$　偏相関係数は、年齢の影響を除去。

の使命を非常に重視している】、【管理者と教員の意思疎通は良い】、【意思決定に際して同僚間の協力調整がある】、【教員への管理運営の専門的能力開発が行われている】である。なお、表下のη^2は、国の違いによる説明力を示す。【教員への管理運営の専門的能力開発が行われている】を別にすれば、国の違いによる説明力は一〇%以下である。

まず、【トップダウン型の管理運営を行っている】と【機関の使命を非常に重視している】に対する肯定的意見は、一八カ国合計欄を見ると過半数を超えている（五四%）。オーストラリア、香港、イギリス、南アフリカについては、実に七割を超える教員が【トップダウンによる管理運営を行っている】と捉えている。逆に、【管理者と教員の意思疎通は良い】に対する肯定的意見は、全体で三割程度にすぎない。【トップダウン型の管理運営を行っている】に対して肯定的回答を示した国ほど、管理者との意思疎通は低く評価される傾向にある。【管理者と教員の意思疎通は良い】をみると、日本の教員の

運営体制に対する認識

（%）

e. 教員への管理運営の専門的能力開発が行われている		f. 教育活動に対して事務職員は協力的である		g. 管理者はかなりのリーダーシップを発揮している		
1．韓国	49	1．日本	58	1．中国	63	
2．イギリス	43	2．アメリカ	51	2．日本	55	（60）
3．オーストラリア	40	3．中国	48	3．マレーシア	49	
4．マレーシア	40	4．カナダ	48	4．ブラジル	48	（46）
5．カナダ	31	5．マレーシア	44	5．ポルトガル	44	
6．中国	29	6．イギリス	44	6．フィンランド	42	
7．メキシコ	28	7．ノルウェー	43	7．メキシコ	41	（33）
8．南アフリカ	28	8．香港	43	8．アメリカ	41	（39）
9．フィンランド	27	9．メキシコ	40	9．カナダ	38	
10．香港	24	10．オーストラリア	39	10．ノルウェー	37	
11．アメリカ	20	11．ブラジル	35	11．アルゼンチン	36	
12．ブラジル	19	12．アルゼンチン	33	12．ドイツ	34	（24）
13．ドイツ	18	13．韓国	28	13．オーストラリア	34	（29）
14．アルゼンチン	16	14．南アフリカ	28	14．香港	34	（23）
15．ノルウェー	11	15．ポルトガル	27	15．イタリア	32	
16．ポルトガル	10	16．フィンランド	26	16．南アフリカ	28	
17．日本	8	17．ドイツ	25	17．韓国	27	（24）
18．イタリア	4	18．イタリア	19	18．イギリス	26	
合　計	24	合　計	39	合　計	43	
$\eta^2=0.19$		$\eta^2=0.06$		$\eta^2=0.07$		

注）数値は、4件法の「とてもそう思う」と「そう思う」の割合。括弧内の数値は、1992年の値。gはAltbach, ed.（1996）表1．13。iとjは、江原（1996）表5-2より。

四人に三人は、不十分であると回答していることがわかる。

しかし、同じトップダウン型の管理運営が行われているにしても、同僚間でコミュニケーションがあるかどうかによっても、管理運営体制に対する教員の疎外感や不満は小さくなろう。【意思決定に際して同僚間の協力調整がある】をみると、肯定的意見は全体で三割であるときに、メキシコ（四七％）と日本（四六％）はともに高い。インフォーマルなコミュニケーションの存在は、日本の大学の特徴であるといえる。

さらに、日本の管理運営体制の特徴は、【教員への管理運営の専門的能力開発が行われている】と【教育活動に対して事務職員は協力的である】に対する回答にも現れている。【教員への管理運営の専門的能力開発が行われている】に対する肯定的意見は、全体で二四％。日本は八％に過ぎないが、韓国、イギリス、オーストラリア、マレーシアでは四〇％を超える。日本のFDは教育中心であるが、国際的にはアカデミック・スタッフに対し、管理運営の専門的能力開発をフォーマルに行っている国が少なくない。テニュアポ

表7-2　所属大学の管理

a. トップダウン型の管理運営を行っている		b. 機関の使命を非常に重視している		c. 管理者と教員の意思疎通は良い		d. 意思決定に際して同僚間の協力調整がある	
1．オーストラリア	77	1．マレーシア	75	1．マレーシア	49	1．メキシコ	47
2．香港	75	2．アメリカ	66	2．アルゼンチン	42	2．日本	46
3．イギリス	72	3．中国	64	3．ブラジル	37	3．マレーシア	40
4．南アフリカ	71	4．香港	63	4．メキシコ	36	4．アルゼンチン	39
5．アメリカ	65	5．南アフリカ	63	5．ノルウェー	34	5．カナダ	38
6．マレーシア	61	6．オーストラリア	62	6．中国	34	6．ブラジル	37
7．日本	57	7．イギリス	61	7．フィンランド	32	7．ポルトガル	36
8．カナダ	53	8．日本	59	8．カナダ	29	8．中国	35
9．フィンランド	52	9．メキシコ	58	9．アメリカ	27	9．アメリカ	32
10. イタリア	52	10. フィンランド	57	10. イタリア	27	10. フィンランド	26
11. 韓国	50	11. ブラジル	54	11. ポルトガル	27	11. ドイツ	26
12. メキシコ	50	12. アルゼンチン	53	12. 香港	25	12. ノルウェー	25
13. ポルトガル	47	13. カナダ	51	13. オーストラリア	24	13. 香港	23
14. 中国	47	14. 韓国	50	14. 日本	24	14. イギリス	22
15. ドイツ	45	15. ポルトガル	43	15. イギリス	23	15. オーストラリア	18
16. ブラジル	42	16. ノルウェー	42	16. ドイツ	21	16. 南アフリカ	18
17. アルゼンチン	41	17. ドイツ	40	17. 韓国	20	17. 韓国	18
18. ノルウェー	29	18. イタリア	21	18. 南アフリカ	19	18. イタリア	16
合　計	54	合　計	54	合　計	30	合　計	30
$\eta^2=0.07$		$\eta^2=0.10$		$\eta^2=0.03$		$\eta^2=0.05$	

h. 私は絶えず学内情報を与えられている		i. 教員が意思決定過程に参加していないことが問題		j. 管理者は学問の自由を支持している	
1．アルゼンチン	71	1．ポルトガル	56	1．メキシコ	78（47）
2．ドイツ	49	2．中国	53	2．アルゼンチン	63
3．ブラジル	48	3．ブラジル	53（60）	3．カナダ	61
4．カナダ	45	4．ドイツ	46（56）	4．アメリカ	60（66）
5．フィンランド	45	5．メキシコ	44（68）	5．日本	56（71）
6．中国	44	6．イギリス	42（44）	6．香港	54（50）
7．オーストラリア	42	7．マレーシア	42	7．中国	54
8．韓国	42	8．日本	42（33）	8．ブラジル	53（54）
9．イタリア	42	9．香港	41（54）	9．韓国	50（35）
10. アメリカ	42	10. カナダ	39	10. イタリア	48
11. マレーシア	41	11. イタリア	38	11. イギリス	43（45）
12. イギリス	39	12. 韓国	38（45）	12. ポルトガル	41
13. ポルトガル	38	13. アルゼンチン	37	13. マレーシア	40
14. ノルウェー	37	14. オーストラリア	36（48）	14. オーストラリア	40（44）
15. 香港	35	15. ノルウェー	35	15. ドイツ	39（18）
16. メキシコ	35	16. 南アフリカ	33	16. ノルウェー	31
17. 南アフリカ	33	17. アメリカ	32（44）	17. 南アフリカ	25
18. 日本	30	18. フィンランド	29	18. フィンランド	23
合　計	42	合　計	42	合　計	48
$\eta^2=0.03$		$\eta^2=0.03$		$\eta^2=0.08$	

スト削減による流動的な人員配置やアカデミック・スタッフの類型化（研究型と非研究型）など、教員の地位、役割、雇用が一律でないことをうかがわせる結果である。(9)

日本でフォーマルな能力開発が実施されていない背景には、役職を別にすれば、管理運営業務が教員の本務としては認知されていないこと、教員のライフコースのなかで職階や年齢に応じて身につけていくものという慣行がある。加えて、教員と事務系職員の分業体制や事務局の官僚化が確立している。ただし、【教育活動に対して事務職員は協力的である】に対する日本の肯定的意見が最も高い（五八％）。このように日本の管理運営体制は、一八カ国の中でみれば、管理者との意思疎通は決して良いとはいえない。しかし、同僚間の協力調整と事務系職員の支援によって支えられているといってよい。

引き続き、表下の四項目について教員の意見を聞いてみよう。項目g、i、jには、一九九二年に実施された「カーネギー大学教授職国際調査」の結果を併記した。【管理者はかなりのリーダーシップを発揮している】については、全体で四三％が肯定的意見を寄せるが、なかでも中国と日本は、過半数の教員が肯定的意見を示している。一方、韓国とイギリスでは四人に三人は司令塔のリーダーシップに対して厳しい評価を下している。ところが、【私は絶えず学内情報を与えられている】については、日本の数値は一八カ国で最も低い。日本の教員が、意思決定から疎外されていることを示す結果である。実際、【教員が意思決定過程に参加していないことが問題】について、一九九二年当時（三三％）と比べると、九％ポイントほど肯定的意見が増えている。さらに、【管理者は学問の自由を支持している】については、日本の教員の過半数は肯定的回答を寄せているが（五六％）、一九九二年当時（七一％）と比べて一五％ポイントも下がっているのである。

表7−3　自分の大学と専門分野への帰属意識　（%）

	a. 自分の大学が重要					b. 自分の専門分野が重要					aとb 相関係数（r）
	とても重要		やや重要			とても重要		やや重要			
	2007	(1992)	2007	(1992)	N	2007	(1992)	2007	(1992)	N	
1．メキシコ	76	56	17	38	522	82	71	16	26	525	0.273
2．アルゼンチン	61		27		817	72		23		816	0.377
3．マレーシア	59		30		853	77		20		866	0.481
4．ブラジル	50	76	31	19	799	70	95	24	4	816	0.263
5．中国	38		33		2,720	52		30		2,776	0.387
6．ポルトガル	36		35		624	56		25		610	0.291
7．フィンランド	31		38		866	52		37		875	0.220
8．南アフリカ	30		33		549	65		29		580	0.288
9．イタリア	29		31		1,569	52		29		1,607	0.185
10. 韓国	26	37	49	51	888	48	80	41	19	893	0.061
11. カナダ	26		36		1,022	69		23		1,064	0.123
12. アメリカ	25	36	33	15	803	72	77	21	21	828	0.149
13. オーストラリア	23	22	33	52	706	64	67	25	27	738	0.198
14. 香港	22	28	39	50	729	55	68	35	27	761	0.222
15. ノルウェー	18		32		844	77		20		891	0.197
16. 日本	14	31	49	48	1,344	52	69	41	28	1,366	0.200
17. ドイツ	13	8	34	26	883	58	62	34	29	947	0.118
18. イギリス	11	18	28	46	845	47	64	36	29	888	0.134
合　計	32	($\eta^2=0.11$)	34		17,383	61	($\eta^2=0.04$)	29		17,847	0.244

注）1992年の数値は、P. Altbach, ed.（1996）の表1．6、表1．7より。

2　離　脱

この節では、大学組織における教員の離脱志向を検討する。具体的には、所属大学に対する教員の帰属意識、権限、労働条件、そして転出希望である。組織社会において不満を持つ構成員の反応を理解するためである。

揺れる帰属意識——大学と専門分野

一般に、教員の帰属は、所属大学と専門分野（discipline）である。表7−3に、二つの次元について教員がどの程度「重要である」と認識しているのかを示す（五件法で「とても重要」と「やや重要」の割合）。【自分の大学が重要】と【自分の専門分野が重要】の合計欄を比較すると、なるほど【自分の専門分野が重要】の方が【自分の大学が重要】よりも高い（それぞれ九〇％、六六％）。改めて教員のアイデンティティが専門分野にあることがわかる。しかし、二つの次元はいずれも教員にとって重要度が高いと見ることもできる。

ところが、【自分の大学が重要】については、国によるバリエーションが大きい。「とても重要」に注目すると、メキシコが最も高く、七六%の教員が「とても重要である」と回答するときに、イギリスは一一%に過ぎない。ここで、一九九二年に実施された「カーネギー大学教授職調査」の結果と比べてみよう。二時点で比較可能な九カ国をみると、メキシコとオーストラリア、ドイツを除いて、自分の大学が「とても重要である」と回答する割合が減少している。日本は、一九九二年当時が三一%であったのが、一四%まで落ち込んでいる。所属大学への帰属意識が衰退している節がある。

ただし、帰属意識が減少しているのは【自分の大学】だけではない。【自分の専門分野】が「とても重要である」と回答する教員の割合も、メキシコを除く八カ国で一九九二年よりも減少している。所属大学と専門分野に対する帰属意識は分離しているのでなく、相互に連動しているのである。そうだとすれば、所属大学からの離脱は、大学教授職の中核にあるディシプリンに対する忠誠をも脅かしているのである。

労働条件は悪化した

表7-4に、常勤職について各国教員の権限と労働条件の認識、そして転出希望率を示した。権限の数値は、問「あなたは、所属大学での重要な教育研究の方針決定にどの程度の影響力を持っていますか」に対する「大変影響力がある」と「いくぶん影響力がある」の割合である。表下の合計欄を見ると、なるほど権限の及ぶ範囲は、【全学】レベルになるほど小さくなる。だが、【学科】や【学部】レベルでは国によるバリエーションが大きい。例えば、管理運営時間が最も長く、【教員への管理運営の専門的能力開発が行われている】に対して肯定的回答を寄せていたイギリスとオーストラリアを見てみよう。二つの国では、【学科】と【学部】レベルの影響力が著しく後退している。学内における権限の在処が、教員から機関自治に大きくシフトしたことを示唆する結果である。

日本は、全体では大きな変化がない。だが、国立大学についてデータを見ると、【学科】レベルの影響力は、一九九二年が六二％であったのが、二〇〇七年は五二％。【学部】レベルでは一九九二年が三五％、二〇〇七年が二八％である。ともに、二〇〇七年で割合が減少している。法人化により教授会の権限が弱められたことがわかる。

それでは、各国の教員は労働条件をどう見ているのか。問「あなたが高等教育・研究機関でキャリアを始めて

表7−4　重要な方針決定に対する教員の権限・労働条件の認識と転出希望

	(1) 権限のレベル					
	学科	(1992)	学部	(1992)	全学	(1992)
1．ブラジル	76		52		27	21
2．アメリカ	70	70	42	34	19	14
3．ドイツ	70	54	33	24	14	6
4．メキシコ	67		29		22	16
5．カナダ	63		31		14	
6．南アフリカ	59		36		12	
7．韓国	58	57	27	21	19	11
8．日本	52	54	29	30	14	13
9．アルゼンチン	52		32		19	
10．ポルトガル	51		24		11	
11．イギリス	47	63	22	32	8	10
12．マレーシア	46		30		13	
13．オーストラリア	44	62	17	33	6	8
14．フィンランド	43		16		8	
15．イタリア	42		22		7	
16．香港	42		19		6	
17．ノルウェー	42		15		12	
18．中国	36		35		28	
合　計	50		29		15	
η^2	0.04		0.03		0.015	

	(2) キャリアを始めて以来､労働条件は全般的に		(3) 国内他大学へ移動希望
	改善した	悪化した	
1．中国	62	11	12
2．マレーシア	56	11	42
3．アルゼンチン	55	13	10
4．韓国	51	13	27
5．メキシコ	49	20	32
6．アメリカ	37	24	45
7．ポルトガル	37	41	18
8．ブラジル	37	44	28
9．香港	30	44	27
10．フィンランド	27	35	20
11．カナダ	22	40	30
12．南アフリカ	21	48	29
13．イギリス	15	68	40
14．ノルウェー	14	47	27
15．日本	13	64	50
16．イタリア	13	56	16
17．ドイツ	11	60	37
18．オーストラリア	10	59	39
合　計	33	37	28
η^2	0.17		0.08

注1）(1)の値は、「大変影響力がある」と「幾分影響力がある」の割合。

1992年の「全学」の値は、P. Altbach, ed.（1996）の表1．12より。ただし、日本は再集計。「学科」と「学部」の値は、1992カーネギー・データから集計。
2）(2)の値は、5件法の「非常に改善（悪化）した」と「やや改善（悪化）した」の割合。
3）(3)の値は、「移動を考えたことがある者」の割合。

以来、労働条件は全般的に改善しましたか」の回答を見よう。「改善した」と評価する教員の割合は、一位の中国（六二％）から一八位のオーストラリア（一〇％）まで違いが著しい。一八カ国の内、「改善した」が「悪化した」を上回るのは、六カ国に過ぎない。西欧諸国では、ポルトガルを除いて、すべて全体の割合（三三％）よりも低い位置にある。西欧の大学が、政府から大幅な機関自治を付与され、教員の任用・解雇、賃金について裁量性を発揮したからである。

日本の教員の内、労働条件が「改善された」と認識する者は一三％である。参考までに設置者別のデータを示すと、私立大学で一九％、国立大学は九％である。一方、労働条件が「悪化した」と回答した者は、イギリス、日本、ドイツで六割を超える。日本のデータを設置者別にみると、私立大学が五二％であるときに、国立大学は七三％にものぼる。日本の国立大学に勤務する者が、国際的にみて最も労働条件が悪化していると捉えているのである。

ところで、組織に不満があれば、意見表明するか、離脱を選択すると指摘したのが、ハーシュマンである(10)。むろん、現実的には離脱は容易ではないが、離脱希望者がどの程度存在するのかは知ることができる。表の最後列に、「過去五年間に国内の他の高等教育や研究機関への移動を考えたことがある」者の割合を示した。移動の制約条件は、国によって一様ではないが、流動性が乏しいと指摘されるわが国の大学にもかかわらず、教員の半数が転出希望をもつことは注目される。設置者別に移動希望率を見ると、国立大学で五三％、私立大学で四七％である。

それでは、所属大学の管理運営体制は、管理運営の負担、所属大学への帰属意識、権限や労働条件の認識、そして移動希望に対してどのような影響を与えるのか、次節で検討する。

3　管理統制主義 対 同僚性

本節では、管理運営体制の認識が、第2節で見た教員の反応にどのような影響をもたらしているのか実証する。サンプルは、欧米諸国と日本である。ただし、国別の推計は行わず、国による違いは日本を基準とするダミー変数

表7－5　管理運営時間の規定要因

	Model 1	Model 2	Model 3
オーストラリア	1.407 ***	2.207 ***	2.932 ***
カナダ	0.801 *	1.160 ***	1.958 **
フィンランド	－2.425 ***	－0.557 ＋	－0.691 *
ドイツ	－2.467 ***	－1.002 **	－1.039 **
イタリア	－2.817 ***	－2.388 ***	－2.206 ***
ノルウェー	－2.037 ***	－1.070 **	－0.915 **
ポルトガル	－2.338 ***	－1.617 ***	－1.604 ***
イギリス	2.799 ***	3.498 ***	3.198 ***
アメリカ	0.944 **	1.019 **	0.934 **
男性ダミー		0.375 *	0.364 *
年齢		0.620 ***	0.629 ***
年齢２乗項		－0.006 ***	－0.006 ***
人文社会科学ダミー		0.580 ***	0.575 ***
常勤職ダミー		2.999 **	2.392 ***
研究志向（1～4）		－0.267 ***	－0.247 *
トップダウン型の管理運営である（d）			0.302 ＋
意思決定に同僚間の協力関係がある（d）			0.656 ***
管理運営の専門的能力開発がある（d）			1.004 ***
私は学内情報を絶えず与えられている（d）			0.486 **
（定数）	7.181 ***	－12.110 ***	－12.893 ***
Adj.R2 乗	0.072	0.122	0.129
N	7,482	7,482	7,482

（d）は、ダミー変数、有意水準：＋ p ＜ 10%、*p ＜ 5%、**p ＜ 1%、***p ＜ 0.1%、国の基準：日本

で処理しておく[11]。つまり、国の差異は切片の違いでのみ統制し、他の説明変数の係数は国の間で同一であるという制約を課したモデルである。

管理運営時間と管理統制

まず、表7－5に、管理運営時間の規定要因を示した。日本の管理運営の平均時間は、モデル1の定数項七・二時間に示されている。アメリカを別にすれば、八カ国は日本の管理運営時間と有意に異なる。オーストラリア、カナダ、イギリスは日本と比べて有意に高く、フィンランド、ドイツ、イタリア、ノルウェー、ポルトガルは二時間以上も管理運営時間が短い。

ただし、国の情報だけで説明できる分散は、全体の七％にすぎない。モデル2では、個人属性（性、年齢、専攻、常勤ダミー）と研究志向性を追加した。追加変数は、すべて統計的に有意な係数をもつ。管理運営時間は、男性で年長者（五二歳がピーク）、

人文科学専攻で長くなる。予想されるように、常勤職は非常勤職よりも週三時間長く、研究志向の強い教員は短い。

それでは、管理運営体制の認識は、管理運営時間にどのような影響を与えているのであろうか。モデル3で【トップダウン型の管理運営である】、【意思決定に際して同僚間の協力関係がある】、【教員への管理運営の専門的能力開発が行われている】、【私は絶えず学内情報を与えられている】を追加した。決定係数は大きく改善されないが、追加変数は【トップダウン型の管理運営を行っている】を除いて、すべて統計的に五％水準の有意な係数を持つ。

たしかに、管理運営活動は大学自治の要である。【意思決定に際して同僚間の協力関係がある】と【私は絶えず学内情報を与えられている】と認識する者は、他の変数を制御してもなお、負担を増加させる。【教員への管理運営の専門的能力開発が行われている】大学に勤務する教員は、一時間程度長くなる。しかし、大切なことは時間の多寡よりも、管理運営業務が教育研究活動に関わる意味ある活動であるか、それともルーチンワークかである。そのことが、管理運営業務をして時間の劣化を招くものと教員に受け止められるかどうかを決めるのである。

なお、個人属性と意識変数を統制すると国の違いが鮮明になる。オーストラリアとイギリスの大学教員は、日本に比べて週当たり三時間以上も管理運営時間が長く、イタリアは二時間以上も少ないことがわかる。

教員の権限と管理統制

表7-6は、学内の重要な方針決定に対する教員個人の影響力の規定要因を見たものである（「大変影響力がある」＋「いくぶん影響力がある」＝1、それ以外0）。ここでは、教員の権限が及ぶ学科と学部レベルについて推計結果を示した。モデル1では、日本を基準とする国別ダミー、個人属性、そして【トップダウン型の管理運営】を投入し、モデル2では【同僚間の協力関係がある】、モデル3では【私は学内情報を絶えず与えられている】を追加した。まず、国別の特徴をみておくと、日本と比べてアメリカとドイツでは学部、学科ともに重要な方針決定に対する教員個人の影響力が大きいことがわかる。とくに、ドイツは他の条件を制御してもなお、オッズ比にして学部レベルで一・六倍（$e^{0.463}$）、学科（講座）レベルで二・八倍（$e^{1.033}$）も高い。

表7−6　重要な方針決定に対する影響力の規定要因

	学部レベル			学科レベル		
	Model 1	Model 2	Model 3	Model 1	Model 2	Model 3
オーストラリア	−0.294 *	−0.121	0.238 +	−0.022	0.143	0.146
カナダ	0.327 **	0.397 ***	0.296 **	0.682 ***	0.774 ***	0.697 ***
フィンランド	−0.276 *	−0.125	−0.252 *	0.052	0.210 *	0.121
ドイツ	0.463 ***	0.638 ***	0.507 ***	1.033 ***	1.211 ***	1.112 ***
イタリア	−0.253 **	−0.039	−0.149	−0.277 **	−0.053	−0.140 +
ノルウェー	−0.758 ***	−0.589 ***	−0.648 ***	−0.326 **	−0.135	−0.178 +
ポルトガル	0.333 *	0.402 **	0.350 *	0.394 **	0.468 ***	0.410 **
イギリス	−0.137	0.010	−0.038	0.082	0.233 *	0.156
アメリカ	0.654 ***	0.770 ***	0.694 ***	0.801 ***	0.915 ***	0.855 ***
男性ダミー	0.196 **	0.178 **	0.185 **	0.212 ***	0.194 ***	0.200 ***
年齢	0.058 ***	0.058 ***	0.058 ***	0.045 ***	0.045 ***	0.045 ***
人文社会科学ダミー	0.238 ***	0.217 ***	0.218 ***	0.104 *	0.084 +	0.081 +
常勤職ダミー	0.905 ***	0.934 ***	0.925 ***	0.686 ***	0.683 ***	0.682 ***
トップダウン型の管理運営である（d）	−0.307 ***	−0.157 ***	−0.098 +	−0.245 ***	−0.116 *	−0.066
同僚間の協力関係がある（d）		0.752 ***	0.608 ***		0.745 ***	0.636 ***
学内情報を絶えず与えられている（d）			0.583 ***			0.472 ***
（定数）	−4.869 ***	−5.331 ***	−5.460 ***	−2.921 ***	−3.338 ***	−3.446 ***
疑似R2乗	0.153	0.177	0.194	0.136	0.162	0.174
N	8,398	8,325	8,281	8,426	8,354	8,308

（d）は、ダミー変数。有意水準：＋ p＜10％、*p＜5％、**p＜1％、***p＜0.1％、分析手法：2項ロジット、国の基準：日本

個人属性でみれば、権限に対して、性別では男性、年長者が統計的に○・一％水準でプラスの有意な係数を持つ。専門分野では人文社会学系、雇用形態では常勤職ほど影響力が強くなるが、それは学部レベルで大きな係数を持っている。ところが、【トップダウン型の管理運営を行っている】の認識は、教員の権限を弱めている。ただし、【同僚間の協力関係がある】や【私は学内情報を絶えず与えられている】を制御すると、トップダウンは有意な係数を持たない。管理者によるトップダウンの現実があるにせよ、同僚間の協力調整や学内情報の付与が、教員の権限を担保しているといえる。

帰属意識・労働条件・転出希望の規定要因

表7−7に、帰属意識、労働条件、転出希望に対する推計結果を示した。

表7-7　所属大学への帰属意識・労働条件・転出希望の規定要因

	(1) 所属大学が重要		(2) 労働条件が改善した		(3) 他大学への移動希望	
	Model 1	Model 2	Model 1	Model 2	Model 1	Model 2
オーストラリア	− 0.199	− 0.382 **	0.192	0.105	− 0.729 ***	− 0.756 ***
カナダ	− 0.129	− 0.322 **	0.907 ***	0.822 ***	− 1.054 ***	− 1.056 ***
フィンランド	0.420 ***	0.310 **	1.354 ***	1.273 ***	− 1.613 ***	− 1.643 ***
ドイツ	− 0.630 ***	− 0.774 ***	− 0.006	− 0.112	− 0.731 ***	− 0.757 ***
イタリア	− 0.039	− 0.152 +	0.272 *	0.174	− 1.712 ***	− 1.766 ***
ノルウェー	− 0.602 ***	− 0.645 ***	0.277 +	0.238	− 1.123 ***	− 1.180 ***
ポルトガル	0.362 *	0.252 +	1.794 ***	1.753 ***	− 1.474 ***	− 1.491 ***
イギリス	− 1.010 ***	− 1.274 ***	0.592 ***	0.514 **	− 0.633 ***	− 0.669 ***
アメリカ	− 0.264 *	− 0.359 **	1.704 ***	1.651 ***	− 0.174	− 0.188 +
男性ダミー	− 0.131 *	− 0.150 **	0.373 ***	0.390 ***	0.136 *	0.140 ***
年齢	0.006 *	0.005 *	0.022 ***	0.021 ***	− 0.031 ***	− 0.031 ***
人文社会科学ダミー	− 0.091 +	− 0.070	− 0.310 ***	− 0.307 ***	0.327 ***	0.332 ***
常勤職ダミー	0.120	0.128	− 0.034	− 0.032	0.107	0.113
研究志向（1～4）	− 0.181 ***	− 0.183 ***	− 0.074 +	− 0.070 +	0.258 ***	0.256 ***
トップダウン型の管理運営（d）	− 0.251 ***	− 0.152 **	− 0.399 ***	− 0.348 ***	0.236 ***	0.172 **
同僚間の協力関係がある（d）	0.577 ***	0.402 ***	0.556 ***	0.431 ***		− 0.224 ***
学内情報を与えられている（d）		0.659 ***		0.499 ***		− 0.172 **
業績による部局への予算配分（d）	0.162 **		0.195 **	0.153 *		
管理運営の能力開発が実施（d）		0.406 ***				
（定数）	0.657 **	0.554 **	− 3.196 ***	− 3.309 ***	0.385 +	0.557 *
疑似 R2 乗	0.085	0.119	0.130	0.141	0.132	0.155
N	7,436	7,590	7,876	7,876	7,437	7,437

(d)は、ダミー変数、有意水準：＋ p＜10%、*p＜5%、**p＜1%、***p＜0.1%、国の基準：日本、分析手法：二項ロジット。

まず、第一列と第二列の所属大学への帰属意識の結果を検討する（自分の大学が「とても重要」＋「やや重要」＝1、それ以外＝0）。まず、国別の特徴をみると、フィンランドとポルトガルを除いて、すべて所属大学への帰属意識は日本よりも弱い。「自分の大学が重要」だと回答する傾向をオッズ比でみると、モデル1の場合、ドイツは半減し（$e^{-0.630}$）、イギリスは三分の一まで下がる（$e^{-1.010}$）。**表7-6**と重ね合わせると、ドイツとアメリカは、学部・学科レベルで権限が大きい反面、所属大学への帰属意識は弱い。逆に、一九九四年の大学再編後、質保証の標準化と国際化を急いだノルウェーの教員は、学部レベルの権限も所属大学への帰属意識も弱い、宙づりの雇用環境に置かれていると推測される。

　個人属性については、性、年齢、研究志向が有意な係数を持つ。女性、年長者、教育志向性の強い者ほど、「所属大学が重要」だと認識する。さらに、管理運営体制については、他の条件を一定としてもなお、【トップダウン型の管理運営を行っている】の認識は、大学への帰属意識を弱めている。他方、【同僚間の協力関係がある】、【私は学内情報を絶えず与えられている】は、ともに統計的に有意なプラスの係数を持つ。同僚間の協力や、情報の共有化、被雇用者への説明責任は、所属大学への帰属意識を強めるといえる。総じて、組織からの潜在的離脱は、大学内部にヒエラルキーを導入したこと、コミュニケーション不全に対する教員の反応であるといえる。

　興味深いのは、【業績に基づいて部局に予算を配分する】（「大変強調している」＋「強調している」＝1、それ以外＝0）が、他の変数を制御してもなお、プラスの有意な係数を持つことである。金銭による競争を学内で組織することは、所属大学への帰属意識を高めている。結果は示さないが、【学生数に基づいて学科に予算を配分する】は、有意な係数を持たない。【教員への管理運営の専門的能力開発が行われている】の認識は、プラスの有意な係数を持つ。このように、教員に対する管理運営のフォーマルな能力開発、あるいは教員の機能分化や競争の組織化は、所属大学への帰属意識を高めているといえる。

　第三列と第四列に、【キャリアを始めて以来、労働条件は全般的に改善した】に対する推計値を示した。労働条件に対する認識は、個人属性の効果が大きいが、日本を基準にすると国によってバリエーションが大きい。とくに、ポルトガル、アメリカ、フィンランドが大きな係数を持つ。【トップダウン型の管理運営を行っている】は、労働条件改善の認識に対してマイナスの効果をもたらすが、肯定的意見を持つ者はそうでない者よりも、オッズ比にして三〇％以上「改善している」と回答しにくくなる（$0.671=e^{-0.399}$）。

　第五列と第六列に、他大学への転出希望に及ぼす効果を示す。表7－4から予想されるように、「過去五年以内に、国内の他大学・研究機関に移動を考えたことがある」に対して、日本を基準にすれば、国別ダミーがすべてマイナスの符号条件を示し、アメリカを除いて統計的に有意な係数を持っている。しかし、国別ダミーや個人属性を制御してもなお、トップダウン型の管理運営体制は、国内の他大学・研究機関への移動希望を促進し、同僚間の協力調整や学内情報の共有はこれを抑制する傾向にあるといえる。

以上の結果は、国によるバリエーションを超えて、各国の教員が「ハードな管理運営主義」に晒されたことに対する率直な反応である。官僚統制主義のなかで、同僚間の関係が組織からの潜在的離脱を抑制していることを示す結果である。ただし、金銭を通じた誘因も離脱を食い止めていることを付け加えておく。

おわりに――利得均衡点の変化

現在進行中の、世界の大学改革は、市場化、新自由主義、NPM、大学資本主義といったナラティブでは、組織内部の管理者と構成員の関係を捉えることができない。本章では、より包括的な分析的ツールとして、「主人・代理人」論に従いつつ、内部組織にヒエラルキーを導入すると教員はどう反応するのか、「変容する大学教授職調査」を用いて明らかにした。

はじめに、で触れたように、内部組織にヒエラルキーを導入するのは、権限の委譲に伴う「代理人問題」＝取引コストを抑制する「主人・代理人論」に従った考え方である。その命題によれば、大学組織に「垂直的統合」を構築すれば、組織の効率性と有効性が高まるはずだというが、それはあくまで架空の企業統治モデルである。図7-1は、政府の権限を管理者に委譲

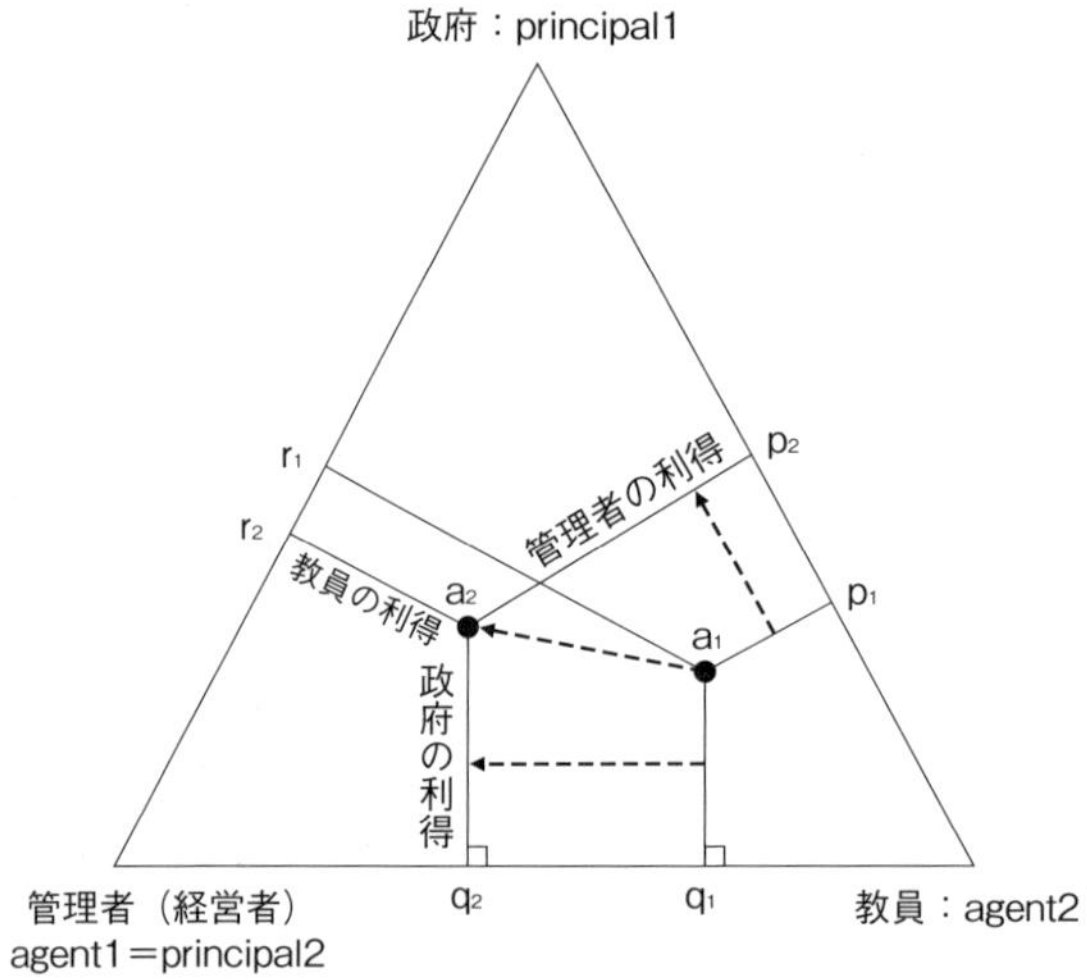

図 7-1　利得均衡点の変化

したときの、政府、政府のパートナーである管理者、そして教員の三者の利得均衡点(a)の変化を概念化したものである。(12)

個人自治が信奉されていたときの利得均衡点（a_1）は、教員の側にシフトしていた。三者の利得の大きさは、均衡点（a_1）から下ろされたそれぞれの垂線の長さで表すことができる。教員の利得は a_1r_1 で示され、政府の利得は a_1q_1、管理者の利得は a_1p_1 である。この場合、$a_1r_1 > a_1q_1$、$a_1r_1 > a_1p_1$ だから、教員の利得が最も大きい。

ところが、個人自治から機関自治への移行は、政府と管理者の利得を高めるように利得均衡点をシフトさせた。新たな利得均衡点（a_2）では、教員の利得は a_2r_2 で示される（$a_2r_2 < a_1r_1$）。他方、政府と管理者の利得は大きくなることがわかる（$a_2q_2 > a_1q_1$　$a_2p_2 > a_1p_1$）。

データが示したことは、新たな管理者（third party）が登場したことで自己の利得が小さくなったことに対する教員の認識である。一八カ国の過半数の教員が、所属大学について「トップダウン型の管理運営」、「機関の使命を重視している」を認識していること、西欧と日本のデータから、所属大学について集権化の認識を持つ者は、自らの権限や帰属意識を弱め、労働条件の悪化の認知や他大学への移動志向を強めていること、逆に同僚との協力関係がこれらを抑制していることが示された。

国際的にみた日本の教員の特徴として指摘できることは、何よりも意思決定に際して同僚間のインフォーマルな調整があること、他方で教員に対する管理運営のフォーマルな能力開発が実施されていないこと、管理職のリーダーシップを評価する反面、学内の情報から遠ざけられていること、そして労働条件に対する厳しい評価と転出希望率が著しく高いことである。

むろん、以上の結果は、国別にみた単純集計と一本の回帰式から推計されたものである。教員の所属する学部、学部を包括する大学のエリート性、大学を統治する各国政府の規制の程度など、階層的連続性を無視している。しかし、西欧諸国・日本の個人ベースの推計から、政府による機関への権限の委譲は、構成員のモラールや忠誠を高めているとはいえない。むしろ、組織の末端部分では潜在的離脱が生じている。ただし、その離脱が、教育か、研究か、管理運営か、それとも社会貢献のどこから生じるのかは、構成員の組織に対する愛着によるのであろう。

大学管理者に必要なことは、組織のなかにヒエラルキーを導入したときに、構成員の間に離脱志向や疎外感が増していることを踏まえ、意思疎通や意見表明の機会を与えることである。「知の共同体」は、「利害関係者のための大学」に取り替えることができないし、代替させるべきではない。そのことは、OECDが政府から機関自治を与えられた加盟国の経験を踏まえ、我が国の国立大学法人化の前に指摘していたことである。[13]

大学の民主化は、半世紀近く前に権威主義的な大学管理をターゲットにして、学生が一時的に異議申し立てしたことであった。二一世紀初頭の大学において民主化の問題があるとすれば、「組織の有効性」を優先する管理統制主義に違いない。しかし、それは外部からうかがいにくい組織内部に閉ざされた世界である。それだけに、大学管理者と「代理人」と見なされる構成員との間の溝をいっそう深めているのである。

【注】

（1）Altbach, P. (ed.), *The International Academic Profession*, Jossey-Bass, 1996. 有本章・江原武一編『大学教授職の国際比較』玉川大学出版部、一九九六年。

（2）Meyer, J., Globalization and the Expansion of and Standardization of Management, in Sahlin-Anderson, K. and Engwall, L. (eds.), *The Expansion of Management Knowledge*, Stanford University Press, 2002, pp. 33-46. Frank, D. and Gabler, J., *Reconstructing the University*, Stanford University Press, 2006.

（3）Kogan, M. and Teichler, U. (eds.), *Key Challenges to the Academic Profession*, UNESCO Forum On Higher Education Research Knowledge/INCHER-Kassel, Werkstattberichte-65, University of Kassel, 2007. Locke, W. and Teichler, U. (eds.), *The Changing Conditions for Academic Work and Careers in Select Countries*, Werkstattberichte-66, INCHER-Kassel, University of Kassel, 2007. などを参照。

（4）Salamonn, L. (ed.), *The Tools of Government*, Oxford University Press, 2002. フーコーの権力論から新自由主義的統治の技法を考察した論考については、佐藤嘉幸『新自由主義と権力』人文書院、二〇〇九年を参照。

（5）Slaughter, S. and Rhoades, G., *Academic Capitalism and the New Economy Markets , States, and Higher Education*, The Johns Hopkins University Press, 2004. Clark, B., *Creating Entrepreneurial Universities*, IAU Press, 1998.
（6）藤村正司「管理運営」有本章編著『変貌する日本の大学教授職』玉川大学出版部、二〇〇八年、一四五―一六七頁。Lane, J. and Kivisto, A., "Interests, Information, and Incentives in Higher Education: Principal-Agent Theory and Its Potential Applications to the Study of Higher Education Governance", in Smart, J. (ed.), *Higher Education : Handbook of Theory and Research*, Vol. 23, 2008, pp. 141–179.
（7）M・パワー（國部克彦・堀口真司訳）『監査社会』東洋経済新報社、二〇〇三年、一五八頁。
（8）O・ウィリアムソン（浅沼萬里・岩崎晃訳）『市場と企業組織』日本評論社、二〇〇九年。
（9）Rhoades, G. and Slaughter, S., "Academic Capitalism, Managed Professionals, and Supply-Side Higher Education", *Social Text*, Vol. 15 (2), 1997, pp. 9–38.
（10）A・ハーシュマン（矢野修一訳）『離脱・発言・忠誠』ミネルヴァ書房、二〇〇五年。
（11）欧州の高等教育改革については、Paradeise, C., Reale, E., Bleiklie, I. and Ferlie, R. (eds.), *University Governance*, Springer, 2009. を参照。
（12）Green, J., "The Strategic Use of Contracts with Third Parties," in Zeckhauser, R. (ed.), *Strategy and Choice*, MIT Press, 1993, pp. 241–263. 藤村正司「主人・代理人論からみた高等教育システム」『大学論集』第二九集、二〇〇八年、一八五―二〇三頁。
（13）OECD, *Education Policy Analysis*, 2003, p. 75.

（藤村　正司）

8章 労働条件

はじめに

大学教員をとりまく状況は世界的にみて大きく変化してきている。程度の差はあれ、多くの国々で、グローバル化や知識基盤社会化、情報技術の進展など社会全体の変容を背景としつつ、高等教育の大衆化、民営化や市場化、説明責任の増大といった傾向が生じており、それが大学教員としてのアイデンティティや意識、管理者や同僚との関係、具体的な活動の状況、それを支えるインフラの整備・充実の程度などさまざまな側面に影響を与えている。

本章では、世界の大学教員が自らの労働条件をどのように評価しているのか、また大学教員としてどの程度満足しているのかといったことについて検討することを目的とする。具体的には、労働条件として施設設備、支援スタッフ、執務条件の改善状況、そして学内の人間関係を取り上げ、満足度について考察するために、仕事におけるストレス、自分の専門分野に対する評価と大学教員としての仕事の全般的な満足度を検討する。

分析にあたって、国際比較の視点から国による違いに注目することは当然であるが、それに加えて所属大学を重要だと考えるかどうかという視点[1]からの検討も行う。なぜなら、大学教員（＝大学教授職）は専門職の一つであるものの、他の専門職と比べればすぐにわかるように、何よりも大学組織への所属が前提条件であることが重要な特徴であり、大学教員をとりまく状況の変化の影響は、労働条件という観点からみると、主として大学組織を媒介としたものになるであろうからである。

1　所属大学の労働条件

施設設備に対する評価

それではまず、教育研究環境としての施設設備に対する評価を検討することからはじめよう。自らが教育や研究で必要とするハードに対する評価は必ずしも高いとはいえない（表8－1）。教育・研究用機器や図書館、研究室など五つの施設設備のうち「よい」と回答した大学教員の比率が最も高かったのは図書館に対する評価だが、それでも平均として半数程度の大学教員が満足しているにすぎない。研究用の設備や機器に満足している者はほぼ三分の一にとどまっている。

国別にみると、多くの施設設備について満足している者の比率が高い国と、逆に多くの施設設備について満足度の低い国とに大きく分けられる。前者の「もてる国」にはフィンランド、香港、ノルウェー、オーストラリア、ドイツ、アメリカが含まれており、後者の「もたざる国」を構成するのはイギリス、イタリア、韓国、ブラジル、日本、アルゼンチンといった国々である。例えば、全体としてほぼ半数の者が満足している研究室に対する評価をみると、フィンランドでは七割の大学教員が「よい」と評価し、ノルウェー、ドイツ、カナダ、オーストラリアでも六割を超える者が満足しているのに対して、アルゼンチン、日本、中国、ブラジルといった国では満足している大学教員は四割に満たない。またコンピュータ機器では、香港（七五・三％）、ノルウェー（七四・〇％）、フィンランド（七〇・七％）で七割以上の大学教員が「よい」と評価し、一一位の韓国までは半数を超える大学教員が満足しているのに対して、満足度の最も低いアルゼンチンでは三六・四％の大学教員しか満足しておらず、日本でも満足している大学教員は三七・〇％にとどまっている。日本に注目すると、平均的な傾向とは異なり、どの項目でも三分の一程度の大学教員が「よい」と評価しているのみである(2)。

表8-1　施設設備に対する評価（丸囲み数字は順位）　（%）

国	教育用機器	研究用設備・機器	コンピュータ機器	図書館	研究室
フィンランド	71.9 ①	55.6 ①	70.7 ③	72.9 ④	70.0 ①
香港	71.8 ②	52.1 ③	75.3 ①	82.4 ①	58.7 ⑥
ノルウェー	59.5 ⑤	47.1 ⑤	74.0 ②	74.3 ③	69.4 ②
オーストラリア	51.7 ⑧	48.2 ④	64.9 ⑤	78.7 ②	60.2 ⑤
ドイツ	52.1 ⑦	52.8 ②	65.1 ④	48.9 ⑬	63.3 ③
アメリカ	61.9 ③	41.6 ⑥	62.5 ⑥	59.9 ⑦	55.6 ⑧
カナダ	61.3 ④	33.9 ⑪	55.1 ⑧	63.4 ⑥	62.4 ④
南アフリカ	37.8 ⑮	36.0 ⑧	57.8 ⑦	65.9 ⑤	55.7 ⑦
ポルトガル	51.0 ⑨	36.1 ⑦	46.8 ⑬	51.8 ⑪	51.9 ⑨
メキシコ	46.3 ⑩	35.0 ⑨	53.8 ⑩	51.9 ⑩	43.3 ⑭
マレーシア	45.5 ⑪	25.8 ⑯	55.0 ⑨	53.0 ⑨	48.8 ⑩
中国	56.0 ⑥	34.6 ⑩	47.4 ⑫	47.5 ⑭	36.9 ⑯
イギリス	41.5 ⑬	33.6 ⑫	45.8 ⑭	51.4 ⑫	45.0 ⑬
イタリア	36.8 ⑯	31.0 ⑭	44.9 ⑮	54.2 ⑧	46.0 ⑫
韓国	44.3 ⑫	24.5 ⑰	50.4 ⑪	43.1 ⑯	47.9 ⑪
ブラジル	41.3 ⑭	33.1 ⑬	44.1 ⑯	46.8 ⑮	39.5 ⑮
日本	32.1 ⑰	30.5 ⑮	37.0 ⑰	39.0 ⑰	35.4 ⑰
アルゼンチン	31.5 ⑱	22.5 ⑱	36.4 ⑱	36.9 ⑱	28.2 ⑱
平　均	49.8	36.3	53.3	55.2	49.3

注）各項目について「大変よい」「よい」と回答した比率。

こうした結果を一九九二年と比較すると(3)、対象国が異なっているので一概に断定することは難しいが、次のようなことがいえる。第一に、平均として満足度は上昇しているものの、依然として高くはない。第二に、「もてる国」と「もたざる国」の構造に大きな変化はみられない。一九九二年時点ではアメリカ、ドイツ、オランダ、スウェーデン、香港が「もてる国」を構成し、オーストラリアも多くの項目で比較的高い満足度を示す一方、ロシア、チリ、日本、韓国が「もたざる国」となり、ブラジルも多くの項目で満足度が低くなっていた。二〇〇七年でも、アメリカ、ドイツ、香港のほか、フィンランドやノルウェーといった北欧諸国、そしてオーストラリアが「もてる国」に位置づけられ、アルゼンチン、ブラジルといった南米諸国と日本、韓国が「もたざる国」を構成しているのである。第三に、日本の大学教員は教育・研究用機器をはじめとしてどの項目でも満足度が以前よりも高くなっているが、相変わらず平均と比べて低い水準にとどまっている。

施設設備に対する評価はこのように国によって大きな違いがみられるものの、所属大学を重要だと考えているかどうかによって評価が異なる点はどの国でも共通にみられる傾向である。全体では、例えば教育用機器に満足している大学教員の比率は、所属大学が重要だと考えている大学教員では五四・一％と半数を超えるのに対して、所属大学を重要だとは思わない大学教員だと三六・五％にとどまっているし、他の項目でも同じ傾向が確認される。また、例えばこうした傾向がとくに顕著な国であるイギリスを取り上げれば、コンピュータ機器について満足している大学教員の比率は、所属大学が重要であると考える大学教員では六一・九％なのに対して所属大学を重要だとは思わない大学教員では二九・一％にすぎないし、図書館については、所属大学が重要であると考える大学教員では六七・七％が満足しているのに対して、所属大学を重要だとは思わない大学教員の場合には二八・二％になっている。(4)日本でも同様の傾向がみられるが、所属大学を重要だと考えているかどうかによる違いはそれほど大きくはない。

支援スタッフに対する評価

教育研究を進めるうえで必要となる人的支援の状況に対する評価も全体的に高くない（表8−2）。事務的援助と教育支援スタッフ、研究支援スタッフについて満足している大学教員は、全体でそれぞれ三二・九％、一八・一％、二三・五％にとどまっている。

こうした人的支援の満足度についても、国によって大きな違いがみられる。教育支援スタッフと研究支援スタッフに注目すれば、フィンランド、中国、イギリスといった国ではどちらの項目でも三割を超える大学教員が「よい」と回答しているのに対して、両方の項目で「よい」と回答した者の比率が最も低い日本では、これらの支援スタッフに満足している大学教員は一割に満たないし、韓国、イタリア、ノルウェーでも満足している大学教員は二割未満にすぎない。大まかな傾向としては、施設設備に満足している大学教員の比率が高いほど人的支援を肯定的に評価する大学教員の比率も高いといえるが、細かくみると、施設設備に対する評価は高いものの人的支援に対する評価は低いノルウェーや、逆に施設設備に対する評価は低いが人的支援に対する評価は高いイギリスや中国など、

表8－2　人的支援に対する評価（丸囲み数字は順位）（%）

国	事務的援助	教育支援スタッフ	研究支援スタッフ
フィンランド	55.8 ①	42.6 ①	35.2 ①
香港	47.2 ②	35.6 ④	29.3 ⑤
ノルウェー	22.7 ⑯	19.9 ⑮	15.3 ⑯
オーストラリア	28.2 ⑫	29.7 ⑨	29.1 ⑥
ドイツ	47.0 ③	25.2 ⑬	29.9 ④
アメリカ	39.3 ⑥	32.4 ⑥	25.5 ⑨
カナダ	44.3 ④	32.5 ⑤	27.4 ⑦
南アフリカ	35.9 ⑦	28.2 ⑩	25.9 ⑧
ポルトガル	32.4 ⑩	25.6 ⑫	20.0 ⑬
メキシコ	31.5 ⑪	20.2 ⑭	18.2 ⑭
マレーシア	23.5 ⑭	29.9 ⑧	21.5 ⑪
中国	27.6 ⑬	39.9 ②	30.9 ②
イギリス	33.5 ⑨	37.7 ③	30.7 ③
イタリア	34.6 ⑧	16.1 ⑯	17.3 ⑮
韓国	18.7 ⑰	13.7 ⑰	10.9 ⑰
ブラジル	43.1 ⑤	31.6 ⑦	22.1 ⑩
日本	15.7 ⑱	9.2 ⑱	9.0 ⑱
アルゼンチン	22.8 ⑮	25.8 ⑪	21.3 ⑫
平　均	32.9	28.1	23.5

注）各項目について「大変よい」「よい」と回答した比率。

両者の評価が一致しない国も存在していることがわかる。

また、施設設備に対する評価と同様、所属大学を重要だと思っているかどうかによって人的支援に対する評価もほとんどの国で異なっている。

執務条件の改善に対する評価

「仕事に就いて以来、高等教育機関や研究機関における執務条件は、改善」されたと感じている大学教員は必ずしも多くない。執務条件が「よくなった」と回答した大学教員は全体では三二・三%にとどまっている。

国別にみると、「よくなった」と回答した大学教員の比率が最も高かったのは中国（六一・五%）で、マレーシア（五六・六%）、韓国（五一・四%）で半数を超えており、メキシコ（四七・七%）、アルゼンチン（四五・六%）といった国が続いている。これに対して「よくなった」と回答した大学教員の比率が最も低かったのはオーストラリアで、わずか九・八%の者だけが「よくなった」と感じており、ドイツでも一〇・六%の大学教員しかそのように評価していない。それに続くのはイタリア（一三・二%）、日本（一三・三%）、ノルウェー（一四・四%）、イギリス（一四・九%）といった国々である。全体的には、途上国で「よくなった」と回答する大学教員の比率が高く、経済的に豊かな国でその比率が低い傾向がみられる。ただしアメリカは、平均を上回る比率

表8-3　学内の人間関係に対する評価（丸囲み数字は順位）　　（%）

国	管理者と教員の意思疎通は良い		意思決定に関して同僚間の協力関係がある		教育活動に対して事務職員は協力的である		研究活動に対して事務職員は協力的である	
マレーシア	48.6	①	39.6	③	44.5	⑤	36.3	⑥
中国	34.2	⑤	35.7	⑦	48.3	④	48.9	②
カナダ	29.0	⑧	38.2	⑤	48.3	③	46.2	③
アメリカ	27.3	⑩	31.8	⑧	50.5	②	53.0	①
日本	24.1	⑬	45.8	②	57.5	①	35.4	⑦
メキシコ	36.1	④	46.4	①	40.7	⑨	33.8	⑩
アルゼンチン	39.9	②	38.7	④	35.7	⑫	24.9	⑭
ブラジル	39.8	③	30.8	⑨	38.8	⑩	29.2	⑪
ノルウェー	33.4	⑥	24.6	⑫	42.6	⑦	35.0	⑧
香港	25.3	⑫	23.4	⑬	42.2	⑧	39.3	⑤
オーストラリア	23.7	⑭	20.1	⑮	38.7	⑪	39.9	④
イギリス	21.7	⑮	21.9	⑭	44.2	⑥	34.4	⑨
ポルトガル	27.5	⑨	36.7	⑥	27.4	⑮	17.5	⑱
フィンランド	31.5	⑦	25.2	⑪	25.8	⑯	24.3	⑮
ドイツ	20.4	⑯	26.4	⑩	25.2	⑰	26.8	⑬
南アフリカ	20.2	⑱	19.9	⑯	29.8	⑬	26.9	⑫
イタリア	26.8	⑪	16.2	⑱	19.3	⑱	17.7	⑰
韓国	20.4	⑰	18.2	⑰	27.8	⑭	23.3	⑯
平　均	29.8		30.3		39.2		34.3	

注）各項目について「全くそう思う」「2」と回答した比率。

（三七・一％）の大学教員が「よくなった」と感じている。

この点についても、どの国でも所属大学を重要だと考えている大学教員の方が「よくなった」と回答した者の比率が高い。「よくなった」と回答した者の比率が最も高い中国では、所属大学が重要だと考えている大学教員では六八・二％の者が「よくなった」と考えているのに対して、所属大学を重要だとは考えていない大学教員では「よくなった」と回答した者は三七・九％にとどまる。日本の大学教員についても、前者の比率は一五・八％、後者の比率は四・二％となっている。

学内の人間関係に対する評価

大学で働くときには、教育研究を進めていくのに必要な物的・人的条件が充実しているだけでなく、学内で良好な人間関係を築いていることも重要となる。次に、この点について検討しよう。

表8-3は、管理者、同僚および事務職員

との関係がよいと考える大学教員の比率を示したものである。全体的には、事務職員に対する評価がやや高いものの、それも含めてどの項目においても肯定的な回答をする者の比率は三分の一程度にとどまっている。

施設設備に対する評価と同様、国別の相違も大きい。例えば「教育活動に対して事務職員は協力的である」と考える大学教員は、日本（五七・五％）やアメリカ（五〇・五％）では半数を超えているのに対して、イタリアでは一九・三％にすぎず、ドイツ、フィンランド、ポルトガル、それから韓国や南アフリカといった国では三割に満たない。全体として、多くの項目で肯定的な回答の比率が高い国と、多くの項目でその比率が低い国とがある。ただし、施設設備に対する評価とは異なり、すべての項目で肯定的な回答の比率が高い国はマレーシア、中国、カナダといった国にすぎない。アメリカや日本は同僚や事務職員との関係には肯定的な回答をする大学教員の比率が高いものの、管理者との意思疎通という点では相対的に低い比率にとどまっているし、メキシコ、アルゼンチン、ブラジルの中南米諸国では管理者や同僚との関係を肯定的にとらえている大学教員が相対的に多い一方で、事務職員に対して肯定的に評価する大学教員の比率は低くなっている。そして韓国、イタリア、南アフリカ、ドイツといった国ではどの項目でも評価が低い。またイギリスや香港では、管理者や同僚と

表８-４　学内の人間関係に対する評価

（大学重要度別、４カ国）(%)

国	全　体	所属大学が重要である	どちらでもない	所属大学が重要ではない
管理者と教員の意思疎通は良い				
アメリカ	27.3	39.6	13.2	6.2
日本	24.1	28.8	16.8	13.7
ドイツ	20.4	32.3	15.1	4.7
イギリス	21.7	37.9	17.9	7.0
意思決定に関して同僚間の協力関係がある				
アメリカ	31.8	41.0	23.5	11.5
日本	45.8	50.8	39.4	33.1
ドイツ	26.4	36.2	21.1	14.6
イギリス	21.9	34.0	18.7	9.9
教育活動に対して事務職員は協力的である				
アメリカ	50.5	61.1	40.2	28.4
日本	57.5	61.9	50.4	48.3
ドイツ	25.2	33.7	21.9	14.8
イギリス	44.2	57.8	41.7	30.0
研究活動に対して事務職員は協力的である				
アメリカ	53.0	59.8	47.1	37.4
日本	35.4	39.7	27.8	28.4
ドイツ	26.8	35.4	22.8	15.4
イギリス	34.4	47.2	33.9	18.7

注）各項目について「全くそう思う」「２」と回答した比率。

の関係について肯定的に評価する者の比率は低いものの、事務職員に対しては肯定的な評価をする大学教員の比率が高い。

一方、これも施設設備に対する評価と同じだが、どの国でも所属大学を重要だと考えるかどうかによって学内の人間関係に対する評価はかなり異なっている。表8-4は、アメリカ、日本、ドイツ、イギリスの四カ国について、所属大学が重要だという考えをもっているかどうかで学内の人間関係を肯定的に評価している大学教員の比率がどのように違うかを示したものである。明らかに、所属大学が重要であると考える大学教員の方が学内の人間関係を肯定的に評価する比率が高い。日本も大学を重要だと考えるかどうかによって違いはあるものの、これら四カ国の中では、その違いは相対的に大きくない。この点も施設設備に対する評価と同様である。

このように、所属大学における施設設備や支援スタッフ、学内の人間関係に満足している大学教員は多くない。しかも満足している大学教員の比率は国によって大きく異なっている。このうち施設設備に対する評価と学内の人間関係に対する評価をあわせて考えれば、対象とした国々は次の四つのタイプに分けることができる。すなわち、両者の評価がともに高い国(アメリカ、カナダ、ノルウェー)、施設設備に対する評価は低いが学内の人間関係に対する評価は高い国(日本、マレーシア、中国、メキシコ、ブラジル、アルゼンチン)、施設設備に対する評価は高いが学内の人間関係に対する評価は低い国(ドイツ、香港、オーストラリア、フィンランド、南アフリカ)、そして両者の評価がともに低い国（イギリス、ポルトガル、イタリア、韓国）である。

2　専門職としての大学教員

仕事とストレス

大学教員は専門職であり、自らの仕事について自律的に決定できる領域がある程度確保されているはずだが、それでも四三・六％の大学教員が「私の仕事は相当な心理的緊張を伴っている」と回答している。この点について国による違いはとても大きく、半数以上の国ではその比率が四割を超える一方、二割程度しかそのように考えてない国もある。心理的緊張を感じている大学教員が最も多いのは韓国（六七・七％）で、イギリス（五八・四％）、日本（五七・四％）、中国（五六・四％）、オーストラリア（五〇・五％）が続いている。この五カ国では半数を超える大学教員が心理的緊張を感じている。逆に心理的緊張を感じている大学教員の比率が最も低いのはマレーシア（一九・六％）で二割にとどまっている。これに続くのは、メキシコ（二四・三％）、アルゼンチン（二六・六％）、イタリア（二九・七％）などの国である。日本や韓国で心理的緊張を感じる大学教員の比率が高く、ラテン・アメリカ諸国でその比率が低いという状況は一九九二年と同様である。

心理的緊張を感じる大学教員の比率が高い国には、施設設備に満足している大学教員の比率が低い国が多く含まれているが、逆に心理的緊張を感じる大学教員の比率が低い国にもそうした国が多い。そして、施設設備に満足している大学教員の比率が高い国がその中間に位置している。(5) 一方で、大まかには、教育志向の大学教員が多い国ほど心理的緊張を感じる大学教員の比率が低い傾向も観察される。心理的緊張を感じる大学教員の比率が高い三カ国（韓国、イギリス、日本）とその比率が低い三カ国（マレーシア、メキシコ、アルゼンチン）は、いずれも施設設備に対して肯定的に評価する大学教員の比率が低い国に分類することができるが、韓国、イギリス、日本は教育志向の大学教員が三割前後にとどまっているのに対して、マレーシアとメキシコでは教育志向の大学教員が半数を超え、アルゼンチンでも四二・九％に達している。

専門分野に対する評価

大学教員は活動の基盤を基本的に大学に置いており、実際の活動は主として大学の中で行われるものの、専門職としてのアイデンティティの基盤はよって立つ専門知識（学会）であることが多い。(6) したがって自らの専門分野に対する評価のありようも大学教員としての活動を促したり、逆に抑制したりする要因となりうるだろう。

「私の専門分野でこれから若い人が仕事を始めてもあまり将来性はない」と考える大学教員は全体で三割を超え

ている。国ごとの違いは非常に大きく、そのように考える大学教員の比率が最も高いイタリアでは、七三・九％に達する大学教員がその考えに同意している。イギリス（五一・三％）でも半数を超える大学教員がそのように考えており、フィンランド（四八・一％）、オーストラリア（四四・一％）、ドイツ（四二・一％）、ポルトガル（四〇・五％）といった国々ではそのように考える大学教員が四割を超えている。それに対して、そのように考える大学教員の比率が最も低いのは日本で、わずか八・三％の大学教員がその考えに同意しているのみであり、マレーシア（一一・三％）、メキシコ（一五・六％）、ブラジル（一七・七％）、韓国（一九・七％）でもそのように考えている大学教員は二割に満たない。

自らの専門分野で将来性はないと考える大学教員の比率が高い国には教育志向の大学教員の比率が低い国が多く、逆にそのように考える大学教員の比率が低い国の多くは教育志向の大学教員の比率が高い国である。前者のイタリア、イギリス、フィンランド、オーストラリア、ドイツといった国々はいずれも教育志向の大学教員の比率が全体の平均より低い。これに対して、自分の専門分野で将来性はないと考える大学教員の比率が低い国々では、マレーシア、メキシコ、ブラジルは教育志向の大学教員の比率が高い国であり、アメリカやアルゼンチンもどちらかといえば自分の専門分野で将来性はないと考える大学教員の比率が低く、かつ教育志向の大学教員の比率が高い国とみなすことができる。ただし日本と韓国は違った傾向を示している。この両国は、自分の専門分野で将来性はないと考える大学教員の比率が低いものの、教育志向の大学教員の比率も低いのである。

また、自らの専門分野を重要だと考えるかどうかで専門分野の将来性に対する評価も異なると考えられる。全体では、自分の専門分野で将来性はないと考える大学教員の比率は、自分の専門分野を重要だと考えている大学教員では三分の一（三三・五％）であり、重要ではないと考えている大学教員ではほぼ半数（四八・〇％）になる。国別にみると、日本では、自分の専門分野で将来性はないと考える大学教員の比率は、自分の専門分野を重要だと考えている大学教員では七・七％なのに対して、自分の専門分野を重要ではないと考えている大学教員になるとその比率は二〇・〇％になる。アメリカでは前者の比率が二〇・〇％、後者の比率が六一・五％とその傾向がいっそう顕著であり、イギリスでも同じ傾向が観察される。ところが、こうした傾向がどの国でもみられるというわけではない。例えば、自分の専門分野で将来性はないと考える大学教員の比率が最も高いイタリアでは、自分の専門分野を重要だと考えている大学教員ではそのように考える者の比率が七四・三％、自分の専門分野を重要ではないと考えている大学教員ではその比率は七〇・五％とほぼ同じである。そしてドイツや韓国を含む三分の二の国では、自分の専門分野を重要ではないと考える大学教員の方が自分の専門分野を重要だと考える大学教員よりも自分の専門分野で将来性はないと考える傾向がみられる国もあるものの、両者の間に統計的に有意な違いは認められない。

大学教員としての満足度

所属大学での労働条件や専門分野に対する評価はこれまでみてきたように必ずしも高くはないものの、大学教員であること自体には満足している者が多い。「もし人生を繰り返すことができるならば、私は大学教員にはならないだろう」と考える大学教員は全体で一五・二％にすぎず、最も比率が高い南アフリカでも二三・二％にとどまっている。南アフリカに続いて相対的にそのように考える大学教員の比率が高いのは、イギリス（二二・八％）、オーストラリア（二一・三％）、中国（二〇・八％）、ポルトガル（一八・八％）といった国々である。これに対してそのように考える大学教員の比率が最も低いのはアルゼンチン（七・〇％）であり、韓国（八・二％）、メキシコ（八・七％）、アメリカ（一〇・〇％）、マレーシア（一〇・一％）などでも低い比率となっている。日本でこの意見に賛成しているのは一二・五％である。

同じような国別の傾向は、今の仕事に対して全般的に満足している大学教員の比率でも確認することができる。全般的に満足している大学教員は全体では六三・七％である。この比率が最も高いのはメキシコで八六・九％に達しており、韓国（七六・九％）、カナダ（七三・八％）、日本（六八・五％）、ノルウェー（六八・三％）でも高い比率である。一方全般的に満足している大学教員の比率が最も低いのはイギリス（四七・五％）で半数に満たず、南アフリカ（五一・五％）、ポルトガル（五四・三％）、オーストラリア（五七・七％）、中国（五七・八％）といった国が続いている。

表8-5　全般的満足度（大学重要度別）　（%）

国	全　体	所属大学が重要である	どちらでもない	所属大学が重要ではない
日本	68.5	76.0	57.3	52.5
アメリカ	62.1	78.8	47.6	25.0
ドイツ	62.0	71.1	60.0	47.4
イギリス	47.5	61.9	48.2	25.3

注）「非常に満足」「2」と回答した比率。

性別、年齢別にみると、全般的に満足している大学教員の比率は、女性教員よりも男性教員の方が高く、年齢の高い大学教員の方が年齢の低い大学教員よりも高い。また、所属大学を重要だと思っている大学教員の方が重要だと思っていない大学教員よりも高い。こうした属性別の違いはそれぞれの国で異なった状況を示しているものの[7]、所属大学を重要だと考えるかどうかによって大学教員としての満足度が大きく異なる点はどの国にも共通してみられる（**表8-5**）。全般的に満足している大学教員の比率が最も低いイギリスでも、所属大学が重要だと考えていれば全般的な満足を得ている者の比率は六割を超えている。これに対して所属大学を重要だと考えていない大学教員では四分の一しか今の仕事に満足していない。日本は、ドイツとともに、これらの国の中では所属大学を重要だと思っている大学教員と重要ではないと思っている大学教員との間で比率の違いが大きくない国だが、それでも両者の比率には二〇ポイント以上の開きがある。

最後に、施設設備に対する評価と学内の人間関係に対する評価に注目して設定した四つのタイプからみると、全般的に満足している大学教員の比率と関係しているのは施設設備に対する評価よりも学内の人間関係に対する評価であることがわかる。すなわち、大まかにとらえれば、全般的に満足している大学教員の比率が高い国の多くは、両者の評価がともに高い国や施設設備に対する評価は低いが学内の人間関係に対する評価は高い国に含まれ、逆にその比率が低い国の多くは、施設設備に対する評価は高いが学内の人間関係に対する評価は低い国や両者の評価がともに低い国に含まれる傾向にあるのである。

まとめ

以上の分析をまとめると、明らかになった点として次の五つをあげることができる。第一に、教育研究を進めるうえで必要な施設設備や人的支援に対する評価は依然として高くなく、改善されたと感じることもあまりない。そして、学内の人間関係についても不満を感じている。第二に、労働条件に対する評価は国によって異なっている。施設設備や人的支援に対する評価では「もてる国」と「もたざる国」に大きく二分されるが、その構造は一九九二年と大きくは変わっていない。第三に、所属大学を重要だと考えるかどうかによって評価が大きく異なる状況はどの国でも共通にみられる傾向である。第四に、仕事に対して心理的緊張を持っているし、自分の専門分野に対する見通しも必ずしも明るくない。この点も、国によって大きな違いがみられる。そして第五に、このように労働条件に対して評価が低く、心理的緊張が高く、自分の専門分野に対する評価が必ずしも高くないにもかかわらず、自分の仕事全般については満足している大学教員が多く、自らが大学教員であることに満足感をもっている。しかも、どの国でも所属大学を重要だと考える大学教員の方が満足度が高く、労働条件に対する評価との関係でみると、施設設備の評価が高いかどうかよりも学内の人間関係に対する評価が高いかどうかの方がより関係しているのである。

近年の動向として、大学教員には活動の成果をしっかりと示すことが求められている。さまざまな不満を抱えながらも大学教員であることに満足している者が多いとしても、そうした意識に依拠して大学教員により多くの成果を求めることには限界がある。大学教員をとりまく状況が急速に変わる中で、大学教員が能力を十全に発揮できるように条件を整備し、活動を支えるべく支援することは当然必要であろう。本章での検討結果からすれば、仕事をするうえで多くの大学教員が不満をもっている点には国によって異なっていることから、それぞれの国の状況に応じた方策が考えられなければならない。その中で、施設設備や支援スタッフに対する評価は高くなく、そうしたものの改善が必要なのはいうまでもないが、いっそう重要だと思われるのは学内の人間関係をどのようにして改善していくのかという点である。なぜなら、施設設備などはある程度お金をかければ短期間で解決できるかもしれないが、人間関係の構築には時間がかかるだけでなく、さまざまな要素を考慮しなければならないからである。また、所属大学の重要度と労働条件に対する評価には関連がみられることから、自らが働く大学を重要だと考えるようにすることも大切であるが、これもまた時間がかかり、多様な要素を検討することが求められる。大学教員自身も含め、関係者が長期的な視野で適切な労働条件の整備を図る努力を継続していかなければならないように思われる。

【注】

(1) この点について、本章では、所属大学が重要かどうかを五段階で尋ねた設問を用いている。そして五段階のうち「大変重要」、「かなり重要」をあわせて「重要である」とし、「あまり重要でない」、「全く重要でない」をあわせて「重要でない」としている。

(2) ここで取り上げなかった施設設備では、通信設備に対して満足している大学教員が五三・二％と半数を超える一方、実験室を「よい」と評価している大学教員は四分の一にとどまっている。

(3) 一九九二年の結果については、南部広孝「労働条件」有本章・江原武一編著『大学教授職の国際比較』玉川大学出版部、一九九六年、六二―七〇頁を参照のこと。なお、一九九二年の調査と二〇〇七年の調査では質問項目が必ずしも一致していないため、多くの点について二時点の比較を行うことができない。

(4) 例えば、コンピュータ機器について満足している大学教員の比率は、所属大学が重要であると考える大学教員では三九・〇％なのに対して所属大学を重要だとは思わない大学教員では三七・三％であり、図書館では、所属大学が重要であると考える大学教員では四二・九％が満足しているのに対して、所属大学を重要だとは思わない大学教員の場合には三五・六％になっている。

(5) 例えば心理的緊張を感じる大学教員の比率は、ドイツでは四二・二％、アメリカでは三六・六％となっている。

(6) 自分の専門分野を重要だと考える大学教員、所属大学を重要だと考える大学教員の比率は全体でそれぞれ八八・二％、六四・一％である。

(7) 日本についてみると、全般的に満足している大学教員の比率は、年齢別では三〇代以下では六一・一％、四〇代で六一・七％、五〇代以上で七四・五％となっており、性別では男性教員で六九・一％、女性教員で六二・三％となっている。

（南部　広孝）

9章　生活時間

はじめに

大学教員のアカデミック・ワークは、大きく教育、研究、社会サービス、管理運営に分類される。大学教員は時間という有限なる資源を、教育、研究、社会サービス、管理運営それぞれに対し、どのように配分しているのか。本章は生活時間の配分という視点から、国際比較を通して見えてくる日本の大学教員の特徴を明らかにする。

本章では大きく次の二点について分析を行う。第一は、時間配分の状況が変化した二〇〇〇年代の日本の大学教員についてその国際的特徴を明らかにすることである。ここでは国家レベルの相違をみていく。一九九二年のカーネギー調査のデータを分析した藤村（一九九六年）[1]では、日本の大学教員は国際的に研究に多くの時間を費やしていることが指摘されている。しかし一九九二年と二〇〇七年の変化を検討した長谷川（二〇〇八年）[2]によれば、日本の大学教員の研究時間が減少し、管理運営時間が増大していた。この事実は国際的にみてどのように位置づけられ、解釈されるだろうか。一八カ国（一地域含む）の生活時間を算出し、他国と比べて日本の生活時間の特徴を明らかにしたい。

第二は、教員個人レベルの相違に焦点をあてることとする。具体的には生活時間比率を用いて、大学教員間の分業の実態について検討する。大学教員は、理念的には教育と研究の統合が期待される。しかし今日の大学の機能は

表9−1　生活時間に関する質問項目の概要

あなたは、平均的な1週間を考えてみるとどのくらいの時間を以下の各活動に費やされていますか。
各項目について、学期中と休暇中に分けて、それぞれ適当な時間数をご記入ください。

カテゴリー	内　容
教育	授業の準備、授業、学生指導、採点、評価など
研究	文献購読、執筆、実験、フィールドワークなど
社会サービス	依頼人・患者へのサービス、コンサルタント、講演、学外審議会、その他の社会サービスなど
管理運営	学内委員会、教員会議、事務など
その他の学術活動	学会出席など、上記項目以外の専門的活動
生活時間合計	教育、研究、社会サービス、管理運営、その他の学術活動の合計時間

多様化、複雑化し、すべての大学教員が同じように仕事に取り組むわけにはいかない。否応なく大学教員間の分業が要請されていると解釈できるかもしれない。では実際にはどのような状況になっているのか。

具体的には次の点について分析を行う。まず教員のライフステージ別の相違を検討することである。大学教員に寄せられる学内外の期待は年齢に応じて異なってくる。例えば年長者は教育や研究、管理運営などにおいてリーダーシップを発揮し全体を統括することが期待される一方、若手教員は次世代の大学を担う人材として教育や研究能力の向上を行いつつ、日々の業務に努めることが期待されよう。実態として各活動にどの程度の時間を割いているかどうかを年齢別でみていきたい。ここでは日本とアメリカ、ドイツ、イギリスを対象に分析を実施する。

ライフステージ別の相違を踏まえつつ、生活時間の中でも特に教育と研究時間を取り上げ、各教員に課せられる仕事が生活時間比率にどのような影響を及ぼしているかどうかを明らかにしていきたい。専門職としてのアカデミック・プロフェッションは、理念的には仕事の自律性を有し他者の干渉を受けず仕事を遂行することができるとされている。しかし現実の大学教員は、他者の干渉を受けない真空空間で仕事を遂行することができない。大学内の組織人として組織からの要求に応える必要があるし、また大学外からの要請にも応じた仕事を遂行する必要があるからだ。このように課せられる仕事が、大学教員の教育研究活動にどのような影響を及ぼし、大学教員間の分業を引き起こしているのかどうか検討する。ここではアメリカとの比較を通して日本の特徴を浮き彫りにしたい。

1　本章で用いる分析データ

本章では二〇〇七年（国によっては二〇〇八年）に実施した「大学教授職の変容に関する国際調査」（以下、CAP調査）のデータのうち、生活時間に関わる項目を用いて分析を行う。調査票では生活時間を教育、研究、社会サービス、管理運営、その他という五つの生活領域に分類し、各領域の一週間あたりの時間を回答者が記入する形式となっている。**表9-1**に示しているように各カテゴリーの具体的な内容を説明したうえで回答を求めている。生活時間合計はこれら五領域の合計値とした。

生活時間の分析結果を検討するうえで、留意すべき点がある。このことはすでに長谷川（二〇〇八年）[3]において指摘しているが、それは本調査において算出される大学教員の生活時間は、回答者の自己申告に基づいたものであるという点である。そのため各領域についての時間数は、回答者自身の主観的判断によって算出されたものなのである。例えば回答者が自身の専門に関わる読書の時間があったとした場合、それを教育に関する時間とするか研究に関する時間とするかは、回答者の主観的判断に委ねられる。つまり今回の調査における生活時間という変数は厳密に主観を排した客観的な変数とはいえない。それゆえ分析結果を解釈するときは、安易に客観的な実態と位置づけることは避けなければならない。しかしながら今回のCAP調査の中で、生活時間については比較的、各回答者の生活実態の近い状況を記述することが可能な変数である。主観的判断が加わっている可能性を踏まえつつ、本章では大学教員の生活実態の近似値を得ることができる変数として生活時間を捉え、分析結果を解釈したい。

以下、調査対象者のうち、常勤の大学教員のみを取り上げ分析を行う。

2　生活時間の比較——一八カ国比較

生活時間の全体的傾向

各国の生活時間の全体的傾向を確認しておこう。表9-2は一八カ国の生活時間の平均値を示したものである。はじめに仕事に費やす合計時間についてみていきたい。一八カ国全体の平均値をみてみると、学期中の合計は四五・六時間となっていた。その結果を踏まえて各国の合計時間をみてみると、学期中については韓国がトップで五二・四時間、日本はそれに次いで多く五〇・八時間であった。それに対しノルウェーやマレーシアは四〇時間に満たず、いずれも三七・五時間であったことがわかる。それに対して休暇中の合計時間は、全体の平均が三八・七時間となっており、学期中に比べて少なくなっていた。各国の結果をみてみると、トップは香港で四九・九時間、次いで韓国で四九・五時間となっていた。日本は学期中では上位にあったが、休暇中になると全体平均との差は縮まり、四二・四時間となっていた。休暇中の仕事時間それ自体は決して少なくはないものだが、国際的にみて日本は休暇中になるとやや仕事に費やす時間が減じている結果が確認された。

このように仕事全体に費やす時間は各国によって異なっているわけだが、その違いは何によって生み出されているのか。この問いの答えを導き出すことは容易でない。確かに大学内の要因によってある程度は説明されるだろうが、大学外の要因つまり各国の社会的な状況に左右されることも考慮しないといけない。例えば連合総研（連合総合生活開発研究所）が二〇〇七年に実施した生活時間の国際比較に関する調査(4)をみてみると、日本の就労者はアメリカやフランスと比べて仕事に関連する時間が長く、韓国と比べて一時間程度少なかった。先ほどの表9-2を改めてみると、少なくとも日本やアメリカ、韓国の大学教員は一般の就労者の仕事時間と類似した傾向にあることが確認される。このことから推察すると、大学教員の仕事のあり方は大学外の社会的要因の影響を受けており、たとえ大学教員であっても公私含めた生活全体において仕事に占めるシェアはその他の就労者と大きく異なっている

表9－2　18カ国の生活時間の平均値

	学期中						休暇中					
	教育	研究	社会サービス	管理運営	その他	合計	教育	研究	社会サービス	管理運営	その他	合計
韓国	20.9	17.8	4.6	5.8	3.3	52.4	7.9	27.2	5.7	4.9	3.8	49.5
日本	20.2	16.7	3.9	7.3	2.8	50.8	7.7	23.4	3.4	4.7	3.4	42.4
香港	20.2	15.5	3.6	8.1	3.3	50.8	7.5	26.3	4.0	8.5	3.7	49.9
カナダ	20.0	16.0	3.7	8.1	2.9	50.7	5.7	28.0	3.8	7.2	3.0	47.6
アメリカ	19.8	14.0	4.8	7.8	2.9	49.3	5.9	22.9	5.2	6.3	3.0	43.3
ドイツ	15.1	17.3	7.6	5.4	3.4	48.7	6.3	23.1	7.2	3.9	3.6	44.0
オーストラリア	17.1	16.2	2.9	9.1	2.9	48.1	5.6	26.0	3.1	8.9	3.7	47.3
メキシコ	20.1	12.2	1.8	8.5	4.5	47.0						
イギリス	18.5	13.2	1.6	10.3	3.5	47.0	8.0	23.5	1.6	9.1	4.1	46.2
イタリア	18.8	17.5	2.6	4.3	2.3	45.5	7.6	27.8	2.7	4.5	2.5	45.0
フィンランド	16.3	18.4	2.1	4.9	2.5	44.2	6.1	26.3	2.2	4.5	2.6	41.7
アルゼンチン	14.5	19.4	2.8	5.1	2.2	43.9	6.0	21.8	2.8	5.1	2.2	38.0
南アフリカ	21.3	8.5	2.8	7.4	2.8	42.9	11.2	15.1	3.3	7.1	3.0	39.7
ポルトガル	20.0	13.7	1.3	4.9	1.9	41.7	8.5	23.6	1.7	5.0	2.4	41.2
中国	19.2	14.2	1.7	4.8	1.6	41.6	4.9	15.7	2.8	5.7	1.5	30.6
ブラジル	18.4	12.4	1.9	5.7	2.7	41.1	6.1	11.2	1.5	3.0	1.7	23.5
マレーシア	17.8	7.7	2.6	6.9	2.6	37.5	8.3	12.8	3.4	8.8	3.0	36.4
ノルウェー	13.6	14.7	1.5	5.3	2.4	37.5	4.0	18.9	1.2	4.5	2.5	31.1
全　体	18.4	14.7	3.0	6.7	2.8	45.6	6.5	20.8	3.1	5.6	2.8	38.7

注1）単位は時間、数値は平均値。各国の有効回答数の相違を考慮して、全体の平均値は各国の平均値の総和を18で除して算出した。
2）学期中合計時間の平均値が大きい国の順番に並べている。
3）メキシコの休暇中はデータが存在しなかった。

わけではない可能性が示唆される。大学教員と一般の就労者の相違は重要なテーマであり、大学教員の大衆化の問題を考えるうえで重要な視点を提供しうる。しかし今回のCAP調査は大学教員のみを対象としており、他の社会集団との差異は今後の分析課題としておきたい。

ここでみたいのは、仕事の中で教育、研究、社会サービス、管理運営にどの程度時間を費やしているのか、時間配分の状況である。そのため仕事全体に費やす時間が異なることは分析上注意を払わないといけない。例えば**表9－2**の学期中の教育時間をみてみたとき、香港は二〇・二時間、ポルトガル二〇・〇時間とほぼ同じである。しかし合計時間は両国で一〇時間違い、仕事全体における教育時間の占める割合は異なってくる。そこで全体に占める各活動の比率を求め、各活動の比率の

表9－3　18カ国の生活時間比率の平均値と研究志向の割合

	時間比率（%）										志向性
	学期中					休暇中					研究志向の割合（%）
	教育	研究	社会サービス	管理運営	その他	教育	研究	社会サービス	管理運営	その他	
ノルウェー	35.9	37.9	3.9	13.8	6.3	12.8	61.3	3.6	14.2	8.1	83.0
イタリア	41.3	37.7	5.3	9.5	4.8	17.9	60.7	5.8	10.2	5.5	76.9
フィンランド	35.4	38.7	4.7	10.8	5.8	15.6	62.3	4.9	10.7	6.5	76.5
オーストラリア	35.4	31.4	5.8	18.2	5.6	12.8	54.2	6.4	18.2	8.4	74.8
ドイツ	30.7	35.3	14.5	10.7	6.8	15.4	53.0	14.9	8.6	8.0	72.7
日本	40.3	31.8	7.4	14.4	5.6	19.5	54.2	8.1	10.4	8.0	71.8
イギリス	39.2	27.1	3.2	21.6	7.3	18.2	50.1	3.3	19.8	8.7	70.7
韓国	40.2	33.2	8.7	11.1	6.2	16.2	54.6	11.5	10.0	7.7	68.0
アルゼンチン	33.4	44.1	6.0	11.3	4.8	15.3	53.1	8.8	15.8	7.0	68.0
カナダ	39.6	31.3	7.0	15.7	5.6	13.2	58.5	7.6	14.6	6.1	67.9
香港	39.7	28.7	6.6	15.1	6.2	16.3	51.7	7.9	16.9	7.2	65.9
ブラジル	43.5	28.8	4.2	13.5	6.2	31.4	45.5	5.3	11.6	6.3	59.5
ポルトガル	47.9	31.3	3.1	11.4	4.5	23.1	54.9	4.0	12.0	6.0	59.5
アメリカ	40.4	27.6	9.7	15.7	5.9	15.0	51.9	12.0	14.0	7.1	52.8
メキシコ	42.9	25.6	3.6	17.6	9.6						50.5
中国	43.3	30.6	3.7	10.3	3.4	20.8	48.5	8.2	17.8	4.7	49.8
マレーシア	47.0	19.1	6.3	17.0	6.0	25.0	34.3	9.1	23.5	8.2	46.2
南アフリカ	48.1	18.8	6.4	16.1	6.3	29.1	37.0	7.8	18.2	8.0	45.8
全　体	40.2	31.0	6.1	14.1	5.9	18.7	52.1	7.6	14.5	7.1	64.5

注1）時間比率の数値は平均値。各国の有効回答数の相違を考慮して、全体の平均値は各国の平均値の総和を18で除して算出した。
2）研究志向の割合が高い順に並べている。
3）メキシコの休暇中はデータが存在しなかった。

平均値を算出した（表9－3）。これをみてみると日本は、ほとんどの領域において全体平均の比率と同じくらいだったのである。例えば学期中の教育時間比率について、日本は四〇・三％であるのに対し全体は四〇・二％とほぼ同じ結果となっていた。国際的に日本の大学教員は各活動に費やす時間は平均的な姿であり、特定の活動に極端に多くの時間を費やしているということはない[5]。

教育と研究の関係

アカデミック・ワークの中心は教育と研究である。教育と研究の関連は本書の主要テーマの一つであり、アカデミック・プロフェッションを捉えるうえで重要な研究関心とされてきた。そこで本章では国家単位の教育時間比率と研究時間比率の関連についてみてみたい。ここでは藤

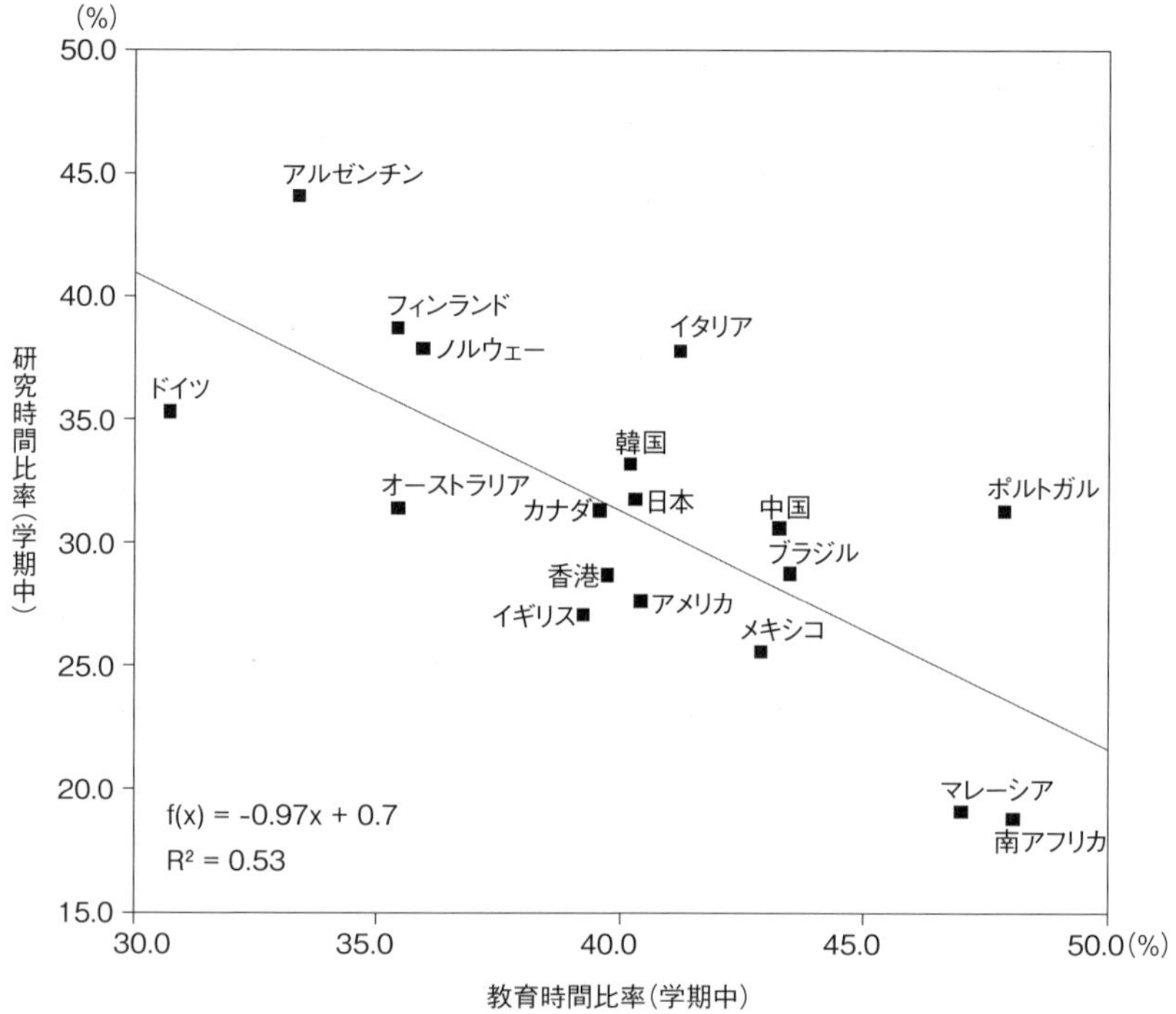

図9−1　学期中の教育と研究の国別時間比率分布

村（一九九六年）[6]に倣い、学期中について研究時間比率と教育時間比率それぞれの国別平均値をプロットさせた散布図を作成した（図9−1）。図中の斜線は従属変数を研究時間比率、独立変数を教育時間比率とした回帰分析によって求められた回帰直線である。回帰直線は右肩下がりである。教育時間が増加すれば、研究時間は減少する。ここでも教育と研究のトレードオフが確認される。

回帰直線より上にプロットされている場合、研究時間比率が教育時間比率から期待される数値より大きいことを意味する。一九九二年のカーネギー調査では日本は回帰直線より上に位置付き、一九九二年の日本の研究時間比率は教育時間比率から期待される数値より大きかったと解釈できた。それに対し図9−1に示された今回のＣＡＰ調査の結果をみてみると、日本は回帰直線より上に位置付いていたものの、回帰直線との距離は小さく、日本の研究時間比率は教育時間比率から期待される数値よりかろうじて大きい程度であった。

教育と研究の意識をみる変数としてよく用いられる関心の所在の結果（表9-3）では、研究志向の割合が高い国はノルウェー（八三・〇％）、イタリア（七六・九％）、フィンランド（七六・五％）などで日本も全体平均からみると研究志向の割合が高いグループに入る。図9-1を再び確認するとノルウェー、イタリア、フィンランドは研究時間比率そのものも高く、さらに回帰直線より上に位置付いていた。しかしオーストラリア、ドイツ、イギリスなど研究志向が高い国でも、回帰直線より上に位置付く国も存在する。こうした国は意識面において教育より研究に関心が向いているにもかかわらず、実態として教育時間の比率の割にはあまり研究時間に多くの時間を費やすことができていない、すなわち意識と実態の解離が進行していることが予測される。このことは日本も同様で、特に日本の場合、意識の変化がそれほど大きなものではなかったにもかかわらず研究時間が一五年間で減少した結果を鑑みると、他国以上に意識と実態の解離が進み、それに伴う心的葛藤が生じているのかもしれない。

3　ライフステージによる生活時間の相違——日米英独比較

ここまで一八カ国の比較を通して、日本の大学教員の生活時間についてその特徴を明らかにしてきた。国際的にみて日本の特徴は、平均的と称するのが適切であろう。教育、研究、サービス、管理運営すべての面において国際比較上、平均的な大学教員像が描きだされた。

続いて教員個人レベルの相違について検討したい。先ほども述べたように、ここでの関心は大学教員間の分業の実態を明らかにすることである。以下、一八カ国のうち、日本、アメリカ、イギリス、ドイツを取り上げ比較検討したい。生活時間については実数ではなく比率を用いて、活動領域は「その他」を除いて分析を行う。

年齢別——年齢による分業の実態

はじめに大学教員の年齢によって、アカデミック・ワークに費やす時間が変化しているのか、すなわち生活時間比率が異なるかどうかみていこう。ここで検討したい点は、年齢による仕事の分業が生じているのかどうかということである。

そこで年齢別に時間比率の平均値を算出した表9－4をみてみよう。アメリカやドイツ、イギリスは概ね若手教員は研究に多くの時間を費やす一方、年長教員は管理運営に多くの時間を費やしていた。しかし日本は異なっていた。日本は学期中の教育と社会サービス以外の活動について年齢別に統計的な有意差が確認されなかったのである。すなわち日本では若手であろうが、中堅、年長教員であろうが、研究、管理運営時間に費やす時間に違いがないのである。

この結果は大学教員の力量形成という点からみて、大きな問題を引き起こしている可能性が示唆される。アカデミック・ワークの中心である教育や研究の力量は、大学教員になる前にすべてが形成されるわけではない。例えば比治山大学高等教育研究所が二〇〇七年に実施した「FD活動に関する教員調査」(7)において、教員自身が考える教育能力を獲得した年代として三〇歳代と回答した者の割合が四六・二%、四〇歳代は三〇・九%、研究能力を獲得した年代として三〇歳代と回答した者が五一・二%、四〇歳代は二〇・五%となっていた(8)。このことから大学に奉職した後の若手教員の時代が力量形成上で重要な時期であることが推察される。ゆえに今後の教育研究の水準向上のためには、若手教員が十分に研究に時間を割くことができるための何かしらの施策を打ち出すことが求められるだろう。今回の調査結果からはアメリカやドイツ、イギリスは若手の研究時間確保のために施策をとっている、もしくはそのような文化や伝統が大学に存在している可能性が示唆されるが、少なくとも日本の大学は若手教員の能力形成の支援を十分にとっていないのではないだろうか。

また管理運営時間についても日本は年齢に応じて時間比率が変化していなかった。若手であっても管理運営にかり出されているのである。しかし、日本では若手が大学の管理運営上、重要な役割を担っている訳ではない。その証左に各教員の有する管理運営に対する影響力は、年齢が上がるにつれ明確に強まることが確認される(9)。すなわち日本の若手教員は管理運営上の影響力が強くないにもかかわらず、中堅や年長教員と同じぐらい管理運営に時間を

表9-4　年齢別にみた生活時間比率の平均値　（%）

		学期中				休暇中			
		教育	研究	社会サービス	管理運営	教育	研究	社会サービス	管理運営
日本	～35歳	41.9 *	33.1	3.3 ***	14.6	17.3	60.1	4.3 ***	10.1
	36～40歳	43.5	31.8	5.4	14.4	19.2	57.8	5.8	10.1
	41～45歳	39.5	32.1	8.3	14.5	22.1	51.5	7.9	11.3
	46～50歳	38.0	29.7	11.4	13.2	17.5	52.3	11.5	8.9
	51～55歳	36.8	33.2	8.8	14.8	17.1	54.5	9.7	10.2
	56～60歳	40.7	32.0	6.6	15.1	19.1	52.1	9.0	11.8
	61～65歳	42.1	31.8	5.5	14.3	21.9	54.8	6.6	10.2
	66歳～	44.0	31.5	4.5	14.1	21.0	58.0	4.1	9.7
アメリカ	～35歳	43.6 *	34.7 ***	8.7	8.3 ***	12.0 *	68.7 ***	8.1 **	5.6 ***
	36～40歳	37.9	36.5	8.4	11.5	10.9	65.8	8.4	9.4
	41～45歳	45.8	26.0	8.4	14.5	17.6	53.7	10.6	12.2
	46～50歳	39.1	27.1	9.6	17.8	14.6	49.3	11.7	17.0
	51～55歳	36.7	26.6	12.1	16.8	14.9	47.2	14.5	15.5
	56～60歳	41.3	22.6	10.6	18.1	16.9	43.3	14.1	17.4
	61～65歳	39.0	27.1	9.6	17.5	14.4	48.9	13.9	15.8
	66歳～	43.3	28.8	7.7	13.8	18.0	54.0	9.2	11.2
ドイツ	～35歳	23.3 ***	45.9 ***	12.4 **	7.8 ***	10.6 ***	63.0 ***	12.5 *	6.4 ***
	36～40歳	27.6	36.9	23.4	6.7	12.1	53.3	23.1	6.4
	41～45歳	29.0	34.3	17.0	10.6	13.3	52.0	17.7	8.8
	46～50歳	36.9	28.4	11.7	14.4	18.9	48.1	13.4	12.3
	51～55歳	31.3	29.5	14.2	14.6	15.5	49.8	13.6	11.2
	56～60歳	37.8	31.7	9.6	11.6	23.2	46.8	11.6	8.5
	61～65歳	37.3	31.2	11.7	11.6	21.6	49.0	13.4	7.7
	66歳～	28.0	38.3	11.2	16.9	13.3	51.6	12.7	13.6
イギリス	～35歳	40.6	31.4 *	2.9 **	14.8 **	16.7	60.1 ***	2.7 *	13.6 **
	36～40歳	37.1	31.9	2.6	21.2	16.2	58.5	2.5	17.3
	41～45歳	39.9	28.7	1.0	21.8	18.5	51.5	1.7	19.7
	46～50歳	40.6	22.2	3.0	23.8	19.6	44.5	3.7	23.3
	51～55歳	39.5	24.9	4.1	22.9	19.4	41.3	4.3	23.8
	56～60歳	35.4	25.6	5.1	24.7	19.3	42.9	5.4	21.7
	61～65歳	38.8	25.8	4.9	22.3	17.1	51.1	3.8	19.3
	66歳～	57.2	11.2	5.4	24.2	8.8	47.8	3.8	18.0

注1）数値は平均値
　2）***$p < 0.001$、**$p < 0.01$、*$p < 0.05$。以下同様。

割いているのである。ここから推察するに、若手教員は年長中堅教員の管理運営業務のサポートをする、さらには大学の管理運営に直接影響力を及ばさない雑務をこなしているのかもしれない。

職階別——教授とその他

年齢別の生活時間の相違をみてきたが、相違を生み出していたとしてもそれは職階の違いが現れたのかもしれない。また年齢別で違いが無くても、職階が異なれば生活時間に違いが生じることがあるかもしれない。ここでは年齢ごとに職階の相違が生活時間比率の相違を生み出しているかどうか検討したい。職階制度について日本の場合、二〇〇九年現在、教授、准教授、講師、助教、助手の五つに分類されている。ここでは国際比較を通して日本の特徴を明らかにしたいのだが、他の国が必ずしも日本と同じような職階制度を取っていない場合が多いことに留意する必要がある。そこで今回はアメリカを事例に、日本との比較を行うこととする。比較事例としてアメリカを取り上げる理由は、現在の大学教員の職階を制度化する際、参考にされたからである(10)。ただし潮木(二〇〇九年)(11)によればアメリカの職階は、教授(professor)、副教授(associate professor)、助教授(assistant professor)、指導教員(instructor)、講師(lecturer)などに分類され、必ずしも日本がアメリカの職階制度と同じではないことにも留意しなければならない。そこで今回は教授とその他の職階との比較分析を行ってみたい。すなわち教授とその他の職階の教員では生活時間比率に違いが生じるのかどうかを検討する。職階は年齢に連動して上昇する傾向があり、年齢の影響を統制することが求められる。また教授は概ね四〇歳代後半ぐらいからその数が多くなる。そこで四六歳から六〇歳までの教員を取り上げ、五歳区切りで教授とその他の教員の比較を行った(表9−5)。

アメリカについては職階による特に教育と研究の時間のかけ方に違いが生じていた。教授以外の教員は年齢が上がるにつれて教育にシフトし、教授は研究にシフトしていた。アメリカの場合、職階に応じて期待される役割が異なってくることが推察される。対して日本は、社会サービスや管理運営時間において特に四〇歳代後半で違いが生じていたが、五〇歳代になると職階による相違はあまりみられなくなる。特にアメリカにおいてみられる教育と研

表9-5　職階別にみた生活時間比率の平均値　（%）

		学期中							
		教育		研究		社会サービス		管理運営	
		教授	その他	教授	その他	教授	その他	教授	その他
日本	46～50歳	41.1	36.3	28.9	30.2	3.8	15.7 ***	17.5	10.9 ***
	51～55歳	38.0	32.7	31.8	38.1	7.9	11.6	16.2	10.1 **
	56～60歳	40.1	44.5	32.2	30.8	6.2	9.1	15.7	11.0
アメリカ	46～50歳	30.8	43.0 ***	29.7	25.8	9.5	9.6	22.0	15.8 *
	51～55歳	29.7	42.1 ***	32.2	22.4 **	13.4	11.2	18.6	15.5
	56～60歳	35.8	47.7 **	28.0	16.3 ***	11.6	9.5	17.9	18.3
		休暇中							
		教育		研究		社会サービス		管理運営	
		教授	その他	教授	その他	教授	その他	教授	その他
日本	46～50歳	18.0	17.2	56.9	49.8	4.0	15.7 ***	10.8	7.9
	51～55歳	17.9	14.4	53.6	57.4	9.0	12.1	11.0	7.6
	56～60歳	19.2	19.2	52.1	52.3	8.4	12.3	12.3	8.8
アメリカ	46～50歳	8.3	17.9 ***	52.3	47.7	10.7	12.2	21.8	14.6 *
	51～55歳	11.1	17.6 ***	51.4	44.3	13.9	15.0	16.5	14.8
	56～60歳	12.3	22.5 ***	49.1	36.2 **	15.1	12.9	16.6	18.3

究の相違が確認されなかった。

ここでは教授のみを取り上げて分析しており、また日本と比較する国がアメリカに限定されている。今後の分析の余地は大きく、この段階で明確な結論を導き出せない。しかしこの点を考慮しても、今回の分析から少なくとも日本では教授であろうがなかろうが、その役割に明確な相違がみられないことが示唆される。職階制度は何のためにあるのか、今後さらに議論すべきだろう。

4　教員の教育研究時間比率の規定要因

分析方法

ここまで年齢別、職階別（具体的には教授とそれ以外）で時間比率がどのように異なるのかみてきた。年齢別については、アメリカ、ドイツ、イギリスは年齢によって各活動時間比率が異なっているにもかかわらず、日本は若手であろうが中堅年長者であろうが、一部を除き時間比率に大きな違いがみられなかった。職階についても、アメリカは教授になると教育時間比率が低下するなど変化が確認された一方、日本の場合、教授になったからといって大きく生活時間比率が変化するわけではなかった。

表9-6　重回帰分析に用いる変数の概要

従属変数		
教育時間比率 研究時間比率		生活時間全体に占める教育（もしくは研究）の比率 （最大値＝1、最小値＝0） （学期中のみ）
独立変数		
属性	男性ダミー	男性＝1、女性＝0のダミー変数
	年齢	2007年現在の年齢（実数）
	博士号取得ダミー	博士号取得者＝1、非取得者＝0のダミー変数
	医学系ダミー	専門分野（最高学位取得）が医学系＝1 医学系以外＝0のダミー変数
	教授ダミー	教授＝1、それ以外＝0のダミー変数（41歳以上の分析の時、使用）
仕事	学士課程授業比率	授業負担全体に占める学士課程に関する授業の比率 （最大値＝1、最小値＝0）
	管理運営に関する影響力	「管理運営上の影響力」主成分得点
	研究費に占める外部資金比率	研究費全体に占める所属機関以外からの研究費比率 （最大値＝1、最小値＝0）
意識	研究志向ダミー	関心の所在が主に研究、どちらかといえば研究＝1 主に教育、どちらといえば教育＝0

上記の点を踏まえつつ、最後に教育と研究それぞれの時間比率を分化させる要因は何なのか検討したい。具体的には、教育と研究それぞれの時間比率を従属変数とした重回帰分析を行う。用いる変数の概要は表9-6のとおりである。

特に着目したいのは、各教員に課せられる仕事が教育研究活動に対する教員間分化をもたらしているかどうかという点である。大学教員は専門職であり、理念的には自律した存在である。自身の意識によって仕事のやり方が大きく規定されることが期待される。今回の分析においても自身が有している意識、志向性の影響力を独立変数の一つとしておくことが必要だろう。なお今回扱う意識の変数は関心の所在で、教育か研究かいずれかのうちどちらに関心があるのかという意識によって時間比率に何かしらの影響がみられるか確認しておく。

今回は教員個人の意識を統制してもなお、課せられる仕事によって教育研究活動が分化されるかどうかに関心を向けている。大学教員も他の職種と同じように組織人としての特性を持ち合わせており、自身が生活していくためにも雇用された組織の意向は無視できない。また研究等の資金を提供してくれた組織から課せられる仕事を断ることは難しい。それらは当然、自身の仕事時間配分のあり方に影響を及ぼすことが予想される。そこで次の三つの変数を、仕事負担に関する変数として分析する。

第一に、授業負担に関する変数である。義務として授業があり、授業は教育時間に影響を及ぼすであろうし、また授業があることによって他の仕事のあり方に何かしらの影響を及ぼすのではないか。時間配分の問題を扱ううえで授業負担は不可欠な変数であるが、今回のCAP調査では直接、授業コマ数がわかる項目が存在しない。そこで代わりの変数として、授業負担全体に占める学士課程に関する授業の比率を用いる。CAP調査には今年度担当している授業の割合を回答してもらう設問があり、この設問から各回答者の学士課程の授業が全体の授業の中で何パーセントを占めるかがわかる。学士課程教育は大学院教育と比べて相対的に扱う内容の専門性は低く、自身が取り組んでいる研究内容と直結しないことも多い。そのため学士課程の授業負担の比率が高まれば、授業準備等に要する時間が増加して教育時間比率が高まると予想される。

第二に、管理運営に関する業務の負担である。管理運営に関する会議や書類作成は、教育や研究時間比率と何かしら影響を及ぼすだろう。ただしこれについても今回のCAP調査では直接指し示す項目が存在しない。そこで先ほど用いた管理運営上の影響力の変数を代わりに用いたい。大学等の管理運営に及ぼす影響力が高まれば、それに連動して管理運営時間が増大し、その結果、教育や研究時間比率が低下すると予想される。

第三に、研究に関する負担である。原則、研究は各教員の自由意志で実施することになっている。ただ実際は研究費がないと研究を遂行することが困難となる。少なくとも日本の場合、所属大学からの研究費はそれほど多くなく、研究を遂行するためには外部資金を獲得することが必要となるのだが、外部資金を獲得すれば研究を実施した報告の義務が課せられる。直接的には報告書等における研究報告である。それ以外にも例えば獲得すれば資金を使い切らないといけなくなり、それが目的化して研究に駆り立てられることがある。いずれにせよ外部資金を獲得すればするほど、研究に駆り立てられる状況が生み出され、研究時間比率が増大することが予測される。

そのほか、独立変数については属性に関する変数、具体的には性別、年齢（二〇〇七年現在）、職階（教授／その他）、分野（医学系ダミー）、博士号取得の有無、を取り上げる。また今回は年齢別の分析を行いたい。大学教員としてのライフステージによって仕事上の課題は異なり、その結果、教育や研究への取り組み方を規定する要因も異なってくると予測されるからだ。対象とするのは、日本とアメリカとする。アメリカのみを扱うのは職階の影響力を検討したいからである。また学期中のみを扱うこととする。

分析結果

分析結果は表9-7である。教員の意識、具体的には研究志向が日米とも年齢に関係なく影響を及ぼしていた。**表9-7**をみてみると研究志向ダミーが教育時間比率においてマイナスの、研究時間比率においてはプラスの有意な影響を及ぼしていたことが確認される。すなわち教育志向の者は教育時間比率が増加する傾向にあり、研究志向であると回答した者は研究時間比率が増加する傾向にあった。意識と行動は年齢に関係なく連動しているといえよう。

研究時間比率の規定要因

学期中研究比率			
全体	40歳以下	41～50歳	51歳以上
0.096 **	0.211 *	0.065	0.081 *
0.140 **	0.054	0.039	0.035
0.029	−0.056	0.062	0.028
0.018	0.063	−0.078	0.060
−0.085 *		−0.114	−0.042
−0.085 **	0.029	−0.070	−0.107 *
−0.064	−0.035	−0.070	−0.065
0.092 **	0.183 *	0.131 *	0.043
0.274 ***	0.288 **	0.211 ***	0.296 ***
19.028 ***	4.067 ***	5.678 ***	10.564 ***
0.141	0.144	0.121	0.138
学期中研究比率			
全体	40歳以下	41～50歳	51歳以上
0.117 **	0.083	0.089	0.125 *
−0.119 **	−0.081	−0.039	0.013
0.057	0.091	0.086	0.027
−0.046	−0.083	−0.018	−0.042
0.083		0.036	0.120 *
−0.037	−0.061	0.016	−0.067
−0.106 **	−0.109	−0.060	−0.105 *
0.155 ***	0.266 **	0.202 **	0.117 *
0.358 ***	0.352 ***	0.349 ***	0.349 ***
23.354 ***	4.521 ***	5.841 ***	12.175 ***
0.244	0.201	0.198	0.233

大学教員にとって意識のあり方は時間配分の決定において重要な要因となっているわけだが、しかし実際はそれだけではなかった。課せられる仕事のあり方が時間配分を規定していた。まず学士課程の授業負担割合についてみてみよう。日本については学士課程の授業割合が増大すると、教育時間比率が増大していた。これは

表9-7　学期中の教育・

		学期中教育比率			
		全体	40歳以下	41～50歳	51歳以上
日本	男性ダミー	−0.112 ***	−0.286 ***	−0.149 **	−0.023
	年齢	−0.041	−0.020	−0.084	0.038
	博士号取得ダミー	−0.026	0.085	−0.105 *	−0.017
	医学系ダミー	−0.281 ***	−0.325 ***	−0.279 ***	−0.246 ***
	教授ダミー	0.027		0.071	0.013
	学士課程授業比率	0.171 ***	0.165 *	0.155 **	0.171 ***
	管理運営に関する影響力	−0.043	0.035	0.031	−0.123 **
	研究費に占める外部資金比率	−0.226 ***	−0.234 **	−0.241 ***	−0.195 ***
	研究志向ダミー	−0.198 ***	−0.222 **	−0.154 **	−0.224 ***
	F 値	51.246 ***	10.339 ***	19.044 ***	26.152 ***
	adj R^2	0.314	0.339	0.348	0.297
		学期中教育比率			
		全体	40歳以下	41～50歳	51歳以上
アメリカ	男性ダミー	−0.086	0.141	−0.163 *	−0.132 *
	年齢	0.078	0.026	0.030	0.094
	博士号取得ダミー	−0.002	−0.003	−0.102	0.034
	医学系ダミー	−0.112 **	−0.113	−0.178 **	−0.087
	教授ダミー	−0.096 *		−0.174 *	−0.039
	学士課程授業比率	0.150 ***	0.228 *	0.051	0.187 ***
	管理運営に関する影響力	−0.179 ***	−0.100	−0.181 **	−0.179 ***
	研究費に占める外部資金比率	−0.212 ***	−0.297 **	−0.247 ***	−0.182 ***
	研究志向ダミー	−0.235 ***	−0.265 **	−0.266 ***	−0.229 ***
	F 値	21.707 ***	4.228 ***	10.677 ***	10.525 ***
	adj R^2	0.233	0.187	0.334	0.208

注）独立変数の数値は標準偏回帰係数（β）

年齢に関係なく標準偏回帰係数（β）が正の値であることから確認される（各年齢いずれもp<0.001）。アメリカは概ね日本と同様の結果であったが、ただし四一～五〇歳の中堅教員においては有意な影響力は確認されなかった。一方、研究時間比率に対しても一部、授業負担の影響がみられた。それは日本の五一歳以上の年長教員であり、負の影響力、すなわち学士課程の授業比率が増大すると研究時間の比率が低下することが確認されたのである。

続いて各教員が有する管理運営に関する影響力についてみてみよう。日本の結果をみてみると、教育時間比率の年長者（五一歳以上）の場合のみ有意な影響があり、標準偏回帰係数の値がマイナスであったことから管理運営に関する影響力が増大すると教育時間の比率を低下させていたと解釈できる。それに対し研究時間比率にはいずれの年齢の場合も有意な影響を及ぼしていなかった。すなわち各教員が有する管理運営に対する影響力が増大しても、それは研究活動への阻害要因にはなっていなかったのである。それに対してアメリカは、年長者(五一歳以上)の場合、教育と研究の両方ともに管理運営上の影響力が時間比率に有意な影響を及ぼしており、管理運営上の影響力が増大すると教育も研究もそれぞれ時間比率が減少することがわかった。また中堅教員（四一歳～五〇歳）においては、教育時間比率のみに管理運営に関する影響力がマイナスの影響を及ぼしていた。

最後に研究費に占める外部資金比率をみてみると、日米ともに外部資金比率は研究時間比率に有意な影響を及ぼしていた。表9-7より外部資金比率が増加すると、研究時間比率が増加していたことが読み取れる。外部資金の獲得が研究時間比率を増大させることは、外部資金の機能を踏まえると期待された結果であるといえよう。しかし一方で、外部資金比率は教育時間比率に対して、負の影響力を及ぼしていた。すなわち外部資金比率の増大は教育時間比率減少という教育活動の劣化につながりかねない帰結も生み出していたのである。さらに日本の年長者（五一歳以上）は、外部資金比率が教育時間比率への負の影響力を及ぼしていただけではなく、研究時間比率に有意な影響を及ぼしていなかった。日本の年長者にとって外部資金比率の増大は教育活動時間の引き下げだけを生み出しているだけで、研究活動への時間を増大することにつながっていなかったのである。外部資金が有効に活用されるためには年長教員ではなく、若手に積極的に投入した方がよいのかもしれない。

おわりに

以上、生活時間という変数を用いてアカデミック・ワークの取り組み実態について、国際比較を通して日本の大学教員の特徴を明らかにするため、日本の生活時間が世界的にどのような特徴を有しているのかという点と、時間の配分状況の視点から大学教員間の分業の実態とそれを規定する要因について分析を行った。最後に分析結果を踏まえつつ、国際比較からみえてきた今後の日本のアカデミック・プロフェッションのあり方について考察を行いたい。

平均的な時間配分

一五年比較の研究知見では研究時間の劣化、管理運営時間の増大が指摘された。しかし今回、国際比較の視点から日本の特徴を明らかにしてみると、極端に研究時間が少ないわけでもなく、また管理運営時間が多いわけでもなかった。すくなくとも今回のCAP調査参加国の中では、平均的な時間配分を示していたのである。そうすると実は一九九〇年代は日本の大学教員、特に研究志向が高い教員にとっては研究に多くの時間を費やせた幸福な時代であったと解釈できるのではないだろうか。その後、国内外の大学を取り巻く環境変化の結果、研究遂行上、幸福な時代が終わりを迎え、日本の大学教員の時間配分は世界的に平均的な姿に変貌した。日本の研究環境、管理運営環境が他国と比べて劣悪とはいえない。日本も世界的な潮流に巻き込まれ、かつてのような恵まれた時代は終わりを迎えたと考える方がよいのかもしれない。

アカデミック・ワークの分業①――年齢規範の不在

世界的潮流に巻き込まれた日本の大学は、教育と研究の統合を模索したとしても、一方で現実への対応として分業のあり方に正面から向き合う時代に突入したのかもしれない。本章の分析から明らかになったことの一つは、少なくとも時間配分という点においてアメリカやドイツ、イギリスは年齢による分業が進んでいたことである。しかし日本の大学教員は年齢による分業がほとんどなされていなかった。日本の大学教員は年齢による規範、役割が不明瞭なのであろう。これは職階についてもあてはまる。

大学教員の力量や能力はライフステージに応じて異なってくる。若手教員が年長教員と同じ水準の能力や仕事が求められ消費され続けることは、次世代の大学教員の能力水準に暗い影を落とすことになる。初等中等教員の世界では年齢規範が存在し、例えば初任者研修や一〇年研修などが制度化され、また教員のライフコース、ライフヒストリー研究も蓄積されている。それに対し同じ教員でも大学教員を対象にしたアカデミック・プロフェッション研究では、年齢による相違を問題にした研究があまりなされておらず、ＦＤもほとんどが年齢や職階を無視した形で展開されている。若手、中堅、年長それぞれの教員の役割規範を今一度見直し、次世代の大学の水準向上のためにも、年齢や職階による分業のあり方の再考が求められる。

アカデミック・ワークの分業②――課せられる仕事による分化

本章では年齢とは別に、各教員に課せられる仕事によって、教員間の分化がすすむかどうか検討した。先ほどみてきたとおり、学士課程の授業比率、各教員が有する管理運営上の影響力、研究費に占める外部資金比率は、教育もしくは研究時間比率に何かしらの影響を及ぼしていた。専門職といえども大学内外から要請された仕事を避けて通ることはできない。課せられる仕事の相違が結果として教員の分業を推し進めることになる。特に今回、興味深い結果が確認されたのは研究費に占める外部資金比率の影響力である。重要な点はそれが諸刃の剣であったという事実である。外部資金比率が高まれば期待通り研究時間比率は高まる。しかしその反面、教育時間比率の低下という期待されない結果ももたらされてしまう。これは日本固有の現象ではなく、アメリカも同様であった。

教員がすべき仕事は、各組織と各大学教員の相互作用によって決定される。しかし実際は大学からのトップダウンで決定されることが多く、今後その傾向が強まることが予想される。それゆえ今後大学教員間の分化と分業のあり方を決めるうえで、大きなカギを握ってくるのは大学や関係団体、政府のあり方だろう。

教育と研究の統合を模索する一方、現場の大学教員は限られた時間資源のなか、何を優先すべきか常に悩まされる。今後、教育と研究の統合を理念的に追求するとしても、それと並行して高等教育の長期的ビジョンに基づき大学教員間の分業のあり方について現実的な対応を真剣に考える時代に突入したのかもしれない。

【注】

（1）藤村正司「大学教員の時間使用に関する国際比較研究――カーネギー国際調査から」『大学論集』第二五集、一九九六年、二五五―二七五頁。

（2）長谷川祐介「生活時間」有本章編著『変貌する日本の大学教授職』玉川大学出版部、二〇〇八年、一九八―二二一頁。

（3）長谷川祐介、二〇〇八年、前掲書。

（4）連合総研の生活時間調査は次の報告書を参照されたい。連合総合生活開発研究所編『生活時間の国際比較―日・米・仏・韓のカップル調査』二〇〇九年。

（5）ただし休暇中の管理運営については全体平均と異なっており、全体より少ない傾向にあった。

（6）藤村、前掲書、一九九六年。

（7）「FD活動に関する教員調査」は、比治山大学高等教育研究所が平成一九年度比治山大学共同研究助成「比治山大学のFDの制度化に関する実証的研究」（研究代表者・有本章）の一環として実施したものである。調査対象は全国の一一国公私立大学の教員で、調査は二〇〇七年一〇月から二〇〇八年三月にかけて行った。有効回答者数は五一八名であった（有効回答率：二五・七％）。ここで引用した結果の詳細は長谷川祐介「教育改善におけるFDの限界と可能性」比治山大学高等教育研究所編『比治山高等教育研究』第二号、二〇〇九年、三三頁を参照されたい。

（8）この結果はあくまで教員の自己評価であり、いつ教育能力や研究能力が形成されたのかを直接指し示す客観的な結果ではない。ここでは力量形成の客観的測定を追求したくなるところだが、それは容易ではない。また近年の質的分析から提示された研究手法に関する知見等を勘案すると、そのような分析課題を設定すること自体、非常に困難である。いずれにせよ主観的な結果だからといって安易に無視することは避けるべきであろう。

（9）CAP調査では、所属大学における教育研究の方針決定にどの程度影響力を有しているかどうかという項目が設けられており、全学、学部、学科それぞれ三項目に対する影響力を四件法で回答を求めている。ここではそれら三項目を用いて主成分分析を行った結果、一つの主成分が算出された。その主成分を本章では「管理運営上の影響力」と命名した。主成分分析の結果算出された主成分得点について、年齢別の平均値の差の検定を行った結果、日米英独すべてにおいて〇・一％水準で有意な差が確認され、年齢が上がるにつれ管理運営上の影響力が高まっていた。

(10) 職階制度については例えば次のような文献を参照されたい。馬越徹「新設された「助教」名称は適当か――日・韓・中の参加国の視点から」『名古屋高等教育研究』第七号、二〇〇七年、二三一―二四八頁。

(11) 潮木守一『職業としての大学教授』中公叢書、二〇〇九年、二八頁。

(12) 管理運営上の影響力に関する変数の詳細は注(9)を参照。

(長谷川　祐介)

10章 給 与

はじめに

研究と教育という大学教員の仕事は、給与の形でみた場合にどのようなバランスで報われているのだろうか。本章の主たる関心はここにある。加えて大学の管理運営や社会サービスも大学教員の仕事であり、こうした諸活動が給与上どのような重みを与えられているのかを、今回のアンケートの対象となった一八カ国について、大学教員の回答結果からみていく。もとより、機関によっても異なる複雑な給与の制度を、複数国を対象として、自己申告による給与額のみをもとに明らかにすることはできないが、仮説的な知見を探りたい。以下、第1節では人事の決定に際し研究と教育がそれぞれどの程度考慮されるのかを、第2節では給与は何によって規定されるのかを、第3節では所属機関以外からの収入についてみていき、最後にまとめとなる考察を行う。なお、同様の関心からアメリカの大学教員給与を検討した最近の先行研究として、フェアウェザー（二〇〇五年）やメルギゾとストロバー（二〇〇七年）があるほか、日本とアメリカの大学教員所得関数を推計した先行研究に藤村（二〇〇一年）がある。(1)

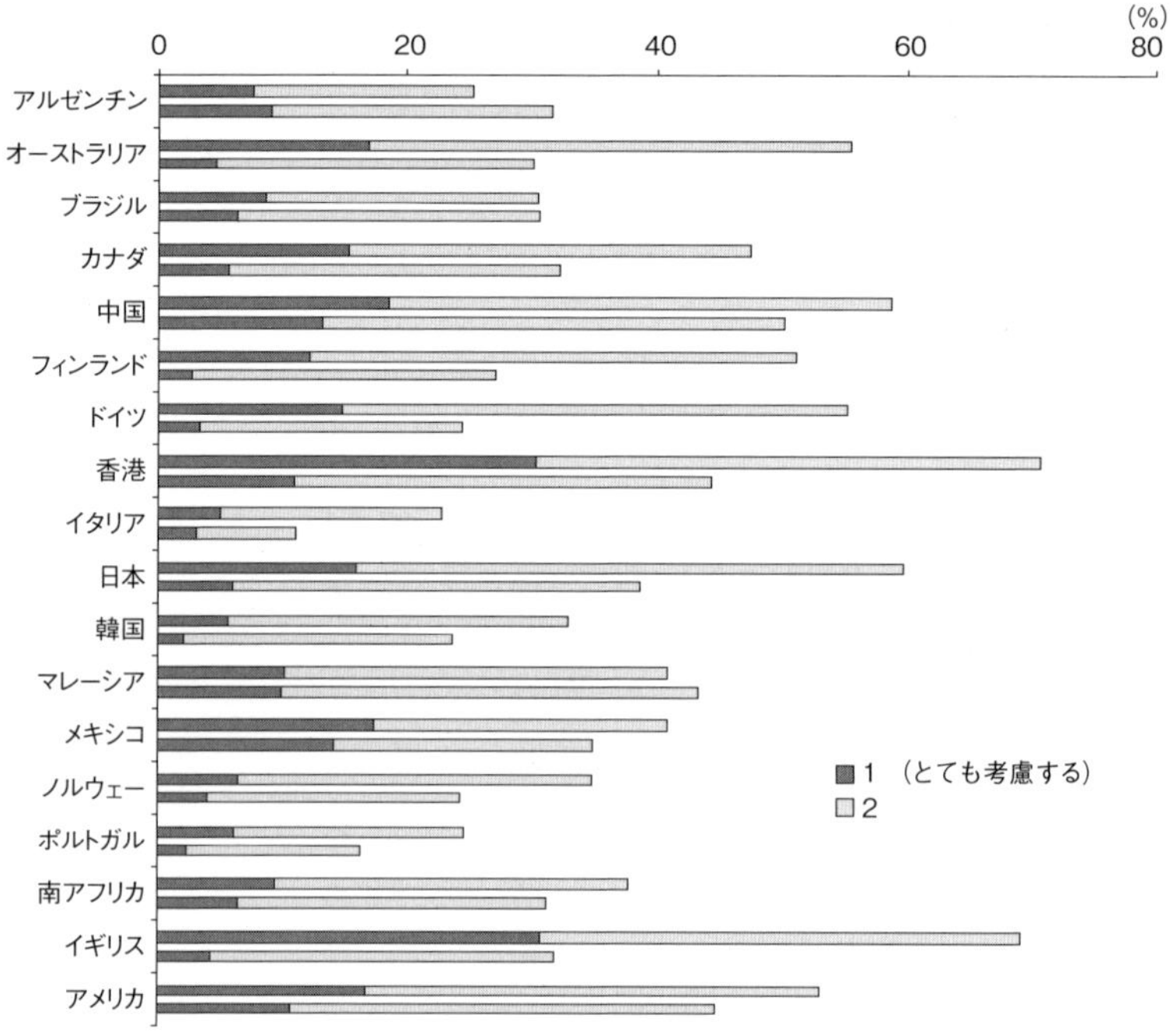

各国の上段は「研究の質」、下段は「教育の質」を示す。

図10-1　人事の決定においてどの程度考慮するか

1　人事の決定と研究・教育

次の節でも確認するように、給与の差は職階の差によって決まっている部分が大きい。それでは、昇進の決定に際して教育と研究の活動ぶりがそれぞれどの程度考慮されているのだろうか。調査票では昇進の条件そのものを尋ねる設問はないが、「人事の決定に際し研究の質をどの程度考慮するか」、同じく「教育の質をどの程度考慮するか」を尋ねている。回答は1（とても考慮する）から5（全く考慮しない）の五段階評価で求めており、図10-1には肯定的評価である1と2を回答した者の割合を国別に示した。「研究の質」よりも「教育の質」をやや重視する傾向がうかがえるのは、アルゼンチンとマレーシアで、同じ程度重視しているのがブラジルである。しかし、その他の一五カ国は「教育の質」よりも「研究の質」を重視している。なかでもイギリスとドイツは、1と2を回答した者の合計、すなわち肯定的評価の割合が、「教育の質」と「研究の質」の間で三〇ポイント以上ある。同じく二〇ポイント以上の差があるのが、オーストラリア、フィンランド、香港であった。人事決定において教育よりも研究を重視する国が多数派であることが確認できる。

2　給与の規定要因

ここではフルタイムで勤務する教員に対象を限定して、給与の規定要因を重回帰分析により国別に探る。ただし、その前に、全収入のうち所属する機関から得ている給与の割合を、表10-1の国別にみた平均値で確認しておきたい(2)。南北アメリカ大陸の四カ国は、所属する機関以外からの収入割合がやや高いが、それでも八割以上は所属機関からの給与である。なお、南アフリカ共和国は該当するデータの不備から、以後の分析では対象から除いている。

表10-1　所属する機関から得る収入割合

	平均値(%)	回答者数
アルゼンチン	89.9	409
オーストラリア	96.3	646
ブラジル	89.3	418
カナダ	96.1	1,045
中国	98.6	2,720
フィンランド	94.7	752
ドイツ	96.1	659
香港	98.7	677
イタリア	94.4	1,299
日本	94.3	1,320
韓国	93.0	848
マレーシア	99.3	852
メキシコ	86.6	499
ノルウェー	92.9	811
ポルトガル	98.1	632
イギリス	94.6	906
アメリカ	83.3	568

使用する変数

分析に用いる変数は次のとおりである。従属変数は現在所属している機関から得ている税込み年収（米国ドル）で、対数変換している(3)。独立変数は①職階に関わるもの、②年功に関わるもの、③業績に関わるもの、④専門分野、⑤性別、の大きく五種類に分けられる（図10-2参照）。

①職階に関わるものとしては、まず「教員職階1」と「教員職階2」がある。日本ではそれぞれ教授と准教授にあたる職階の上位二つのダミー変数で、それ以下の職階が基準カテゴリーである。ただし、国によっては研究員のカテゴリー

もあったため、これを上級のものと下級のものに区別して、「研究員1」と「研究員2」のダミー変数としている。(4)具体的には、フィンランドとイギリスでは senior researcher と researcher が、ノルウェーでは researcher と research fellow がそれぞれ該当する。

次に、雇用形態に着目して、定年まで保証のある、または期限の定めのない終身・継続雇用を基準カテゴリーとして、「任期付き（継続雇用の見込みあり）」と「任期付き（継続雇用の見込みなし）」のダミー変数を用いた。(5)

②年功に関わるものは、「高等教育機関や研究所に常勤職として勤務してきた年数」「現在の所属している機関に勤務してきた年数(6)」、そして「年齢」の三つの変数である。

③業績に関わるものは、まず、過去三年間の「学術書あるいは学術論文に発表した論文数」「執筆あるいは共著した著書数」、および「編集あるいは共編した編書数」である。次に教育業績に相当するものとして、「カリキュラムあるいはプログラム開発」に従事したかどうかをダミー変数として用いた。論文数等の研究業績に比べて教育業績は明示されにくいが、教室で授業を実施することとは異なる教育開発に携わったことは評価される余地があるのではないかと考えたためである。

さらに、学期中に費やした、一週間あたり「研究時間」「教育時間」「社会サービス時間」「管理運営時間」の四つの変数を用いた。成果を生み出すために職場で投入される労働のうち、どの仕事に関するものが報われるのか、という関心によるものである。ただし、このうち「教育時間」に関しては、研究活動と密接に関係する博士課程での授業と、研究活動そのものとは距離がある学士課程での授業では意味合いが異なる。そこで、担当する授業時間の割合について教育段階別に尋ねた設問に対する回答のうち、「学士課程の授業割合」と「博士課程の授業割合」の二

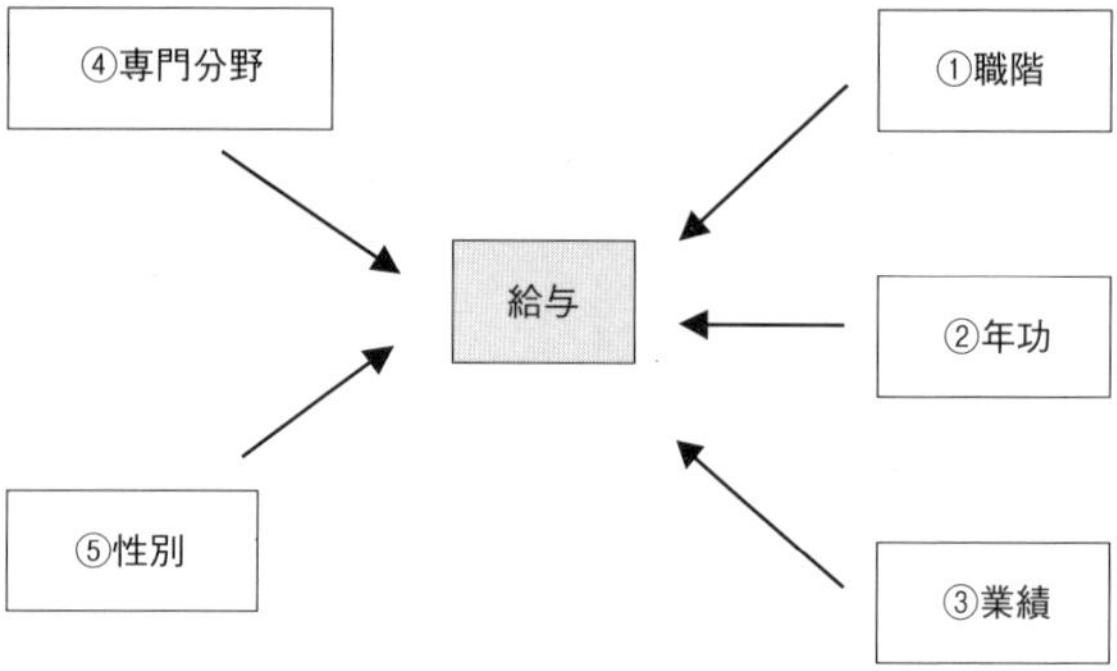

図 10−2　分析の視点

つを変数として別途用いた。(7)
④専門分野は、「教育学」「人文（社会・行動科学を含む）」「社会科学（経営学・行政学・経済学・法学）」「工・農学」「生命・理学」「医学・健康・福祉」の六つのダミー変数で、その他の分野を基準カテゴリーとした。
⑤性別は「女性」＝1、男性＝0である。

分析結果

分析結果（標準化係数）は表10‐2のとおりである。なお、ステップワイズ法により変数を選択しており、係数が空欄の変数は投入されていない。

第一に指摘できるのは、職階と年功が給与を規定する大きな要因だということである。教員職階については、マレーシア、ポルトガル、アメリカでは影響がみられず、またこれらの国ではモデルの適合度（調整済みR二乗）も低いが、その他の国では教員職階の高さが大きく給与を規定する。また、フィンランドとイギリスの「研究員2」、すなわちresearcherは他の職階に比べて給与が低い傾向にある。なお、「任期付き雇用」は複数の国で給与上不利な立場にあるが、カナダでは終身・継続雇用よりも給与の水準が高いことがうかがえる。年功については、アルゼンチンとノルウェーでは影響がみられず、また両国はモデルの適合度も低いが、その他の国では、「高等教育機関や研究所に常勤職として勤務してきた年数」「現在の所属している機関に勤務してきた年数」「年齢」のいずれか、もしくは二つ以上が給与を高めている。

第二に、職階や年功に比べて業績の影響は小さいことが指摘できる。その上で、まずは「論文数」がカナダ、中国、イタリア、日本、韓国、メキシコでポジティブな影響を与えていることが確認できる。研究能力の高さが給与に有利に働いているといえる。一方、教育業績として用いた「カリキュラムあるいはプログラム開発」への従事は、イタリア、そしてモデルの適合度が低いがアメリカでポジティブな影響を与えているが、その他の国では給与に影響を与えていなかった。

の規定要因

日本	韓国	メキシコ	イギリス	アルゼンチン	マレーシア	ノルウェー	ポルトガル	アメリカ
0.149 ***	0.181 **	0.197 **	0.589 ***	0.143 *		0.183 ***		
	0.137 **		0.280 ***					
			−0.100 **					
−0.068 *	−0.080	−0.115 *	−0.074 **					
	−0.184 ***			−0.129 *		−0.139 **		
			−0.058 *	−0.155 **		−0.130 **		−0.195 ***
			0.060 *					
			0.134 ***					
			−0.089 ***					
0.097 **	0.071 *	0.160 **						
0.073 **								
								0.151 **
	0.147 *	0.370 ***	0.142 **		0.267 ***		0.262 ***	0.117 **
0.347 ***	0.108							
−0.112 ***								−0.130 **
−0.066 **								
				−0.155 **			−0.123 *	
0.096 **	0.071 *							
0.080 **								
		−0.117 *			0.160 **		−0.133 *	
0.294	0.231	0.343	0.733	0.070	0.086	0.071	0.098	0.085
46.699 ***	27.647 ***	27.679 ***	107.810 ***	6.922 ***	16.870 ***	14.261 ***	12.434 ***	12.747 ***
989	710	256	508	314	340	518	315	504

表10-2　給

	オーストラリア	ブラジル	カナダ	中国	フィンランド	ドイツ	香港	イタリ
教員職階1（教授）	0.302 ***	0.138 *	0.447 ***	0.386 ***	0.488 ***	0.216 ***	0.347 ***	0.417
教員職階2（准教授）	0.264 ***		0.284 ***	0.208 ***	0.074 **		0.260 ***	0.204
研究員1（シニア）								
研究員2					−0.176 ***			
任期付き雇用（継続見込みあり）			0.112 **					
任期付き雇用（継続見込みなし）	−0.119 *				−0.062 *		−0.231 ***	
研究時間	0.243 ***							−0.034
教育時間		−0.169 **		−0.054 *				
社会サービス時間	0.139 **		−0.144 ***				0.118 ***	0.104
管理運営時間	0.140 **		0.064 *					
学士課程の授業割合				−0.193 ***				
博士課程の授業割合		0.190 **	0.098 **		0.099 ***			
論文数			0.086 **	0.059 *				0.040
著書数								
編書数								
カリキュラム・プログラム開発								0.036
高等教育・研究機関勤務歴			0.134 **			0.321 ***		0.283
現在の所属機関勤務歴	0.173 **				0.086 *		0.145 ***	0.069
年齢		0.281 ***	0.234 ***	0.155 ***	0.292 ***			0.206
女性		−0.175 **		−0.109 ***	−0.074 **			−0.047
教育学								
人文			−0.079 **					−0.059
社会科学			0.084 **	0.081 **				
工・農学					0.059 *			
生命・理学	0.111 *							
医学・健康・福祉						0.152 ***		0.042
調整済み R2 乗	0.376	0.196	0.461	0.390	0.802	0.209	0.631	0.743
F値	21.629 ***	15.131 ***	56.727 ***	74.190 ***	147.951 ***	40.300 ***	65.045 ***	277.380
N	275	291	718	915	328	448	451	1150

*** は $p<0.001$、** は $p<0.01$、* は $p<0.05$。

表10−3　機関類型間の比較

		機関類型	N	平均値	
給　与（US ドル）	中国	National	413	7,801.2	***
		Local	2,307	6,533.5	
	イギリス	pre-1992	722	70,521.8	*
		post-1992	184	67,282.3	
	オーストラリア	Go8	399	62,575.7	**
		Other	247	58,841.8	
教育時間	中国	National	375	15.8	***
		Local	2,070	19.9	
	イギリス	pre-1992	558	18.1	
		post-1992	159	19.9	
	オーストラリア	Go8	288	16.5	
		Other	192	18.0	
研究時間	中国	National	375	21.7	***
		Local	2,070	12.9	
	イギリス	pre-1992	558	14.2	***
		post-1992	159	9.5	
	オーストラリア	Go8	288	17.9	***
		Other	192	13.6	
年　齢	中国	National	413	40.0	**
		Local	2,321	38.5	
	イギリス	pre-1992	699	45.6	**
		post-1992	176	47.9	
	オーストラリア	Go8	367	45.2	*
		Other	226	47.3	

*** は p＜0.001、** は p＜0.01、* は p＜0.05。

次に労働時間をみると、まず「研究時間」については多くの国で給与との関係がみられないが、例外的にオーストラリアでは「研究時間」の多さがポジティブな影響となってあらわれている。また、イタリアでは逆に、ややネガティブな影響としてあらわれているが、「論文数」がポジティブな影響となっていることから、研究が軽視されているものではない。

「教育時間」については、ブラジル、中国、イギリス、そしてモデルの適合度は低いがアルゼンチン、ノルウェー、アメリカでネガティブな影響となってあらわれている。教育時間の多さがネガティブに給与に反映されるメカニズムは想定しにくく、給与の低い教員が副収入を求めて所属機関以外の有給の職に就き、そこで「教育時間」を追加していることが考えられる。そこで、他の研究・高等教育機関における勤務の有無によって「教育時間」に違いがみられるか確認したところ、ブラジルでは確かに他機関でも勤務する教員の方が「教育時間」が多かったが、イギリスとアルゼンチンでは有意な差がみられなかった（ノルウェーとアメリカの調査票は該当する設問がない）。あるいは、

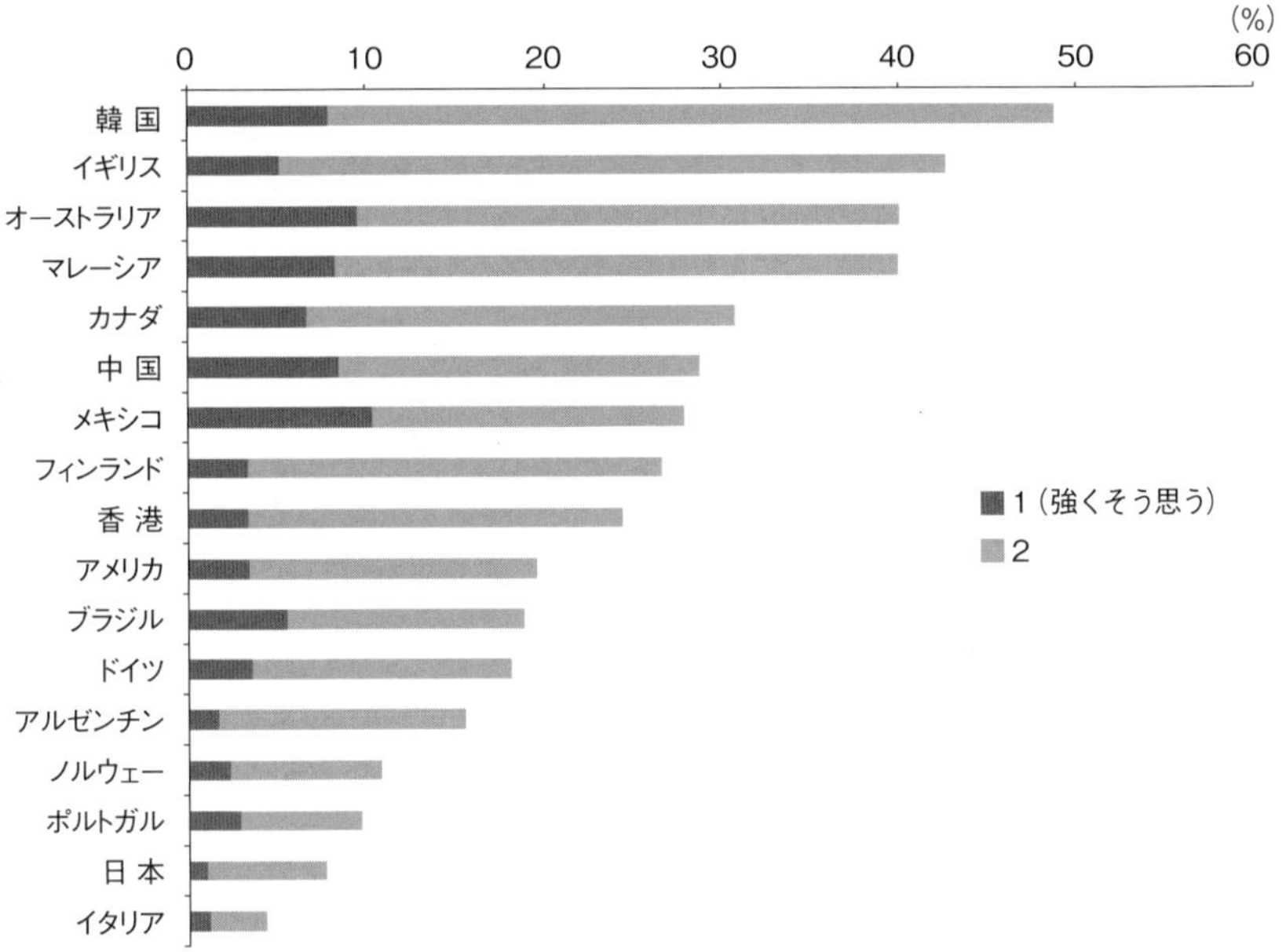

図10−3 各教員に対して管理運営の専門的な能力開発が行われているか

教育に多くの時間を割く者とそうでない者という形で、機関類型間もしくは同一機関内で仕事が分化しており、それが給与にもあらわれている可能性が考えられる。このうち、機関類型間の差をみるため、調査票から機関類型が判断できた中国とイギリスについて、給与や「教育時間」等の平均値を示したものが表10−3である。また、先にみたように、「研究時間」が給与にポジティブな影響を与えていたオーストラリアについても掲載している。まず、中国はナショナル・パブリック・ユニバーシティとローカル・パブリック・ユニバーシティに区分されており、前者は給与平均値が後者を上回っている一方で、予想されたように「教育時間」は少ない傾向にあった。しかし、イギリスについては、一九九二年以前設立機関とそれ以後の機関の間で、給与の差はあっても「教育時間」の差はなく、この類型間で説明をすることはできなかった。なお、オーストラリアについては、予想されたように、先導的大学群であるグループ・オブ・エイトの教員は、その他の機関と同程度の「教育時間」を費やすと同時により多くの「研究時間」も確保しており、精力的に研究を進めることで比較的高い給与を得ていることがうかがえた。

以上は「教育時間」のネガティブな影響をみてきたが、しかし、一口に教育といっても教育段階によって価値づけは異なっている。ブラジル、カナダ、フィンランドでは「博士課程の授業割合」の高さは給与にポジティブな影響を与えており、中国、イギリスでは「学士課程の授業割合」がネガティブな影響となってあらわれている。

再び表10-2に戻り、その他の労働時間についてもみておこう。「管理運営時間」はオーストラリア、カナダ、イギリスの三カ国でポジティブな影響を与えている。このことと関係があるかもしれないのが、管理運営の能力開発に大学が熱心であるかどうかという点である。調査票では「所属機関において管理運営業務のための専門的能力開発が行われているか」を尋ねている。図10-3に示すように、イギリスとオーストラリアは韓国に及ばないものの管理運営の能力開発に熱心であり、カナダも比較的熱心である。これらの国では、管理運営を雑務として軽んじてはいないことが、給与にも反映されている可能性がある。それから、「社会サービス時間」については、給与の低さを補うために所属機関外の仕事に携わっていることが考えられたが、給与にネガティブな影響としてあらわれたのはカナダのみであった。オーストラリア、香港、イタリア、イギリスではポジティブな影響となっており、学外でのサービス活動が報奨の対象となっているのかもしれない。

第三に、専門分野と性別に触れておきたい。専門分野の影響がみられる場合、「人文」がネガティブ、「社会科学」や「工・農学」がポジティブという傾向があった。これは他業種における同様の専門分野の給与を反映させたものか、あるいは昇進の早さが異なる傾向にあるからなのか、今後の検討が必要である。また、六カ国で「女性」が給与面で不利な傾向にあることがうかがえ、昇進等で不利益を被っている可能性が捨てきれない。

表10-4　所属機関以外からの収入規定要因

	オーストラリア	カナダ	フィンランド	ドイツ	イタリア	日本	ノルウェー
教員職階1（教授）			0.200 **	0.300 ***	0.225 ***	0.095 *	0.216 ***
研究時間	0.216 *						
教育時間						−0.145 ***	−0.134 **
社会サービス時間		0.332 ***		0.273 **	0.238 ***	0.237 ***	
管理運営時間						−0.095 *	
論文数							
著書数			0.195 **			0.103 *	0.123 *
編書数							
教育学		−0.196 **					
人文					−0.126 *		
社会科学		0.169 **					
工・農学						−0.093 *	
生命・理学					−0.149 **		−0.118 *
医学・健康・福祉	0.309 **	0.190 **	0.355 ***	0.187 *		0.223 ***	0.223 ***
調整済みR2乗	0.107	0.249	0.200	0.205	0.134	0.292	0.161
F値	6.131 **	18.855 ***	19.589 ***	14.582 ***	13.694 ***	28.387 ***	12.724 ***
N	87	216	224	159	328	465	307

*** は $p<0.001$、** は $p<0.01$、* は $p<0.05$。

3　所属機関外からの収入の規定要因

最後に、副次的な収入、つまり所属機関から得る給与以外の収入についても、重回帰分析により規定要因をみておこう。前節と同様に、対象はフルタイムで勤務する教員に限っている。

従属変数は所属機関以外から得た収入額で、対数変換したものである。独立変数は第2節で用いたものを選択してより単純な分析を行った。すなわち、職階については職階の最上位のものを1、その他の職階を0とした「教授」を、研究業績として「論文数」「著書数」「編書数」を、それから学期中の各仕事時間に、六つの専門分野を用いた。

煩雑になるのを避けるため、分析結果は、調整済みR二乗が〇・一に満たない国を除いて表10-4に掲載した。副収入に関しては全体的にモデルの適合度は低いものとなったが、以下の傾向が指摘できよう。まず、「教育時間」については、前節でも述べたように、給与を補うために副収入を求めて他機関で教育に従事していることが考えられるが、ポジティブな効果をもつ国は表に示すもの以外にもなかった。副収入を多く得る活動は「社会サービス」であることがわかる。次に、職階は所属機関の外でもポジティブに影響を与えることがわかる。それから、「著書数」で示される研究業績も効果をもつことがうかがえる。活動的に出版を行うことができる著名な教員には、研究者としての高い威信に相当する副収入が与えられるという傾向が予想される。専門分野については、「医学・健康・福祉」がポジティブな影響を与える傾向にあった。

おわりに

結論として述べたいのは、教育活動が給与面で有利に働く痕跡をほとんど見出すことはできなかった、ということである。「ほとんど」としているのは、教室等での学生に対する直接的な教育ではないものの、カリキュラム等の教育開発に携わったことがポジティブな影響を与えていることがうかがえたからである。しかし、それは二カ国のみに限られる。

一方で、やはり研究は対象としたほとんどの国において、人事決定にあたり教育よりも有利に働くし、六カ国においては、論文数にみられる研究業績の高さが給与にポジティブな影響を与えていることがうかがえた。教育よりも研究を重視することへの外発的動機付けが存在している。

もちろん、多大な努力と能力を用いて研究という高度な仕事を成し遂げる者が報われることは当然といえる。また、追加的な報酬がなくても、教育も大学教員の重要な使命の一つであるというレトリックは教育への励みになるし、実際にバランスよく行えたならば研究と教育は互いに良い影響を与えるものである。しかし、主に教育に従事する大学教員と、主に研究に従事する大学教員の分化が仮に広まったならば、前者を後者よりも給与面で不利な立場に置くことは、教育の質を維持するうえで問題を生じさせるのではないだろうか。この場合、教育に励むことが報われる報奨のあり方を検討する必要があるだろう。

なお、本章では各国において研究業績や各労働時間がどのように給与に反映されるのかについて、ブラックボックスのままとしている。機関類型間の給与差か、同一機関内で仕事内容に応じて給与体系が異なるのか、あるいは手当が設けられているのか。この点を明らかにしていくことが大きな課題として残されている。

【注】

（1） Fairweather, James S., "Beyond the rhetoric: Trends in the relative value of teaching and research in faculty salaries", *The Journal of Higher Education*, Vol. 76, No. 4, 2005. Melguizo, Tatiana and Strober, Myra H., "Faculty salaries and the maximization of prestige", *Research in Higher Education*, Vol. 48, No. 6, 2007. 藤村正司「大学教員の所得関数の計測と昇格―国際比較研究」『大学論集』第三二集、広島大学高等教育研究開発センター、二〇〇二年。

（2） 調査票では、「現在所属している機関からの収入」、「所属機関以外の雇用先からの収入」、そして「その他の収入（自営業など）」をそれぞれ尋ねている。

（3） 給与額の回答は実数で求められているが、アルゼンチンとイギリスについてはカテゴリーを選択する回答様式となっていたので、この二カ国についてはカテゴリーの中央値を用いた。

（4） ただし、イギリスでは senior researcher は「教員職階２」と同一カテゴリーになっている。

（5） イタリアに関しては、調査票に雇用形態を問うものがなかったため、変数として投入していない。

（6） ドイツに関しては、調査票に現在の所属している機関に勤務してきた年数を問うものがなかったため、変数として投入していない。

（7） ノルウェーに関しては、調査票に教育段階別の授業割合を問うものがなかったため、変数として投入していない。

（天野　智水）

11章 ストレス

はじめに

近年、特に独立行政法人化の前後から、認証評価、法人評価、ＦＤの義務化、任期制、教員業績評価、運営費交付金の減少など、我が国の大学および大学教授職を取り巻く環境は劇的に変化しているといえる。そうした中で大学は、研究はもちろんのこと、これまで以上に教育や地域貢献における成果も求められている。また、学内の管理運営にも時間を割かれ、以前に比べ多忙となり、心理的にもプレッシャーを受けやすい状況となっており、ストレスにさらされていると思われる。そこで本章では、一八カ国のデータを比較することにより、日本の大学教授職の抱えるストレスは他国に比べてどのような状況にあるのか、またその規定要因について考察したい。

大学教授職のストレスについては先行研究が非常に少なく、実態もほとんど明らかになっていないといえる。それは教員のストレス研究が、もっぱら小中高の教員に焦点を当てているためであろう。事実、近年増加している心理的疾患（うつ病等）による休職者、退職者は、数の面でもマスコミの取りあげ方の面でも、小中高の教員が目立っている。研究の面でも、特に教育心理学や教育社会学の分野において、大学教員を扱ったものがわずかながら存在するものの（相原 二〇〇三年、神藤・尾崎 二〇〇四年、久利 二〇〇八年、西本 二〇〇八年、小方 一九九六年）、小中高の教員のストレスを扱った研究が圧倒的に多い（例えば秦 二〇〇三年、今津 二〇〇六年、若林 二〇〇〇

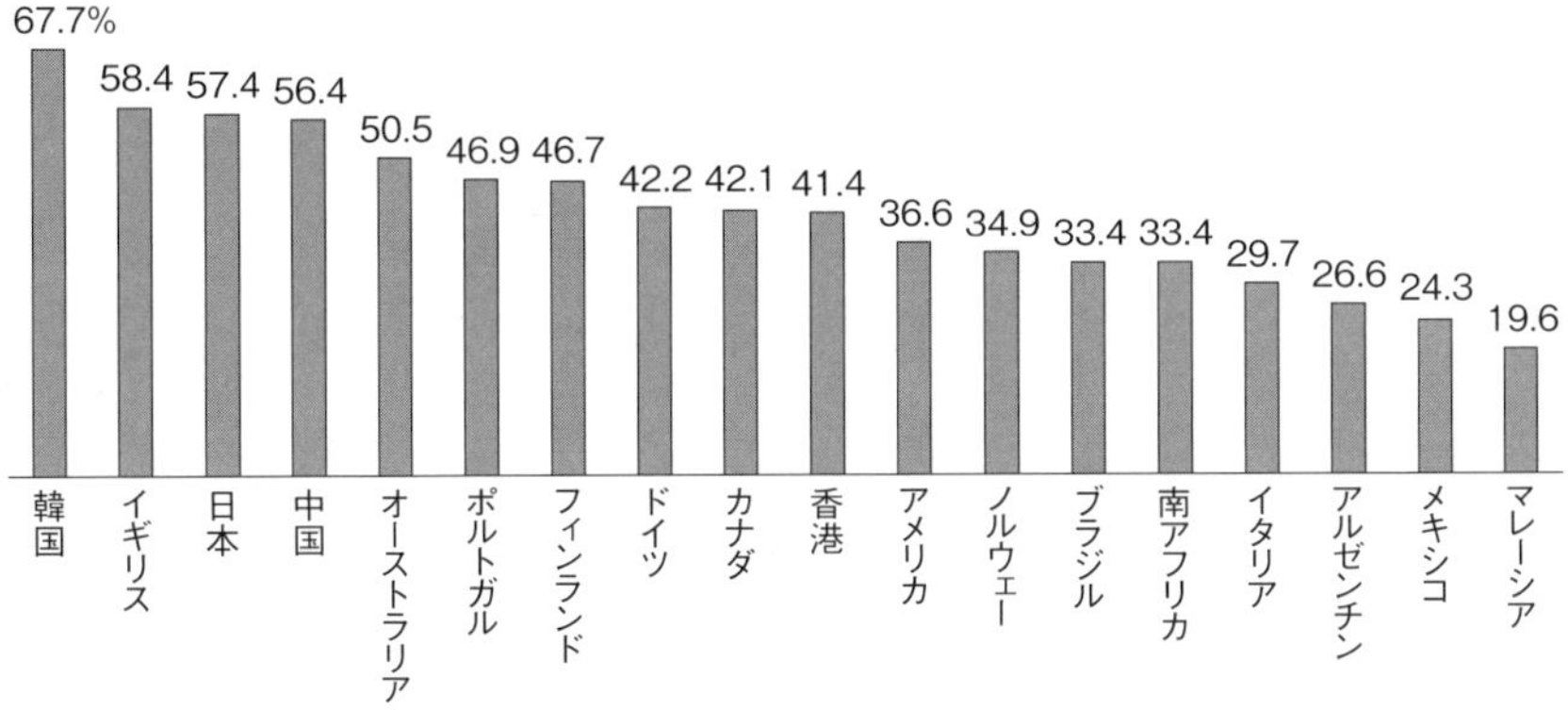

図11-1　ストレス度の国別比較

年）。このように、大学教員のストレス問題や病理問題は、そもそも興味や研究の組上にあがらず見逃される傾向がある。しかし上述したように、大学教員を取り巻く環境は近年厳しさを増しており、実態の解明は必要になってきていると思われる。

ここでは、日本の大学教授職の抱えるストレスは他国に比べどのような状況にあるのかについて、特にアメリカ、イギリス、ドイツの状況との比較を中心に考察していく。

1　我が国の大学教授職のストレス状況

まず確認として、そもそも日本の大学教授職のストレス状況は他国に比べてどの程度なのかについて検討してみたい。

ストレス測定項目として、「私の仕事は相当な心理的緊張を伴っている」かどうかについて、「全くそう思う」〜「全くそう思わない」の五件法で尋ねている。それを「そう思う」「どちらでもない」「そう思わない」に再カテゴリー化し、「そう思う」の割合をストレス度とし、それを高い順に並べグラフ化したのが**図11-1**のグラフである。

予想どおり、日本のストレス状況は一八カ国中三位とかなり高い。日本は一位の韓国六七・七％、二位のイギリス五八・四％に続き、五七・四％で三位となっている。実に六割近くがストレスを抱えているということである。

ちなみに、グラフから、ストレスの高い国は韓国、日本、中国と東アジアの地域が多く、ストレスの低い国は、イタリア、アルゼンチン、メキシコなど、ラテン系、南米系の国が多く見られるのが特徴といえるだろう。

2　ストレスの規定要因分析

次に、重回帰分析により、ストレスの規定要因について検討したい。大学教員は何に対してストレスを感じているのであろうか。ここでは複数の要因を念頭に置き、分析を試みる。なお分析対象は、今後の分析が繁雑となることを避けるため、比較的ストレス度の高かったイギリス（二位）、日本（三位）、比較的ストレス度の低かったドイツ（八位）、アメリカ（一一位）、計四カ国、有効サンプル数四四三三名分に絞りたい。

分析に用いる変数

まず、分析に用いる変数について説明しておきたい。なお、要因となる変数（独立変数）については小方（一九九六年）、西本（二〇〇八年）などを参考にし、さらにステップワイズ法によりあらかじめ変数を厳選している。

①従属変数

・ストレス：「私の仕事は相当な心理的緊張を伴っている」について「全くそう思う」＝5～「全くそう思わない」＝1とした五件法（5点満点）の得点

②独立変数

・労働時間：教育、研究、社会サービス、管理運営それぞれに割く週あたりの労働時間（単位は時間）

・研究費への不満：研究費について大変よい＝1～大変よくない＝5とした五件法で測定した値。

・職場への不満：「教育用機器」「実験室」「研究室」「研究支援スタッフ」「教育支援スタッフ」などの職場に関する不満についてそれぞれ大変よい＝1～大変よくない＝5とした五件法で測定し、因子分析により抽出した因子1「施設・設備への不満」、因子2「スタッフへの不満」の因子得点（平均は0）。詳細は**表11-1**参照。

表11-1　職場への不満の因子分析
（バリマックス回転）

	因子	
	施設・設備への不満	スタッフへの不満
教育用機器	.726	.204
教室	.684	.165
コンピュータ機器	.668	.303
実験室	.657	.306
研究用設備・機器	.629	.364
研究室	.546	.316
通信設備	.540	.286
図書館	.452	.227
研究支援スタッフ	.269	.770
教育支援スタッフ	.234	.738
事務的援助	.349	.525

分析結果

では、先にあげた変数を用いて、大学教員のストレスの規定要因について検討してみたい。

ストレスを従属変数として重回帰分析を行った結果が次の**表11-2**である。分析の結果、すべての変数がストレスに対して有意な影響を与えていた。まず時間については、教育にかける時間、研究にかける時間、社会サービスにかける時間、管理運営にかける時間、それぞれの時間が長ければ長いほど、ストレスが増すことを示している。また、研究費に対する不満、施設・設備への不満、スタッフへの不満が増すほどストレスも増すことがわかる。さらにβの値から、最も強い影響を与えているのは、施設・設備への不満であることがわかる。

社会サービスや管理運営は教育や研究に比べ強い影響を与えているのは、両者を教育や研究に比べ、負担と感じている、つまり余剰の仕事ととらえている傾向があるからではないかと思われる。

3　ストレス因の国別比較

では次に、先ほどストレスの規定要因としてあげた複数の項目の状況が、国別にどのようになっているかについて検討してみたい。この点について考察することにより、なぜ日本やイギリスがドイツやアメリカに比べストレス

表11-2　ストレスの規定要因分析

	非標準化係数		標準化係数	t	確率
	B	標準誤差	β		
（定数）	2.700	.151		17.933	**
教育時間	.007	.003	.057	2.638	**
研究時間	.006	.003	.049	2.299	*
社会サービス時間	.012	.003	.074	3.460	**
管理運営時間	.019	.004	.092	4.464	**
研究費への不満	.071	.033	.051	2.140	*
施設・設備への不満	.172	.037	.101	4.690	**
スタッフへの不満	.155	.040	.087	3.860	**

注）**、* はそれぞれ1%、5%水準で有意。R^2 = .218**

を抱えやすくなっているのかがわかるだろう。

表11-2であげた変数のうち、教育時間、研究時間、社会サービス時間、管理運営時間については、特に統計学的に有意な差は見られなかった。しかし、施設・設備への不満、スタッフへの不満、研究費への不満については顕著な差がみられた。ここではχ^2検定により確認したい。

次の**図11-2**は、施設・設備に関する各項目について「とてもよい」と回答した割合（満足度）を国別に比較したものである。ここでは統計学的に有意（すべて一％水準で有意）な顕著な差が見られた。

ここから明らかになることは、ストレスの高いイギリスと日本は、ストレスの低いドイツやアメリカに比べて、施設・設備に関する満足度が低いということである。すべての項目において、満足度はドイツ、アメリカの方が高く、イギリス、日本は低い。特に日本は、「教室」以外すべての項目において満足度が最下位となっている。ストレスの原因はこのあたりにある可能性がある。

次に、研究費やスタッフに関して見てみよう。**図11-3**は、研究費やスタッフに関する満足度（「とてもよい」と回答した割合）の国別比較である。

まず研究費については、これまでと同様に、ストレスの程度の高いイギリス、日本の満足度が低く、ドイツ、アメリカの満足度が高い。

また、事務的援助に関しては同様にドイツ、アメリカの満足度が高い。教育支援スタッフと研究支援スタッフに関しては、イギリスは最も高い。しかし日本は極端に低い。

ここでも日本の満足度の低さが目立った。

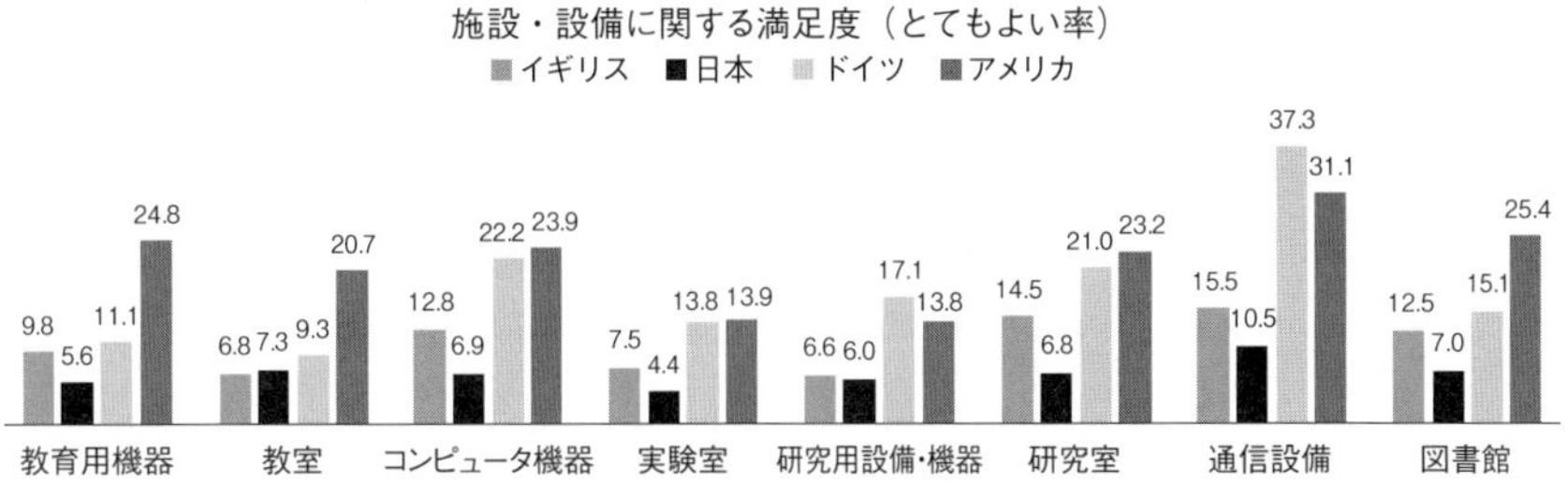

図 11-2　施設・設備に関する満足度の国別比較

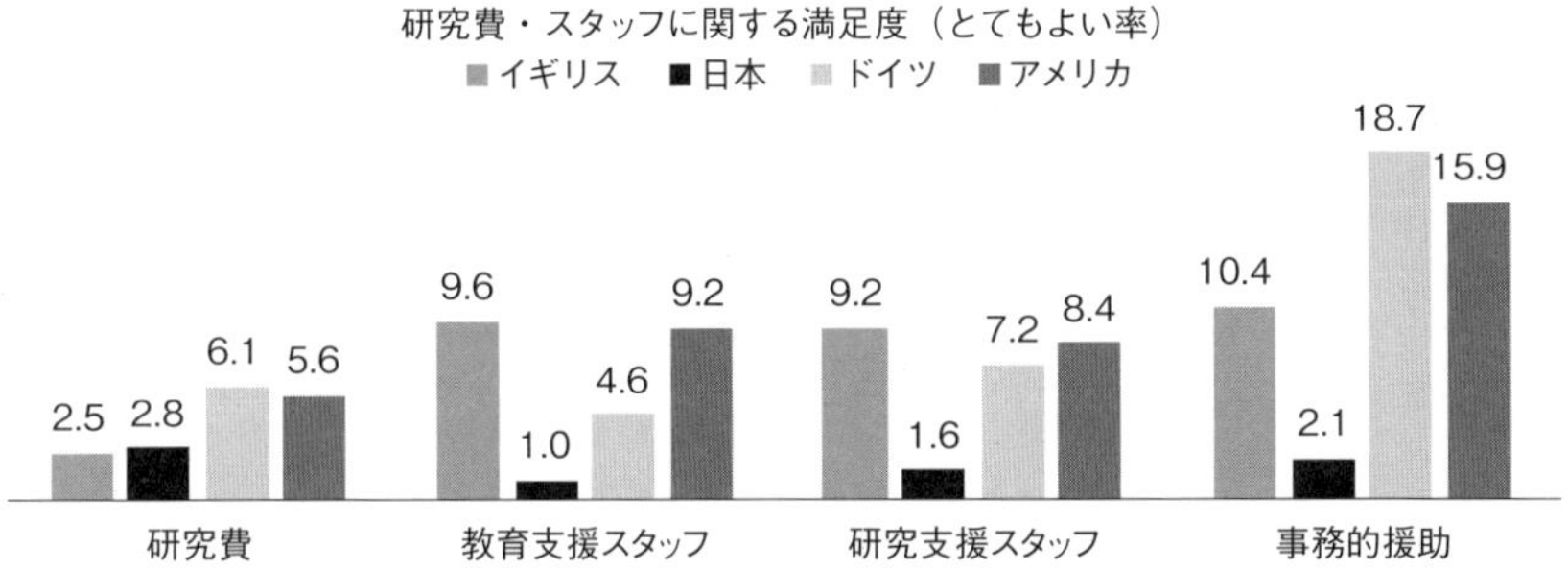

図 11-3　研究費・スタッフに関する満足度の国別比較

まとめ

我が国の大学教授職の抱えるストレス度は、国際的にみても非常に高く、調査した一八カ国中三位である。

ストレス度が高くなる理由としてあげられるのは、個人単位で見ると、仕事に関わる時間の長さ（教育、研究、社会サービス、管理運営）、研究費への不満、施設・設備への不満、スタッフへの不満である。

また、ストレス度の高い国としてイギリス、日本、比較的低い国としてドイツ、アメリカをピックアップし、国単位としてストレス度が高くなる理由について検討した。その結果、研究費、施設・設備、スタッフについての満足度に大きな差があった。ドイツ、アメリカはこれらについての満足度が高く、イギリス、日本は低かった。特に日本は、ほぼすべての項目について、最も満足度が低かった。我が国の大学教員は、国際的にみて、決して恵まれているとはいえない環境の中で、ストレスを抱えながら職務にあたっていると考えられる。

ただし今回の調査項目はあくまでも仕事上のストレスに限定しており、通常のストレスを扱う分析結果とは若干異なっている可能性もある。したがって、ストレス因も仕事に限定した項目を設定した。今後はストレス全般を対象とした調査も必要であろう。

【主要参考文献】


相原総一郎「アメリカ高等教育におけるテニュアと契約大学教員」広島大学高等教育研究開発センター編『大学論集』三四号、二〇〇三年、七七—九二頁。

秦政春「苦悩する教師——ストレスの現状」『月刊生徒指導』三三巻一二号、学事出版、一四—一八頁。

今津孝次郎「教員ストレスの実態と対処法としての『協働性』」『月刊生徒指導』三六巻三号、学事出版、二〇〇六年、六—一〇頁。

神藤貴昭・尾崎仁美「高等教育段階の授業における教授者のストレス過程——ストレッサー・対処行動の様相」日本発達心理学会編『発達心理学研究』一五巻三号、二〇〇四年、三四五—三五五頁。

久利恭士「大学教員のストレス測定尺度の作成——大学固有の職場環境・対人関係の視点から」『心理発達科学（名古屋大学大学院教育発達科学研究科紀要）』五一号、二〇〇四年、一七三—一八五頁。

小方直幸「仕事に伴う緊張とその背景」有本章・江原武一編著『大学教授職の国際比較』玉川大学出版部、一九九六年、二三五—二五〇頁。

西本裕輝「ストレス」有本章編『変貌する日本の大学教授職』玉川大学出版部、二〇〇八年、二三五—二四二頁。

若林明雄「対処スタイルと日常生活および職務上のストレス対処方略の関係——現職教員による日常ストレスと学校ストレスへの対処からの検討」日本教育心理学会編『教育心理学研究』四八巻二号、二〇〇〇年、一二八—一三七頁。

若林明雄「対処スタイルからみた現職教員のストレス場面での不安と生理的指標の変化」日本心理学会編『心理学研究』七二巻六号、二〇〇二年、四六五—四七四頁。


（西本　裕輝）

第Ⅲ部　学問的生産性と評価

12章　研究業績の国際比較

はじめに

二一世紀は、新しい知識・情報・技術が政治・経済・文化をはじめ社会のあらゆる領域での活動の基盤として飛躍的に重要性を増す、いわゆる「知識基盤社会」（knowledge-based society）の時代であるといわれている。(1)

このような社会の変化に対応していくには、何よりも新たに知識を生み出すと同時に、既存の知識も含めて整理・統合し、いかに効果的に社会の各局面で活用していくのかが大きな鍵となる。(2) そのような理由から、知識基盤社会においては、大学が担っている知識生産作用である研究活動と、その知識を活用する人間形成作用である教育活動はますます重要となってくる。

本章では、大学における二つの作用のうち、知識生産作用である研究活動を対象として、著書、学術論文、特許等その研究活動成果の量がどのような要因によって規定されているのか、その要因は、専門分野別、国別にみてどのような違いがあるのか、を明らかにすることを目的としている。そこで、本章では、まず最初に、二〇〇七年CAP調査に基づいて、専門分野別の大学教員の研究活動成果量の状況とその規定要因を明らかにする。続いて、その研究活動成果量規定要因の国別の特徴を明らかにする。

さらに、我が国が「科学技術創造立国」を目指して科学技術の振興を強力に推進していくために一九九五年に

「科学技術基本法」を制定して研究活動を支援してきている。(3) 一九九二年にこの度のCAP調査とほぼ同様の目的で実施されたカーネギー調査における研究活動の成果データを比較することで、(4) 我が国の大学における研究活動に対する日本政府による支援がこの一五年間での変化とどのように結びついているのかについて検討することも本研究の関心の一つである。

1　研究業績形態別の平均成果量の国別・分野別比較

研究業績形態別の国別平均成果量

表12−1は、国別に大学教員の研究業績形態別の平均成果量と順位を示したものである。上段左列の「執筆あるいは共著した学術書（以下、著書、と省略）」を例として、**表12−1**を説明しておこう。アルゼンチンの大学教員は、過去三年間に平均して〇・五八冊の著書を執筆しており、この度のCAP調査に参加した一八カ国中七位の量であった。それ故に、順位は（7）と示されている。

表12−1から、二つの特徴をみてとれる。一つは、研究業績形態別の平均成果量は異なっている。例えば、「学術書あるいは学術雑誌に発表した論文〔学術論文〕」の平均は六・四五編、「学会大会に提出した論文〔学会発表〕」の平均は五・五八編、となっており、「執筆あるいは共著した学術書〔著書〕」の〇・六一冊、「編著あるいは共編した学術書〔編著書〕」の〇・四〇冊、「技術あるいは発明について得られた特許権〔特許権〕」の〇・一六個、「公共利用のために開発されたコンピュータプログラム〔コンピュータプログラム〕」の〇・一三本、に比べて格段に多くなっている。

二つめは、研究業績形態ごとの平均成果量からみた国別の順位は、研究業績形態ごとに異なっている。研究業績形態ごとの平均成果量が一位の国をあげると、「著書」は日本、「編著書」「コンピュータプログラム」は中国、「学術論文」「報告書」「特許権」は韓国、「学会発表」はカナダ、「専門的記事」は香港、「芸術活動」はアメ

表12－1　国別・研究業績形態別の平均成果量

	執筆あるいは共著した学術書〔著書〕	編著あるいは共編した学術書〔編著書〕	学術書あるいは学術雑誌に発表した論文〔学術論文〕	研究費援助を受けた研究報告あるいはモノグラム〔報告書〕	学会大会に提出した論文〔学会発表〕	新聞や一般雑誌への専門的記事〔専門的記事〕
アルゼンチン	0.58 (7)	0.36 (8)	4.45 (14)	2.22 (3)	6.76 (7)	1.52 (6)
オーストラリア	0.28 (17)	0.19 (18)	6.89 (7)	1.40 (10)	5.79 (9)	1.06 (12)
ブラジル	0.55 (8)	0.27 (13)	4.54 (13)	1.53 (7)	5.50 (10)	1.66 (3)
カナダ	0.35 (16)	0.28 (12)	6.21 (8)	1.42 (9)	8.16 (1)	1.33 (8)
中国	0.83 (4)	0.79 (1)	8.56 (4)	1.32 (11)	2.60 (18)	0.86 (15)
フィンランド	0.41 (15)	0.36 (9)	5.36 (12)	1.22 (12)	4.67 (15)	1.38 (7)
ドイツ	0.41 (12)	0.48 (5)	8.76 (3)	2.23 (2)	7.00 (6)	1.62 (5)
香港	0.48 (10)	0.45 (7)	9.56 (2)	1.64 (6)	7.71 (2)	2.16 (1)
イタリア	0.94 (3)	0.48 (4)	8.56 (5)	1.66 (5)	7.52 (3)	1.72 (2)
日本	1.47 (1)	0.45 (6)	8.54 (6)	1.03 (15)	4.81 (14)	0.92 (13)
韓国	1.03 (2)	0.65 (2)	10.16 (1)	2.63 (1)	7.15 (5)	1.09 (11)
マレーシア	0.60 (6)	0.33 (10)	4.15 (16)	1.45 (8)	5.95 (8)	0.83 (16)
メキシコ	0.41 (13)	0.20 (16)	2.36 (18)	0.56 (18)	3.19 (17)	1.19 (10)
ノルウェー	0.55 (9)	0.26 (14)	5.74 (11)	0.73 (17)	4.91 (13)	1.63 (4)
ポルトガル	0.65 (5)	0.54 (3)	5.74 (10)	1.78 (4)	7.44 (4)	1.29 (9)
南アフリカ	0.46 (11)	0.20 (17)	2.84 (17)	0.78 (16)	3.43 (16)	0.62 (18)
イギリス	0.40 (14)	0.32 (11)	6.05 (9)	1.10 (14)	5.45 (11)	0.78 (17)
アメリカ	0.24 (18)	0.21 (15)	4.26 (15)	1.11 (13)	5.41 (12)	0.89 (14)
合　計	0.61	0.40	6.45	1.41	5.58	1.26

	技術あるいは発明について得られた特許権〔特許権〕	公共利用のために開発されたコンピュータプログラム〔コンピュータプログラム〕	公演会や展示会などの芸術活動〔芸術活動〕	製作されたビデオや映画〔フィルム〕	その他	研究活動総得点の平均値
アルゼンチン	0.03 (17)	0.11 (7)	0.40 (5)	0.06 (16)		22.2 (8)
オーストラリア	0.08 (10)	0.09 (14)	0.36 (7)	0.08 (13)	0.18 (15)	18.3 (12)
ブラジル	0.04 (15)	0.08 (17)	0.30 (10)	0.16 (6)	0.93 (1)	19.5 (11)
カナダ	0.08 (9)	0.11 (6)	0.23 (12)	0.09 (12)	0.62 (2)	20.1 (9)
中国	0.30 (4)	0.32 (1)	0.14 (17)	0.07 (15)	0.06 (16)	26.7 (4)
フィンランド	0.07 (13)	0.10 (11)	0.31 (9)	0.06 (17)	0.35 (11)	17.9 (15)
ドイツ	0.33 (2)	0.12 (5)	0.41 (4)	0.19 (1)	0.39 (8)	26.4 (5)
香港	0.20 (5)	0.09 (12)	0.22 (13)	0.12 (9)	0.34 (12)	26.2 (6)
イタリア	0.11 (8)	0.09 (13)	0.08 (18)	0.10 (11)	0.26 (14)	29.7 (3)
日本	0.30 (3)	0.05 (18)	0.68 (2)	0.07 (14)	0.00 (17)	31.3 (2)
韓国	0.61 (1)	0.10 (8)	0.33 (8)	0.05 (18)	0.50 (5)	36.0 (1)
マレーシア	0.15 (6)	0.10 (9)	0.18 (16)	0.17 (4)	0.38 (9)	19.6 (10)
メキシコ	0.04 (16)	0.17 (3)	0.51 (3)	0.17 (2)	0.49 (6)	11.5 (18)
ノルウェー	0.07 (12)	0.09 (15)	0.29 (11)	0.14 (8)	0.58 (4)	18.0 (14)
ポルトガル	0.12 (7)	0.21 (2)	0.38 (6)	0.17 (3)	0.40 (7)	24.6 (7)
南アフリカ	0.03 (18)	0.09 (16)	0.22 (14)	0.16 (7)	0.27 (13)	12.9 (17)
イギリス	0.06 (14)	0.15 (4)	0.20 (15)	0.12 (10)	0.38 (10)	18.0 (13)
アメリカ	0.08 (11)	0.10 (10)	1.23 (1)	0.16 (5)	0.59 (3)	14.6 (16)
合　計	0.16	0.13	0.36	0.12	0.38	22.2

注）表中の数値は平均値。(　) 内の数値は、数値の値が高い順位。

「研究活動平均総得点」は、「執筆あるいは共著した学術書」は1冊につき10点、「編著あるいは共編した学術書」は1冊につき5点、「学術書あるいは学術雑誌に発表した論文」は1編につき1点、「研究費援助を受けた研究報告あるいはモノグラム」は1冊につき3点、「学会大会に提出した論文」は1編につき0.5点、「新聞や一般雑誌への専門的記事」は1本につき0.3点、「技術あるいは発明について得られた特許権」は1本につき0.5点、「公共利用のために開発されたコンピュータプログラム」は1本につき0.5点、「公演会や展示会などの芸術活動」1回につき0.5点、「制作されたビデオや映画」1本につき0.5点を当てはめて計算した。「その他」については「研究活動平均総得点」に入れなかった。

表12−2　国別・専門分野別の研究活動平均総得点

	人文科学系	社会科学系	自然科学系	工学系	保健医療系	教員養成系	全体
韓国	32.2 (1)	34.6 (1)	35.3 (1)	41.3 (1)	47.6 (2)	31.3 (2)	36.0 (1)
日本	21.8 (9)	24.9 (5)	26.6 (4)	26.5 (5)	51.5 (1)	26.5 (3)	31.3 (2)
イタリア	30.5 (4)	29.3 (2)	26.1 (5)	30.9 (3)	39.3 (4)	36.6 (1)	29.7 (3)
中国	25.7 (6)	28.3 (3)	25.1 (8)	28.4 (4)	27.0 (7)	22.9 (7)	26.7 (4)
ドイツ	30.8 (3)	27.5 (4)	26.7 (3)	20.1 (10)	28.8 (6)	23.8 (5)	26.4 (5)
香港	20.2 (11)	18.9 (11)	31.2 (2)	39.3 (2)	38.2 (5)	24.4 (4)	26.2 (6)
ポルトガル	26.7 (5)	21.8 (6)	25.7 (7)	23.9 (8)	39.6 (3)	15.5 (13)	24.6 (7)
アルゼンチン	32.0 (2)	20.3 (7)	19.6 (11)	17.0 (14)	22.5 (10)	22.9 (6)	22.2 (8)
カナダ	17.1 (16)	18.3 (13)	21.0 (10)	24.8 (7)	23.8 (8)	21.3 (9)	20.1 (9)
マレーシア	23.1 (8)	19.8 (8)	25.9 (6)	15.0 (16)	15.6 (16)	21.7 (8)	19.6 (10)
ブラジル	23.7 (7)	17.7 (15)	21.2 (9)	19.4 (12)	19.0 (12)	16.7 (12)	19.5 (11)
オーストラリア	18.6 (12)	19.6 (9)	17.4 (13)	20.0 (11)	17.8 (13)	16.8 (11)	18.3 (12)
イギリス	17.4 (14)	18.5 (12)	19.4 (12)	20.9 (9)	15.7 (15)	11.1 (18)	18.0 (13)
ノルウェー	20.3 (10)	19.4 (10)	14.6 (16)	16.9 (15)	20.1 (11)	18.9 (10)	18.0 (14)
フィンランド	17.9 (13)	18.1 (14)	16.0 (15)	17.3 (13)	23.2 (9)	14.1 (14)	17.9 (15)
アメリカ	13.0 (17)	12.2 (18)	17.2 (14)	25.1 (6)	16.9 (14)	11.6 (17)	14.6 (16)
南アフリカ	12.2 (18)	16.4 (16)	11.6 (18)	7.0 (18)	5.4 (18)	12.5 (15)	12.9 (17)
メキシコ	17.2 (15)	13.1 (17)	12.5 (17)	7.1 (17)	11.0 (17)	11.6 (16)	11.5 (18)
合　計	22.0	20.8	22.3	22.7	26.6	19.2	22.2

注）表中の数値は研究活動平均総得点。（　）内の数値は、研究活動平均総得点の高い順位。

リカ、「フィルム」はドイツ、となっていた。

右端列に示された「研究活動総得点の平均値（以下では、研究活動平均総得点、と略記）」は、「著書」から「フィルム」までの研究業績形態を対象として得点化したものである(5)。韓国の平均値は三六・〇で最も高く、逆に、メキシコの平均値一一・五が最も低い値となっていた。

なお、研究活動平均総得点で二位の日本において、「著書」は一位、「特許権」は三位で上位に位置しているものの、「研究報告書」は一五位、「学会発表」は一四位、「専門的記事」は一三位と低位に位置しており、国によって得意とする研究成果形態に違いがある。

国別・専門分野別の研究活動総得点の平均値

国別の研究活動平均総得点の高い順に国別・専門分野別の研究活動平均総得点を示したのが表12−2である(6)。韓国、日本、イタリア、中国、ドイツ、香港の順に研究活動平均総得点は高くなっていた(7)。

さらに、専門分野別に研究活動平均総得点の一

表12−3　国別の専門分野別構成比率　（%）

	人文科学系	社会科学系	自然科学系	工学系	保健医療系	教員養成系
韓国	19.7	23.3	18.9	17.0	8.1	13.0
日本	13.5	13.6	18.8	24.5	22.7	7.0
イタリア	13.4	19.8	38.0	16.9	10.3	1.6
中国	15.3	21.5	27.7	23.7	3.5	8.4
ドイツ	9.7	17.7	35.6	17.8	15.6	3.6
香港	19.7	29.8	15.1	9.2	14.2	12.0
ポルトガル	9.4	24.5	27.2	23.6	8.1	7.2
アルゼンチン	18.3	24.9	17.6	19.1	11.2	8.9
カナダ	18.4	30.9	21.1	7.9	13.1	8.5
マレーシア	6.2	21.0	24.4	30.2	11.2	6.9
ブラジル	10.6	31.9	18.9	10.2	18.5	9.9
オーストラリア	15.1	26.1	24.8	5.0	19.3	9.7
イギリス	22.2	30.6	24.2	7.1	9.8	6.0
ノルウェー	18.7	19.7	31.1	8.3	17.8	4.4
フィンランド	17.4	24.8	22.1	16.2	13.2	6.3
アメリカ	24.2	27.0	18.5	6.7	10.6	12.8
南アフリカ	23.7	30.1	14.8	3.2	5.2	22.9
メキシコ	5.4	30.6	18.6	21.7	14.0	9.6
合　計	14.9	24.4	24.4	16.2	11.9	8.2

注）表中の数値は専門分野別の構成比率。

位の国を示すと、人文科学系、社会科学系、自然科学系、工学系において韓国が一位で、保健医療系において日本が、教員養成系においてイタリアが一位となっていた(8)。

さらに、学問分野全体の研究活動平均総得点の順位と、学問分野別の研究活動平均総得点の順位がほぼ一致している国と、あまり一致していない国がある。

例えば、前者の国の例として、全体で一位の韓国は、どの専門分野においても二位以内の上位に位置しており、どの分野においても研究活動が活発である。後者の国の例として、日本は、全体で二位となってはいるが、医学・保健系のみ一位となっているだけで、人文科学系においては、九位と低位置に甘んじている。なお、その他の分野は、三〜五位となっている。

これは、国によって対象となった大学教員の専門分野構成比率に違いがあるからと思われる。例えば、日本は研究活動平均総得点の高い保健医療系の教員比率が高く（二二・七%）、イギリスなどは研究活動平均総得点の低い人文科学系の教員比率が高くなっていること（二二・二%）なども原因していると思われる（表12−3）。

2　研究活動平均総得点の説明枠組みと分析結果

表12-2に示されたように、国別で研究活動平均総得点に違いが生じているのはなぜであろうか。表12-3で示したとおり、国によって専門分野別構成比率に違いがあるため、以下では、専門分野全体での研究活動総得点の規定要因を議論するのではなく、専門分野別に重回帰分析を行って研究活動総得点の規定要因を明らかにし、続いて、自然科学系を対象として研究活動総得点の規定要因の構造が国別でどのようになっているのかについて明らかにする。その際に、国別に重回帰分析を行った結果も参照する。

説明変数

まず、これまでの先行研究を参考にして、(9)「研究活動総得点」の説明枠組みとして図12-1を想定した。説明変数として、「①性」「②年齢」「③最高学位」「④研究活動の定期的な評価の有無」「⑤研究施設・設備の状況」「⑥取得研究費に占める学外から取得した研究費の割合（以下、学外研究費の割合、と略記）」「⑦研究時間数」の七変数を想定した。(10)

これまでの先行研究からすれば、「取得研究費総額」を説明変数として使用したいところであるが、この度のCAP調査ではデータが取得されておらず、その代理変数として「⑥学外研究費の割合」を使用することにした。それは、ある研究者の「⑥学外研究費の割合」が他の研究者に比べてより高いということは、その研究者が研究費取得競争における勝者であること、すなわち、研究者として外部評価がより高い、ということを意味していると同時に、より多くの研究費を取得している可能性が高い、ということを意味しているものと考えてのことである。

また、「職階」や「教育・研究活動に対する関心」なども これまでの専攻研究で扱われてきた有効な説明変数であるが、前者は「②年齢」、後者は「③最高学位」と強い有意な関連性があることが確認されたため、図12-1の説明

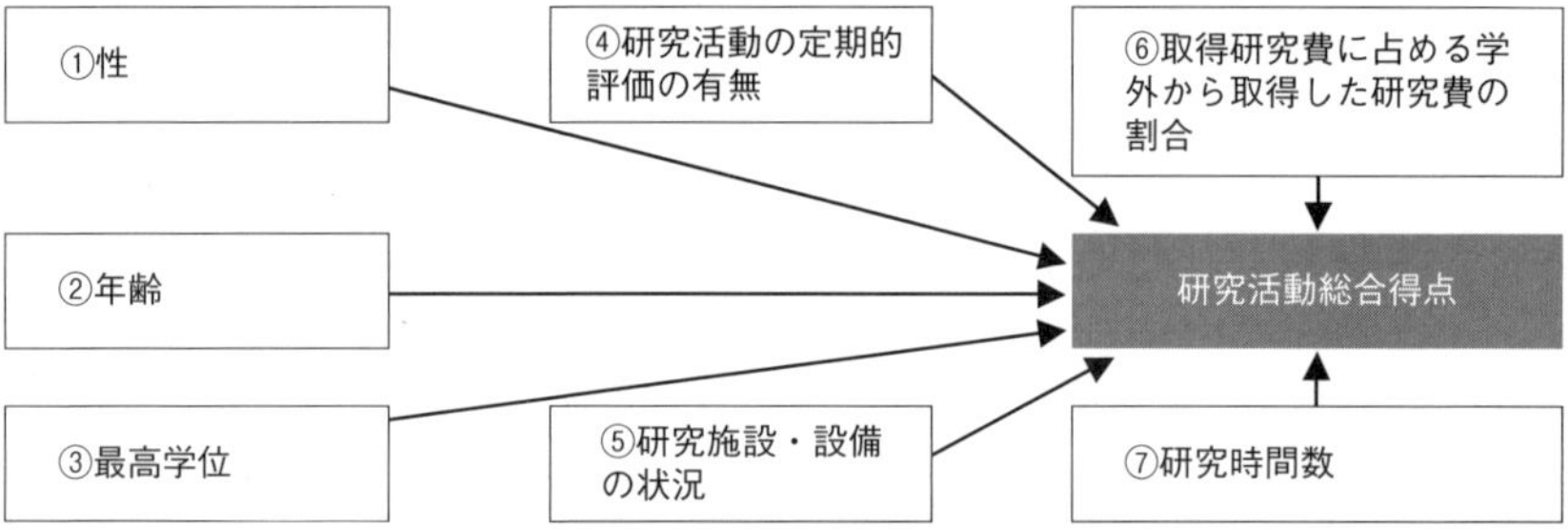

図 12-1　研究活動総得点の説明枠組み

表12-4　専門分野別の研究活動総得点の規定要因

	人文科学系	社会科学系	自然科学系	工学系	保健医療系	教員養成系
①性	0.076 **	0.109 ***	0.046 **	0.007	0.207 ***	0.089 *
②年齢	0.137 ***	0.143 ***	0.147 ***	0.138 ***	0.120 ***	0.121 **
③最高学位	0.067 *	0.076 ***	0.042 *	0.130 ***	0.058 ***	0.075 *
④研究活動の定期的な評価の有無	−0.026	−0.010	0.027	−0.037	0.022	−0.022
⑤研究施設・設備の状況	0.034	0.022	0.027	0.026	−0.065 *	0.036
⑥学外研究費の割合	0.170 ***	0.156 ***	0.156 ***	0.207 ***	0.197 ***	0.130 **
⑦研究時間数	0.224 ***	0.152 ***	0.089 ***	0.141 ***	0.062 ***	0.187 ***

注）表中の数値は、偏回帰係数、$^{***}p<0.001$、$^{**}p<0.01$、$^{*}p<0.05$

枠組みから除外した。

分析結果

これら七つの説明変数が直接に「研究活動総得点」を有意に規定しているかどうかを確認するために専門分野別に重回帰分析を行った。その結果が、表12-4である。

「②年齢」「③最高学位」「⑥学外研究費の割合」「⑦研究時間数」は、すべての専門分野において、有意な説明変数であることがわかる。すなわち、どのような専門分野においても、高齢の教員ほど、博士号を持っている教員ほど、取得研究費に占める学外から取得した研究費の割合が高くなっている教員ほど、研究時間数が多いほど、研究活動総得点が高いことを示している。

さらに、「①性」についても、工学系を除いた他の専門分野において、男性教員ほど有意に研究活動総得点が高くなる傾向を示している。

なお、「④研究活動の定期的な評価の有無」や「⑤研究施設・設備の状況」については、後者の変数が保健医療系において危険率五％でマイナスに有意であるのみで、研究活動総得点を規定しているとはいえそうにない。

「②年齢」と「⑥学外研究費の割合」は全ての専門分野で研究活動平均総得点を強く規定する変数となっており、その他に、「①性」が保健医療系に於いて、「③最高学位」が工学系に於いて、「⑦研究時間数」が人文科学系、社会科学系、工学系、保健医療系において強い規定要因となっていた。

規定要因の国別の特徴——自然科学系

前述の規定状況は、どの国においても同じなのであろうか。その疑問に応えるために、自然科学系を対象として、国別に研究活動平均総得点と規定変数との関連性を調べてみた（表12-5）。

上行左列から、研究活動平均総得点とその大きさの順位、自然科学系において研究活動平均総得点を規定している変数（性、年代、博士号取得の有無、学外研究費の割合、研究時間数）について、そのカテゴリー別の研究業績平均総得点と構成比率を示し、その大きさの順位も示した。なお、各変数の最終行には、(a)研究活動平均総得点と(b)その大きさの順位との相関係数を示した。

例えば、表12-4の自然科学系の列に示された偏回帰係数から研究活動総得点が高い教員の特徴を示せば、男性で、年齢が高く、博士号を取得しており、学外研究費の割合は高く、研究時間数が多い教員となる。

しかし、表12-5の研究活動総得点の国別の状況をみると、確かに、韓国を除くどの国においても男性が女性に比べて研究活動平均総得点が高くなってはいるが、危険率一％において有意な差を示す国は一八カ国中二カ国しかない。さらに、性別の構成比率の最終行に示した相関係数をみると、研究活動平均総得点の高い国ほど男性比率が高くなっていることを示している。しかし、このことは、研究活動平均総得点を上げるためには、研究者に占める男性の比率を高めることが重要というわけではなく、研究活動平均総得点が一位の韓国において、女性の方が男性よりも研究活動平均総得点が高くなっていることに象徴されるとおり、優秀な研究者を雇用する政策の結果、男性

国別の特徴（自然科学系）

（%）	年代							
	研究活動平均総得点					構成比（%）		
女性	40歳以上		40歳未満			40歳以上		40歳未満
18.9	36.2	(1)	32.4	(1)		76.1	(4)	23.9
14.3	32.7	(4)	21.2	(4)		66.0	(12)	34.0
21.5	33.6	(3)	14.0	(14)	***	64.5	(13)	35.5
5.7	27.8	(7)	17.9	(7)	*	84.0	(2)	16.0
39.4	26.6	(8)	23.9	(2)		79.2	(3)	20.8
46.8	36.2	(2)	15.3	(10)	***	43.8	(17)	56.2
43.9	28.8	(6)	21.7	(3)		57.7	(14)	42.3
33.2	29.9	(5)	20.7	(5)	**	44.5	(16)	55.5
35.3	21.7	(12)	20.6	(6)		69.4	(11)	30.6
19.6	23.3	(9)	15.1	(11)	*	74.3	(7)	25.7
53.2	22.6	(10)	12.9	(15)	**	72.0	(10)	28.0
33.5	20.9	(13)	14.7	(13)	*	72.5	(9)	27.5
46.6	17.7	(15)	16.5	(8)		75.6	(5)	24.4
25.3	17.7	(16)	15.1	(12)		87.6	(1)	12.4
33.3	22.4	(11)	11.4	(16)	***	42.9	(18)	57.1
31.2	19.0	(14)	8.8	(17)	***	53.6	(15)	46.4
32.0	14.6	(17)	6.2	(18)	***	75.4	(6)	24.6
52.3	11.2	(18)	16.4	(9)		72.8	(8)	27.2
32.4	25.0		16.6			64.5		35.5
	.924***	−.920***	.781***	−.712***		−0.024	−0.015	
	−.912***	.909***	−.709***	.666**		−0.020	0.032	

学外研究費の割合					研究時間				
相関係数			平均値（%）		相関係数			平均値	
0.337	(2)	***	75.7	(4)	0.190	(11)	*	19.9	(8)
0.240	(6)	*	66.3	(6)	0.345	(3)	***	20.4	(6)
0.141	(12)	**	55.5	(14)	−0.045	(17)		24.1	(1)
0.308	(3)	***	58.0	(12)	0.176	(12)	*	20.1	(7)
0.238	(7)	***	56.6	(13)	0.035	(15)		20.5	(5)
0.117	(15)		52.6	(16)	0.087	(14)		10.7	(18)
0.138	(13)	+	82.9	(2)	0.261	(6)	***	15.0	(15)
0.079	(16)		58.1	(11)	0.117	(13)	*	17.8	(10)
0.226	(9)	*	81.1	(3)	0.372	(2)	***	16.2	(13)
0.169	(11)	*	87.4	(1)	0.325	(4)	***	18.7	(9)
0.289	(5)	**	54.3	(15)	0.249	(7)	*	22.7	(3)
0.232	(8)	***	72.0	(5)	0.290	(5)	***	16.3	(12)
0.190	(10)	**	62.2	(8)	0.222	(8)	**	15.2	(14)
0.380	(1)	***	61.1	(9)	0.389	(1)	***	17.1	(11)
0.059	(17)		63.3	(7)	−0.139	(18)	*	23.5	(2)
0.128	(14)	*	58.3	(10)	−0.031	(16)		21.3	(4)
−0.137	(18)		42.9	(18)	0.221	(9)	***	12.7	(16)
0.298	(4)	*	51.3	(17)	0.213	(10)		10.9	(17)
0.165		***	62.2		0.141		***	18.5	
0.305	−0.266		0.341	−0.311	0.032	0.038		0.302	−0.243
−0.289	0.257		−0.285	0.234	−0.005	−0.065		−0.332	0.282

表12−5　研究活動総得点の

	研究活動平均総得点		性別					構成比率	
			研究活動平均総得点						
	(a)	(b)	男性		女性			男性	
韓国	35.3	(1)	34.1	(1)	40.2	(1)		81.1	(3)
香港	31.2	(2)	31.9	(2)	25.9	(2)		85.7	(2)
ドイツ	26.7	(3)	28.6	(3)	19.4	(8)	**	78.5	(5)
日本	26.6	(4)	26.6	(7)	24.0	(5)		94.3	(1)
イタリア	26.1	(5)	27.5	(4)	23.9	(6)		60.6	(13)
マレーシア	25.9	(6)	27.2	(5)	24.1	(4)		53.2	(16)
ポルトガル	25.7	(7)	26.5	(8)	24.6	(3)		56.1	(14)
中国	25.1	(8)	27.0	(6)	20.4	(7)	*	66.8	(9)
ブラジル	21.2	(9)	22.6	(9)	18.8	(9)		64.7	(12)
カナダ	21.0	(10)	22.1	(10)	16.8	(13)		80.4	(4)
アルゼンチン	19.6	(11)	20.5	(12)	18.7	(10)		46.8	(18)
イギリス	19.4	(12)	20.8	(11)	16.2	(14)	＋	66.5	(11)
オーストラリア	17.4	(13)	18.1	(14)	16.8	(12)		53.4	(15)
アメリカ	17.2	(14)	17.3	(15)	17.2	(11)		74.7	(6)
フィンランド	16.0	(15)	18.8	(13)	10.6	(17)	***	66.7	(10)
ノルウェー	14.6	(16)	15.8	(16)	11.1	(16)	*	68.8	(7)
メキシコ	12.5	(17)	12.9	(18)	11.9	(15)		68.0	(8)
南アフリカ	11.6	(18)	14.9	(17)	7.2	(18)	＋	47.7	(17)
全　体	22.3		23.7		19.0		＋	67.6	
(a)との相関係数	1.000	−9.78***	.989***	−.966***	.934***	−.933***		0.456	−.407＋
(b)との相関係数	−97.8***	1.000	−.975***	.973***	−.875***	.917***		−.468*	0.399

	学位							
	研究活動平均総得点					構成比（%）		
	博士号		その他			博士号		その他
韓国	28.8	(4)	20.5	(4)		96.8	(2)	3.2
香港	26.3	(8)	25.9	(2)		94.5	(3)	5.5
ドイツ	31.2	(2)	8.0	(17)	***	80.5	(8)	19.5
日本	36.0	(1)	20.1	(5)		93.7	(4)	6.3
イタリア	27.1	(7)	19.7	(6)		48.5	(15)	51.5
マレーシア	16.6	(17)	9.2	(16)		51.9	(13)	48.1
ポルトガル	11.2	(18)	9.6	(14)	**	80.8	(7)	19.2
中国	28.2	(6)	23.2	(3)		36.1	(17)	63.9
ブラジル	23.0	(11)	10.5	(13)	**	79.2	(9)	20.8
カナダ	20.8	(12)	33.3	(1)		97.2	(1)	2.8
アルゼンチン	24.8	(9)	12.8	(10)	***	56.5	(12)	43.5
イギリス	17.9	(15)	4.4	(18)		91.5	(6)	8.5
オーストラリア	19.7	(14)	10.8	(12)	**	72.0	(10)	28.0
アメリカ	24.7	(10)	17.5	(7)	＋	92.3	(5)	7.7
フィンランド	30.3	(3)	16.0	(8)		0.0	(18)	100.0
ノルウェー	28.4	(5)	11.4	(11)	***	67.9	(11)	32.1
メキシコ	16.9	(16)	9.3	(15)	***	45.7	(16)	54.3
南アフリカ	19.8	(13)	12.9	(9)		49.3	(14)	50.7
全　体	24.7		17.5			62.9		37.1
(a)との相関係数	0.290	−0.320	0.358	−0.318		0.420	−.480*	
(b)との相関係数	−0.328	0.346	−0.316	0.253		−.430＋	.467*	

注)（　）内は順位。***p＜0.001、**p＜0.01、*p＜0.05、＋ p＜0.10

の比率が高くなったということではないかと思われる。ちなみに、女性差別の積極的是正（アファーマティブ・アクション）を採用するアメリカなどの順位が低いことは気になるところである。

年代については、一八カ国中七カ国で四〇歳以上の教員の方が四〇歳未満の教員に比べて危険率一％において有意に研究活動平均総得点が高くなっていた。しかし、性別の時と違って、構成比率の列をみると、四〇歳以上の教員比率が高い国ほど研究活動平均総得点が高くなっているというわけではない。

学位については、一八カ国中七カ国で博士号を取得している教員はそうでない教員に比べて危険率一％において有意に研究活動平均総得点が高くなっていた。さらに、学位の構成比率の最終行に示した相関係数をみると、危険率一〇％において研究活動平均総得点の高い国ほど博士号取得教員比率が高くなっていた。

学外研究費の割合については、一八カ国中八カ国で学外研究費の割合と研究活動総得点との間に危険率一％において有意な関連性が確認された。平均値の列の最終行の相関係数を見ると、統計的には有意ではないが研究活動平均総得点の高い国ほど学外研究費の割合が高くなっていることをみることができる。

研究時間については、一八カ国中八カ国で研究時間と研究活動総得点との間に危険率一％において有意な関連性が確認された。平均値の列の最終行の相関係数をみると、統計的には有意ではないが研究活動平均総得点の高い国ほど研究時間が多くなっていることをみることができる。

国別に多変量解析をしたところ、前述の傾向と同じように、すべての国で共通して有意な変数はなく、比較的多くの国で、②年齢、⑥学外研究費の割合、⑦研究時間数、が有意な規定要因となっていた（分析結果は省略）。

おわりに

本章では、二〇〇七年ＣＡＰ調査に基づいて、専門分野別の大学教員の研究活動成果量の状況とその規定要因を明らかにした。続いて、その研究活動成果量の国別の特徴も明らかにした。その結果、三点が明らかになった。

一点目は、研究業績形態ごとの平均成果量からみた国別の順位は、研究業績形態ごとに異なっている。すなわち、研究業績形態ごとの平均成果量が一位の国をあげると、「著書」は日本、「編著書」「コンピュータプログラム」は中国、「学術論文」「報告書」「特許権」は韓国、「学会発表」はカナダ、「専門的記事」は香港、「芸術活動」はアメリカ、「フィルム」はドイツ、となっていた。

なお、研究活動平均総得点で二位の日本において、「著書」は一位、「特許権」は三位で上位に位置しているものの、「研究報告書」は一五位、「学会発表」は一四位、「専門的記事」は一三位と低位に位置しており、国によって得意とする研究成果形態に違いがある。

二点目は、国別の研究活動平均総得点をみると、韓国、日本、イタリア、中国、ドイツ、香港の順に研究活動平均総得点は高くなっていた。とはいえ、専門分野別にその順位は異なっている。人文科学系、社会科学系、自然科学系、工学系において韓国が一位で、保健医療系において日本が、教員養成系においてイタリアが一位となっていた。

三点目は、二〇〇七年の研究活動平均総得点を一九九二年と比較したところ、日本では、専門分野全体で一・〇六倍の微増であったものが、韓国、ドイツ、香港ではそれぞれ一・六一倍、一・四二倍、一・八四倍で、増加が顕著であった。この三カ国については、教員養成系以外の専門分野において、対象国全体における増加以上に研究活動平均総得点が大きく増加していた。

なお、一九九二年当時、日本の研究活動平均総得点は、社会科学系、自然科学系、工学系が一位、人文科学系は四位であったものが、二〇〇七年データを見ると、人文科学系が一・三五倍増加していることが顕著である以外は、どの分野においても業績量はほとんど増加しておらず、他の国々の躍進もあって、順位はそれぞれ五位、四位、五位、と全体的には下がっている。なお、保健医療系については、どちらの年も一位ではあるが、研究活動平均総得点は、〇・八七倍に下がっている。

四点目は、専門分野別に研究活動平均総得点の規定要因を分析した結果、「②年齢」「⑥学外研究費の割合」「⑦研究時間数」は、すべての専門分野において、有意な説明変数であることがわかった。すなわち、どの専門分野においても、高齢の教員ほど、学外研究費の割合が高い教員ほど、研究時間数が多い教員ほど、研究活動総得点が高いことが明らかとなった。また、「①性」についても、保健医療系において、男性教員ほど有意に研究活動総得点が高くなる傾向を示している。さらに、「③最高学位」についても、工学系において、博士号を持っている教員ほど有意に研究活動総得点が高くなる傾向を示している。

最後に、重回帰分析を用いて国別・専門分野別に研究活動平均総得点の規定要因を分析したところ、すべての国で共通して有意な変数はなく、比較的多くの国で、②年齢、⑥学外研究費の割合、⑦研究時間数、が有意な規定要因となっていた。

研究活動を促進する秘策があるわけではないが、本研究の結果から導き出すとすれば、研究費や研究時間を増やしたり、競争的な研究環境を醸成することなどが有効であるかもしれない。しかし、日本のように、一九九五年に「科学技術基本法」を制定して多くの研究費を競争的につぎ込んできたにもかかわらず、人文科学系を除いたある分野の研究活動総得点は微減、ある専門分野は微増となっていた。同様に研究活動を競争的に支援してきた韓国における研究活動総得点の増加は顕著である。研究活動の促進要因を探ろうとするならば、この一五年間のどのような変化が、この両国の研究活動総得点の変化の違いを生じさせてきたのかについて詳細に調べてみることが有効ではないかと思われる。

【注および参考文献】

（1）中央教育審議会「我が国の高等教育の将来像」（答申）、二〇〇五年一月二八日。
（2）科学技術庁編『平成一二年版科学技術白書』八二頁。
（3）資源に乏しい日本が人類社会の中で名誉ある地位を占めていくことは決して容易なことではなく、日本の未来を切り拓く途は、独自の優れた科学技術を築くことにかかっている、との考えの下、我が国では「科学技術創造立国」

を国家戦略として打ち立てられた。

さらに、我が国が、「科学技術創造立国」を目指して科学技術の振興を強力に推進していくために、科学技術政策の基本的な枠組みを与える法律「科学技術基本法」が平成七年一一月一五日に施行された。その「科学技術基本法」の規定に基づき、我が国全体の科学技術振興に関する施策の総合的かつ計画的な推進を図るための根幹となる「科学技術基本計画」が平成八年以降策定されてきた。

なお、科学技術基本計画は、今後一〇年間程度を見通した五年間の科学技術政策を具体化するものとして策定されるもので、これまでに、平成八年度から一二年度を期間とする第一期基本計画、平成一三年度から一七年度を期間とする第二期計画、そして、現在、平成一八年度から二二年度を期間とする第三期計画が策定されてきた。

（4）カーネギー調査に関しては、Altbach, P. G. (ed.), *The international academic profession : portraits of fourteen countries*, Carnegie Foundation for the Advancement of Teaching, 1996. 有本章・江原武一編著『大学教授職の国際比較』玉川大学出版部、一九九六年、を参照して頂きたい。

（5）本論文で扱う専門分野は、分析の対象となっている大学教員が最高学位を取得した専門分野を指す。なお、アンケート調査票において、専門分野の分類は、「1．教員養成・教育学」「2．人文科学系」「3．社会科学系・行動科学」「4．経営学・行政学・経済学」「5．法学」「6．生命科学系」「7．物理学・数学・コンピュータ科学」「8．工学・建築学」「9．農学」「10．医学・健康・福祉・社会サービス」「11．人的サービス・運輸サービス・警備・安全サービス」「12．その他」の一二分類となっている。本章では、「1．教員養成・教育学」を「教員養成系」、「2．人文科学系」を「人文科学系」、「3．社会科学系・行動科学」「4．経営学・行政学・経済学」「5．法学」を合わせて「社会科学系」、「6．生命科学系」「7．物理学・数学・コンピュータ科学」を合わせて「自然科学系」、「8．工学・建築学」を「工学系」、「9．農学」を「農学系」、「10．医学・健康・福祉・社会サービス」を「保健医療系」、「11．人的サービス・運輸サービス・警備・安全サービス」と「12．その他」を合わせて「その他」と八分野に再カテゴライズした。本章では、この調査に参加している一八カ国の大学教員のうち、二〇名未満しかいない「農学系」を除いた六分野「人文科学系」「社会科学系」「自然科学系」「工学系」「保健医療系」「教員養成系」を分析対象とした。

（6）「執筆あるいは共著した学術書」一冊につき一〇点、「編著あるいは共編した学術書」一冊につき五点、「学術書あるいは学術雑誌に発表した論文」一編につき一点、「研究費援助を受けた研究報告あるいはモノグラム」一冊につき三点、「学会大会に提出した論文」一編につき〇・五点、「新聞や一般雑誌への専門的記事」一本につき〇・三点、「技術あるいは発明について得られた特許権」一本につき〇・五点、「公共利用のために開発されたコンピュータプログラム」一本につき〇・五点、「公演会や展示会などの芸術活動」一回につき〇・五点、「制作されたビデオや映画」一本につき〇・五点、を当てはめて計算した。「その他」については「研究活動平均総得点」に入れなかった。

（7）表12-6は、一九九二年に実施したカーネギー調査のデータを用いて、国別・専門分野別の研究活動平均総得点を示したものである。さらに、表12-7は、二〇〇七年の同様形式データ（表12-2）が、一九九二年データに比べて何倍増加したかを示したものである。なお、一九九二年の分析で取り上げた国は、一四カ国であったが、この度の二〇〇七年調査で重複している九カ国のみ分析の対象とした。

表12-7をみると、どの専門分野においても韓国・ドイツ・香港の躍進が目につく。日本は、全体では一・〇六倍の微増であるが、分野別で見ると、保健医療系の〇・八七倍から、人文科学系の一・三五倍まで幅があった。

（8）なお、統計的には、人文科学系においては一一位の香港まで、社会科学系においては五位の日本まで、自然科学系においては一一位のアルゼンチンまで、工学系においては三位のイタリアまで、保健医療系においては五位の香港まで、教員養成においては一四位のフィンランドまで、危険率一〇％において有意な差は確認されなかった。

（9）これらの変数を選択するに当たっては、一九九〇年以降に発表された以下の研究業績量の規定要因に関する研究成果を参照した。

Bellas, Marcia L. et al., Faculty Time Allocations and Research Productivity: Gender, Race, and Family Effects, *Review of Higher Education*, Vol. 22, No. 4, 1999, pp. 367–390.

Bland, Carole J. et al., The Impact of Appointment Type on the Productivity and Commitment of Full-Time Faculty in Research and Doctoral Institutions, *Journal of Higher Education*, Vol. 77, No. 1, 2006, pp. 89–123.

Bonzi, Susan et al., Faculty Productivity as a Function of Cohort Group, Discipline, and Academic Age, *Proceedings of the ASIS Annual Meeting*, Vol. 28, 1991, pp. 267–275.

大膳司「研究業績量の規定要因――国際比較に基づいて」有本章・江原武一編著『大学教授職の国際比較』玉川大

表12-6　国別・専門分野別の研究活動平均総得点（1992 年）

	人文科学系	社会科学系	自然科学系	工学系	保健医療系	教員養成系	全体
日本	16.1 (4)	25.6 (1)	26.5 (1)	27.4 (1)	59.3 (1)	24.6 (2)	29.6 (1)
韓国	16.1 (5)	23.2 (2)	23.5 (2)	23.9 (2)	24.0 (2)	27.6 (1)	22.3 (2)
ドイツ	21.9 (1)	20.9 (3)	16.3 (7)	12.8 (6)	22.2 (3)	22.0 (3)	18.6 (3)
アメリカ	15.7 (6)	15.3 (7)	20.5 (3)	21.8 (3)	20.2 (4)	12.6 (6)	18.0 (4)
イギリス	16.3 (3)	19.3 (4)	19.4 (4)	12.6 (7)	19.9 (5)	13.8 (5)	17.6 (5)
オーストラリア	16.5 (2)	14.5 (8)	15.9 (8)	15.4 (4)	18.9 (6)	13.8 (4)	15.8 (6)
メキシコ	14.7 (8)	17.9 (5)	17.6 (6)	13.4 (5)	8.1 (9)	8.4 (9)	14.4 (7)
香港	14.7 (9)	14.0 (9)	17.6 (5)	9.8 (9)	18.6 (7)	11.4 (7)	14.3 (8)
ブラジル	15.0 (7)	16.2 (6)	12.2 (9)	9.8 (8)	13.1 (8)	9.0 (8)	13.0 (9)
合　計	16.9	18.2	19.1	18.7	24.7	16.0	19.1

注）表中の数値は研究活動平均総得点。（　）内の数値は、研究活動平均総得点の高い順位。

表12-7　国別・専門分野別の研究活動平均総得点の 1992 年と 2007 年の比較

	人文科学系	社会科学系	自然科学系	工学系	保健医療系	教員養成系	全体
日本	1.35	0.97	1.01	0.97	0.87	1.08	1.06
韓国	2.01	1.49	1.50	1.73	1.99	1.13	1.61
ドイツ	1.41	1.32	1.64	1.57	1.30	1.08	1.42
アメリカ	0.83	0.80	0.84	1.15	0.84	0.92	0.81
イギリス	1.07	0.96	1.00	1.66	0.79	0.81	1.02
オーストラリア	1.12	1.35	1.09	1.30	0.94	1.22	1.16
メキシコ	1.17	0.73	0.71	0.53	1.35	1.39	0.80
香港	1.37	1.35	1.78	4.01	2.05	2.15	1.84
ブラジル	1.57	1.09	1.75	1.98	1.45	1.86	1.50
合　計	1.30	1.14	1.17	1.21	1.08	1.20	1.16

注）表中の数値は、1992 年の研究活動平均総得点に対する 2007 年のそれの比率。

学出版部、一九九六年、一六六―一八三頁。

大膳司「研究業績量の規定要因に関する日米間比較――物理学を対象として」『ヒューマンサイエンス』第二号、一九九六年、二〇七―二三七頁。

大膳司「研究生産性」有本章編著『変貌する日本の大学教授職』玉川大学出版部、二〇〇八年、二四五―二六二頁。

Fukudome, Hideo and Daizen, Tsukasa, *Education and Research Activities of the Academic Profession in Japan*, RIHE International Seminar Report, No. 13, 2009, pp. 165-192.

Kotrlik, Joe W. et al., Factors Associated with Research Productivity of Agricultural Education Faculty, *Journal of Agricultural Education*, Vol. 43, No.3, 2002, pp. 1-10.

Stack, Steven, Gender, Children and Research Productivity, *Research in Higher Education*, Vol. 45, No. 8, 2004, pp. 891-920.

（10）各変数のカテゴリーは以下のとおりである。

「①性」は、男性を1、女性を0とした。

「②年齢」は、四〇歳以上を1、四〇歳未満を0とした。

「③学位レベル」は、博士号を1、学士号と修士号を0とした。

「④定期的研究活動評価の有無」は、有るを1、無いを0とした。

「⑤研究施設・設備の状況」は、よいと普通を1、どちらとも言えない、あまりよくない、よくないを0とした。

「⑥所属機関外から受け取る研究費の割合」は、実数（％）。

「⑦研究時間数」は実数を使用した。


（大膳　司）

13章 教育活動

はじめに

日本の大学教員はどのような教育活動を行っており、それは国際的にみてどのような水準にあるのか。こうした点について、これまで明らかにされている知見はそう多いわけではない。例えば、一九九二年に実施された「カーネギー大学教授職国際調査」（以下、一九九二年調査と表記）の結果を分析した有本・江原編[1]において、教育活動に関する主要な知見は以下の二点に過ぎない。

一つは、日本の大学教員は、教育活動よりも研究活動に対する志向性が高いという点である。すなわち、日本の大学教員は、七二・五％が研究活動に関心があると回答しており、これは調査対象国中一番目に高い値であった。なお、こうした傾向は、二〇〇七年に実施された調査においても同様に確認されている。ただし、福留によれば、「九二年当時と比べれば、それほど大きな変化とはいえないが、教育志向が有意に強まっている状況をみてとることができる」との言及がなされている[2]。

いま一つは、日本の大学教員は、教育条件・環境に対する評価が低いという点である。後述のように、図書館の蔵書や教育用機器、コンピュータ機器といった教育条件・環境に対する評価は、調査対象国中二番目もしくは三番目に低いことから[3]、日本は「もたざる国」として位置づけられている。なお、教育活動に従事する時間も、ある意味では教育条件・環境といえるが、必ずしも十分な検討は行われていなかった。

このように、有本・江原編においては、日本の大学教員の教育活動については、研究活動との対比の中で取り扱われるか、あるいは教育条件・環境といった外形的な側面が取り扱われるのみであり、日本の大学教員がどのような教育活動を行っており、それが国際的にみてどのような水準にあるのか、といった点についてはあまり明らかにされてこなかった。そこで、本章では、こうした点について、教育条件・環境、教育改善活動の取り組み、教育活動・授業内容等という三つの視角から検討したいと考える。

1　教育条件・環境

教育に関する施設、設備、人員に対する教員の評価

教育に関する施設、設備、人員に対する教員の評価をたずねたところ、教室や図書館、教育用機器、コンピュータ機器、通信設備については、相対的に評価が高く、概ね半数以上の教員が満足していることがうかがえる（表13―1参照）。なお、先述のように、一九九二年調査では、図書館、教育用機器、コンピュータ機器についてのみ、同様の問いが設けられている（ただし、図書館については、「図書館の蔵書」というワーディングであることに留意）(4)。その結果と比較すると、図書館や教育用機器については、一〇ポイント以上値を伸ばしていることから、この一五年の間にこうした教育条件・環境はかなり改善されてきているといえる。その一方で、実験室や教育支援スタッフについては、相対的に評価が低く、特に教育支援スタッフについては、その値は三割にも満たない。教育に関する施設や設備といったハード面の整備に比べ、教育支援スタッフのようなソフト面の整備が立ち遅れている現状がうかがえよう。

国別にみると、北欧諸国（特にフィンランド）(5)や香港では総じて評価が高いことがわかる。特に香港については、一九九二年調査からも同様の傾向がうかがえる。これに対し、日本やアルゼンチンでは総じて評価が低い。特に

表13-1　教育に関する施設、設備、人員に対する教員の評価

地域	国名	施設			設備			人員
		教室	実験室	図書館	教育用機器	コンピュータ機器	通信設備	教育支援スタッフ
北米	アメリカ	51.7	38.3	59.9	61.9	62.5	71.5	32.4
	カナダ	51.1	31.3	63.4	61.3	55.1	71.4	32.5
ヨーロッパ	イギリス	34.1	39.1	51.4	41.5	45.8	53.0	37.7
	ドイツ	45.8	51.7	48.9	52.1	65.1	81.1	25.2
	イタリア	37.6	29.4	54.2	36.8	44.9	64.9	16.1
	ポルトガル	52.6	38.6	51.8	51.0	46.8	61.1	25.6
	フィンランド	73.9	54.9	72.9	71.9	70.7	81.2	42.6
	ノルウェー	57.9	43.6	74.3	59.8	74.0	85.0	19.9
オセアニア	オーストラリア	47.8	43.7	78.7	51.7	64.9	71.5	29.7
中南米	メキシコ	42.1	40.0	51.9	46.3	53.8	54.5	20.2
	ブラジル	50.1	39.3	46.8	41.3	44.1	52.5	31.6
	アルゼンチン	29.9	22.5	36.9	31.5	36.4	38.5	25.8
アフリカ	南アフリカ	38.9	35.9	65.9	37.8	57.8	68.7	28.2
アジア	マレーシア	44.4	37.9	53.0	45.5	55.0	56.4	29.9
	香港	67.8	49.6	82.4	71.8	75.3	79.5	35.6
	中国	64.3	40.3	47.5	56.0	47.4	42.2	39.9
	韓国	48.1	25.5	43.1	44.3	50.4	73.6	13.7
	日本	33.1	25.4	39.0	32.1	37.0	53.2	9.2
全体		49.7	36.9	55.2	49.8	53.3	62.3	28.1

注）値は「大変よい」～「大変悪い」の五件法で、肯定的回答の割合。
各項目上位三カ国には濃い網掛けを、下位三カ国には薄い網掛けをしている。以下、同様に表記。

日本については、一九九二年調査からも同様の傾向がうかがえる。[3] 日本の教育支援スタッフに対する評価は、調査対象国中最も低い評価であり、その値は一割にも満たない。ハード面の整備は勿論であるが、ソフト面の整備も急務であるといえよう。[6]

なお、**表13-2**左側には、教育機関に対する支出の対GDP比を示している。先の分析で総じて評価の高かったフィンランドと評価の低かった日本とを比較すると、公財政支出と私費支出を合計した値では、フィンランドの値は日本の値を上回っていることがわかる。ただし、その値が北米や韓国よりも低いことに鑑みれば、より重要なのは、合計に占める公財政支出の割合であろう。すなわち、フィンランドでは、私費支出の割合はきわめて小さく、ほとんど公財政支出でまかなわれているのに

表13-2　教育機関に対する支出の対GDP比（高等教育）2005年

地域	国名	公財政支出	私費支出	合計	合計に占める公財政支出の割合	教育条件・環境に関する主成分得点
北米	アメリカ	1.0	1.9	2.9	0.34	0.234
	カナダ	1.4	1.1	2.6	0.54	0.118
ヨーロッパ	イギリス	0.9	0.4	1.3	0.69	−0.076
	ドイツ	0.9	0.2	1.1	0.82	0.201
	イタリア	0.6	0.3	0.9	0.67	−0.253
	ポルトガル	0.9	0.4	1.4	0.64	−0.028
	フィンランド	1.7	0.1	1.7	1.00	0.602
	ノルウェー	1.3	m	m	—	0.409
オセアニア	オーストラリア	0.8	0.8	1.6	0.50	0.249
中南米	メキシコ	0.9	0.4	1.3	0.69	−0.135
	ブラジル	0.8	m	m	—	−0.098
	アルゼンチン	—	—	—	—	−0.679
アフリカ	南アフリカ	—	—	—	—	−0.048
アジア	マレーシア	—	—	—	—	0.015
	香港	—	—	—	—	0.557
	中国	—	—	—	—	0.090
	韓国	0.6	1.8	2.4	0.25	−0.164
	日本	0.5	0.9	1.4	0.36	−0.282

注）対GDP比に関するデータの出典：経済協力開発機構（OECD）編、2008、『図表でみる教育OECDインディケータ（2008年版）』明石書店。

対し、日本では、公財政支出は調査対象国中最も低く、韓国ほどではないにしても私費支出に依存した構造になっているのである。

こうした結果を、表13-1で示した七項目を主成分分析によって要約した主成分得点に照らしてみると（表13-2右側参照）、教育機関に対する支出の対GDP比と、教育に関する施設、設備、人員に対する教員の評価との関係性がより鮮明に浮かび上がる。すなわち、フィンランドやドイツのように、公財政支出と私費支出を合計した値がそう大きくはなくとも、公財政支出の割合が一定水準以上にある国や、アメリカやカナダのように、公財政支出の割合がそう大きくはなくとも、公財政支出と私費支出を合計した値が一定水準以上にある国では、その評価が高いという関係性（裏返せば、イギリスやイタリア、メキシコのように、公財政支出の割合が一定水準以上にない国や、韓国

表13-3　学士課程の平均クラスサイズおよび数量的な目標値の設定の有無

地域	国名	学士課程の平均クラスサイズ			数量的な目標値の設定
		平均値	中央値	最頻値	
北米	アメリカ	43.3	30.0	30.0	67.1
	カナダ	58.2	45.0	50.0	59.4
ヨーロッパ	イギリス	88.0	60.0	50.0	53.7
	ドイツ	82.6	42.0	30.0	41.1
	イタリア	88.8	70.0	100.0	34.0
	ポルトガル	74.6	50.0	30.0	48.3
	フィンランド	54.4	30.0	20.0	37.9
	ノルウェー	67.1	40.0	20.0	26.6
オセアニア	オーストラリア	219.0	160.0	200.0	52.5
中南米	メキシコ	26.2	25.0	30.0	63.0
	ブラジル	54.5	40.0	40.0	51.4
	アルゼンチン	129.6	100.0	100.0	36.5
アフリカ	南アフリカ	177.0	100.0	200.0	47.5
アジア	マレーシア	94.8	60.0	30.0	70.3
	香港	57.4	40.0	30.0	55.4
	中国	100.0	80.0	100.0	47.0
	韓国	43.5	40.0	40.0	63.5
	日本	71.1	60.0	100.0	16.4
全体		84.6	50.0	30.0	47.3

注）左側部分の値は「人」。右側部分の値は「あてはまる」と回答した割合。

のように、公財政支出と私費支出を合計した値が一定水準以上にない国では、その評価が低いという関係性）が確認できるのである。公財政支出と私費支出を合計した値がそう大きいわけではないにもかかわらず、公財政支出の割合も小さな日本で、その評価が低いのはある意味当然であるといえるのかもしれない[7]。

授業に関する教育条件・環境

次に、授業に関する教育条件・環境として、学士課程の平均クラスサイズをたずねたところ、その状況は国によって大きく異なっていた（表13-3左側参照）。すなわち、中央値でみたとき、アメリカやフィンランド、メキシコは、三〇人以下のきわめて小規模なクラスサイズであることが確認できる。特にフィンランドについては、教育に関する施設、設備、人員だけでなく、授業に関する教育条件・環境にも恵まれていることがわかる。その一方で、一〇〇人超の大規模なクラスサイズの国も少なくなく、特にオーストラリアは、調査対象国中際立って大規模なクラスサイズであることが確認できる。なお、日本はどちらかといえば大規模クラスサイズの国であり、教育に関する施設、設備、人員だけでなく、授業に関する教育条件・環境にもあまり恵まれていないことがわかる。

では、そうした平均クラスサイズは、意識的にコントロールされた結果なのだろうか。その点について検討するために、授業における学生数に数量的な目標値が設定されているかについてたずねた（表13-3右側参照）。その結果、小規模なクラスサイズである国のうち、アメリカやマレーシアでは目標値が設定されているとの回答が多くみられ、これらの国では、小規模なクラスサイズが意識的にコントロールされた結果であることがうかがえる。これに対し、大規模なクラスサイズである国のうち、オーストラリアでは目標値が設定されているとの回答が比較的多くみられたのに対し、日本ではそうした回答は調査対象国中最も少なかった。すなわち、オーストラリアでは大規模なクラスサイズが意識的にコントロールされた結果であるのに対し、日本では必ずしもそれが意識的にコントロールされた結果ではないことがうかがえる。

2　教育改善活動の取り組み

教育改善活動の取り組みについてたずねたところ、「あなたは、学生の不十分な点を補うために基本的な技能を向上させる時間を増やしている」（以下、「基本的な技能を向上させる時間の増加」と表記）といった、教員個人の取り組み状況を示す項目では、半数以上の教員で肯定的な回答がみられた（表13-4左側参照）。一方、組織的な取り組みである「あなたは、授業評価に応じて教授法を向上させることが奨励されている」（以下、「授業評価に応じて教授法を向上させることの奨励」と表記）といった項目でも、半数以上の教員で肯定的な回答がみられたが、「あなたの機関では授業の質を高めるための適切なトレーニングコースがある」（以下、「授業の質を高めるための適切なトレーニングコース」と表記）といった項目では、三分の一ほどしか肯定的な回答はみられなかった。

国別にみると、教員個人の取り組みについては、南アフリカやイギリス、ポルトガルに次いで、アルゼンチンや日本も高い値を示しているのに対して、北欧諸国では低い値を示していることが確認できる。先述のように、特

表13-4　教育改善活動の取り組み

地域	国名	教員個人の取り組み	組織的な取り組み		教員個人の取り組みと組織的な取り組みの相関	
		基本的な技能を向上させる時間の増加	授業評価に応じて教授法を向上させることの奨励	授業の質を高めるための適切なトレーニングコース	授業評価に応じて教授法を向上させることの奨励	授業の質を高めるための適切なトレーニングコース
北米	アメリカ	50.9	51.6	43.0	−0.019	−0.115 ***
	カナダ	56.8	55.1	56.7	−0.079 *	−0.103 ***
ヨーロッパ	イギリス	68.1	54.8	62.1	0.016	−0.101 **
	ドイツ	52.0	35.4	32.1	0.002	−0.073 *
	イタリア	53.6	59.4	2.7	−0.013	−0.057 *
	ポルトガル	65.7	35.9	24.4	0.011	−0.098 *
	フィンランド	41.1	12.4	42.4	0.054	−0.080 *
	ノルウェー	37.8	46.6	40.3	−0.090 *	−0.103 **
オセアニア	オーストラリア	56.5	64.5	56.1	0.087 *	−0.047
中南米	メキシコ	57.4	48.9	47.7	0.017	−0.058
	ブラジル	55.2	38.9	28.8	0.141 ***	−0.084 *
	アルゼンチン	65.2	33.6	30.4	0.024	−0.030
アフリカ	南アフリカ	69.9	54.3	44.1	0.090 *	−0.141 ***
アジア	マレーシア	51.5	63.4	50.8	0.022	−0.057
	香港	55.3	52.2	40.3	0.112 **	−0.007
	中国	57.7	62.9	28.9	0.237 ***	0.064 ***
	韓国	57.9	64.7	38.8	−0.047	−0.144 ***
	日本	63.3	69.7	19.9	0.247 ***	0.041
全体		56.4	52.7	35.0	0.078 ***	−0.046 ***

注）左側部分の値は「当てはまる」～「当てはまらない」の五件法で、肯定的回答の割合。
右側部分の値は相関係数。相関係数の高い上位三カ国には濃い網掛けをしている。
*** は $p<0.001$、** は $p<0.01$、* は $p<0.05$。

に日本やアルゼンチンでは、教育条件・環境に恵まれていないにもかかわらず、個人レベルでの教育改善活動に積極的であるのに対し、北欧諸国では、教育条件・環境に恵まれているにもかかわらず、個人レベルでの教育改善活動にそれほど積極的でないというこうした結果は非常に興味深い。

一方、組織的な取り組みについては、「授業評価に応じて教授法を向上させることの奨励」では、総じてアジア諸国の値が高く、特に日本は調査対象国中最も高い値を示している。これに対し、「授業の質を高めるための適切なトレーニングコース」では、総じてアングロサクソン系諸国の値が高く、日本は調査対象国中二番目という非常に低い値を示している。こうした結果は、日本における教育改善に対する組織的な取り組みがもっぱら授業評価を中心に行われており、授業の質を高めるための適切なトレーニングコースのように、授業評価以外に教育改善活動を促す枠組みに乏しいことを示唆するものである。

なお、先述のように、日本の大学教員は個人レベルでの教育改善活動に積極的であるが、その背景には、こうした授業評価を中心とした組織的な取り組みが少なからず影響を及ぼしていると考えられる。そのことは、教員個人の取り組みと組織的な取り組みとの相関係数を示した**表13-4**右側から読み取れる。すなわち、「授業の質を高めるための適切なトレーニングコース」との間には統計的に有意な関係性は認められないのに対し、「授業評価に応じて教授法を向上させることの奨励」の間にはそれが認められるのである。値としては〇・三未満とそれほど高い相関ではないものの、両者の関係性は調査対象国中で最も顕著である。

このように、個人レベルでの教育改善活動が促されているという意味では、授業評価を中心とした組織的な取り組みは功を奏しているともいえる。(8) しかしその一方で、授業評価を通じた個人レベルでの教育改善活動には限界がある。この点において、韓国をはじめ、「授業の質を高めるための適切なトレーニングコース」との間に、小さいながらも統計的に有意な負の関係性が認められるという結果は非常に興味深い。こうした結果は、「授業の質を高めるための適切なトレーニングコース」を設けることができれば、個人レベルでの教育改善活動に充てる時間を抑えられる可能性、すなわち、個人レベルでの教育改善活動を効率的に行いうる可能性を示唆するものであるといえる。

こうした結果に鑑みれば、「授業の質を高めるための適切なトレーニングコース」が整備されていない日本では、個人レベルでの教育改善活動が非効率的に行われているといえるのかもしれない。授業の質を高めるための適切なトレーニングコースの整備を急ぐとともに、大学院における「教育者」としての大学教員の養成機能を強化する(9)など、授業評価以外にも教育改善活動を促す枠組みを政策レベルで構築していく必要があるだろう。

3　教育活動・授業内容等

教育活動

今年度（または昨年度）行った教育活動についてたずねたところ，授業方法については，教室での授業／講義は大多数の教員が実施しているのに対し，プロジェクト／プロジェクトチームでの学習や情報機器を用いた学習／コンピュータを用いた学習は半数に満たず，遠隔教育にいたっては一割程度しかみられなかった（表13-5参照）。コミュニケーションについては，いずれの項目についても七割を超える教員が実施しているが，授業外での学生との対面指導やe-メールなどを用いた学生とのコミュニケーションに比べると，個人指導の値は若干低い。教材／授業開発については，授業教材の開発は六割程度とあまり高い値であるとはいえないが，カリキュラム／授業の開発となると，さらに値は落ち込むことになる。

国別にみると，授業方法については，日本では，教室での授業／講義や実習／実験といったオーソドックスな授業方法の実施状況は割合良好であり，特に教室での授業／講義では調査対象国中最も高い値を示している。しかしその一方で，その他の授業方法の実施状況は芳しくなく，プロジェクト／プロジェクトチームでの学習では調査対象国中最も低い値を示しており，遠隔教育にいたってはその値は五％にも満たない。こうした結果は，日本ではもっぱら教室での授業／講義中心の授業方法が採られていることを示唆するものである。

コミュニケーションについては，多くの国では，先述のように，授業外での学生との対面指導やe-メールなどを用いた学生とのコミュニケーションに比べると，個人指導の値が若干低いが，イタリアやブラジル，中国，日本ではこれとは逆の傾向がみられる。ただし，イタリアやブラジルでは，授業外での学生との対面指導やe-メールなどを用いた学生とのコミュニケーションも八割程度の高い値を示しているのに対し，中国や日本では，そもそも個人指導の値すら八割に満たず，e-メールなどを用いた学生とのコミュニケーションにいたっては，五割程度

表13-5　教育活動

(%)

地　域	国　名	授業方法				
		教室での授業／講義	実習／実験	プロジェクト／プロジェクトチームでの学習	情報機器を用いた学習／コンピュータを用いた学習	遠隔教育
北米	アメリカ	98.8	38.0	52.6	25.3	24.7
	カナダ	98.4	36.9	44.5	25.2	12.0
ヨーロッパ	イギリス	97.4	40.3	59.0	41.3	20.2
	ドイツ	95.0	40.1	33.6	15.4	1.6
	イタリア	99.3	51.4	32.5	16.7	9.0
	ポルトガル	97.0	76.7	42.4	27.3	13.8
	フィンランド	85.9	61.3	39.9	31.5	23.9
	ノルウェー	95.8	40.0	52.8	22.1	8.1
オセアニア	オーストラリア	93.5	42.3	51.1	36.8	26.3
中南米	メキシコ	97.3	61.2	55.4	67.7	15.5
	ブラジル	97.5	64.8	48.1	16.6	17.4
	アルゼンチン	97.6	48.9	36.2	39.3	16.3
アフリカ	南アフリカ	92.9	35.0	41.3	26.7	43.0
アジア	マレーシア	98.5	67.0	77.3	50.2	16.1
	香港	97.5	38.1	59.9	29.6	8.5
	中国	95.8	53.0	27.3	30.2	5.0
	韓国	98.4	50.8	47.8	10.7	12.5
	日本	99.5	62.0	25.0	32.2	4.6
全　体		96.7	50.9	42.4	28.9	13.1

地　域	国　名	コミュニケーション			教材／授業開発	
		個人指導	授業外での学生との対面指導	e-メールなどを用いた学生とのコミュニケーション	授業教材の開発	カリキュラム／授業の開発
北米	アメリカ	81.3	91.9	92.8	86.1	73.6
	カナダ	77.4	95.1	93.7	87.5	62.6
ヨーロッパ	イギリス	84.9	86.9	100.0	86.9	75.4
	ドイツ	37.9	45.5	67.5	34.3	35.1
	イタリア	94.7	83.5	86.4	86.2	33.7
	ポルトガル	19.1	79.0	88.8	83.8	70.8
	フィンランド	81.3	65.5	100.0	71.4	60.8
	ノルウェー	90.1	81.2	92.6	47.7	65.2
オセアニア	オーストラリア	81.2	84.0	89.5	86.9	72.8
中南米	メキシコ	77.4	90.1	83.6	79.2	67.1
	ブラジル	91.0	79.0	78.6	48.9	44.8
	アルゼンチン	42.0	71.0	74.5	70.5	47.9
アフリカ	南アフリカ	74.0	83.0	100.0	85.0	69.2
アジア	マレーシア	70.8	86.7	80.0	70.5	66.8
	香港	79.3	88.6	90.3	78.1	65.6
	中国	70.7	66.7	50.8	26.8	42.8
	韓国	58.4	87.9	67.3	63.2	49.6
	日本	79.4	67.3	55.5	29.3	26.9
全　体		73.1	77.7	78.1	62.4	52.8

注）値は「あてはまる」と回答した割合。

に過ぎない。イギリスやフィンランド、南アフリカでは、e-メールなどを用いた学生とのコミュニケーションが一〇〇%であることに鑑みれば、学生とのコミュニケーションのありようが大きく異なることがうかがえよう。

教材/授業開発については、アングロサクソン系諸国の実施状況はきわめて良好であり、特に授業教材の開発は約九割という高い値を示している。これに対し、日本や中国、ドイツでは、実施状況はきわめて芳しくなく、特に日本のカリキュラム/授業の開発は、調査対象国中最も低い値を示している。先述のように、日本の大学教員は、個人レベルでの教育改善活動に積極的であるが、それが必ずしも授業教材の開発やカリキュラム/授業の開発に結びついてはいないことがこうした結果から確認できる。

授業内容等

また、授業内容についてたずねたところ、「あなたの授業では実践的な知識や技能が重視されている」(以下、「実践的な知識や技能の重視」と表記)といった項目では、七割近くの教員で肯定的な回答がみられた(表13-6左側参照)。これに対し、「あなたは授業内容に価値と倫理の議論を組み込んでいる」(以下、「価値と倫理の議論の組み込み」と表記)や「あなたは授業で国際的な視点や内容を重視している」(以下、「国際的な視点や内容の重視」と表記)といった項目では、肯定的な回答の割合はやや低かった。

国別にみると、「実践的な知識や技能の重視」や「価値と倫理の議論の組み込み」では、中南米諸国で肯定的な回答の割合が高いのに対し、北欧諸国や日本では肯定的な回答の割合は低い。また、「国際的な視点や内容の重視」では、回答傾向が若干異なるものの、日本で肯定的な回答の割合が低いという点では変わらない。今後、グローバル社会がますます進展していくことが不可避であることに加え、同じアジア諸国の中でも韓国で肯定的な回答の割合が高いという点に鑑みれば、特に後者の結果は憂慮すべきものであるといえよう。

そこで、国際的な視点や内容を重視しているかだけでなく、実際に国外での授業や所属大学での授業言語と違う言語での授業を担当しているかについてたずねた(表13-6右側参照)。その結果、国外での授業については、イギ

表13-6　授業内容および授業の担当　(%)

地域	国名	授業内容：実践的な知識や技能の重視	授業内容：価値と倫理の議論の組み込み	授業内容：国際的な視点や内容の重視	授業の担当：国外での授業	授業の担当：所属大学の授業言語と違う言語での授業
北米	アメリカ	69.7	70.4	52.4	10.5	4.0
	カナダ	59.3	66.4	62.3	15.2	9.0
ヨーロッパ	イギリス	66.2	73.1	65.5	100.0	100.0
	ドイツ	77.1	46.9	61.5	23.0	41.9
	イタリア	52.2	36.7	61.1	13.6	24.8
	ポルトガル	73.3	67.2	81.4	41.4	92.5
	フィンランド	42.4	49.2	52.2	100.0	100.0
	ノルウェー	49.4	42.2	67.0	44.1	80.5
オセアニア	オーストラリア	73.2	67.1	67.5	12.5	4.2
中南米	メキシコ	85.0	76.3	78.5	9.4	7.0
	ブラジル	81.4	85.6	55.7	5.3	6.0
	アルゼンチン	81.9	68.3	58.3	12.6	8.4
アフリカ	南アフリカ	77.0	69.5	59.0	96.7	97.5
アジア	マレーシア	65.8	70.1	59.7	25.7	86.7
	香港	68.3	63.1	71.7	11.4	14.4
	中国	77.0	59.7	67.8	4.7	12.6
	韓国	76.1	61.2	74.2	8.8	30.4
	日本	50.2	45.8	51.1	4.4	12.0
全体		67.2	59.9	63.1	13.2	22.2

注）左側部分の値は「当てはまる」～「当てはまらない」の五件法で、肯定的回答の割合。
右側部分の値は「当てはまる」と回答した割合。

リスやフィンランドでは一〇〇%であるのに対し、中国や日本では五%にも満たない低い値を示しており、所属大学での授業言語と違う言語での授業についても、ほぼ同様の傾向が確認できる。すなわち、高い値を示しているのは、国外での授業担当が多いイギリスやフィンランドであるのに対し、低い値を示しているのは、英語を公用語とするアングロサクソン系諸国（イギリスを除く）や香港を除けば、国外での授業担当が少ない中南米諸国やアジア諸国（マレーシアを除く）であることがわかる。なお、特にマレーシアやポルトガル、ノルウェーでは、国外での授業の割合に比して、所属大学の授業言語と違う言語での授業の割合が高いことから、国内でも所属大学の授業言語と違う言語での授業が多く行われていると考えられる。

まとめ

最後に、国際比較の視点から得られた日本の教育活動の課題を提示して本章を終えたい。

まず第一に、日本の教育条件・環境は国際的にみてきわめて不十分であるという点である。教育に関する施設や設備といったハード面の整備は勿論であるが、教育支援スタッフのようなソフト面の整備も急務であるといえよう。ただ、こうした教育条件、環境を各大学レベルで改善していくことには限界がある。実際、教育に関する施設、設備、人員に対する教員の評価と、教育機関に対する支出の対GDP比との関係性を示唆する結果も得られている。すなわち、公財政支出と私費支出を合計した値がそう大きいわけではないにもかかわらず、公財政支出の割合も小さな日本では、その評価が低いのはある意味当然であるともいえるのである。諸外国に比べ、日本の高等教育への公財政支出の規模が小さいことは、これまでも繰り返し指摘されてきたことであるが、二〇〇八年の中央教育審議会答申「学士課程教育の構築に向けて」において指摘されているように、「大学の自主性・自律性を尊重する観点からも、基盤的経費を確実に措置したうえで、競争的資金を拡充し、財政支援全体の強化を図っていくこと」が強く望まれよう[(10)]。

第二に、日本の教育改善活動は、組織的な取り組みに大きな課題を抱えているという点である。すなわち、日本における教育改善に対する組織的な取り組みはもっぱら授業評価を中心に行われており、授業の質を高めるための適切なトレーニングコースのように、授業評価以外に教育改善活動を促す枠組みに乏しいのである。日本の大学教員は個人レベルでの教育改善活動に積極的であるが、その背景にはこうした授業評価を中心とした組織的な取り組みが少なからず影響を及ぼしていることを示唆する結果も得られており、そうした意味では、授業評価を中心とした組織的な取り組みは功を奏しているともいえる。しかしその一方で、授業評価を通じた個人レベルでの教育改善活動には限界があることに鑑みれば、授業の質を高めるための適切なトレーニングコースの整備を急ぐとともに、大学院における「教育者」としての大学教員の養成機能を強化するなど、授業評価以外にも教育改善活動を促す枠組みを政策レベルで構築していく必要があるだろう。

第三に、日本の教育活動は、国際的にみてきわめて立ち遅れているという点である。すなわち、授業方法については、プロジェクト／プロジェクトチームでの学習や遠隔教育はあまり行われておらず、もっぱら教室での授業／講義中心の授業方法が採られている。教材／授業開発の実施状況もきわめて低調である。また、現代的文脈で必要とされているような授業内容が十分に取り上げられておらず、例えば、国際的な視点や内容についてはあまり重視されていない。国外での授業や所属大学での授業言語と違う言語での授業もあまり行われていないこともあわせ鑑みれば、国際性という点では非常に立ち遅れているといえる。

こうした教育活動の立ち遅れは、教員個人に帰せられるものというよりは、高等教育政策に帰せられるものといえるのではないだろうか。すなわち、日本の大学教員は、教育条件・環境にも恵まれていないうえに、大学院における「教育者」としてのトレーニングはもちろんのこと、職場においてもトレーニングを受ける機会もほとんどない状態で、授業評価のみをインセンティブとして、個人レベルでの教育改善活動を行っているのである。そうした個人レベルでの教育改善活動に依拠した状態で、「新しい」教育活動、あるいは国際水準の教育活動を行うには、自ずと限界があるだろう。恒常的予算を減らし、競争的資金によって教育活動の活発化を促すといった現場任せのやり方だけでは、もはや十分な成果は見込めないということを、政策サイドは十分認識すべきではないかと考える。

【注】

（1）有本章・江原武一編著『大学教授職の国際比較』玉川大学出版部、一九九六年。
（2）福留東土「研究と教育の葛藤」有本章編著『変貌する日本の大学教授職』玉川大学出版部、二〇〇八年、二六三―二七九頁。
（3）図書館（の蔵書）（三一・四％）、コンピュータ機器（二四・九％）では調査対象国中下から三番目、教育用機器（一四・四％）では下から二番目という非常に低い評価であった。

（4）図書館の蔵書は四五・〇％、教育用機器は三六・一％。コンピュータ機器は五〇・九％であり、値の伸びは比較的小さい。

（5）教育用機器（六〇・七％）、コンピュータ機器（六九・二％）では調査対象国中最も高い評価であった。なお、一九九二年調査では、北欧諸国や後述のアルゼンチンは調査対象国に入っていなかった。

（6）「教育振興基本計画の在り方について――「大学教育の転換と革新」を可能とするために」（二〇〇八年）では、「大学の教育力を飛躍的に高める基盤をつくる」という提言の中で、「教育支援スタッフの倍増」についての言及がなされている。

（7）ただし、オーストラリアは、日本と同様の傾向にあるにもかかわらず、その評価が比較的高いことには留意したい。

（8）授業評価を通じて個人レベルでの教育改善活動が促されている背景には、授業評価の結果が第三者評価のエビデンスとして用いられることが多いことが関係していると考えられる。すなわち、大学側からは大学教員に対して授業評価の結果を上げることが求められており、そのインセンティブとして、授業評価の結果が教員評価の指標として用いられることも多く、いまや給与等の処遇に反映する大学も少なくない。

（9）福留も、「かりに今後、大学教員の教育者としての役割を明示的に高めていく必要があるとすれば、それはおそらく彼らの養成過程にまで踏み込んだものとならなければならないだろう」（有本編著、前掲書、二〇〇八年、二七六―二七七頁）と指摘している。

（10）「教育振興基本計画の在り方について――「大学教育の転換と革新」を可能とするために」（二〇〇八年）では、「できる限り速やかに公的投資を年間五兆円程度の規模に拡大させることが必要である」との提言がなされている。なお、二〇〇八年の中央教育審議会答申「学士課程教育の構築に向けて」によれば、ヨーロッパでは、欧州連合（ＥＵ）の行政執行機関である欧州委員会が対ＧＤＰ比約一％の投資規模を約二％にするという積極的な提案を行っており、日本と同様の水準にある韓国では、〇・六％から一・一％に拡大することが大統領の諮問機関から提言されているという。

（葛城　浩一）

14章 研究と教育の関係

はじめに

本章では、大学教員の仕事の中核に位置付く教育と研究について、両者の関係性を機軸に据えて分析を行う。世界の大学において、教育と研究とはどのような関係に置かれており、その中で日本の大学教授職のアカデミック・ワークの特質として何が見出せるのだろうか。まず第1節では、教育と研究および両者の関係性に関して調査参加国の現状を全般的に把握できる項目についてデータを整理し、考察を行う。取り上げる項目は、教育と研究に対する志向性、教育と研究の両立可能性、そして時間配分の三つである。それらを踏まえ、次に具体的なテーマをいくつか取り上げて考察を行う。第2節では、大学院教育を通した教育・研究能力の養成について論じる。続いて第3節では、研究と教育を中核とする大学教員の能力形成とそのあり方について探るべく、年齢区分別の分析を中心に、いくつかの国と日本とを比較しつつ論じる。

1　研究と教育の関係――世界と日本の現状

教育志向と研究志向

一九九二年に一三カ国一地域が参加して実施された「カーネギー大学教授職国際調査」では、日本の大学教員がきわめて強い研究志向を持っていることがインパクトをもって受け止められた。同調査では、回答者が教育活動と研究活動のどちらにより強い関心を抱いているかについて、「主として教育」「両方にあるがどちらかといえば教育」「両方にあるがどちらかといえば研究」「主として研究」の四件法により尋ねている。「両方にあるがどちらかといえば研究」「主として研究」の二つを「研究志向」と定義して国別の回答状況を整理したのが**表14−1**である。[1]日本の大学教員の七二・五％が研究志向であり、これは調査対象国の中で二番目に高い数値であった。[2]

表14−2には同じ設問に対する二〇〇七年度調査（一七カ国一地域で実施）の回答結果をまとめている。ここから以下の二点を指摘できる。まず、日本の大学教員の研究志向をみると、七一・七％と一五年前の調査と同水準にあり、統計的にも両者に有意な差はない。次に、調査対象国全体の研究志向は五六・〇％から六三・三％へと有意に上

表14−1　1992年調査での各国の研究志向
（研究志向の高い順）　（%）

オランダ	75.2
日本	72.5
スウェーデン	66.9
ドイツ	65.7
イスラエル	61.4
イギリス	55.7
韓国	55.6
香港	54.1
オーストラリア	51.8
アメリカ	50.8
ブラジル	38.1
メキシコ	35.1
チリ	33.4
ロシア	32.4
合　　計	56.0

表14−2　2007年調査での各国の研究志向
（研究志向の高い順）　（%）

ノルウェー	83.0
フィンランド	78.5
イタリア	76.7
オーストラリア	73.5
日本	71.7
ドイツ	71.4
韓国	68.0
カナダ	67.6
イギリス	67.5
香港	63.1
ポルトガル	58.9
アルゼンチン	57.1
アメリカ	52.1
ブラジル	51.6
中国	49.7
メキシコ	49.4
南アフリカ	46.2
マレーシア	46.2
合　　計	63.3

昇しており、世界的には研究志向が強まっている傾向が認められる。もっとも、後者の点については、二つの調査間で参加国が異なるので単純な比較はできない。そこで、両方の調査に参加した国の研究志向をみてみると、ドイツ：六五・七％→七一・四％、イギリス：五五・七％→六七・五％、韓国：五五・六％→六八・〇％、香港：五四・一％→六三・一％、オーストラリア：五一・八％→七三・五％、アメリカ：五〇・八％→五二・一％、ブラジル：三八・一％→五一・六％、メキシコ：三五・一％→四九・四％と、いずれの国でも程度の差はあれ、研究志向が高まっている。研究志向に変化がみられないのは日本のみである。なお、二〇〇七年に日本で実施されたもうひとつの調査（大学教授職に関する国際調査）では、若干「教育志向」へのシフトがみられたことを付言しておく。この調査は一九九二年調査の対象大学と同じ大学の所属教員を対象に実施された。この調査結果からは、専門分野別・年齢区分別・大学類型別にみて、これまで教育志向が相対的に弱かった教員層の教育志向が上昇する傾向がみられた(3)。このような世界的な傾向の背景に何があるのか。例えば、学術研究が国際競争の色合いを強め、国によっては、政府が高度な学術研究やそれを生み出す研究者に対するバックアップを強力に行い、それが大学教員の研究へのインセンティブを高めていることなどが考えられるが、具体的な検討は後の課題としておきたい。一方、日本についていえば、一九九〇年代以降の教育重視の高等教育政策がそれまであまり強い教育志向を持ってこなかった教員層に対して教育への意識付けを高める効果を持ったものと考えられる。

また、教員の志向性に関する九二年調査の結果について江原は、調査参加国を教育・研究志向の違いに沿って三つのカテゴリーに分類している。研究志向の強いドイツ型（オランダ、日本、スウェーデン、ドイツ、イスラエル）、反対に教育志向の強いラテン型（ブラジル、メキシコ、チリ、ロシア）、そしてこれら二つのグループの中間に位置する英米型（イギリス、韓国、香港、オーストラリア、アメリカ）である(4)。これらの分類は、地域的特性と、各国の高等教育発展の歴史および国家間の影響関係を踏まえたものであり、それらと調査結果とがきわめて鮮明に符合する結果となって、世界の大学教授職の分類モデルを示唆する枠組みを提示していた。しかし、二〇〇七年の調査結果からは、教育・研究の志向性のみによって、地域性や各国の高等教育の伝統を踏まえた明確な分類はできにくくなっている。この要因としては、参加国が大幅に入れ替わり、参加国数が増え、かつ地域的な配置が広がったこともあるだろうが、大学教授職の変貌の中で、その特性を明らかにするための軸となる新たな視座が必要となっているといえるのかもしれない。

教育と研究の両立可能性

二〇〇七年に実施した調査では、「教育と研究との両立は非常に難しい」と思うかどうかを尋ねる設問がある。この設問に対する回答を国ごとにまとめたのが**表14―3**である。傾向として指摘できることは四点である。日本、中国、マレーシアなどアジアの国では両立が困難であると考える教員が多い。反対に、中南米の国々（ブラジル、アルゼンチン、メキシコ）では両立に困難を抱える教員がきわめて少ない。アメリカと、アメリカをモデルにした高等教育システムを持つとされる韓国でも両立に困難を抱える教員が少ない。欧州各国は、両立に困難を抱える教員が少ない国が多い（ノルウェー、イタリア、イギリス）一方で、両立が困難であるとする教員が比較的多い国（フィンランド、ドイツ）もみられる。

その中で日本は、「両立が難しい」と考える教員が参加国中最も多く、半数の教員が教育と研究の両立に困難を感じている。この設問は教育と研究を両輪とする大学教授職の仕事の根幹に関わるものであり、調査結果は日本の大学教員の現状にさまざまな課題が存在していることを示唆している。この点については、第3節でさらに考察を行いたい。

表14―3　教育と研究の両立は難しいと回答した教員の比率（比率の高い順）（%）

日本	50.8
中国	42.6
フィンランド	37.0
ドイツ	31.1
マレーシア	30.5
オーストラリア	26.3
ポルトガル	25.8
香港	25.8
イギリス	25.5
南アフリカ	21.1
カナダ	19.9
イタリア	13.8
ノルウェー	13.8
メキシコ	12.5
アメリカ	12.5
韓国	11.3
ブラジル	6.9
アルゼンチン	6.3
合　　計	25.8

仕事の時間配分

世界の大学教員は、教育、研究、管理運営、社会サービスなどの諸活動に対して、どのような時

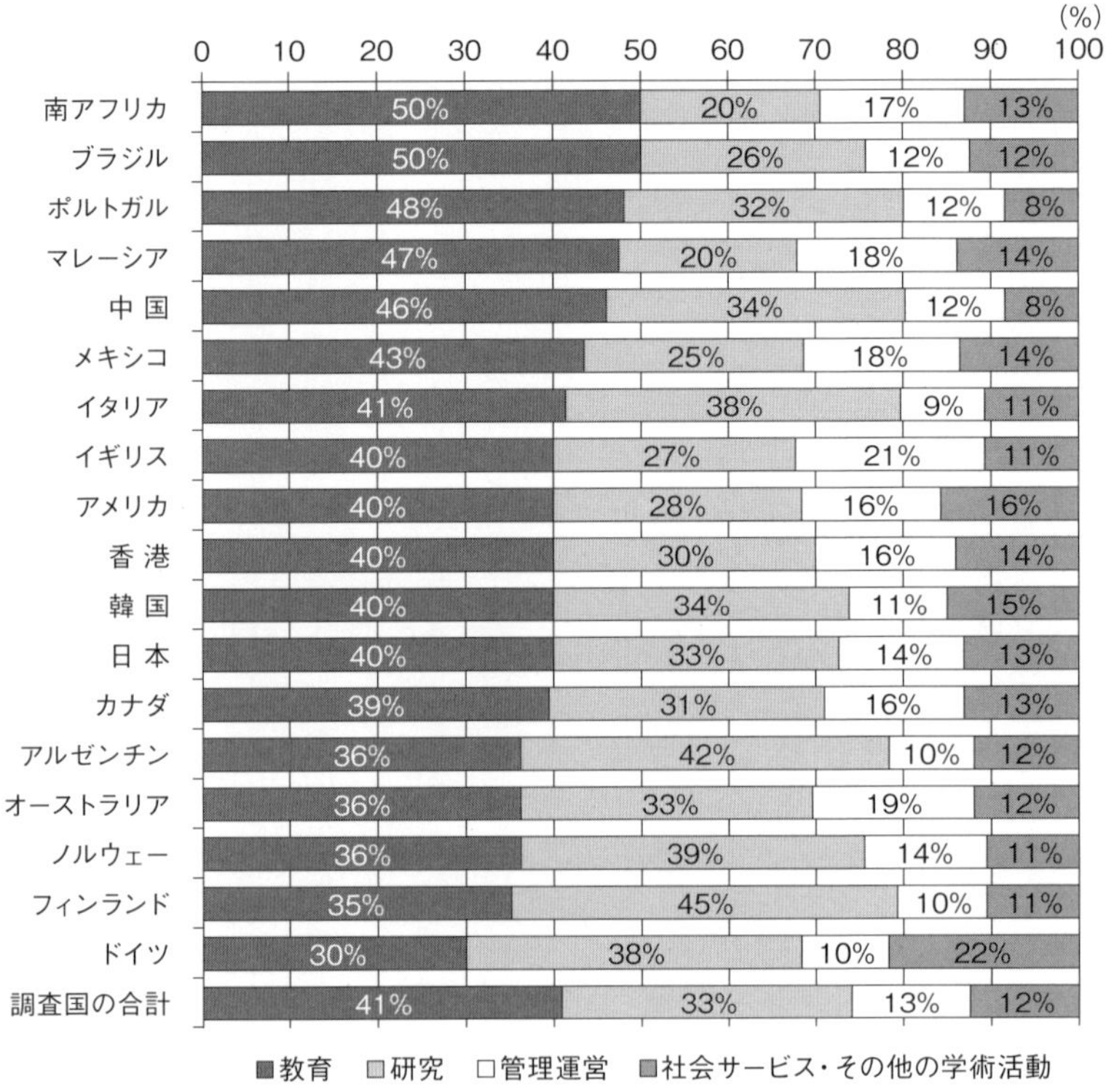

図 14-1　各国の大学教員による学期中の時間配分（教育時間の比率の高い順）

間配分を行っているのだろうか。図14−1は、学期中の平均的な一週間の活動時間を国ごとに集計し、全体に対する各活動の比率を示したものである(グラフは上から教育時間の比率が高い順に並べている)。

教育時間については最も長い国で教員の活動時間の半分を占めており（南アフリカ、ブラジル）、最も少ない国で三〇%ほどである(ドイツ)。研究時間は概ね教育時間とトレードオフの関係にあるが、教育時間が長くても研究時間が比較的長い国がいくつかみられる(ポルトガル、中国、イタリア)。これらの国やフィンランドなど、教育・研究というアカデミック・ワークに全活動時間の八割程度を充てている国々がある一方、管理運営や社会サービスに合わせて三割以上の時間を割いている国もある（マレーシア、メキシコ、イギリス、アメリカ、オーストラリア、

表14-4　主要国における大学院教育の経験に関する回答　(%)

	ドイツ	イギリス	アメリカ	日本
博士論文の執筆が求められていた	100.0	96.8	97.0	83.1
必修の課目群の履修が求められていた	14.1	19.3	82.4	35.7
研究について教員から十分な指導を受けた	29.9	24.7	70.2	60.2
研究テーマを自分で選んだ	59.4	64.6	83.9	60.1
教育スキルについて訓練を受けた／教育方法を自ら学んだ	8.3	14.6	31.2	14.7
教育・研究に関する雇用契約を結んでいた	62.1	33.5	55.6	5.2

ドイツ）。その中で日本についてみると、調査国全体の合計における比率とほぼ同様の時間配分の構造がみられる。その意味で、世界的傾向に照らせば、全体としてバランスのとれた時間配分が行われているといいうるのかもしれない。ただし、図14−1は時間配分の比率をみたものだが、労働時間全体の平均値をとると、日本は韓国に次いで二番目に労働時間が長く（学期中の一週間当たり五〇・八時間）、調査国全体の平均（同四四・三時間）よりも六・五時間分もの多くの労働を行っていることを指摘しておきたい。また、先にみた教育と研究の両立可能性との関係についていえば、ほぼすべての国で、両立可能であると回答する教員はそうでない教員に比べて、研究により多くの時間を、教育により少ない時間を充てている。両立可能性を高めるうえでは、ある程度の研究時間の確保が不可欠であるといえる。

2　大学院教育を通した教育・研究能力の育成

以上みてきた教育と研究の関係に関する世界の動向を踏まえながら、以下では具体的なテーマを取り上げて考察を行ってみたい。本節では、大学院教育を通した教育・研究能力の養成について論じる。大学院は研究者と大学教員を養成する中核的な教育機関であり、そこでの養成のあり方は、大学教員の教育・研究への意識構造や活動のあり方に影響を及ぼすだけでなく、それらを背景とした各国の大学教員の文化のあり方と相互に影響し合っているものと考えられるからである。本節および次節の考察では、国際比較を行いやすくするため、日本の現状を中核に置き、それと比較する対象としてドイツ、イギリス、アメリカの三カ国を取り上げる。日本の大学改革を国際的な視野から考察するうえでこれら三カ国はしばしば比較対象として取り上げられる。そのため、以下の分析を通して大学教授職について国際比較の観点から考察を進めるうえでのひとつの材料を提供したい。また、特に、本節で検討する大学院教育についていえば、これらの国々は学士課程段階を超えた上級段階の教育やその基盤をなす研究活動について先進的な位置付けにある。(5)

調査では大学院教育のうち回答者が博士課程で受けた教育について、大学院教育のプロセスとそれを通じた研究能力および教育能力の育成について尋ねており、また大学院在学時の雇用契約についても尋ねている。各設問に対する四カ国の回答をまとめたのが**表14-4**である。この調査結果について、以下項目ごとに考察する。

博士論文の執筆――博士課程教育の到達点

研究者や大学教員を養成する博士課程においては、その到達点として博士論文を執筆することが中核的な活動となる。ドイツ、イギリス、アメリカではほぼすべての回答者が、自身が受けた大学院プログラムで博士論文の執筆が求められていたと回答している。日本ではこの数値は八割強でしかない。ただし、周知のとおり、日本の大学院は一九九〇年代以降の拡大や大学院重点化に伴ってその教育のあり方について改革・転換が進められている。そのため、表には示していないが、この設問に対する回答には回答者の年齢によってやや格差がみられる。博士論文の執筆が求められていたと回答している者の比率は、六〇歳以上の層では七八・二%であるのに対し、二〇～三〇歳代では八七・七%に上る。このデータは、近年博士論文を執筆し、博士学位を取得することが博士課程教育の成果として位置づけられるようになったという変化を裏書きしている。しかし、若年層でもその数値は他の三カ国に比べれば依然として低い水準にある。

博士課程でのコースワーク

次に、博士課程の教育プログラムの中で必修の科目群がどの程度要求されていたかについてみてみよう。二〇〇五年に出された中央教育審議会の答申『新時代の大学院教育』の提言にも象徴されるように、コースワークを体系化し、充実させることが日本の大学院教育における改革のひとつの課題となっている。(6)もっとも、調査の設問では「必修の科目群」の有無について聞いているため、広い意味でのコースワークの概念よりもやや限定的である。しかし、体系立ったコースワークを提供する上では一定の割合で必修科目が課されることは通常のことであると考えられる。その意味でこの設問はコースワークの体系性の一端を示している。

回答結果は国によって大きく異なっている。アメリカでは八割以上の回答者が必修の科目履修が要求されていたと答えているのに対し、日本ではその比率は回答者の三分の一程度、ドイツとイギリスでは二割に満たない。これは各国における研究者・大学教員養成のあり方が大きく異なることを示している。ドイツやイギリスを含めた欧州各国では、これまで大学院、とりわけ研究者養成のための教育プログラムの体系が明確ではなかったとされ、近年では教育のプロセスを顕在化させるよう変化が進んでいるとされる。(7)ただし、年齢区分別にみてみると、イギリスでは若年層において必修科目の履修があったと回答した者がやや多いが、ドイツではむしろ若年層のほうが少ない。日本の大学院教育の改革はコースワークを重視するアメリカ型に向かっているといえるが、アメリカとの隔たりは依然大きい。ただし、年齢区分別にみると若年層で若干ながら必修科目の履修があったとする回答が多くなっている。(8)

研究指導のあり方と研究テーマの選定

続いて、研究指導のあり方と研究テーマについてみてみよう。指導教員から十分な指導を受けたかどうかについての回答は四カ国間で大きな隔たりがみられる。アメリカでは高く、日本はそれに次ぐがアメリカに比べれば指導が十分であったと考える者は少ない。しかし、ドイツ、イギリスの両国では研究指導に対する評価はきわめて低く、このことからも大学院教育のあり方がアメリカと欧州ではきわめて異質であることがうかがい知れる。しかし、では研究指導が十分でない国で大学院生が自ら研究テーマを選んでいるかというとそうではない。ドイツ、イギリス、日本ではテーマを自分で選んだとする者が六割前後であるのに対し、アメリカでは八割を超えている。アメリカの大学院教育では、教員が研究指導を施しつつ、同時に学生の自主的なテーマ選択が奨励されている状況がうかがい知れる。

教育能力の育成

大学院生に対する教育能力の養成についてはどうだろうか。「教育スキルについて訓練を受けた、または教育方法を自ら学んだ」と回答した者の比率は四カ国で総じて低いが、アメリカでは三割を超えている。それに対し、イギリスと日本では一五％程度であり、ドイツでは一割に満たない。大学教員に求められる能力として教育能力を明確に位置付けているか否かがこのような違いに反映されているものと考えられる。同時に、アメリカの場合、ティーチング・アシスタント（ＴＡ）として財政的支援を受けながら勉学を行う場合が多く、そのための準備として教育能力の育成に関する研修などを受講させられる場合が多いという事情も多分に関係している(9)。だが、いずれにしても大学院時代から教育能力について意識付けを図る機会が設けられているということは、大学教員の教育能力のあり方が問われている日本の現状に対して示唆的である。

大学院生の雇用契約

最後に、教育・研究に関する雇用契約を結んでいたか否かを尋ねた設問への回答をみてみよう。この設問への回答についても国による違いが鮮明である。ドイツ、アメリカでは半数以上が、雇用契約があったと回答しているのに対し、イギリスでは三分の一程度であり、日本ではわずか五％に過ぎない。大学院生と大学あるいは指導教員との間の雇用契約については、大学院生を学生とみなすのか、自立しつつある研究者であるとみなすのかによってそのあるべき姿は異なる。ただし、雇用契約は大学院生に対する経済的支援のあり方とも関わって日本で大学院改革の重要な論点となりつつある。一方で、雇用契約を結ぶことによって責任を持って教育・研究に従事させることの意義と、生活を支える基盤としての経済的支援のあり方、他方で、成長途上にある大学院生としての身分・位置付けとその育成プロセスのあり方を総合的に勘案しつつ議論が進められなければならない。これは将来の大学教員の育成のあり方に本質的に関わる論点である。

3　研究と教育の関係に関する年齢区分別分析——大学教員の自己成長のあり方

本節では、研究と教育の関係について年齢区分別に分析を行う。それを通して考察したいのは、大学教員が研究と教育というアカデミック・ワークに関わる能力をいかにして向上させていくのかという問題である。はじめに大学教員の時間配分を年齢区分別に分析し、国ごとの特徴を探る。次に、各国の大学教員の雇用形態（終身雇用、任期付雇用などの区別）を年齢区分別に整理する。大学教員の時間配分は雇用形態のあり方と密接に関係していると考えられるからである。さらに、第1節ですでに論じた教育と研究の両立可能性、および教育・研究志向性について年齢区分の観点から再度取り上げる。最後に、以上を補完するいくつかのデータを取り上げながら大学教員の能力形成についてどのようなあり方が考えられるのかに関する考察を行う。

大学教授職のキャリア形成とFD

調査結果の分析に入る前に、本節で行う分析の背景について述べておきたい。以下の分析の基底にある筆者の関心は、大学教授職が自らのキャリアの中で、いかにして教育・研究に関するアカデミックな能力やスキルを獲得し、自己成長を遂げていくのかという点にある。大学教員の能力の開発・向上といえば、日本では近年、ファカルティ・ディベロップメント（Faculty Development, FD）に関する議論がさかんである。

例えば、大学設置基準では「教育内容等の改善のための組織的な研修等」として、「大学は、当該大学の授業の内容及び方法の改善を図るための組織的な研修及び研究を実施するものとする」と規定されている（第二五条の三）。また、文部科学省中央教育審議会による「学士課程教育の構築に向けて（答申）」（二〇〇八年一二月）では、FDに関して以下のように述べられている。

「教員が授業内容・方法を改善し向上させるための組織的な取組の総称。具体的な例としては、教員相互の授業参観の実施、授業方法についての研究会の開催、新任教員のための研修会の開催などを挙げることができる。なお、大学設置基準等においては、こうした意味でのＦＤの実施を各大学に求めているが、ＦＤの定義・内容は論者によって様々であり、単に授業内容・方法の改善のための研修に限らず、広く教育の改善、更には研究活動、社会貢献、管理運営に関わる教員団の職能開発の活動全般を指すものとしてＦＤの語を用いる場合もある。」（用語解説）

「必要なのは、制度化されたＦＤをいかに実質化するかであり、あわせて、そのための条件整備を国として進めていくことである。ＦＤを単なる授業改善のための研修と狭く解するのではなく、我が国の学士課程教育の改革を目的とした、教員団の職能開発として幅広く捉えることが適当である。

そして何より、ＦＤを実質化するには、教員の自主的・自律的な取組が不可欠である。教員の個人的・集団的な日常的教育改善の努力を促進・支援し、多様なアプローチを組織的に進めていく必要がある。」（本文三九頁）

大学教員の能力向上を図るためのＦＤ活動について政策的に論じられているのは、主として組織的な研修や研究としてであり、しかも教育能力の開発に重点が置かれている。組織的な教育能力の開発は、教育組織としての責任を果たし、また学生に体系立った教育プログラムを提供するといった観点からみて高等教育機関にとってきわめて重要な活動である。一方で、教員個々人がアカデミックな能力を向上させていくうえでは、日常的な個人の努力が必要であるし、それを支える制度的条件が整備されている必要がある。また、組織としての教育力を支える基盤には教員個々人の努力や意識が位置付いていることが不可欠である。中教審答申ではこのことにも触れられているが、上でみたＦＤの定義に象徴されるように、教員個々人の自己成長や個人レベルでの能力開発という観点は日本のＦＤ概念の中では概して希薄である。また、キャリアの中での段階を追った能力の獲得・向上や、年齢層ごとの役割の分担・転換という観点がＦＤ活動に関連して語られることはほとんどない。さらには、前述の中教審答申にもあったように、ＦＤは大学教員に求められる幅広い能力を対象にする場合もあるが、主には教育能力に関して論じられる傾向が強い。この背景には、日本の大学がこれまで必ずしも「教育」機関としてみなされてこなかったことの反動として、九〇年代以降の大学改革の重点が大学の教育活動に向けられていたという事情がある。しかし、そのことは研究や社会サービスなど、教育以外の活動に関する能力の育成が等閑に付されてよいことを意味するわけでは決してないし、それら活動に関する能力と教育に関する能力とが独立に形成されうるというわけでもない。教育と研究に関する能力はそれぞれに固有の側面があるとしても、むしろ各教員のアカデミックな能力や個性の基底として相互に関連し合っているとみなすべきである。このような意味で、大学教員の能力開発を考えるうえで、そのあり方をトータルに捉える視点は重要である。(10)

年齢区分別にみた大学教員の時間配分

では、ドイツ、イギリス、アメリカ、日本の四カ国について、年齢区分別に教員がどのような時間配分を行っているのかをみてみよう。これによって、年齢層ごとの仕事の配分状況をうかがい知ることができる。図14―2に、学期期間中における国ごとの教員の時間配分の状況をまとめた。ここからは国ごとの特徴として以下の二点を読み取ることができる。

①　ドイツ、イギリス、アメリカでは、各活動に対する具体的な時間配分のあり方は国によって異なるものの、共通する現象として二〇歳代から三〇歳代に当たる若手教員は研究により多くの時間を割いていることを指摘することができる。教育と管理運営への時間は四〇歳代以降に増加する傾向がみられる。

②　日本では、二〇歳代から三〇歳代の若手教員は研究により多くの時間を割いているが、研究時間の長さは他の年齢層と大きな違いはみられない。彼ら若手教員は教育にも多くの時間を割き、管理運営に割く時間も他の年齢層とほぼ同じである。総じて、日本では各活動間に配分される時間に年齢層ごとの大きな違いはみられな

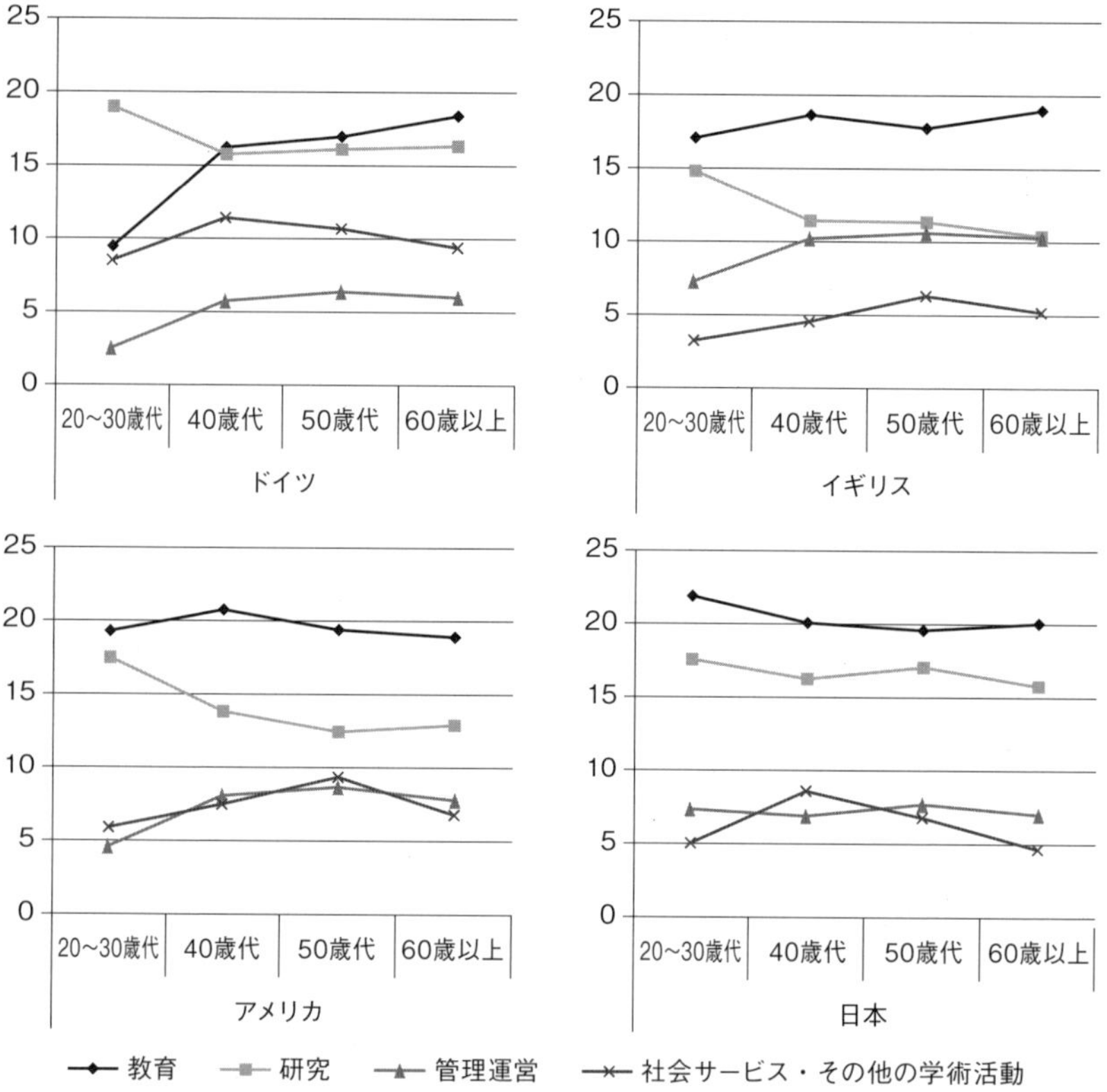

図 14-2　主要国における大学教員の時間配分（年齢区分別）

い。

年齢区分別にみた大学教員の雇用形態

上でみた教員の時間配分のあり方はその雇用形態と密接に関連しているものと考えられる。年齢区分ごとの雇用形態を国別にみたのが図14-3である。

まず、ドイツでは二〇～三〇歳代では「任期付雇用（継続雇用の見込みなし）」がきわめて多く、四〇歳代以降に終身雇用、継続雇用が次第に増加していくという構造である。五〇歳代以降では任期付雇用の教員はほとんどいない。イギリスでは、二〇～三〇歳代の時点から終身雇用による者が多い。四〇歳代になると終身雇用による教員の比率はさらに上昇・安定する。アメリカでは、二〇～三〇歳代は「任期付雇用（継

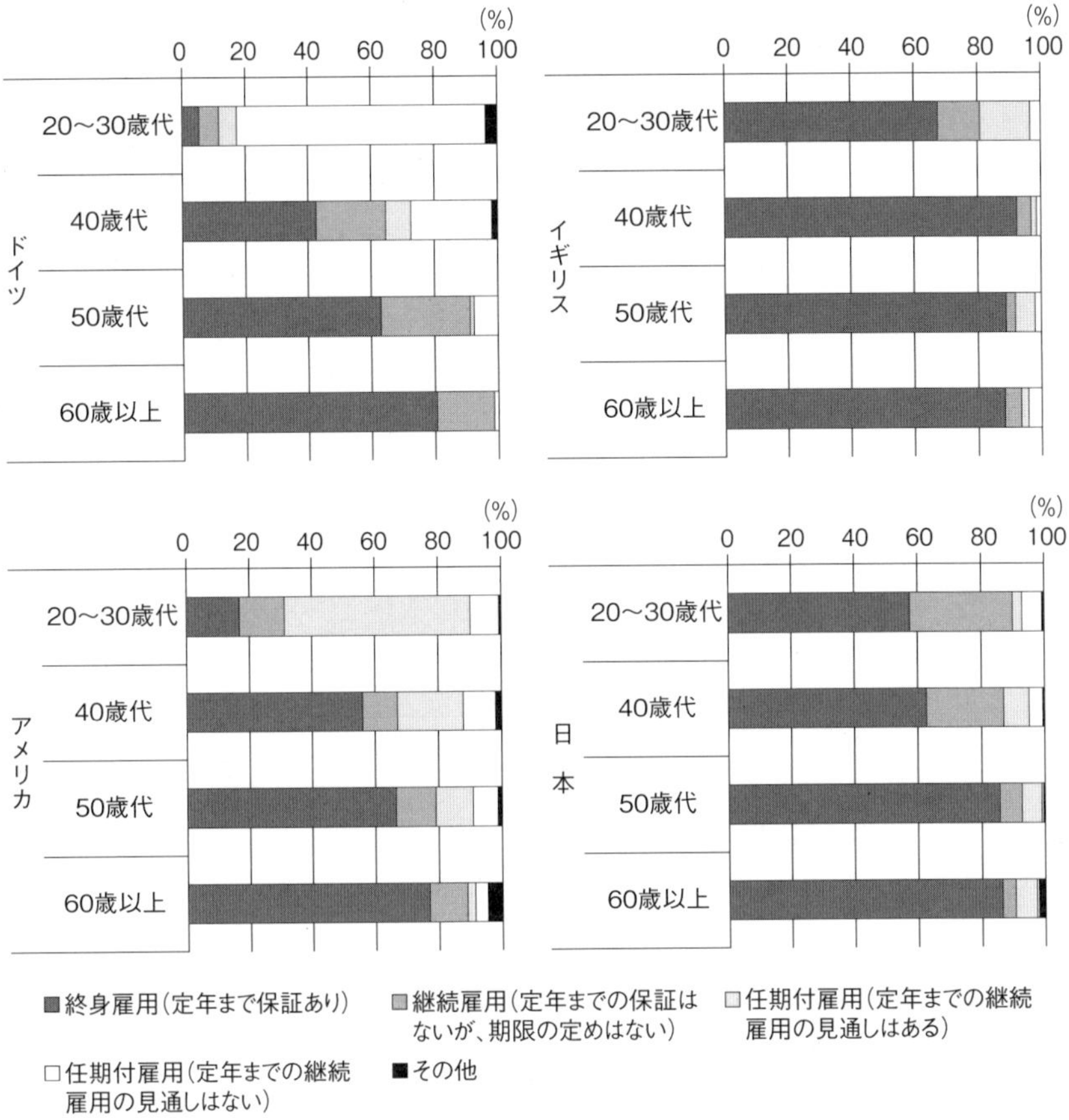

図 14-3　主要国における大学教員の雇用形態（年齢区分別）

続雇用の見込みあり）」、すなわちアメリカでいうところの「テニュアトラック」での雇用が最も多い。そして、四〇歳代以降、テニュアを獲得した終身雇用の教員が次第に増えていく。最後に、日本では、二〇〜三〇歳代および四〇歳代では終身雇用と継続雇用による層が多く、五〇歳代以降では継続雇用の比率が下がり、終身雇用による教員がほとんどを占めるようになる。

このように、雇用形態および年齢層に応じたその変化は国によって異なっており、ここからどのようなことが読み取れるのかは必ずしも鮮明ではない。さらに、このデータを見るうえで留意しなければならないのは、以上のデータが大学教員のキャリア形成段階そのものを反映しているわけではないということである。例えば、将来的に大学教員に就く者のキャリアとして、二〇歳代から三〇歳代にかけてポストドクトラルや非常勤職を経験するケースが多いが、これらの職種に就いている者はこの調査の対象にほとんど含まれていない。各国のデータが示しているのは、あくまで調査時点において各国で「大学教員」として括られる範疇の職種に就いている者の各年齢層での分布なのである。(11) また、大学教員にはさまざまな職種や職階があり、それらの大学内での位置付けや仕事内容、職種・職階の性格なども国によって異なっているという点にも留意が必要である。そして、これらの違いは各職種・職階に対応する雇用形態のあり方にも反映されているはずである。

以上のような、雇用形態に関する各国間の相違やデータ整理上の限界には留意しなければならないが、上のデータは各国の雇用形態について論じるうえでひとつの材料を提供してくれてもいる。ドイツとアメリカでは若年層では任期付雇用が一般的であり、年齢が上がるにつれて終身雇用と継続雇用による比率が大きく上昇していく傾向を読み取ることができる。イギリスと日本についてはこれら二カ国とは大きく状況が異なり、若年層での終身雇用・継続雇用が多い。終身雇用と継続雇用の合計をみると、イギリスでは二〇～三〇歳代から四〇歳代にかけて増加しており、日本では年齢層にかかわらずほぼ一定である。

各国の雇用形態に関する以上のデータとすでにみた教員の時間配分とを重ね合わせてみると、イギリスはやや例外であるが、それ以外の三カ国については両者の間に密接な関係を見出すことができる。すなわち、若年層においてすでに終身雇用・継続雇用が多く、年齢層ごとの雇用形態に違いが少ない日本では、各活動への時間配分が年齢層を問わずフラットな構造となっている。一方、若年層の多くが任期付で雇用されているドイツとアメリカの場合、若年層では研究に多くの時間が割かれ、四〇歳代以降に教育と管理運営の時間が増えていく。このように、教員の研究への時間配分と安定的な雇用形態の間にはトレードオフの関係を見出すことができる。日本の場合、比較的安定した雇用形態の中で、少なくとも表面上は年齢層間での役割の変化はあまりみられない。大学教員のキャリアの長さに関わらないこのようなフラットな構造は、あるいは、年齢層間の役割転換に即した能力開発という視点が

FDにおいて希薄である背景のひとつをなしているのかもしれない。

年齢区分別にみた教育・研究の関係

次に、教育と研究の両立可能性について年齢区分別にみてみよう。すでにみたように、両立可能性について日本の大学教員は深刻な状況に置かれていることが明らかであったが、このことをより具体的に検討してみたい。図14－4は四カ国について年齢区分ごとに教育・研究の両立が難しいと回答した者の比率をみたものである。日本以外の三カ国では、両立が困難であると考える者の比率の年齢による違いはあまり大きくない。それに対して日本では年齢が若いほど両立に困難を感じる者の比率が高い。逆にいえば、日本の大学教員はキャリアを重ねる中で両立可能性を大きく高めているということもできる（ただし年齢が高い層でも他国より両立困難であると感じる者が多い点には十分に留意する必要がある）。すなわち、他国に比べて、多くの日本の大学教員が両立に困難を抱えていることは事実であるが、その困難さは一律なのではなく、とりわけ若年層にその傾向が強く表れている。

さらに、教員の教育・研究志向を年齢区分ごとにみてみよう。図14－5を通して読み取れるのは、四カ国すべてで若年層の教員は研究志向が強く、年齢が上がるにつれて教育志向が強まっていくという傾向である。日本の大学教員は一般的に研究志向が強いといわれることが多く、またデータによってもそれは示されている。しかし、若年層についていえば、研究志向教員の比率は他国とほとんど格差がないことが確認できる。

以上を総じていえば、次のことがいえる。日本の若手教員は他国と同じく強い研究志向を保持している。しかし、仕事の配分が年齢層を問わず共通である構造の中で、彼らは教育や管理運営の役割も相応に負っている。そして、その中で研究と教育の両立に困難を感じているのである。

ただし、次の二点を付言しておきたい。まず、すでに図14－4でみたように、日本では年齢を重ねると教育と研究の両立可能性が大きく高まっていくということである。これは、若年時に困難を抱えていたとしても、それを経験し乗り越えることで次第に教育・研究の能力や仕事への対応力を身に付けているということである。上で論じたように、日本の大学教員の能力開発においては教員個々人の努力やキャリアを通じた能力向上は表立って取り上げられることは少ないが、このデータをみると、現実には個人ごとの経験や努力が有効に機能していることをうかが

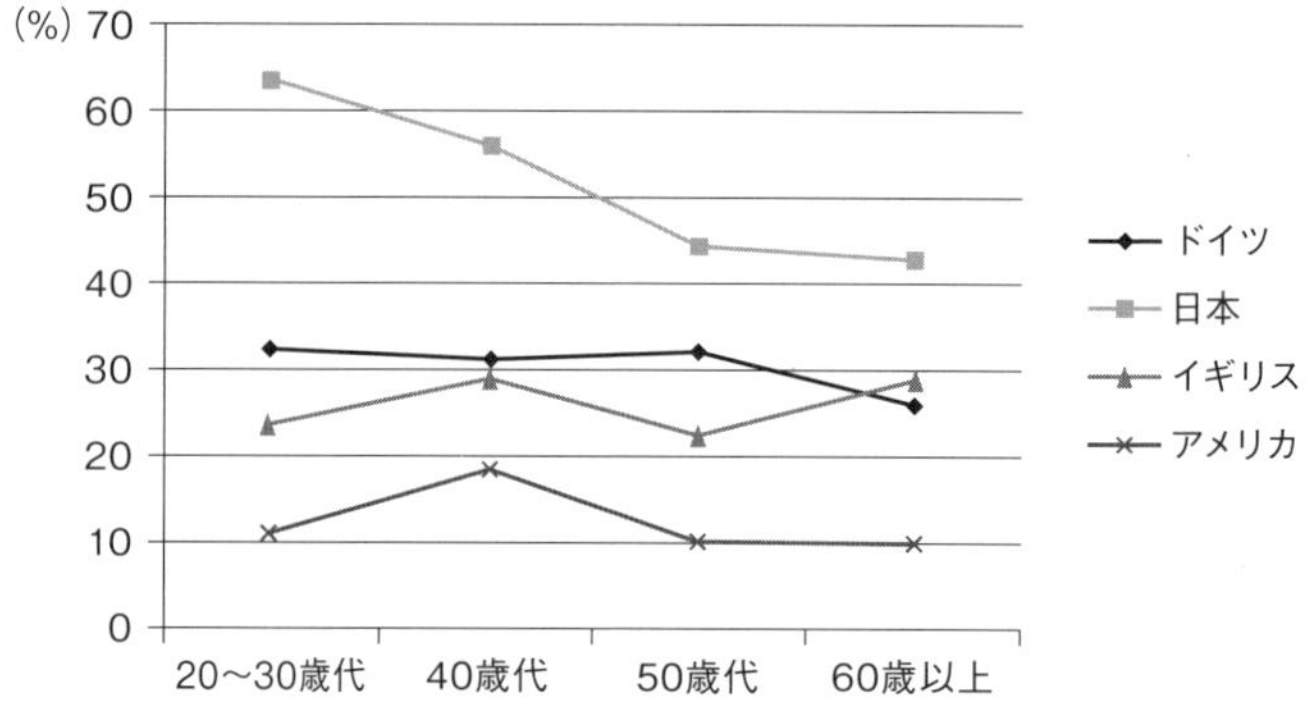

図 14−4　主要国において教育と研究の両立は難しいと回答した教員の比率（年齢区分別）

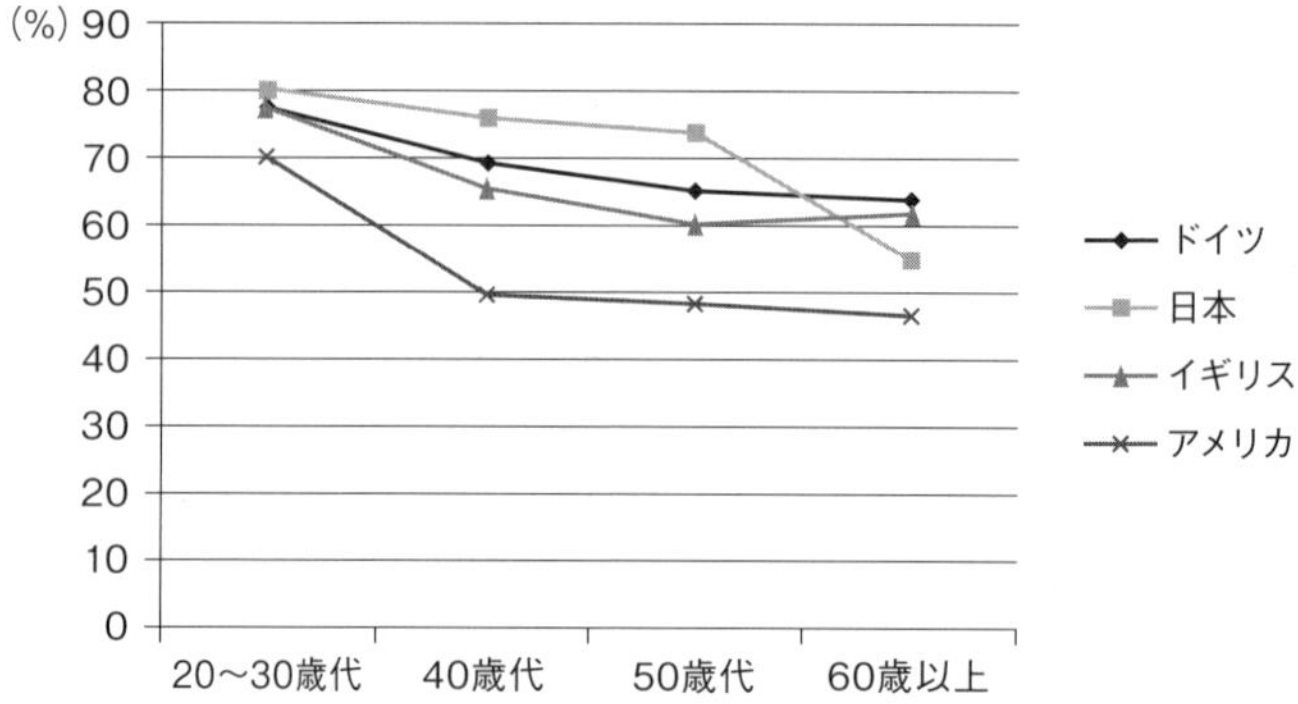

図 14−5　主要国における大学教員の研究志向（年齢区分別）

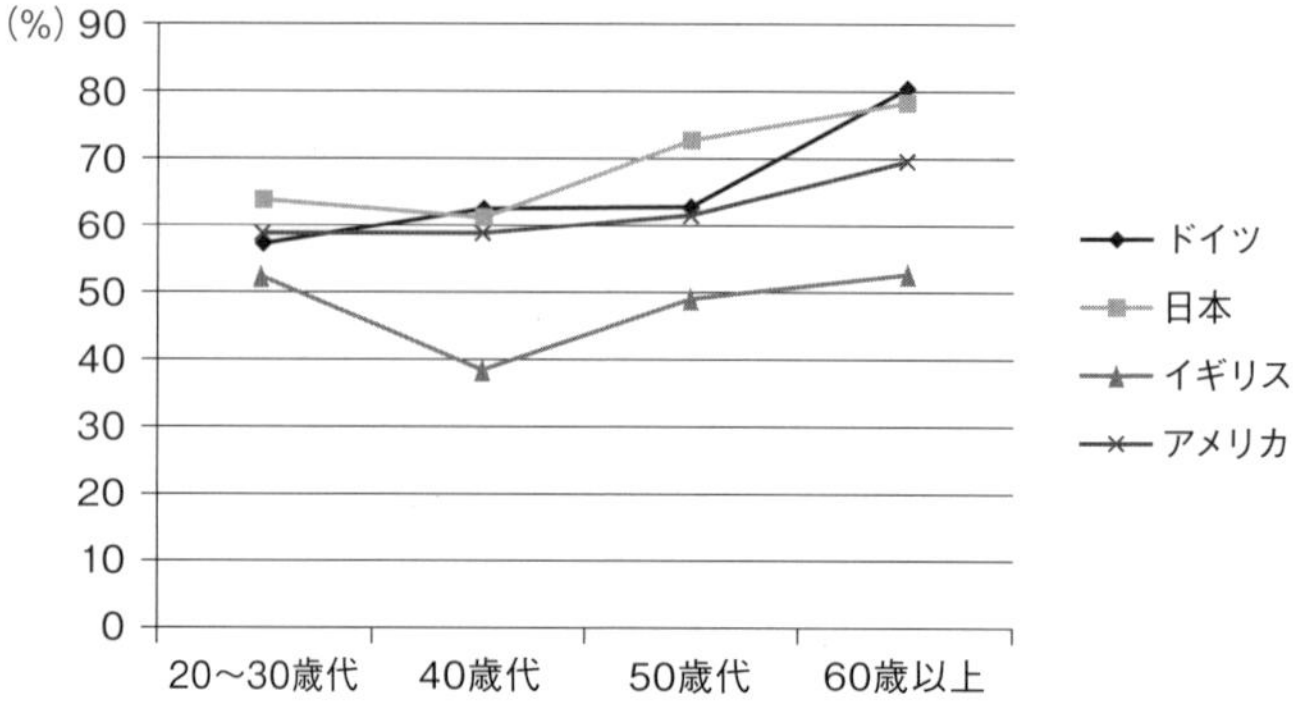

図 14−6　主要国における大学教員の仕事全般に対する満足度（年齢区分別）

わせる。次に、図14-6に示したのは、年齢区分ごとにみた仕事に対する満足度である。日本の大学教員の満足度は総じて高く、若年層も例外ではない。全体の満足度は調査参加国中四番目に高い。このデータは「現在の仕事に対する全般的満足度」を示しており、必ずしも教育や研究に関する具体的な仕事の状況に即してたずねたものではない。しかし、教育・研究に困難を抱えていても仕事に対する満足度が高いという事実は重要である。すでにみた雇用の安定性などが満足度に対してプラスに働いている可能性もある。

おわりに

本章で考察してきた内容をまとめ、今後の分析課題について述べる。教育と研究の関係性に関する全般的な状況をみると、まず、教育と研究に対する志向性については、世界的には研究志向が強まる傾向がみられた。逆に日本では教育志向が若干だが強まっている。教育活動を重視する近年の日本の高等教育政策の文脈に照らせば、教育志向の高まりは自然な流れとして受け止められるが、世界的な動向はむしろ逆である。次に、教育と研究の両立可能性については、国ごとの格差が非常に大きく、その中で日本の大学教員が深刻な状況に置かれていることが明らかとなった。ただし、本章では詳しく論じられなかったが、教育と研究の両立可能性といっても、そこには少なくとも次元の異なる二つの側面が含まれていると考えられる。一つには教育と研究の内容上の関連性であり、いま一つは教育と研究にかけうる時間の長さと両者への時間配分である。後者については、第3節での年齢区分別の分析において論じたが、これら二つの観点が両立可能性に対してそれぞれどのような影響を及ぼしているのか、また国ごとの違いがどのような構造によって生み出されているのか、日本の大学教員が両立可能性を高めていくうえでどのような施策が必要なのか、さらに検討を深めていく必要がある。

次に、大学教員の養成過程である大学院教育を取り上げた。大学院教育のあり方には主要国間でかなりの個性の違いがあることが明らかとなった。日本では、大学院教育のあり方についてさまざまな課題が指摘され、アメリカ型をモデルに改革が進められているが、日本の大学院教育や大学教授職の個性や文化とはどのようなものであり、そこにアメリカモデルがどのようにフィットするのか、さらに具体的な検討が必要である。

最後に、年齢層ごとに教育と研究の関係性を考察した。日本ではFD活動を通した大学教員の能力開発がさかんに議論されているが、教員のキャリアを通じた成長や年齢層ごとの役割分担に関する議論は表立っては行われていない。それには、他国に比して安定的な雇用形態が若年層にも確保されている中で、年齢層ごとの役割分担が明確でないという構造が関係していると考えられる。しかし、日本の若年層は教育と研究の両立に大きな困難を抱えており、彼らに対する有効なサポートが求められる。ただし、仕事に対する満足度が低いわけではなく、日本の大学教授職のあり方にはトータルにみれば他国と比べてメリットがある点は留意されなければならない。各国の雇用形態には、経済的・社会的・文化的要因が影響し合っており、かつ大学教授職の能力形成のあり方にも複数のモデルが想定されうるものと考えられる。それらモデルが国によってどのように異なっており、日本の大学教授職に相応しい能力開発・自己向上のあり方とはどのようなものなのか、さらなる考察が必要とされる。

【注】

（1）本章で示すデータにはすべて非常勤職者を含んでいる。
（2）江原武一「教育と研究のジレンマ」有本章・江原武一編著『大学教授職の国際比較』玉川大学出版部、一九九六年、一五〇—一五三頁。
（3）詳細については以下を参照。福留東土「研究と教育の葛藤」有本章編著『変貌する日本の大学教授職』玉川大学出版部、二〇〇八年、二六五—二六九頁。
（4）江原武一、前掲書、一五〇—一五三頁。
（5）B・R・クラーク（有本章監訳）『大学院教育の国際比較』玉川大学出版部、二〇〇二年。
（6）『新時代の大学院教育——国際的に魅力ある大学院教育の構築に向けて』文部科学省中央教育審議会答申、二〇〇五年九月、二〇―二七頁。

（7）ヨーロッパを含めた国ごとの大学院教育の現状については以下を参照。江原武一・馬越徹編『大学院の改革』（講座「二一世紀の大学・高等教育を考える」）東信堂、二〇〇四年。広島大学高等教育研究開発センター編『大学院教育の現状と課題』（戦略的研究プロジェクトシリーズⅠ）、二〇〇九年。

（8）なお、この設問では「博士課程で受けた教育」について尋ねているという点に留意が必要である。例えば日本の場合、通常、修士課程と博士課程が明確に区分され、修士課程を終えた後に博士課程に進学するが、アメリカでは博士課程の多くは一貫した課程となっており、博士課程のプロセスの中で修士号を取得するケースは多いが、修士課程を経た者が博士課程に改めて入学するという仕組みにはなっていない場合が多い。日本では修士課程ではコースワークが存在するが、博士課程では必要取得単位数自体が少なく、それゆえこの設問に対する回答の解釈においてはこのような課程設計の相違を考慮に入れる必要がある。アメリカの博士学位（Ｐｈ・Ｄ）取得者の状況については以下を参照。福留東土「米国における大学院教育」広島大学高等教育研究開発センター編『大学院教育の現状と課題』（戦略的研究プロジェクトシリーズⅠ）、二〇〇九年、七―二五頁。

（9）アメリカでのティーチング・アシスタントに対する訓練・養成制度については、近年、大学院生の教育能力の育成と経済的支援、学士課程教育の質の確保といった複数の観点から注目されるようになっている。詳しくは例えば以下を参照。吉良直「アメリカの大学におけるＴＡ養成制度と大学教員準備プログラムの現状と課題」名古屋大学高等教育研究センター編『名古屋高等教育研究』第八号、二〇〇八年、一九三―二一五頁。

（10）諸外国も含めたＦＤ概念の整理やそのあり方についての議論は以下を参照。有本章『大学教授職とＦＤ――アメリカと日本』東信堂、二〇〇五年。

（11）例えば、各国のデータには国によって非常勤職が一部含まれている場合とほとんど含まれていない場合とがある。各国の回答者に占める非常勤職者の比率は、ドイツ一六・二％、イギリス九・九％、アメリカ三・九％、日本〇・三％である。これら回答状況の違いは各国の大学教員の雇用状況の一端を示していると考えられるので、図14―3ではこれらの回答者を除外してはいない。

（福留　東土）

15章　評　価

はじめに

本章では、ＣＡＰ調査データに基づき、各国教員の目から見た評価の実情と課題を浮き彫りにする。

一九九〇年代以降はイギリスやアメリカを中心に小さな政府への転換が図られ、それに伴い公共機関への資源配分が抑制された。限られた資源を有効に活用するために、活動や成果を評価し、評価の高い機関へ優先的に資源配分をしようという動きが世界に伝搬し、世界各国は「評価国家」時代へと突入し今日に至っている。

ただし、ひとえに評価といっても、昨今の評価研究が明らかにしているように[1]、評価制度は各国によって異なり、比較することは簡単ではない。本章では、評価制度そのものを扱うのではなく、あくまで各国教員が「評価」をどう捉え認識しているかに焦点を当てることにする。実際のＣＡＰ調査では、評価に関わる項目は、「誰が教員の活動を評価しているのか」「機関の管理運営において評価の占めるウェートがどの程度なのか」について、各国教員にたずねている。こうした質問であれば、各国の評価制度の違いを考慮しなくても、評価に関する実情がおよそ比較できると考え、以下分析を展開している。

1　評価の主体は誰か?

教員の各種活動について、各国では誰が主体となって評価を行っているのか（表15–1参照）。まず、教育活動についてみていこう。全体的傾向としては、学生による評価が最も進んでおり全教員の七八％に達している。次いで学科長、同僚教員の評価と続く（五〇％、三八％）。この傾向は国別にみるとかなり異なっており、同僚教員が教育活動の評価をしていると答えた教員割合は、イギリス（六六％）、アメリカ（五三％）、中国（五一％）の順で多い。日本は二一％であり、最低ではないものの低い部類になる。教育活動の評価主体が「学科長」であると答えた割合が高い国家は多く、アメリカ（八〇％）、香港（七一％）、オーストラリア（六九％）、カナダ（六四％）、マレーシア（六五％）、中国（六一％）などの国において六割以上になっている。なおここでも日本は三一％にとどまっている。他学科の教員が教育活動の主体になるケースは、いずれの国でも高くない。最も高い国でポルトガルの三三％である。部局以上の管理者が教育活動の評価主体になるケースも高くはないが、三〇％前後に達している国家がアルゼンチン（三〇％）、カナダ（三〇％）、中国（三八％）、香港（三一％）、日本（三五％）、韓国（三一％）、アメリカ（三一％）となっている。学生による教育活動の評価はおおよそどこの国家でも浸透しており、七～九割に達しているが、日本（四八％）とポルトガル（五三％）での浸透度が低い。学外者の評価はいずれの国でも高くはなく、高い国でも三〇％前後である（ポルトガル、南アフリカ、イギリス）。教育活動を自らが評価していると答えた教員の割合はどの国もおおよそ四～五割であるがイタリア、韓国、ポルトガルがやや低い（二〇％前後）。最後に、「誰も評価しない」については、どこの国でも数％にとどまっているが、ポルトガルについては一四％に達している点が興味深い。

次に研究活動に関する評価であるが、全体傾向を見ると、「学科長」が評価の主体となっている割合が四五％と最も高く、次いで学外者の評価者（四三％）、同僚教員（三五％）となっている。ただし、やはり国家間格差は大きい。同僚教員による研究評価の割合が高い国家はフィンランド（五三％）、アメリカ（四九％）、カナダ（四八％）、ノルウェー（四六％）、イギリス（四四％）となっている。日本は一八％と他国と比べても高くはない。学科長が研究活動の評価主体となっている国は、アメリカ（七四％）、オーストラリア（七三％）、フィンランド（六九％）、イギリス（六四％）、マレーシア（六三％）と高い国家が存在する一方で、ポルトガル、韓国、ドイツ、アルゼンチンは低い。日本は三一％と高い水準ではない。他学科の教員が研究活動を評価する機会は全体的に多くはなく、高い国家でも三六％（メキシコ）であり、他は一〇〜二〇％である。そんな中で日本は四％と最も低い。

部局以上の管理者により研究評価がなされる割合は、国家間で差が大きい。最も高い国家で四〇％前後であり、韓国、中国、日本、香港と連なっている。教育活動に関しても、これら四カ国は部局以上の管理者により評価されている比率が比較的高く、実は後に見る社会サービス活動についても同様である。いわゆるアジアモデルは、評価の主体が機関の上位なのかもしれない。

研究活動を学生に評価させている比率は非常に低く、一〇％を下回っている。しかしポルトガルだけ特異であり、六五％の教員が研究活動を学生に評価させていると答えている。この点については、どのようなシステムなのか興味をそそられる。

「学外の評価者」に研究活動を評価させている比率は、一部国家を除いて全般的に高い。最も高いのはアルゼンチン（七三％）であり、次いでイギリス（六一％）、カナダ（六〇％）、香港（五九％）と続く。日本は一五％と最低である。この数値の解釈は慎重にしなくてはいけないが、日本の場合、部局レベルで自由に投稿できる「学部紀要」「研究科紀要」があり、事実上レフェリー無しである場合が多いことが影響しているかもしれない。

では、社会サービスについてはどうだろうか。全体的傾向を見ると、教育・研究活動と同様に、評価の主体が学科長であるケースが最も多く、四二％に達している。他は三〇％を下回っている。ただし国別に濃淡がはっきりしており、同僚による評価が進んでいるのはカナダ（五〇％）、ポルトガル（六四％）、アメリカ（四九％）である。学科長による評価が高い国家はやはり多く、オーストラリア（七六％）、カナダ（六六％）、香港（七七％）、マレーシア（八二％）、イギリス（六九％）、アメリカ（七九％）となっている。日本は、最下位ではないが、二六％と低い。他の学科の教員による評価はどこの国も高くはなく、最も高い国家でポルトガルの四一％である。他は一〇〜二〇％程度である。日本は二％と最低である。部局以上の管理者が社会サービス活動を評価している割合は、最も高い

表15–1　各活動について“誰が”評価しているか

(%)

	アルゼンチン	オーストラリア	ブラジル	カナダ	中国	フィンランド	ドイツ	香港	イタリア	日本	韓国	マレーシア	メキシコ	ノルウェー	ポルトガル	南アフリカ	イギリス	アメリカ	合計
教育活動																			
講座・教室などの最小の組織の同僚教員	46	32	49	41	51	34	***17***	38	***20***	***21***	24	29	46	***23***	43	43	66	53	38 **
学科長	45	69	58	64	61	52	19	71	33	31	25	65	57	27	46	56	52	80	50 **
他学科の教員	15	10	19	12	21	5	3	10	4	5	6	13	22	5	33	21	13	15	12 **
部局以上の管理者	30	17	24	30	38	11	11	31	3	35	31	16	19	17	28	16	10	31	23 **
学生	62	85	77	92	66	82	82	93	87	***48***	81	85	82	89	***53***	76	93	90	78 **
学外者の評価者	20	6	12	9	21	10	5	24	9	10	4	19	19	11	38	28	32	8	15 **
あなた自身	41	48	46	40	36	—	37	46	25	40	22	48	48	29	25	52	53	56	39 **
誰も評価しない	8	5	6	3	6	4	7		6	8	3	3	1	6	14	9	2	1	5 **
研究活動																			
講座・教室などの最小の組織の同僚教員	24	37	39	48	25	53	39	36	38	18	28	32	39	46	16	38	44	49	35 **
学科長	21	73	30	57	53	69	19	79	30	31	19	63	48	29	11	50	64	74	45 **
他学科の教員	28	16	27	18	17	24	9	21	8	4	15	29	36	7	7	25	20	20	17 **
部局以上の管理者	28	20	21	34	38	16	19	40	3	39	41	24	18	10	9	20	22	34	25 **
学生	3	4	9	2	10	3	2	3	2	2	4	7	3	5	65	7	4	3	6 **
学外者の評価者	73	55	39	60	25	56	43	59	44	15	36	36	47	41	24	57	61	42	43 **
あなた自身	26	42	31	37	37	—	40	47	24	43	27	47	39	25	20	47	51	53	37 **
誰も評価しない	4	3	22	5	8	5	13	1	18	10	10	4	3	16	18	10	5	6	9 **
社会サービス活動																			
講座・教室などの最小の組織の同僚教員	19	28	25	50	22	25	29	30	13	11	15	26	23	17	64	33	31	49	27 **
学科長	20	76	29	66	36	58	13	77	14	26	19	82	44	22	20	58	69	79	42 **
他学科の教員	14	9	14	15	17	6	5	13	3	2	10	23	23	7	41	15	12	19	13 **
部局以上の管理者	36	22	24	34	39	20	18	36	6	36	46	41	21	22	35	22	24	35	29 **
学生	6	8	14	4	26	7	8	4	5	1	2	19	4	8	24	29	18	4	11 **
学外者の評価者	15	7	11	10	10	12	5	9	5	9	13	12	23	8	10	14	9	7	10 **
あなた自身	24	37	24	32	27	—	32	41	11	33	18	43	28	15	19	41	40	49	29 **
誰も評価しない	29	11	39	11	16	25	34	5	65	24	24	4	12	42	24	14	14	5	24 **

注）値は、各項目についてYes、NoのうちYesの割合のみを掲載。
**p＜0.01

国家で韓国の四六％であり、次いでマレーシア（四一％）、中国（三九％）、日本（三六％）、香港（三六％）、ポルトガル（三五％）、アメリカ（三五％）となっている。学生や学外者が教員の社会サービスを評価する機会は高くはないが、それでも南アフリカ、中国、ポルトガル（学生による評価）、メキシコ（学外者による評価）は二〇％を超えている点が興味深い。社会サービスについて、誰も評価しないケースは、教育、研究活動に比べて多いが国家間の差が大きい。イタリアでは六五％である一方、マレーシア、香港、アメリカでは五％前後となっている。さて、誰が活動を評価するか、という問題は、評価固有の問題という以上に、管理運営の実質的権限がどこにあるか、ということを問うていることでもある。そうすると、多くの国では教員全般の活動に関する監督権限は、学科長にあることがこの調査からうかがえる。

2　評価に基づいた資源配分はどこまで進んでいるか

今日の高等教育の文脈で最も関心を集めているのは、評価と資源配分のリンクであろう。ＣＡＰ調査においては、「所属機関が、業績に基づいて部局に資源配分をすることを強調しているか」「所属機関が、評価に基づいて部局に資源配分をすることを強調しているか」という二つの関連する質問があるので、その実態を国別にみていこう。

まず、業績に基づいて部局に資源配分することを、所属機関が強調しているかどうかについてみてみよう。最も高い数値を示しているのはフィンランドであり、教員の六一％が所属機関において業績に基づいて部局に資源配分することを強調していると認識している。次いで香港（五八％）、ドイツ・ノルウェー（五四％）、イギリス（五二％）、中国（五一％）、オーストラリア（五〇％）と続いている。日本は三一％であり調査参加国中下位である。

次に、評価に基づいて部局に資源配分することを、所属機関が強調しているかどうかについてみてみよう。最も高い数値を示しているのは、香港であり、五一％の教員が、所属機関が評価に基づいて部局に資源配分することを強調していると認識している。次いで中国（四四％）、フィンランド（四一％）となっている。日本は三〇％であり、

表15-2　資源配分の原理　(%)

	アルゼンチン	オーストラリア	ブラジル	カナダ	中国	フィンランド	ドイツ	香港	イタリア	日本	韓国	マレーシア	メキシコ	ノルウェー	ポルトガル	南アフリカ	イギリス	アメリカ	合計
業績に基づいて部局に資源配分	***19***	50	29	34	51	61	54	58	31	31	34	33	39	54	***20***	32	52	43	41 **
評価に基づいて部局に資源配分	***18***	37	29	***20***	44	41	33	51	23	30	33	35	38	24	***19***	27	36	—	33 **
学生数に応じて部局に資源配分	35	67	35	71	52	38	45	67	54	65	64	39	34	51	56	48	73	51	53 **
卒業生数に応じて部局に資源配分	9	41	15	32	36	72	25	33	23	6	26	34	23	57	29	44	33	27	31 **

注）数値は、5「大変強調している」、4「強調している」の%の合計。
**$p<0.01$

参加国中、中の下の位置にある。

　これらに対し、「学生数に応じて部局に資源配分」を強調する機関は、どこの国でも依然多いことがわかる。特にその傾向が強いのはイギリス（七三%）、カナダ（七一%）、オーストラリア（六七%）、香港（六七%）、日本（六五%）、韓国（六四%）となっている。イギリス・オーストラリアは、評価・業績主義の尖兵として有名ではあるが、学生数に応じた資源配分を強調している機関が依然多い点は注目に値する。

　他方、「卒業生数に応じて部局に資源配分」を強調する機関は多くはない。フィンランドは七二%の教員がそう認識しているが、この傾向は他国と比べて突出しており、次点のノルウェーで五七%であり、その他は二〇～三〇%である。日本はわずか六%に過ぎない。おそらく、他国の場合、卒業生数は成果指標に近い扱いになっていると思われる。日本の場合は、大学に入学すればいわゆる「ところてん方式」により卒業が可能となる場合も多いが、他国においては、厳格な成績評価等により卒業までの学生の在籍率が必ずしも高くない。ゆえに在籍率を高めること自体が目標・成果となっている場合も少なくないことに起因していると思われる。

3　業績主義・評価主義は教員の活動を後押しするか

ここでは、こうした評価主義の浸透が、各国にどのような影響を及ぼしているかを検討する。どの国の文脈でも、評価主義の浸透により、教員の各種活動にどのような影響があったのかに高い関心が集まっている。本章では、より客観的に定義しやすい研究活動に与える影響について、分析検討を進めていく。

分析に用いた変数とモデル

研究活動については、世界共通でたずねた研究業績のうち、過去三年間の執筆・共著した学術書数、編集・共編した学術書数、そして学術書あるいは学術雑誌に発表した論文数の三指標を用いた。これらを従属変数とし、以下の変数を独立変数としたGLMM（一般化線型混合モデル）を適用した。

独立変数：●性別（1＝女、0＝男の二値変数）、●年齢（実数）、●博士号の有無（1＝博士号取得、0＝博士号未取得）[2]、●常勤雇用かどうか（常勤であれば1、そうでなければ0）、●雇用形態（基準：終身雇用、1＝継続雇用、2＝任期付雇用（定年まで継続雇用の見通しあり）、3＝任期付雇用（定年まで継続雇用の見通しなし）、4＝その他の雇用）●高等教育機関初職年、●専門分野（教員の出身の専門分野。厳密には、教員が最高学位を取得した専門分野。人文・社会・理・工・農・医歯薬・教員養成・生活科学・その他：「その他」が基準カテゴリー）、●研究に割く時間（学期中）、●業績評価による資源配分（所属機関が業績による資源配分を強調しているかどうか。段階尺度1～5。5が強調）、●評価による資源配分（所属機関が、評価による資源配分を強調しているかどうか。段階尺度1～5。5が強調）、●学生数による資源配分（所属機関が、学生数に基づいた資源配分を強調しているかどうか。段階尺度1～5。5が強調）、●卒業生数による資源配分（所属機関が、卒業生数による資源配分を強調しているかどうか。段階尺度1～5。5が強調）、●高等教育機関、各種機関在職経験年数[3]。

研究業績の状況

分析に先立ち、従属変数に用いた三つの業績についての分布を確認しておこう（図15-1～15-3）。いずれの図をみてもわかるように、人数や件数といった個々の要素を数え上げた計数データ（count data）にみられる特徴的な分布をしており、業績0に度数が最も多く集中している。さらに、どの国もほぼ学術書の業績よりも論文の業績数が多いことがわかる。

図をみても直感的に各国間の業績の差も大きいことがわかる。執筆・共著学術書数の業績の少ない国は、ノルウェー、アメリカ、ドイツ、メキシコ、アルゼンチン、カナダ、フィンランドであり、多い国は、ポルトガル、イタリア、日本、韓国、ブラジル、中国である。編纂書の業績は、どの国も多くはないが、ポルトガル、イギリス、中国は、他国に比べてやや多い。学術論文については、イギリス、ポルトガル、ドイツ、香港、イタリア、日本、韓国、オーストラリア、カナダ、中国の業績が多いようにみえる。

分析――一八カ国を総括した分析結果

まず、一八カ国を通じて同一のモデルでの分析が可能かどうかを検討した。分析にはＧＬＭＭ（Generalized Linear Mixed Model）を適用する。先にみてきたように、従属変数として用いる研究業績は、特殊な分布をしている計数（カウント）データであるので、誤差分布には正規分布を仮定せずpoisson分布を仮定する。さらに、各説明変数を投入した上でも切片＝研究業績の平均に国家間分散があることを想定し、ランダム切片モデルによる分析を行った。

分析結果は表15-3に示した。研究の生産性については、他の章でも詳しくふれるので、個々の変数の効果について詳しくは触れず、雑感するのみとしておく。その前に、表中の数字について、簡単に読み取り方を示しておこう。βは回帰係数を示すが、ＧＬＭＭの場合、より実質的な意味を持っているのはＥＸＰ（β）である。これはカウントされた事象や件数が生起する倍率を示しており、この分析の文脈では、業績一本が産出される倍率をあらわす。

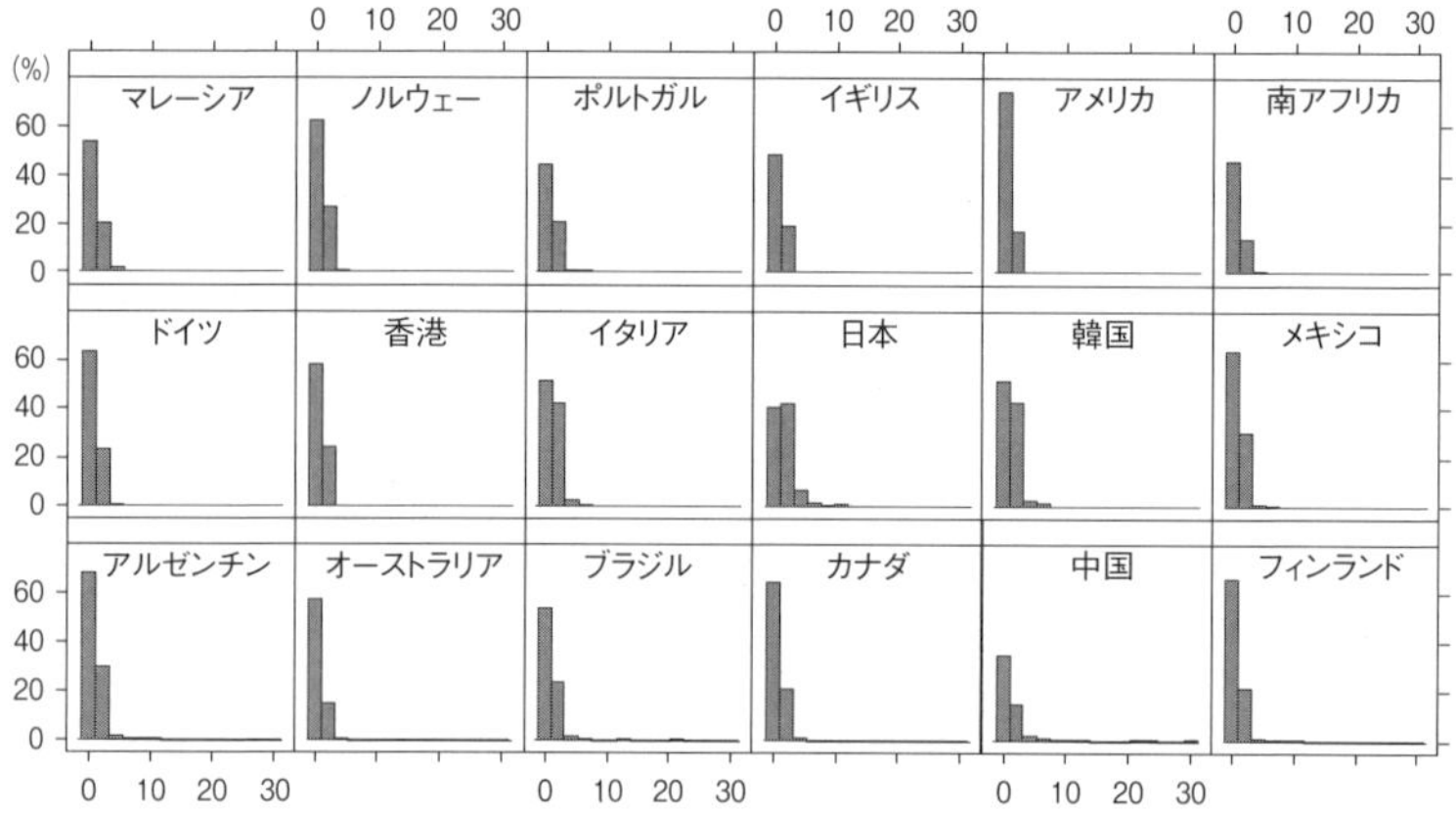

図 15-1　過去3年間の執筆・共著した学術書数別人数割合：各国別

（x 軸の単位は冊数。y 軸の単位は人数の％。他の表も同様）

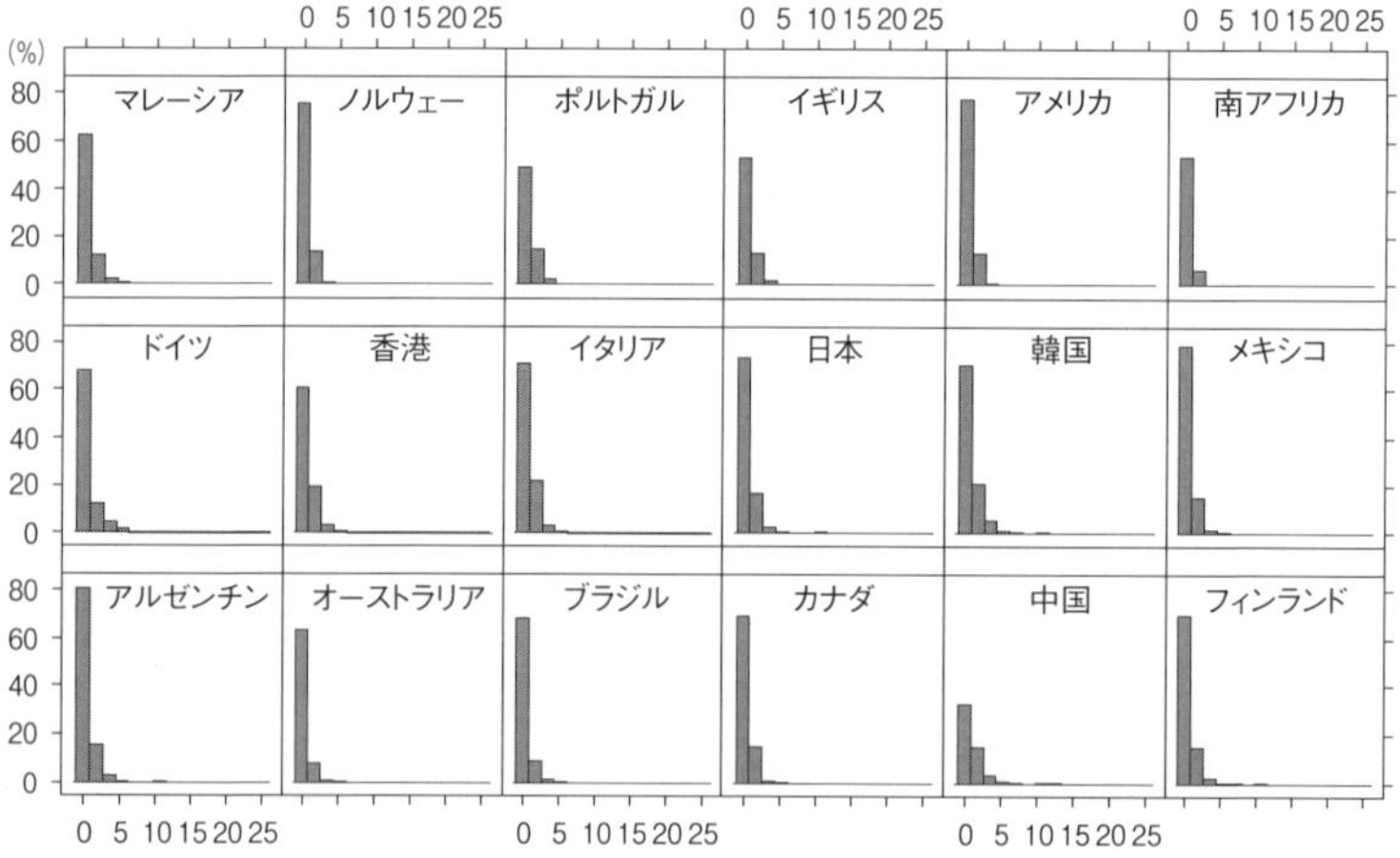

図 15-2　編集・共編した学術書数と人数の割合

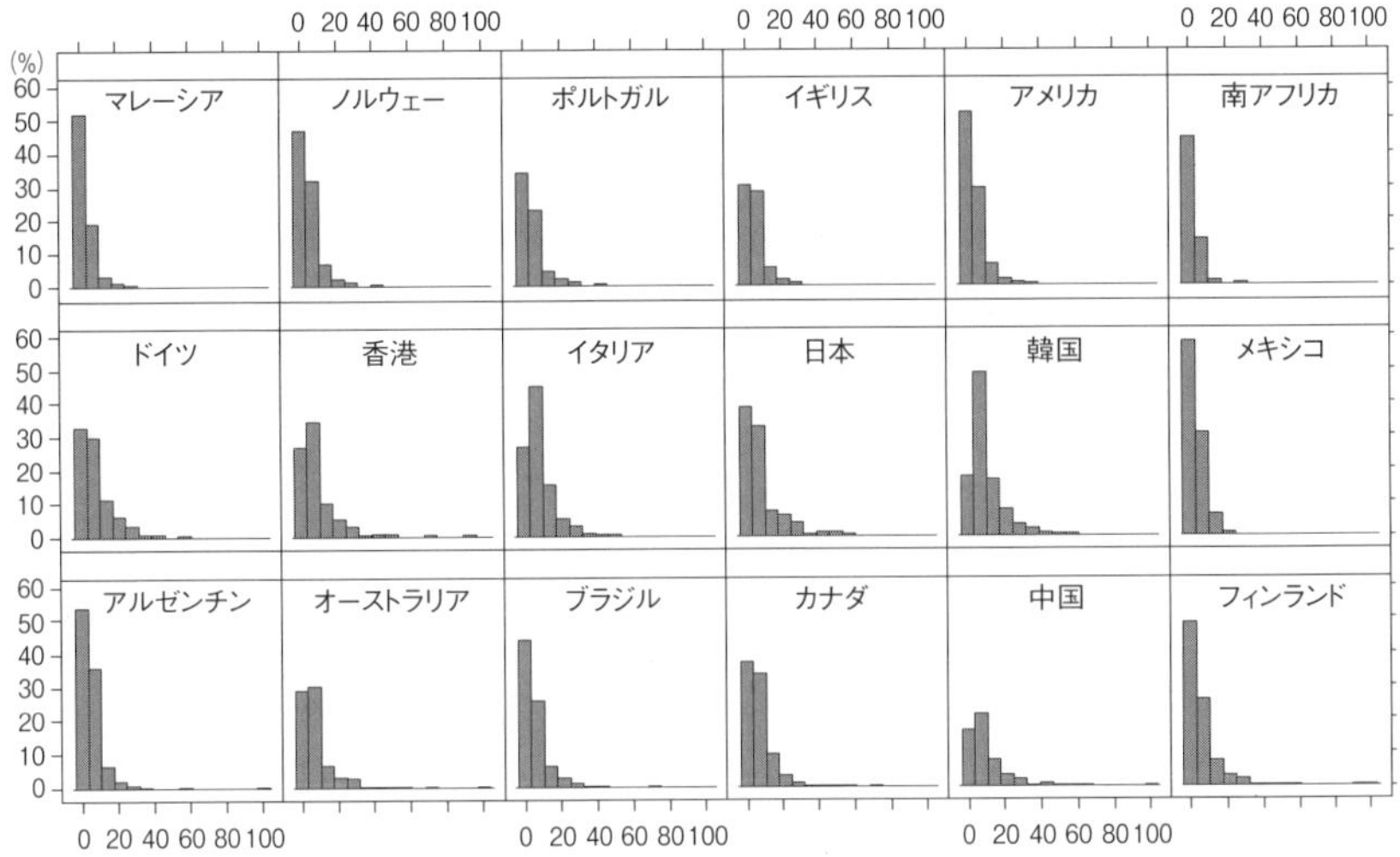

図 15−3　学術書あるいは学術雑誌に発表した論文数と人数の割合

例えば、（a）の学位のＥＸＰ（β）は一・三七であるが、これは学位を持っている人は学位を持ってない人に比して、著書共著の学術書の研究業績を一本持っている倍率が一・三七倍であることを意味する。つまり学位を持っている方が研究業績に有利であることを意味している。他方女性のＥＸＰ（β）は〇・八九であるが、これは女性教員は男性教員に比べて研究業績一本の産出倍率が〇・八九倍であることを意味する。つまり女性の方が研究生産性の面で不利であることを示唆している。

以上をふまえたうえで結果を雑感すると、性別、年齢、学位の保有状況と業績との関係は、おおよそ常識的な理解の範囲内の傾向を示しているといえる。教員の専門性については、著書、編纂書の業績の多い人文・社会系、著書・編纂書業績の低い理工農系、そして学術論文の生産性の高い医歯薬福祉系というように、各専門分野で重視されている業績形態での業績数が多いことが示されている。雇用形態については、身分が安定している終身雇用が最も業績の生産性が高い。さらに非常勤よりも常勤雇用のほうが生産性が高い。過去の在籍機関の経歴効果は一貫していない。

さて、業績主義や評価主義は、研究生産性を高めただろうか。分析に先立って、「業績主義による資源配分の強調」と

表15-３　研究業績の影響要因分析

	(a) 著書共著の学術書数		(b) 著書の編纂		(c) 論文	
	β	EXP（β）	β	EXP（β）	β	EXP（β）
固定効果						
切片	−4.65	.01 **	−5.96	.00 **	−.51	.60 **
女性	−.12	.89 **	−.08	.93 *	−.18	.84 **
年齢	.14	1.15 **	.14	1.15 **	.07	1.07 **
年齢の２乗	.00	1.00 **	.00	1.00 **	.00	1.00 **
学位	.31	1.37 **	.32	1.37 **	.68	1.98 **
専門（基準：その他）						
人文	.28	1.32 **	.42	1.52 **	−.39	.68 **
社会	.12	1.13 *	.24	1.27 **	−.29	.75 **
理工農	−.52	.60 **	−.54	.58 **	−.04	.96
医歯薬福祉	.13	1.14 *	.11	1.11	.16	1.17 **
教育	.14	1.15 *	.13	1.13	−.41	.66 **
雇用形態（基準：終身雇用）						
継続雇用 *1	−.17	.85 **	−.26	.77 **	−.20	.82 **
任期付雇用（定年まで継続雇用見通しあり）	−.09	.91 *	−.17	.85 **	−.18	.83 **
任期付雇用（定年まで継続雇用見通しなし）	−.10	.90	−.37	.69 **	−.27	.77 **
その他雇用形態	−.22	.80	−.46	.63 *	−.11	.90 *
常勤職	.19	1.21 **	.36	1.44 **	.20	1.22 **
高等教育機関１年以上在籍経験	.07	1.07	.25	1.29 **	.12	1.13 **
研究機関１年以上在籍経験	.05	1.06	−.07	.93	.17	1.18 **
公的機関１年以上在籍経験	.14	1.14 **	.10	1.11 *	.03	1.03 *
民間企業・団体１年以上在籍経験	−.04	.96	−.06	.94	−.10	.90 **
評価による資源配分	.03	1.03 **	−.02	.98	.01	1.01 **
学生数による資源配分	−.05	.95 **	.01	1.01	−.02	.98 **
卒業生による資源配分	.04	1.04 **	.05	1.05 **	.04	1.04 **
ランダム効果						
τ	.49	**	.59	**	.34	**
Deviance	15190	df=9445	12860	df=9445	63060	df=9438
AIC	15240		12910		63110	

＊：p＜0.05、＊＊：p＜0.01

「評価による資源配分の強調」との相関係数をとったところ、総サンプルでは〇・七三と高いことが明らかになった。この両者は同義であるとみなし、分析には「評価による資源配分の強調」のみを説明変数として投入した。そうすると、評価による資源配分の強調は、編纂書には影響しないが、学術書の単著・共著、論文業績にはポジティブに作用している。「卒業生数に応じた資源配分」についてもすべての業績にポジティブに作用している点は留意しておきたい。この結果は、教育活動の成果である卒業生数に応じた資金の傾斜配分により、研究活動も促進されるという解釈も成り立つ。しかし、卒業生数は、大学のコントロールが及ばない景気の動向も影響することも忘れてはならない。そうであるならば、卒業生を大量に排出できた国や機関の周囲を取り巻く社会環境や労働市場が活況であり、大学にも外部から十分な資金が流れ込んでいることから生じる疑似相関かもしれない。

いずれにせよ、τ（ランダム効果）をみてもわかるように、これだけの説明変数群を投入しても、研究業績の国家間平均に依然として格差が見られることがわかる。

各国別分析

次に、同じモデルを各国別に適用して分析した。簡単のため、研究業績は学術論文のみとし、著書・編纂書は除外した。分析結果は表15‐5に示した。分析にはGLMMを適用し誤差分布にポアソン分布を指定した。ここでも因果分析に先立って、「業績主義による資源配分の強調」と「評価による資源配分の強調」との相関係数を各国別にとったところ、表15‐4のような結果になった。興味深いのは、これら二つの資源配分原理は、国によってほぼ同義と捉えられている場合（日本、韓国、マレーシア、ポルトガル、南アフリカなど）と、必ずしもそうでない場合（フィンランド、ドイツ、ノルウェーなど）とがみられるという点である。なお、アメリカはアンケート調査時点で「評価による資源配分の強調」をたずねていない。

この結果をふまえ、分析モデルにはこの二つの資源配分原理を交互に投入した。(4) なお、分析結果は、資源配分原理に関する変数の効果とモデルの適合度に関する指標のみを切り出している。

表15-4　「業績による資源配分の強調」と「評価による資源配分の強調」との相関係数

アルゼンチン	オーストラリア	ブラジル	カナダ	中国	フィンランド	ドイツ	香港	イタリア	日本	韓国	メキシコ	マレーシア	ノルウェー	ポルトガル	イギリス	アメリカ	南アフリカ
.78	.69	.77	.65	.68	.48	.54	.75	.68	.89	.89	.78	.84	.48	.86	.64	—	.80

表15-5　研究業績（学術論文）の規定要因：国別

	アルゼンチン	オーストラリア	ブラジル	カナダ	中国	フィンランド	ドイツ	香港	イタリア	日本	韓国	メキシコ	マレーシア	ノルウェー	ポルトガル	イギリス	アメリカ	南アフリカ
業績による資源配分（m1）	−.04	.03	−.05	−.02	−.01	−.09	.04	−.06	−.05	.06	.01	.04	.07	−.08	−.09	−.01	.05	−.09
deviance（m1）	3381	3269	2853	3826	9895	4254	4564	3541	7220	9796	4642	1207	2731	3406	3053	2671	3610	657.7
df（m1）	713	464	565	785	1198	709	678	524	1246	1077	761	341	469	661	403	552	482	236
AIC（m1）	5331	4923	4507	6364	13972	6332	6982	5478	11805	13398	7690	2103	3903	5478	4378	4493	4985	1289
McFadden の R2（m1）	.246	.386	.235	.286	.321	.409	.409	.410	.292	.310	.214	.428	.435	.365	.349	.342	.388	.504
評価による資源配分（m2）	−.05	−.03	−.06	.03	.02	−.02	.06	.00	−.02	.07	−.01	−.04	−.01	.01	−.07	.02	—	−.04
deviance（m2）	3376	3152	2850	2547	9871	4244	4493	3547	7404	9783	4654	1342	2733	3407	3080	2614	—	663.8
df（m2）	713	458	564	531	1199	704	674	522	1250	1077	759	340	468	651	403	542	—	236
AIC（m2）	5327	4780	4501	4301	13951	6310	6896	5477	12010	13384	7690	2233	3903	5447	4405	4412	—	1295
McFadden の R2（m2）	.247	.404	.236	.519	.322	.411	.416	.410	.280	.311	.214	.392	.435	.368	.345	.354	—	.501

注）［濃い網掛け］$p<0.01$、［薄い網掛け］$p<0.05$　　（「業績による資源配分の強調」および「評価による資源配分の強調」の効果抜粋）

分析結果をみると、研究業績に対する資源配分方式の効果は、各国まちまちである。業績による資源配分の強調が研究業績に有意な正の効果をもたらしている国は、ドイツ、日本、マレーシア、アメリカの四国のみであった。他方負の効果をもたらしている国は、アルゼンチン、ブラジル、フィンランド、香港、イタリア、ノルウェー、ポルトガル、南アフリカの八国と多い。評価による資源配分の強調が研究業績に正の効果をもたらしているのは、中国、ドイツ、日本の三国であり、逆に負の効果をもたらしているのは、アルゼンチン、ブラジル、イタリア、ポルトガルの四国であった。総括すると、業績・評価主義が研究業績に正の効果をもたらしている国はドイツと日本であり、逆に業績・評価主義が研究業績に負の効果をもたらしている国は、アルゼンチン、ブラジル、イタリア、ポルトガルの四国であった。誤解を恐れず傾向をみいだせば、ドイツ、日本はいわゆる勤勉な国民性という点において共通しているという通説があてはまり、勤勉であるがゆえに業績・評価主義が強調されればそれに素直に呼応しているとみえる。他方アルゼンチン、ブラジル、イタリア、ポルトガルはラテン系という共通性でくることが可能であり、ラテン系固有の行動様式が、業績・評価主義と非親和的なのかもしれない。評価・業績主義と実際の成果との関連は、このように業績・評価主義に親和的な〝ドイツ・日本〟モデルと、非親和的な〝ラテン系〟モデルとが存在するのかもしれない。ただ、業績・評価主義が実際のoutcomeと連動している国は少ないのであり、評価の時代と騒がれるほどには、評価主義は浸透していないという見方も可能である。

ここで日本のみに注目すると、先行する村澤（二〇〇八）[5]の分析では、研究評価の導入状況、評価に応じた研究費配分や給与配分といった思い切った施策も、研究業績の向上には繋がらないという結論が得られており、本分析とは整合的ではないようにみえる。しかしながら、村澤（二〇〇八）では研究業績としてレフェリー論文数が用いられた点、評価に関わる項目が似て非なる点を考慮すると、業績・評価主義の浸透により、学部・研究科紀要等の非レフェリー論文の量産は促されたが、質を担保されたレフェリー論文数の向上にまでには繋がっていない、という状況にあるのかもしれない。

表15-6　業績主義、評価主義による資源配分の研究業績への効果

	＋	－
業績による資源配分	ドイツ、日本、マレーシア、アメリカ	アルゼンチン、ブラジル、フィンランド、香港、イタリア、ノルウェー、ポルトガル、南アフリカ
評価による資源配分	中国、ドイツ、日本	アルゼンチン、ブラジル、イタリア、ポルトガル

結　論

評価は、それ自体が目的ではなく、手段である。日本の高等教育の歴史を振り返ってみても、大学の量的拡大や乱立に伴う質の問題がたびたび浮上し、その自然の帰結として評価に対するニーズが発生してきた。そして近年の評価は、資源配分とのリンクに大きな関心が寄せられてきた。そうした実態が、ＣＡＰ調査からかいまみることができるかどうかを本章では検討してきたが、現段階で業績・評価に基づいた資源配分の浸透は、高い国で六〇％程度であることがわかった。むしろこうした資源配分方式以上に各国に根強いのが、学生数に応じた資源配分方式であり、言い換えれば、条件に応じた資源配分方式が、各国では未だに強く浸透していると見なすこともできる。

ただし、評価は、その質の問題はさておき、国際的にみても研究の「量的」生産性を高めていることは確かなようだ。ただし、評価がもたらす生産性は、国別にみると濃淡があり、日本・ドイツのような業績・評価主義が研究の生産性を高めている国家もあれば、ラテン・アメリカ諸国のように、むしろ反作用している国家群も存在した。過去の先行研究をもふまえて日本の事例だけに注目するのであれば、こうした業績・評価主義の浸透は、量的研究の生産性を高めたが、その質を向上させたかどうかについては疑問の余地のあることもあきらかになった。ただいかんせん、データの限界から、他の国についても同様の検証ができず、それは今後の課題であろう。

【注】

（1）広島大学高等教育研究開発センター『高等教育の質保証に関する国際比較研究』（COE研究シリーズ16）広島大学高等教育研究開発センター、二〇〇五年、広島大学高等教育研究開発センター『大学改革における評価制度の研究』（COE研究シリーズ28）広島大学高等教育研究開発センター、二〇〇七年、羽田貴史・米澤彰純・杉本和弘編著『高等教育質保証の国際比較』東信堂、二〇〇九年などを参照。

（2）実際には、doctoral degree, post doctoral degree のいずれかを保持しているかどうか。

（3）職階は、各国共通の尺度が無いので分析から除外した。

（4）モデル自体は、分析の項で検討したモデルをそのまま用いている。それゆえ適合度指標は、「業績による資源配分の強調」あるいは「評価による資源配分の強調」それぞれの変数単独の適合度ではない。

（5）村澤昌崇「評価」有本章編著『変貌する日本の大学教授職』玉川大学出版部、二〇〇八年、二八〇―二九四頁。

（村澤　昌崇）

終章　大学教授職の展望

はじめに

終章では、本書全体で展開された主題に関する論理とその実証結果を、筆者の見解を踏まえて総括するとともに、現在の世界の大学教授職が直面している問題点や課題を論究する。それを踏まえて、今後の大学教授職の展望を世界と日本を交えて考察する。具体的な内容は、①本書の概括、②世界の大学教授職の変貌、③各国の大学教授職の特徴、④二一世紀型大学教授職の構築、⑤世界の中の日本の大学教授職――その変貌と今後の展望、⑥おわりに――提言、によって構成される。

1　本書の概括

序章　変貌する世界の大学教授職

序章は、問題の所在によって、日本の現在の閉塞状態を踏まえて、人材養成に重要な役割を担うキー・プロフェッションとしての大学教授職の重要性を指摘したのちに、本書全体の導入を総論的に論じる視点から、①研究の目的と方法、②研究の視座、③大学教授職の規定要因、④大学教授職の変貌、⑤章構成、などを論究する。

第一に、研究の目的では、世界の大学教授職の現状を意識調査に基づき比較し、日本の大学教授職が直面する課題を明らかにする。

第二に、採用する方法としては、世界一八カ国（一七カ国一地域）を対象に実施したＣＡＰ調査（二〇〇七年）を基軸に、カーネギー調査（一九九二年）、日本調査（二〇〇七年）を併用することに加え、質問領域は六領域、分析内容は大学教授職の社会的構造、社会的条件、社会的機能を対象とすること、などを明らかにする。

第三に、研究視座を規範とその崩壊の観点から論じたうえで、大学教授職の定義を行う視点から、大学の社会的構造に着目して、知識の機能、専門分野の世界、科学と社会のダブルバインド、大学の企業化、国家システムとセクター分化、大学種別、アカデミック・ワーク（学事）、などの問題を詳細に分析する。

第四に、大学教授職の規定要因では、大学の社会的条件に着目して、現代の社会変化の特徴、学問中心地の移動、高等教育政策の変化、などを分析する。

第五に、以上に論じた社会、学問、政策、大学の変化などを反映して、大学教授職は急速に変貌しつつある点を論じ、現在の日本を含む世界の大学教授職は、こうした外圧を受けて、伝統的な大学で醸成された専門職の理念、役割、使命を見直し、本質を見極め、新たな社会的期待に対応した専門職像を構築する必要性に迫られていることを分析する。

最後に第六に、本書は序章・終章ほか一五章から構成されることを指摘し、併せて基本的なフェイスシートに言及する。

第Ⅰ部　環境の変化

１章　大学改革の世界的動向

本章は、①一九八〇年以降に生じた世界同時進行の高等教育改革をうながす共通の主要な社会的背景を、分析的に社会のグローバル化、市場競争の原理を重視する「小さな政府」の大学政策、情報通信技術（ＩＣＴ）革新の進展の三つに集約して検討する。それを踏まえて、②大学改革を分析するポイントを整理し、③大学教授職の今後を探る。

第一に、社会的背景の一つ目であるグローバル化は、個別化よりも普遍化、標準化の方向へ、また多元化よりも一元化の方向へ社会や大学（大学の他に短期大学等を含む）のあり方を変えるように作用する。大学改革との関連で特に重要なのは、大学で発見・統合・応用・教育する知識の考え方やあり方が変わり、一九八〇年代以降は、基礎的な研究よりも応用的な研究が強調されるようになってきている。高等教育の変革を促す二つ目の社会的背景は、世界各国の政府の役割が八〇年代以降、「大きな政府」から「小さな政府」に変わったことである。そこでは、大学における教育と研究を充実して国家の経済的生産性を維持・向上させることを目指すから、大部分の大学は「教育重視型大学」と「研究重視型大学」の二つのタイプに大きく分化をたどる。また各国の政府は、市場競争の原理を重視しているので、高等教育の市場化が著しく進むようになる。三つ目のコンピュータやインターネットなどといった情報通信技術革新は九〇年代後半から、高等教育に対しての影響が顕著になった。

第二に、環境変化に対応した大学改革の方向を、①大学経営の健全化、②増大する利害関係者のニーズへの対応、③多様化する大学の三つに絞って考察することを通して、大学改革を分析する際のポイントを整理する。大学の管理運営のあり方は、大学構成員、特に大学教員の考え方や意思決定を重視する同僚制的管理運営から、大学の経営責任がある理事会の理事や学長とか副学長などの上級大学管理者の権限が強い企業経営的管理運営へ変化する。次に各大学は利害関係者（stakeholder）の要求や要望に対して、一段と配慮せざるを得なくなる。どの国でも、国内の大学制度は全体としてますます多様化すると予想される。

第三に、大学教授職の今後の方向を探る。大学教員のパートタイム化が進行する中でいかに研究者と教師の役割の断片化を阻止するかが課題となる。また、大学の管理運営のあり方は「同僚性」から「官僚性」へと、さらに法人性・企業性へと変化する中で、教職員の意思を反映できる仕組みを整備することが課題となる。さらに、大学や大学教員の二極化の進行を是正し、二一世紀の大学の発展にとって望ましい大学教授職の理念を再構築する必要がある。

2章　知識社会のインパクト

本章は、知識社会論の由来や普及のプロセスをみたうえで、①「イノベーション重視の知識社会論」、②「学習重視の知識社会論」、③「マネジメント重視の知識社会論」の三つの知識社会論について検討する。二〇〇五年の中央教育審議会答申『我が国の高等教育の将来像』では知識基盤社会とは、「新しい知識・情報・技術が政治・経済・文化をはじめ社会のあらゆる領域での活動の基盤として飛躍的に重要性を増す社会」であると定義している。

第一に、OECD（経済協力開発機構）は一九九六年に、『知識基盤経済』を公表したが、これは知識基盤経済を体系的に論じた最初のものであろう。現在の知識社会論には知識基盤経済という考え方がベースにあるが、その概念が形成されるうえで、ナショナル・イノベーション・システム（NISあるいはNSI）が一つの重要な構成要素になっている。一九九〇年代からの産学連携の議論は、こうしたNISを基礎にしており、その考え方によると、大学の研究活動だけでなく、教育活動そのものがイノベーションのもとになる。大学院教育、若手研究者養成、博士号取得者のキャリア・パスなど、人材養成の問題も大学にとっては重要課題になる。

第二に、一九九〇年代以降は、「学習」重視の知識基盤経済もイノベーションの重要な基礎となったのに伴って、ヨーロッパの教育改革が行われ、EU統合のプロセスでそれが一層強まった。一九九七年には、「コンピテンシー定義・選択（DeSeCo）計画」やOECD「生徒の学習到達度調査」（PISA）が始まった。そして、知識基盤経済の考え方が典型的に表れているのが「リスボン戦略」である。さらにヨーロッパ高等教育圏の構築を目指す「ソルボンヌ宣言」を基礎にして、一九九九年に二九カ国による「ボローニャ宣言」がなされた。そこでは、従来の学問分野依存型の段階的な学習方式ではなく、問題解決型の教育モードが登場し、上述の知識基盤経済に適合した教育への変化がみられる。

第三に、企業経営の世界で、一九九〇年代後半より欧米で盛んになってきた、知識を経営資源として利用し、生産性を上げようとする、ナレッジ・マネジメントの議論がある。ＯＥＣＤは二〇〇〇年に、『学習社会におけるナレッジ・マネジメント――教育とスキル』を発表し、教育システムのあらゆるレベルでのナレッジ・マネジメントを強化する必要があることを強く主張している。

こうして知識社会論を腑分けすることで、大学へのインパクトを考えやすくする。例えば、特許や技術移転、ベンチャーなど産学連携の問題は「イノベーション重視の知識社会論」と関わるし、教育改善、新しい教育プログラムやモジュールの編成といった問題は「学習重視の知識社会論」と関わるし、研究評価や経営、財政資源配分などは「マネジメント重視の知識社会論」と関わるだろう。この中で、大学および大学教授はかかる知識社会の発展に貢献するものなのかどうかは必ずしも自明ではない。大学も大学教授も変化せねばと奔走しており知識社会という神話がある限り、こうしたゲームは続くのである。

3章　グローバル化・国際化

本章は、①先行研究を踏まえグローバル化と国際化の関係について分析し、②大学教員の国際化に関する現状を検討し、③最後に大学教員の国際化に関する世界と日本の動向と課題を論じる。

第一に、グローバル化と国際化という用語は、ロバートソン、スコット、ナイト等の主要な先行研究に基づいて、本章では次のように定義する。グローバル化は国家・国境を越え、「一体化」、世界的に通用する基準、あるいは唯一の標準の確立を強調するのに対して、国際化は、地理的・主権的国家単位をもとに、あるいは国家・民族の存在を前提として、国と国との間に行われている交流を強調する。また、この二つの概念の間の関連性については、両方とも国境や国家という範囲・枠を乗り越え、自国以外の国や地域との交流の拡大、促進を目指しながら、世界的規模で交流のプロセス並びにその結果を可能にする。そして現在、高等教育の国際化には、①学生・教職員・研究者をはじめとする人的な交流、②カリキュラムの相互活用をはじめとする教育科目・単位および学位の交換・相互認定、特にトランスナショナルプログラムの開発、③研究成果の発表・交流を中心とする国際学術会議や共同研究等の研究プロジェクト活動、などが含められる。

第二に、教育活動の国際化と関わって、世界一八カ国を対象に大学教員の意識を分析して以下の結果が得られた。大学教員は授業において国際的な視点や内容をどの程度重視しているかをみると、世界の平均は三・七六、日本の平均は三・四七であり、日本の大学教員は国際的な視点や内容を十分に重視しているとはいえそうにない。また、大学教員は教鞭をとり始めて以来留学生数が増加したのであろうか。その有無をたずねた結果、世界平均は三・一三、日本は二・二一であった。関連して、大学院生の中のほとんどを留学生が占めるとする回答の割合をみると、世界平均は一・七五、日本の平均は一・六一となっており、日本は世界の平均よりはやや低い。

第三に、外国の研究者との共同研究を進めている度合を調べると、世界平均は四四・五三%、日本の平均は二三・八〇%で、日本の大学教員のほとんどは外国の研究者との共同研究を進めていない。同様に、国際的視野や志向の研究を行っているかを調べると、世界平均は三・四二、日本の平均は三・一九と低調である。さらに、過去三年間の出版物の形態を世界平均でみると、現在の所属機関で使用する教授語以外の言語での発表三一・一五%、外国の研究者との共同執筆一一・二七%、外国での出版三一・七五%である。これに対して日本は、教授語以外の言語による発表は理工農（五一・四%）でやや高いが、それ以外は低く、概して研究活動の国際化の進捗状態は思わしくない。さらに、日本の大学教員の国際化は外国語での論文発表を中心とした研究活動に力を割いているが、これは強い研究志向の伝統を反映していると解される。

以上、世界的にグローバル化に伴い高等教育の国際化が重要性を増す中で、国際化は単に外国語論文をはじめとする研究活動に限られるのでなく、留学生の受け入れやカリキュラムの国際化などの内容も意味している以上、日本における大学教員の国際化全体を促進させるには、現状を克服して、幅広い領域で多くの分野における教員が積極的に貢献することが不可欠であると考えられる。

4章　アカデミック・キャリア

本章は、大学教授職の「線としてのキャリア」に着目して、一九九〇年代以降に生じた我が国の種々の動向を国際比較の中で検討する。すなわち、①博士学位取得の早期化傾向が、世界的潮流であるのかを検証し、その前提となる議論として、博士学位の取得率にも言及すること、②アカデミック・キャリアへの参入時期と、アカデミックな世界以外の経験を持つ大学教員の考察を行うこと、③学位の取得国に着目して、学位をめぐる国際化と自国学位の制度化の関係を明らかにすること、である。

第一に、博士学位の取得状況は国によって、八割以上が取得している上位グループ(五カ国)、六割～七割が取得している中位グループ（六カ国）、五割未満の下位グループ（六カ国）に分かれる。中位グループに属する日本は年齢層による相違が顕著ではないが、イギリスやオーストラリアと同様に、四九歳以下の層で取得率が若干高い。

博士学位を取得した年齢と、学士学位取得後に博士学位を取得するまでに要した年数を検証すると、ドイツを例外にして、いずれの国でも、年齢層が若い教員ほど、学位取得の平均年齢が若年化し、基礎要件的なものに変化している。概して、上位グループ、中位グループでは、学士学位取得後、一一年前後で博士学位を取得し、下位グループではその年数が長期化する傾向にある。

第二に、博士学位の制度化のプロセスは、キャリアの開始年齢を早める効果と遅らせる効果の両面を備えている点を確認した結果、博士学位の取得の有無を問わず、高等教育機関・研究所のみのキャリアしか持たない者が多い国と、そうでない国とが存在している。前者の典型は、韓国、日本、中国という東アジアの国々とドイツ、イタリアなどであり、大学（院）における実務型の教育プログラムが、相対的に発展していないと推察される。後者の典型はアルゼンチンで、大半が政府・民間部門等の経験者である。

その上で、博士学位取得者と非取得者を比較すると、韓国、ドイツ、イタリアの三カ国を除くいずれの国でも、博士学位取得者の方が、高等教育機関・研究所のみしか経験していない「モノ・キャリア」の比率が高く、他方、博士学位非取得者の方が政府・民間部門等も経験している「マルチ・キャリア」の比率が高い。この傾向は、特にイギリスとカナダ、香港という旧イギリス領の国と、ブラジルにおいて顕著である。マルチ・キャリアとモノ・キャリアの教育志向と研究志向を検証すると、国によって区々である。

第三に、学位取得国の地域別分布から、中心—周辺の関係を読み取ると、日本、中国、アメリカ、ドイツでは九割を超え、典型的な自給型の国を示し、これに続く八割台の国が五カ国、六〜七割台の国が五カ国で、一五年前も自給率の低かった韓国や香港(マレーシアは前回調査がない)は、現在もなお自給率が低い。中心—周辺という軸以外に、国際化という軸もある。もともと自給率が高い国において、海外での学位取得者が増える傾向、つまり自給率が減る傾向にあれば、国際化の進展と考えてよいだろう。こうした傾向がイギリスとノルウェーでみられる。他方で、自国の学位の制度化は年齢層が若いほど自給率が増えるケースであり、香港、マレーシア、メキシコ、韓国といった国々が、こうした傾向にある。

博士学位の基礎要件化によって学位取得年齢が若年化しているが、博士学位を取得するまで学修を継続するという力学は以前にも増して強まっており、我が国のように、これに供給側である大学院生の量的な拡大と需要側である大学教員市場の収縮が加われば、アカデミック・キャリアへの道程は、さらに厳しさを増さざるを得ない。

大学教員になるルートは多様化しつつある中で、我が国を含めて韓国や中国という東アジアの国々では、依然としてアカデミック・キャリアのみの経験者、すなわち伝統的なタイプが圧倒的に多い。国際的にみても、非伝統的なタイプの教員の場合は博士学位取得者が少ない傾向にある。大学教員とは何かが改めて問われる所以である。かくして、学位をコアとしたアカデミック・キャリアの国際比較は、多様化への圧力への対応と規範・理念の再構築という、相矛盾するパズルに取り組まざるを得ないことを、改めて我々に提示している。

5章　流動性——研究活動を活性化しているか

一九九六年の大学審議会答申「大学教員の任期制について」は、大学間の人材交流が乏しいと「相互の批判や競争の機会も少なくなり、教育研究が低調になりがちである」との認識の下、大学の判断により任期制を導入し得る選択的任期制を提案した。しかし、①流動性は一九九二年当時と同様、今回も国際的には低い水準にあるのはなぜか、そして、②実際に大学間移動を経験した教員の研究生産性は高まり、また仕事上の満足度は高まっているか。本章はこのような問題を検討している。

第一に、日本の大学教員の生涯移動期待値を計算し、調査対象国の中でのその位置（順位）に注目してみると、今回の調査からデータの得られた一六カ国中、一一位である。一九九二年データも得られる八カ国に限ると七位であり、一九九二年からわずかに一つ順位を上げたに過ぎない。

この期間に、「学校教員統計調査」データによれば、日本の大学教員の大学間移動は元来少ないうえ、この一五年間に減少した事実が判明する。その理由としては、外部市場からの移動が増えたことがあげられる。講師以上の大学教員数が一五年間に一・三八倍に増加した事実は移動を促進する気運を高めたが、教員数増加分の多くは外国大学や民間企業など外部市場からの転職者によって補充され、大学間移動率の増加を帰結しなかったのである。

なぜ移動しないのかを確かめてみると、任期制と同様、教授比率と流動性の関係も一概にはいえないのだが、日本は、任期制比率からみても、教授比率からみても、教員の移動を促進するような状態ではないとみなされる。それでは、移動を希望する日本の大学教員は少ないかといえばそうではない。移動希望を持ちながら市場的・制度的・組織的要因により、実際に移動する者は少ないのである。

第二に、移動を説明変数として、移動が研究上の生産性や仕事上の満足度に及ぼす影響の検討を行ってみると、次の結果が得られる。まず、各国別に大学間移動経験者の有無に分け、過去三年間に発表した学術論文数を比較した結果、大学間移動は研究生産性の向上を必ずしも帰結するとはいえない事実が導かれる。しかも、移動経験者の満足度が高まるという明確な関係はみられない。大学間移動経験者の研究生産性は非移動経験者よりも高いわけではないとすれば、大学間移動の有無と学外共同研究者の有無を同時に考慮した場合、研究生産性に及ぼす移動の影響はどうなるのであろうか。文系と理系に分けて、国別に回帰分析を試みた結果をみると、いずれの国においても、大学間移動の経験より学外共同研究者の有無の方が研究生産性に及ぼす影響が大きい、という結果が得られる。

本章は、大学教授職国際調査と既存統計を用いて、日本の大学教員の移動率が依然として低い水準にあり、その理由として、①成長中の大学教員市場のかなりの部分の充足は外部市場からの移動に依拠していること、②教授比率の高い教員構成の故に教授昇格をめぐる移動の促進が少ないこと、③増加しつつある任期制導入は国際的に低い比率であることを指摘する。さらに、大学審議会の答申に反して、大学間移動よりも、学外に共同研究者を有することが研究の生産性にとって有効であることを論証した。それを踏まえて、研究生産性を高めるには、大学間移動を促進するよりも、むしろ、それぞれの大学での安定的な地位を確保したうえで、しかも学内業務に縛りつけることなく、十分な通信基盤や研究旅費を確保するなどして、大学教員の知的交流を促進する方が有効であると提言する。

6章　ジェンダー・バイアス——教員のライフスタイル

本章は、大学教員の家庭生活環境を、国際比較調査の結果に基づいて検討し、それを踏まえて日本の大学教員のライフスタイルの特徴を、ジェンダーの視点から次の四点について性別に比較考察する。①大学教授職としての教育・研究への関心の所在と、教育・研究活動に費やす時間配分。②仕事に対する満足度、および教育・研究の両立に関する教員の認識。③ジェンダー・バイアスを生み出す文脈なり背景となる家庭生活環境。④日本の大学教員のライフスタイルの特徴。

第一に、男性と女性教員の関心の所在に注目すると、一九九二年調査では、男性の教育志向は全体平均が四〇・八%、女性は五四・〇%であった。一方、二〇〇七年調査の全体平均をみると、女性（四一・七%）は男性（三二・三%）に比べて教育への関心が強く、男性（六七・七%）は女性（五八・三%）よりも研究に対する関心が強い。日本に着目すれば、一九九二年調査では女性（四七・一%）は男性（二五・九%）に比べると教育への関心が強く、男性（七四・一%）は女性（五二・九%）よりも研究志向が強い（〇・一%水準）。これに対して、今回の調査では、男女教員とも研究志向へ傾斜し、女性教員の研究志向への国際的高まりがみられる中にあって、日本も例外ではない事実が浮上する。

もっとも意識と実際の活動状況とはズレがあるかもしれないので、教育・研究活動の実態について検討する必要がある。その結果、教育（授業の準備、授業、学生指導、採点、評価など）、研究（文献購読、執筆、実験、フィールドワークなど）に占める時間配分の割合について、学期中の教育に占める割合を性別比較すると、女性は男性よりも教育に多くの活動時間を割いていることがわかる。日本の女性教員も学期中には教育活動を優先させ、研究時間が十分ではない。

第二に、大学教授職にとって関心事である「教育と研究の両立は非常に難しいか」の問に対する回答を求めると、女性の否定的（「両立は難しい」）回答率が高い順では、一八カ国中、九カ国（日本、中国、フィンランド、ドイツ、イギリス、イタリア、ノルウェー、アメリカ、メキシコ）で有意差がみられる。すなわち両立が可能であると認識している男性教員の割合が多いのに対して、困難と回答した比率は女性教員の方が多い。日本の女性教員が両立の困難を訴える割合は（六五・五％）、一八カ国中最も高い。その原因は、家庭の社会的状況や役割期待を通してライフスタイルに刻印された阻害要因があるのではなかろうか。

そこで、第三に、家庭生活環境に注目する。女性の独身者の比率が高いという実態は、女性大学教員のライフスタイルの一つの特徴といえるが、その点、配偶者がいる男性教員の全体平均は八七・四％であるのに対して、女性のそれは七四・六％で、男性よりも一二・八ポイント低い。日本の男性教員の有配偶者率は非常に高い（九一・七％）が、女性教員（五二・五％）のそれは一八カ国中最も低い。有配偶者を実現することによって、研究志向や、研究と教育の両立志向を阻害する要因が作用していると解される。この点は後述の就業継続が困難な点との関係が少なくない。日本と比較して、有配偶者比率に男女の有意差がない北欧フィンランドやノルウェーの実態は、女性の社会進出を促進させる手厚い支援策が施され、また就業継続が保証されていることを示している。

第四に、育児、高齢者介護で就業を一時的に中断した経験者の割合をみると、日本の女性教員の中断経験比率は一六・五％で、男性教員の中断経験率一・一％は皆無に等しい。こうして、女性大学教員にとって結婚、そして育児・高齢者介護のための一時中断は、諸外国の女性教員以上に、仕事を継続していく際の障壁となっていることがわかる。

以上のように、本章は、いわゆる文化的装置としての家庭的背景を一つの環境要因とみなし、教育・研究活動は教員が置かれた生活環境に影響されるとする仮説に立ち、国際比較で浮き彫りにされた日本の大学教員のライフスタイルを考察した。かくして、男性教員の働き方をモデルにして女性教員がそれに近づくという対応には、もはや限界がある。つまり女性が働く社会は、男性も家庭的責任や地域の役割を担う社会のはずであることを理解する必要があろう。女性大学教員の比率を高め、良い意味で男女の競合関係が生まれるか否かは、女性教員の大学市場での処遇のみならず、家庭の側での性役割規範のあり方にかかっているといっても過言ではない。

第Ⅱ部　大学組織と生活

7章　管理運営

本章は、大学組織内部にヒエラルキーが導入された場合、教員はどのように反応するのかを明らかにする。この課題設定の背景には、二〇〇四年に開始された国立大学の法人化に先行して、西欧諸国では一九八〇年代から大学の権限や意思決定が管理者（経営者）に移行し、大学は「知のシェルター」としてではなく、利害関係者に適った組織としてみなされるようになった、という経緯がある。NPM（ニュー・パブリック・マネジメント）の考え方が、席巻する中で大学はより感応的・効果的・効率的に管理運営されるよう期待され始めたのである。次の点に研究の視点がある。①管理運営業務の負担を時間で計測し、教員の所属大学の管理運営体制への認識を探る。②教員の所属大学と専門分野に対する帰属意識、学内の重要な決定方針に与える教員の権限、労働条件の認識、そして移動希望について現実を探る。③管理運営体制の認識が、そうした教員の意識や行動にどのような影響を与えているのか検討する。

第一に、各国の教員は、どの程度管理運営業務に時間を割いているか、常勤教員について学期中の管理運営（学内委員会、教員会議、事務など）に要する平均時間、仕事時間全体に占める割合をみると、管理運営業務は、一八カ国全体でみると週六時間（中央値は四時間）。教育、研究、社会サービスを含めた仕事時間に占める割合は、一三％程度である（中央値は九％）。管理運営時間は、研究時間とマイナス相関がやや高いことから、国際的にみても研究時間の劣化を招く業務としてみられていることがわかる。

所属大学の管理運営体制をみると、「トップダウン型の管理運営を行っている」に対して肯定的回答を示した国ほど、管理者との意思疎通は低く評価される傾向にある。「管理者と教員の意思疎通は良い」をみると、日本の教員の四人に三人は、不十分であると回答している。また、「意思決定に際して同僚間の協力調整がある」や「教育活動に対して事務職員は協力的である」などの回答をみると、日本の管理運営体制は、一八カ国の中で、管理者との意思疎通は決して良いとはいえないにもかかわらず、同僚間の協力調整と事務系職員の支援によって支えられているといってよい。

「私は絶えず学内情報を与えられている」については、日本の数値は一八カ国で最低と意思決定から疎外されていることを示す。実際、「教員が意思決定過程に参加していないことが問題」について、一九九二年当時（三三％）と比べると、九％ポイントほど肯定的意見が増えている。さらに、「管理者は学問の自由を支持している」については、日本の教員の過半数は肯定的回答を寄せているが（五六％）、一九九二年当時（七一％）と比べて一五％ポイントも下がっているのである。

第二に、組織社会において不満を持つ構成員の反応を理解するために、所属大学に対する教員の帰属意識、権限、労働条件、そして転出希望を調べた結果、「自分の専門分野が重要」の方が「自分の大学が重要」よりも高い（それぞれ九〇％、六六％）。改めて教員のアイデンティティが専門分野にあることがわかる。ところが、「自分の大学が重要」については、国によるバリエーションが大きい。二時点では、メキシコとオーストラリアとドイツを除いて、自分の大学が「とても重要である」と回答する割合が減少している。日本は、一九九二年当時の三一％から一四％まで落ち込んでいる。

それでは、各国の教員は労働条件をどうみているのか。労働条件が「悪化した」の回答者は、イギリス、日本、ドイツで六割を超える。日本を設置者別にみると、私立大学が五二％に対して、国立大学は七三％を示し、国立大学に勤務する者が、国際的にみて最も労働条件が悪化している事実がうかがえる。法人化のインパクトであるとみてよい。こうした状況の中では、離脱希望者が増えるのではないか。「過去五年間に国内の他の高等教育や研究機関への移動を考えたことがある」者の割合を調べると、流動性の乏しい日本の大学にもかかわらず、移動希望率は国立大学五三％、私立大学四七％、に上っている。

第三に、所属大学の管理運営体制は、管理運営の負担、所属大学への帰属意識、権限や労働条件の認識、そして移動希望に対してどのような影響を与えるのであろうか。トップダウン型の管理運営体制は、国内の他大学・研究機関への移動希望を促進し、同僚間の協力調整や学内情報の共有はこれを抑制する傾向にある。こうした結果は、国によるバリエーションを超えて、各国の教員が「ハードな管理運営主義」に晒されたことに対する率直な反応である。

以上、大学組織に「垂直的統合」を構築すれば、組織の効率性と有効性が高まるはずだというが、それはあくまで架空のモデルである。そして、国際的にみた日本の教員の特徴として指摘できることは、何よりも意思決定に際して同僚間のインフォーマルな調整があること、他方で教員に対する管理運営のフォーマルな能力開発が実施されていないこと、管理職のリーダーシップを評価する反面、学内の情報から遠ざけられていること、そして労働条件に対する厳しい評価と転出希望率が著しく高いことである。結論的には、「知の共同体」は、「利害関係者のための大学」に取り替えることができないし、代替させるべきではない、ということである。

8章　労働条件

本章は、①所属大学の労働条件、ならびに②大学教員としての満足度を検討する。労働条件は施設設備、支援スタッフ、執務条件の改善状況、学内の人間関係を、満足度は仕事のストレス、自分の専門分野に対する評価、仕事の全般的な満足度を、それぞれ検討する。

第一に、所属大学の労働条件をみるために分析した、教育・研究用機器や図書館、研究室など五つの施設設備への満足度は概して高くない。満足度が一番高い図書館でさえ、半数程度の大学教員が満足しているにすぎない。研究用の設備や機器の場合でも三分の一にとどまっているにすぎない。国別にみると、満足度の高い「もてる国」にはフィンランド、香港、ノルウェー、オーストラリア、ドイツ、アメリカが含まれ、満足度の低い「もたざる国」にはイギリス、イタリア、韓国、ブラジル、日本、アルゼンチンなどが含まれる。日本の大学教員の満足度は、どの項目でも三分の一程度にとどまっている。日本は「もたざる国」に入るが、教育支援スタッフと研究支援スタッフの両項目に対してフィンランド、中国、イギリスといった国では三割以上の大学教員が「よい」と回答しているのに、日本は「よい」の回答が最低を示し、特に支援スタッフへの満足度は一割に満たない。いわゆるGDP大国の現状としては、世界的に貧困な環境に停滞しているのではないかとの疑問が生じる。

施設設備に対する評価と学内の人間関係に対する評価を組み合わせると四タイプに分かれる。両者の評価がともに高い国(アメリカ、カナダ、ノルウェー)、施設設備に対する評価は低いが学内の人間関係に対する評価は高い国(日本、マレーシア、中国、メキシコ、ブラジル、アルゼンチン)、施設設備に対する評価は高いが学内の人間関係に対する評価は低い国(ドイツ、香港、オーストラリア、フィンランド、南アフリカ)、そして両者の評価がともに低い国（イギリス、ポルトガル、イタリア、韓国）である。

第二に、このようなタイプと心理的緊張とはどのような関係にあるであろうか。日本や韓国で比率が高く、ラテン・アメリカ諸国で比率が低いという状況は一九九二年と同様である。大まかな傾向として、教育志向の大学教員が多い国ほど心理的緊張を感じる大学教員の比率が低い。

翻って、専門分野に対する評価をみると、自らの専門分野で将来性はないと考える大学教員の比率は研究志向の大学教員の比率が高い国が多く、逆に将来性があると考える大学教員の比率が高い国の多くは教育志向の大学教員の比率が高い国である。全体では、自分の専門分野で将来性はないと考える大学教員の比率は、自分の専門分野を重要だと考えている大学教員では三分の一（三三・五％）であり、重要ではないと考えている大学教員ではほぼ半数

（四八・〇％）になる。

これらのことを考察した結果、大学教員としての満足度について分析するとやや意外な結果を得る。なぜならば、所属大学での労働条件や専門分野に対する評価は必ずしも高くはないにもかかわらず、大学教員であることには満足している者が多いからである。

最後に、施設設備と学内の人間関係に対する両評価に基づいて設定した四タイプからみると、大学教員としての満足度が高いのは、施設設備に対する評価よりも学内の人間関係に対する評価であることがわかる。このことを踏まえて、次のような結論が導かれる。施設設備や支援スタッフに対する評価は高くなく、改善が必要であることはもちろんであるが、それ以上に学内の人間関係の改善が重要である。しかも所属大学の重要度と労働条件に対する評価には関連がみられる以上、自らが働く大学を重要だと考えるようにすることが大切であり、関係者が長期的な視野で適切な労働条件の整備を図ることが肝要である。

9章　生活時間

本章は生活時間の配分という視点から、国際比較を通してみえてくる日本の大学教員の特徴を次の三点において明らかにする。①時間配分の状況が変化した二〇〇〇年代の日本の大学教員についてその国際的特徴を明らかにすること。②教員個人レベルの相違に焦点をあてること。③このように課せられる仕事が大学教員の教育研究活動にどのような影響を及ぼし、大学教員間の分業を引き起こしているか否かを検討し、比較を通して日本の特徴を浮き彫りにすること。

第一に、生活時間の一八カ国全体の平均値をみてみると、学期中の合計は四五・六時間。韓国がトップで五一・四時間、日本はそれに次いで多く五〇・八時間であった。それに対しノルウェーやマレーシアはいずれも三七・五時間であった。休暇中の合計時間は、全体の平均が三八・七時間と学期中に比べて少ない。日本は学期中では上位にあったが、休暇中になると全体平均との差は縮まり、四二・四時間となっていた。仕事の中で教育、研究、社会サービス、管理運営に費やす時間配分の状況を調べると、国際的に日本の大学教員は各活動に費やす時間は平均的な姿であり、特定の活動に極端に多くの時間を費やしているということはない。

教育時間が増加すれば、研究時間は減少するという、教育と研究のトレードオフが確認される。研究志向の割合が高い国はノルウェー（八三・〇％）、イタリア（七六・九％）、フィンランド（七六・五％）などで、日本も全体平均からみると研究志向の割合が高いグループに入る。特に日本の場合、意識の変化があまり変化していないにもかかわらず研究時間が一五年間で減少した結果を鑑みると、他国以上に意識と実態の乖離が進み、それに伴う心的葛藤が生じているといえよう。興味深いのは、アメリカやドイツ、イギリスは概ね若手教員は研究に多くの時間を費やす一方、年長教員は管理運営に多くの時間を費やすのに対して、日本では若手であろうが、中堅、年長教員であろうが研究、管理運営時間に費やす時間に違いがない事実である。

第二に、次の三つの変数を仕事負担に関する変数として分析する。①授業負担に関する変数。そのため学士課程の授業負担の比率が高まれば、授業準備等に要する時間が増加して教育時間比率が高まると予想される。②管理運営に関する業務の負担。大学等の管理運営に及ぼす影響力が高まれば、それに連動して管理運営時間が増大し、その結果、教育や研究時間比率が低下すると予想される。③研究に関する負担。研究時間比率が増大することが予測される。

教育志向の者は教育時間比率が増加する傾向にあり、研究志向の者は研究時間比率が増加する傾向にあったことから、意識と行動は年齢に関係なく連動しているといえよう。日本については学士課程の授業割合が増大すると教育時間比率が増大し、アメリカは概ね日本と同様の結果であった。管理運営に関する影響力が増大すると教育時間の比率を低下させていた。管理運営上の影響力が増大すると教育も研究もそれぞれ時間比率が減少する。

最後に研究費に占める外部資金比率をみてみると、日米ともに外部資金比率は研究時間比率に有意な影響を及ぼしていた。日本の年長者にとって外部資金比率の増大は教育活動時間の引き下げだけを生み出し、研究活動の時間増大につながっていない。外部資金が有効に活用されるためには年長教員ではなく、若手に積極的に投入した方がよいのかもしれない。

第三に、今後の日本のアカデミック・プロフェッションのあり方について考察を行う。一五年比較の「日本調査」の研究知見では研究時間の劣化、管理運営時間の増大が指摘された。しかし今回、国際比較の視点から日本の特徴を明らかにしてみると、極端に研究時間が少ないわけでもなく、また管理運営時間が多いわけでもないことから、実は一九九〇年代は日本の大学教員、特に研究志向が高い教員にとっては研究に多くの時間を費やせた幸福な時代であったのであり、日本の大学教員の時間配分は世界的に平均的な姿に変貌したのだろう。世界的な潮流に巻き込まれ、過去の恵まれた時代は終わりを迎えたと考えられる。

10章　給　与

本章の主たる関心は、研究と教育という大学教員の仕事は、給与の形でみた場合にどのようなバランスで報われているのかにある。加えて大学の管理運営や社会サービスも大学教員の仕事であり、こうした諸活動が給与上どのような重みを与えられているのかを検討する。一八カ国の大学教員の回答結果からみるが、①人事の決定に際し研究と教育がそれぞれどの程度考慮されるか、②給与は何によって規定されるか、③所属機関以外からの副収入は何か、④まとめ、から構成されている。

第一に、「人事の決定に際し研究の質をどの程度考慮するか」、同じく「教育の質をどの程度考慮するか」をたずねた結果、「研究の質」よりも「教育の質」をやや重視する傾向がうかがえるのは、アルゼンチンとマレーシアで、同じ程度重視しているのがブラジルである。しかし、その他の一五カ国は「教育の質」よりも「研究の質」を重視しているので、人事決定において教育よりも研究を重視する国が多数派であることが確認できる。

第二に、給与の規定要因を調べるために、従属変数は現在所属している機関から得ている税込み年収（米ドル）で、対数変換している。独立変数は、①職階に関わるもの、②年功に関わるもの、③業績に関わるもの、④専門分野、⑤性別、の大きく五種類に分けられる。分析結果は次のようになる。①職階と年功が給与を規定する大きな要因である。②職階や年功に比べて業績の影響は小さい。そのうえで、まずは「論文数」がカナダ、中国、イタリア、日本、韓国、メキシコでポジティブな影響を与えていることが確認できる。③専門分野と性別では専門分野の影響がみられる場合、「人文」がネガティブ、「社会科学」や「工・農学」がポジティブという傾向があった。これは他業種における同様の専門分野の給与を反映させたものか、あるいは昇進の早さが異なる傾向にあるからなのか、今後の検討が必要である。また、性別では六カ国で「女性」が給与面で不利な傾向にあり、昇進等で不利益を被っている可能性が捨てきれない。

第三に、副収入を多く得る活動は「社会サービス」であることがわかる。その場合、職階は所属機関の外でもポジティブに影響を与え、「著書数」で示される研究業績も効果をもつことがうかがえる。出版を活発に行う著名教員には、研究者としての高い威信に相当する副収入が与えられるという傾向が予想される。

最後に、結論としては、教育活動が給与面で有利に働く痕跡をほとんど見出すことはできなかった、ということである。「ほとんど」としているのは、教室等での学生に対する直接的な教育ではないものの、カリキュラム等の教育開発に携わったことがポジティブな影響を与えていることがうかがえたからである。しかし、それは二カ国のみに限られる。一方で、研究は対象国のほぼ全体で人事決定に際して教育よりも有利に働くし、六カ国では論文数にみられる研究業績の高さが給与にポジティブな影響を与えていることがうかがえた。教育よりも研究を重視することへの外発的動機付けが存在している。しかし、主に教育従事の大学教員と、主に研究従事の大学教員の分化が仮に広まって、前者を後者よりも給与面で不利な立場に置くならば、教育の質を維持するうえで問題を生じさせるのではないか。この場合、教育に励むことが報われる報奨のあり方を検討する必要があるだろう。

11章　ストレス

大学教員のストレス問題や病理問題は、興味や研究の俎上にあがらず見逃される傾向がある。しかし大学教員を取り巻く環境は近年厳しさを増しており、実態の解明は必要になってきていると思われるので、ここでは日本の大学教授職の抱えるストレスは他国に比べどのような状況にあるのかについて、特にアメリカ、イギリス、ドイツの状況との比較を中心に考察していく。

第一に、そもそも日本の大学教授職のストレス状況は他国に比べてどの程度なのであろうか。ストレス測定項目として、「私の仕事は相当な心理的緊張を伴っている」か否かをみると、予想どおり、日本のストレス状況は一八国中三位とかなり高い。日本は一位の韓国六七・七％、二位のイギリス五八・四％に続き、五七・四％で三位となっている。実に六割近くがストレスを抱えている。ストレスの高い国は韓国、日本、中国と東アジアの地域が多く、ストレスの低い国は、イタリア、アルゼンチン、メキシコなど、ラテン系、南米系の国が多くみられるのが特徴といえる。

第二に、重回帰分析により、ストレスの規定要因について検討し、大学教員は何に対してストレスを感じているのかを、比較的ストレス度の高かったイギリス（二位）、日本（三位）、比較的ストレス度の低かったドイツ（八位）、アメリカ（一一位）、計四カ国、有効サンプル数四四三三名分に絞って分析した。設定した変数を基に、ストレスを従属変数として重回帰分析を行った結果、すべての変数がストレスに対して有意な影響を与えていた。まず時間については、教育、研究、社会サービス、管理運営のそれぞれにかける時間が長ければ長いほど、ストレスが増す。また、研究費に対する不満、施設・設備への不満、スタッフへの不満が増すほどストレスも増す。最も強い影響を与えているのは、施設・設備への不満である。社会サービスや管理運営は教育や研究に比べ強い影響を与えているが、このことは、両者は教育や研究に比べ余剰の仕事ととらえて負担を感じている傾向が感知できる結果である。

第三に、ストレスの規定要因の状況を国別に検討して、なぜ日本やイギリスがドイツやアメリカに比べストレスを抱えやすくなっているかを調べた。教育時間、研究時間、社会サービス時間、管理運営時間については、特に統計学的に有意差はみられなかった。しかし、施設・設備への不満、スタッフへの不満、研究費への不満については顕著な差がみられた。施設・設備に関する各項目について「とてもよい」という満足度を国別に比較すると、統計学的に有意（すべて一％水準で有意）な顕著な差がみられた。

この結果、ストレスの高いイギリスと日本は、ストレスの低いドイツやアメリカに比べて、施設・設備に関する満足度が低いという理由が得られる。全項目において、満足度はドイツ、アメリカの方が高く、イギリス、日本は低い。特に日本は、「教室」以外すべての項目において満足度が最下位となっている。

第四に、研究費やスタッフに関する満足度の国別比較を行うと、研究費については、ストレス度の高いイギリス、日本の満足度が低く、ドイツ、アメリカの満足度が高い。また、事務的援助に関しては、ドイツ、アメリカの満足度が高く、教育支援スタッフと研究支援スタッフに関しては、イギリスは最も高いが、日本は極端に低い。ここでも日本の満足度の低さが顕著である。

以上から、今回の調査項目はストレス全般を対象としているのではなく、あくまでも仕事上のストレスに限定しているとしても、我が国の大学教員は、国際的にみて、決して恵まれているとはいえない環境の中で、ストレスを抱えながら職務にあたっている、ということが明らかになる。

第Ⅲ部　学問的生産性と評価

12章　研究業績の国際比較

本章では、①知識生産作用である研究活動を対象として、著書、学術論文、特許などその研究活動成果の量がどのような要因によって規定されているのか、②その要因は専門分野別、国別にみてどのような違いがあるのか、を明らかにする。さらに、③科学技術基本法とカーネギー調査を勘案しながら、日本政府による我が国の大学の研究活動に対する支援とこの一五年間の研究活動成果の変化との結びつきについて検討する。

第一に、国別に大学教員の研究業績形態別の平均成果量を検討すると、二つの特徴が得られる。一つは、研究業績形態別の平均成果量は異なっていることである。例えば、学術論文の平均は六・四五編、学会発表の平均は五・五八編、著書〇・六一冊、編著書〇・四〇冊、特許権〇・一六個、コンピュータプログラム〇・一三本、などとなり、学術論文や学会発表は他に比べて格段に多い。二つは、研究業績形態ごとの平均成果量からみた国別の順位は、研究業績形態ごとに異なっていることである。平均成果量が一位を列挙すると、著書は日本、編著書やコンピュータプログラムは中国、学術論文、報告書、特許権は韓国、学会発表はカナダ、専門的記事は香港、芸術活動はアメリカ、フィルムはドイツ、である。国別の研究活動平均総得点の高い順に国別・専門分野別の研究業績平均総得点をみると、韓国、日本、イタリア、中国、ドイツ、香港の順となる。この平均総得点で二位の日本は、著書は一位、特許権は三位で上位に位置している反面、研究報告書は一五位、学会発表は一四位、専門的記事は一三位と低位に位置している。

さらに、専門分野別に研究活動平均総得点の一位の国を示すと、人文科学、社会科学、自然科学、工学の各系において韓国が一位で、保健医療系において日本が、教員養成系においてイタリアがそれぞれ一位となる。全体で一位の韓国は、各専門分野ともに二位以内の上位を占め研究活動が活発であるのに対して、全体で二位の日本は保健医療系のみ一位を占め、人文科学系では九位に後退する。この理由は、日本の場合、生産性の高い保健医療系の教員比率が高い（二二・七％）ことに起因すると思われる。

第二に、先行研究を参考にして、研究活動総得点の説明枠組みを検討する。説明変数として、性、年齢、最高学位、研究活動の定期的評価の有無、教育施設・設備の状況、学外研究費、研究時間数を想定した。これら七つの説明変数が直接に研究活動総得点を有意に規定しているかを確認するために専門分野別に重回帰分析を行った結果、年齢、最高学位、学外研究費の割合、研究時間数は、すべての専門分野で有意な説明変数を構成している。どのような専門分野でも高齢の教員ほど、博士号を持っている教員ほど、取得研究費に占める所属大学から取得した研究費の割合が低くなっている教員ほど、研究時間数が多いほど、研究活動総得点は高くなる。さらに、性も、工学系を除いて、男性教員において有意に研究活動総得点が高くなる傾向を示す。年齢と学外研究費の割合はすべての専門分野で研究業績平均総得点を強く規定する変数となっている。

第三に、本研究の結果から、研究生産性を高めるには、研究費や研究時間の増加と競争的な研究環境の醸成が有効であるといえよう。その点、日本では一九九五年の「科学技術基本法」の制定以来、競争的研究費の配分を実現したにもかかわらず、概して伸び悩みがみられ、他方、同様の政策を導入した韓国は研究活動総得点を飛躍的に高めることに成功したのである。両者の違いはなぜ生じたかは興味深い問題である。

13章　教育活動

日本の大学教員がどのような教育活動を行っており、それが国際的にみてどのような水準にあるのか、といった点について先行研究ではあまり明らかにされてこなかった。そこで、本章では、こうした点について、①教育条件・環境、②教育改善活動の取り組み、③教育活動・授業内容等、という三つの視角から検討する。

第一に、教育に関する施設、設備、人員に対する教員の評価をたずねたところ、教育に関する施設や設備といったハード面の整備に比べ、教育支援スタッフのようなソフト面の整備が立ち遅れている現状がうかがえよう。特に日本の教育支援スタッフに対する評価は、調査対象国中最も低い評価であり、その値は一割にも満たない。ハード面の整備はもちろんであるが、ソフト面の整備も急務であるといえよう。その点、教育機関に対する支出の対GDP比と、教育に関する施設、設備、人員に対する教員の評価との関係性がより鮮明に浮かび上がる。公財政支出と私費支出を合計した値がそう大きくはなくとも、公財政支出と私費支出を合計した値が一定水準以上にある国では、その評価が高いという関係性がある。その点、公財政支出と私費支出を合計した値がそう大きいわけではないにもかかわらず、公財政支出の割合も小さな日本で、その評価が低いのはある意味当然である。

第二に、教育改善活動の取り組みについて国別にみると、教員個人の取り組みについては、南アフリカやイギリス、ポルトガルに次いで、アルゼンチンや日本も高い値を示しているのに対して、北欧諸国では低い値を示している。これに対して、組織的取り組みで興味深いのは、日本では、授業評価は活発であるが、「授業の質を高めるための適切なトレーニングコース」が整備されていないがゆえに、個人レベルでの教育改善活動が非効率的だといえそうである。授業の質を高めるための適切なトレーニングコースの整備を急ぐとともに、大学院における「教育者」

ていく必要があるだろう。

第三に、国別に授業方法についてみると、日本では、教室での授業・講義や実習・実験といったオーソドックスな授業方法の実施状況は割合高く、特に教室での授業・講義では調査対象国中最も高い値を示している。他方、その他の授業方法の実施状況は低いが、プロジェクト／プロジェクトチームでの学習では調査対象国中最も低い値を示しており、遠隔教育にいたってはその値は五％にも満たない。こうした結果は、日本ではもっぱら教室での授業・講義中心の授業方法が採られていることを示唆する。特に日本のカリキュラム・授業の開発は、調査対象国中最も低い値を示している。授業内容についてみても、「実践的な知識や技能の重視」「価値と倫理の議論の組み込み」「国際的な視点や内容の重視」などで、日本は肯定的な回答の割合が低い。

最後に、国際比較の視点から得られた日本の教育活動の課題を三点提示する。①日本の教育条件・環境は国際的にみてきわめて不十分である。②日本の教育改善活動は、組織的な取り組みに大きな課題を抱えており、授業評価以外にも教育改善活動を促す枠組みを政策レベルで構築していく必要がある。③日本の教育活動は、国際的な視点や内容についてはあまり重視されておらず、国際性という点では非常に立ち遅れている。

かくして、日本の大学教員は、教育条件・環境にも恵まれていないうえに、大学院における「教育者」としてのトレーニングはもちろんのこと、職場においてもトレーニングを受ける機会がほとんどない状態で、授業評価のみをインセンティブとして、個人レベルでの教育改善活動を行っているのである。そうした個人レベルでの教育改善活動に依拠した状態で、「新しい」教育活動、あるいは国際水準の教育活動を行うには、自ずと限界があるだろう。恒常的予算を減らし、競争的資金によって教育活動の活発化を促すといった現場任せのやり方だけでは、もはや十分な成果は見込めないということを、政策サイドは十分認識すべきである。

世界の大学において、研究と教育とはどのような関係に置かれており、その中で日本の大学教授職のアカデミック・ワークの特質として何が見出せるのだろうか。本章は、①研究と教育および両者の関係性に関して調査参加国の現状を考察し、②大学院教育を通した教育・研究能力の養成について論じ、③研究と教育を中核とする大学教員の能力形成とそのあり方について年齢区分別の分析を中心に比較的に論じる。

第一に、研究と教育の関係をみると、一九九二年調査では、日本の大学教員の七二・五%が研究志向であり、これは調査対象国の中で二番目に高い数値であった。他方、今回の二〇〇七年調査では、研究志向は七一・七%と一五年前の調査と同水準であった。次に、調査対象国全体の研究志向は五六・〇%から六二・三%へと有意に上昇しており、世界的には研究志向が強まっている傾向が認められる。九二年調査では研究志向の強いドイツ型（オランダ、日本、スウェーデン、ドイツ、イスラエル）、反対に教育志向の強いラテン型（ブラジル、メキシコ、チリ、ロシア）、両者の中間に位置する英米型（イギリス、韓国、香港、オーストラリア、アメリカ）が分類できた。今回は多くがドイツ型へ移行したのである。

今回の調査では、「教育と研究との両立は非常に難しい」と思うかどうかをたずねている。日本は、「両立が難しい」と考える教員が参加国中最も多く、半数の教員が教育と研究の両立に困難を感じている。この設問は教育と研究を両輪とする大学教授職の仕事の根幹に関わるものであり、調査結果は日本の大学教員の現状にさまざまな課題が存在していることを示唆している。

仕事の時間配分に照準して労働時間全体の平均値をとると、日本は韓国についで二番目に労働時間が長く（学期中の一週間当り五〇・八時間）、調査国全体の平均（同四四・三時間）よりも六・五時間分もの多くの労働を行っている。また、先にみた教育と研究の両立可能性との関係についていえば、ほぼすべての国で、両立可能であると回答する教員はそうでない教員に比べて、研究により多くの時間を、教育により少ない時間を充てている。両立可能性を高めるうえでは、ある程度の研究時間の確保が不可欠であるといえる。

第二に、以上の世界的動向を踏まえ、大学院教育を通した教育・研究能力の養成について検討すると、博士課程の到達点として博士論文を執筆することが中核的な活動となるが、ドイツ、イギリス、アメリカではほぼすべての回答者が、自身が受けた大学院プログラムで博士論文の執筆が求められていたと回答している。日本ではこの数値は八割強でしかない。次に、博士課程の教育プログラムの中で要求された必修科目履修を調べると、アメリカでは八割以上の回答者が必修の科目履修が要求されたとし、日本では三分の一程度、ドイツとイギリスでは二割に満たない。これは各国における研究者・大学教員養成のあり方が大きく異なることを示している。アメリカのように、大学院時代から教育能力に意識付けの機会が促進されていることは、大学教員の教育能力のあり方が問われている日本の現状に対して示唆的である。

第三に、ＦＤを実質化するには、教員の自主的・自律的な取り組みが不可欠であるが、教員個々人の自己成長や個人レベルでの能力開発という観点は日本のＦＤ概念の中では概して希薄である。また、中教審答申でも主には教育能力に関して論じられる傾向が強い。大学教員の能力開発を考えるうえで、研究と教育のあり方をトータルに捉える視点は重要である。

こうした観点を踏まえ、四カ国について、年齢区分別に教員がどのような時間配分を行っているのかをみた結果、ドイツ、イギリス、アメリカでは、各活動に対する具体的な時間配分のあり方は区々であるものの、共通現象として二〇歳代から三〇歳代の若手教員は研究により多くの時間を割き、教育と管理運営への時間は四〇歳代以降に増加する傾向がみられる。これに対して、日本では各活動間の時間配分は年齢層間に大差がない。総じて、日本の若手教員は他国と同じく強い研究志向を保持しているが、仕事の配分が年齢層を問わず共通である構造の中で、教育や管理運営の役割も相応に負っており、その中で研究と教育の両立に困難を感じているのである。

15章　評　価

本章では、評価制度そのものを扱うのではなく、あくまで各国教員が「評価」をどう捉え認識しているかに焦点を当てる。ＣＡＰ調査では、評価に関わる項目は、「誰が教員の活動を評価しているのか」「機関の管理運営において評価の占めるウェートがどの程度なのか」について、各国教員にたずねている。こうした質問であれば、各国の評価制度の違いを考慮しなくても、評価に関する実情がおおよそ比較できると考え、以下分析を展開する。

第一に、教員の各種活動について、各国では誰が主体となって評価を行っているのかを分析する。教育活動では、学生による評価が最も進んでおり全教員の七八％に達し、次いで学科長、同僚教員の評価と続く（五〇％、三八％）。他学科の教員が教育活動の主体になるケースは、いずれの国でも高くなく、部局以上の管理者が主体になるケースも高くはない。学生による教育活動の評価はどこの国でもほぼ浸透しており、おおよそ七～九割に達しているが、日本（四八％）とポルトガル（五三％）での浸透度が著しく低い。学外者の評価は高くはなく、特に日本は一〇％と低い。

次に研究活動に関する評価では、「学科長」が評価主体の割合が四五％と最も高く、次いで学外者の評価者（四三％）、同僚教員（三五％）となっている。同僚教員による研究評価の割合が高い国はフィンランド（五三％）をはじめ、アメリカ、カナダ、ノルウェー、イギリスであり、日本は一八％と高くはない。部局以上の管理者により研究評価がなされる割合は最も高い国で四〇％前後であり、韓国、中国、日本、香港と連なっている。教育活動、サービス活動でも同様であるため、アジアモデルは、評価主体が機関の上位であるといえるかもしれない。

研究活動を学生に評価させている比率は非常に低く、一〇％を下回る。しかしポルトガルだけ特異であり、六五％の教員が学生に評価させていると答えている。学外の評価者に研究活動を評価させている比率は、アルゼンチン（七三％）をはじめ、イギリス、カナダ、香港と高く、日本は一五％と最低である。社会サービスは、教育・研究活動と同様に、評価の主体が学科長であるケースが最も多く、四二％に達する。多くの国では教員全般の活動に関する監督権限は、学科長にあることがうかがえる。

第二に、評価に基づいた資源配分はどこまで進んでいるかを分析する。まず、業績に基づいて部局に資源配分することを、所属機関が強調しているかをみると、高い数値はフィンランド（六一％）をはじめ、香港、ドイツ、ノルウェー、イギリス、中国、オーストラリアなどで、日本（三一％）は下位である。次に、評価に基づいて部局に資源配分することを、所属機関が強調しているかをみると、高い数値は、香港（五一%）ほか、中国、フィンランドなどで、日本（三〇%）は中の下の位置にある。「学生数に応じて部局に資源配分」を強調する機関は、依然として多く、イギリス、カナダ、オーストラリア、香港、日本、韓国など六〇%以上を占める国が上位群である。他方、「卒業生に応じて部局に資源配分」を強調する機関は多くはないが、フィンランド（七二%）、ノルウェー（五七%）で多い。日本は（六%）少ない。

第三に、どの国の文脈でも、評価主義の浸透により、教員の各種活動にどのような影響があるかに高い関心が集まっている。分析の変数モデル、研究業績の状況などを踏まえて分析した結果、学位を持っている方が研究業績に有利であること、女性の方が研究生産性の面で不利であること、などが示唆され、性別、年齢、学位の保有状況と業績との関係は、おおよそ常識的な理解の範囲内の傾向を示しているといえる。教員の専門性については、著書、編纂書の業績の多い人文・社会系、それが低い理工農系、そして学術論文の生産性の高い医歯薬福祉系というように、おおよそ各専門分野で重視されている業績形態での業績数が多い。雇用形態については、身分が安定している終身雇用が最も業績の生産性が高い。さらに非常勤よりも常勤雇用の方が生産性が高い。過去の在籍機関の経歴効果は一貫していない。

第四に、同じモデルを適用して、「業績主義による資源配分の強調」と「評価による資源配分の強調」との相関係数を各国別に分析する。興味深いのは、これら二つの資源配分原理は、国によってほぼ同義と捉えられている場合（日本、韓国、マレーシア、ポルトガル、南アフリカなど）と、必ずしもそうでない場合（フィンランド、ドイツ、ノルウェーなど）とがみられるという点である。分析結果をみると、研究業績に対する資源配分方式の効果は、各国まちまちであるが、総括すると、業績・評価主義が研究業績に正の効果をもたらしている国はドイツと日本であり、逆に負の効果をもたらしている国は、アルゼンチン、ブラジル、イタリア、ポルトガルの四カ国であった。評価・業績主義と実際の成果との関連は、このように業績・評価主義に親和的な「ドイツ・日本」モデルと、非親和的な「ラテン系」モデルとが存在するのかもしれない。先行研究をも踏まえて日本に注目すると、こうした業績・

評価主義の浸透は、量的研究の生産性を高めたが、質を向上させたかは疑問の余地がある。

2　世界の大学教授職の変貌

過去約二〇年間に世界の大学教員の世界にどのような変化が生じているかを、調査結果を基にした分析によって検証した結果、社会・学問・政策・大学のそれぞれの変化は、直接的にも間接的にも大学教員の意識や行動に少なからぬ影響を及ぼし、古い時代から新しい時代への変容を迫ることになったのは否めない事実である。特に、大学と大学教員を取り巻く環境変化は、社会変化、政策、学問などと関係して生じ、高等教育政策、大学教員の流動性、大学ファンディング、学生観、ジェンダー・バイアスなどの側面で大学教員の変化をもたらした。

環境変化

第一に、グローバル化は、国際化が国家単位の文化や伝統を担保するのとは違って、国境を越えて文化の統合や画一化の方向へ拍車をかけることになった。国境を越えた地球規模の科学者、学者、研究者、あるいは学生などの人材移動は顕著に進行した。「国際学生」と呼称される留学生は爆発的に増加し、多くの国々では大学教員自身によって増加が顕著になったことが意識されている。特に、欧米を中心に形成されている学問中心地へ多数の留学生が集まる傾向が強まる中で、優秀な留学生の争奪戦が激化している。同様に、科学者、学者、研究者などの移動も学問中心地を基軸に活発に展開されることになったし、それと関わりの多い大学教員の移動性も高まった。このような世界的な動きからみれば、日本では留学生の増加率はいまだ少なく、大学教員の移動率も少なく、グローバル化や国際化が立ち遅れていることが理解できる。特に二〇〇〇年に七六七四人とピークに到達した外国派遣研究者数は二〇〇九年に三七三九人と半減し、内向き傾向を加速している（図終-1参照）。

第二に、知識（基盤）社会化は、①イノベーション重視、②学習重視、③マネジメント重視などの側面を含み、世

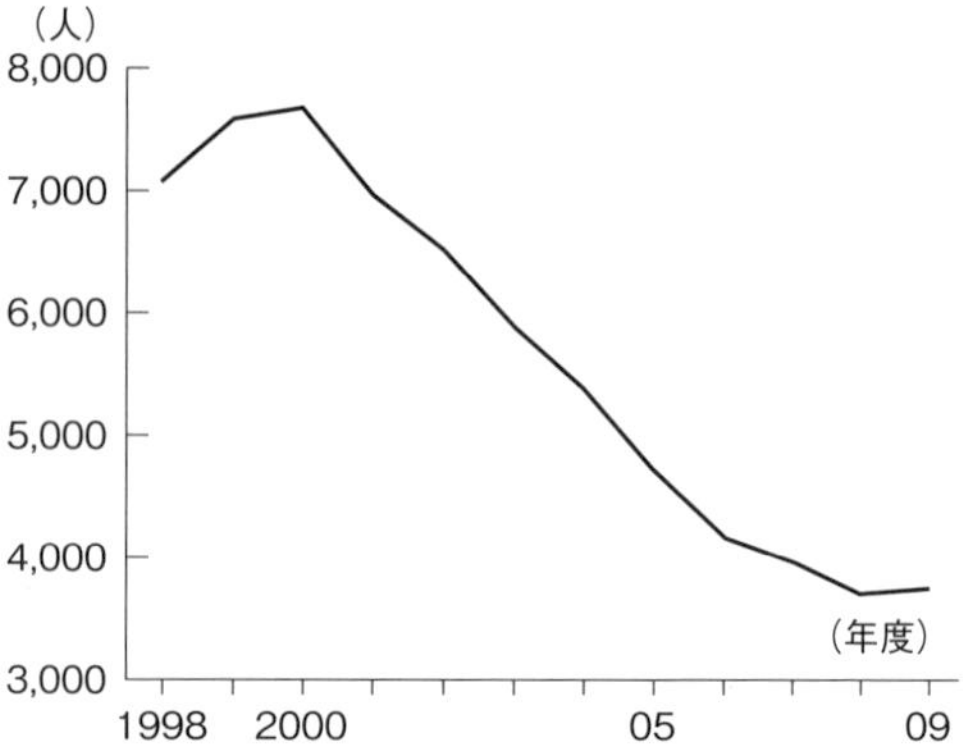

図終−1　海外への派遣研究者数（31日以上）

（資料：読売新聞、2010年、10月9日）

界の大学をして①技術移転・ベンチャー・産学連携、②教育改善・新しい教育プログラム、③研究評価・経営・財政資源配分などの問題を強調する方向へ動くことになった。知識が大学社会に独占される「知識社会1」の時代には、いわゆるCUDOSが大学や大学教員の行動を律するエートスとして機能したが、知識が広く社会にも共有される「知識社会2」の時代に変化すると、大学と社会はボーダレスと化し、旧来のエートスや規範は通用しなくなった。「知識社会1」から「知識社会2」へ、さらに「モード1」から「モード2」への移行が生じ大学は変貌をきたした(1)。

　こうして知識の重要性が高まる社会は、知識と経済の結合した知識経済が重要性を高める時代でもあり、知識の効率や効果が重視される度合が増す。国家の経済発展と結合し、大学に期待し、研究重視大学と教育重視大学へ種別化し、分化によって、効率、能率、効果を上げようとする動きが強まる。合理性、レリバンス、アカウンタビリティなどの観点が重視される中で、本来、無駄や重複を重視し、自由や自治を重視する「知の共同体」としての大学は、次第に衰退し、「知の経営体」へと変貌することになった。

　第三に、市場化は需要と供給で動く市場メカニズムを世界の大学へ持ち込む動きを活発にして、伝統的な大学に種々の変化をもたらすことになった。市場原理は、弱肉強食の世界であるから、強いものが弱いものを容赦なく駆逐しがちであり、競争主義の価値観が支配し、勝者が生き残る格差社会が成立しがちである。この典型は大学ランキングである。二〇〇三年からは、ロンドン・タイムズや上海交通大学の世界大学ランキングが登場して、世界的なレベルでの大学ランキングが行われる時代が幕を切って落としたので、世界の大学の画一的な序列化が生み出す可視性はいやがうえにも衆目を集めることになった。

それまでは、一九二五年に出発したアメリカの大学ランキングが発展して、アメリカの大学教授市場においてその大学や大学教員を対象に、いわば単独に存在していた大学ランキングが、今度は世界の大学教授市場において世界の大学や大学教員を巻き込み席巻する時代に突入したがために、学問中心地を求めて、研究重視大学を中心に世界の大学や大学教員がしのぎを削る時代が登場したのである。科学界では論文生産性や科学引用索引（SCI）によって、アメリカを頂点に、イギリス、ドイツ、フランス、日本、EU諸国などが上位を形成し、中国、韓国、インド、ブラジルなどが追い上げる構造が進行しつつある。

表終−1　国・地域別論文発表数（上位25カ国・地域）

1988年（昭和63年）		1998年（平成10年）		2008年（平成20年）	
アメリカ	192,730	アメリカ	210,357	アメリカ	275,625
イギリス	48,107	日本	60,347	中国	104,157
ドイツ	41,818	イギリス	60,289	イギリス	75,914
日本	40,990	ドイツ	54,632	ドイツ	73,849
ロシア	37,631	フランス	41,367	日本	69,300
フランス	30,701	カナダ	28,467	フランス	53,707
カナダ	25,214	イタリア	26,399	カナダ	44,379
イタリア	15,630	ロシア	24,316	イタリア	43,528
インド	14,219	中国	21,098	スペイン	35,716
オーストラリア	11,975	スペイン	19,126	インド	35,437
オランダ	10,989	オーストラリア	17,945	オーストラリア	30,085
スウェーデン	9,546	インド	16,086	韓国	30,016
スペイン	8,468	オランダ	15,742	ロシア	25,166
スイス	7,756	スウェーデン	12,925	ブラジル	25,081
中国	6,742	スイス	11,577	オランダ	23,981
イスラエル	6,109	韓国	9,105	台湾	19,882
ポーランド	5,710	ベルギー	8,358	トルコ	18,623
ベルギー	5,411	台湾	8,221	スイス	18,051
デンマーク	4,568	イスラエル	7,912	スウェーデン	16,633
チェコ	4,138	ブラジル	7,683	ポーランド	14,885
フィンランド	3,682	ポーランド	7,169	ベルギー	13,386
南アフリカ	3,575	デンマーク	6,561	イラン	11,171
オーストラリア	3,479	フィンランド	6,008	イスラエル	9,956
ブラジル	2,907	オーストラリア	5,746	デンマーク	9,421
ハンガリー	2,905	トルコ	4,409	ギリシャ	9,353
世　界	560,724	世　界	666,982	世　界	987,497

（資料：科学技術政策研究所）

　トムソン・ロイターのWeb of Scienceを基にした科学技術政策研究所の集計結果によれば、

二〇〇八年に世界の主要な論文誌に各国が発表した論文総数は九八万七四九七件である（表終-1参照）。上位十傑は、アメリカ、中国、イギリス、ドイツ、日本、フランス、カナダ、イタリア、スペイン、インドである。日本の論文数は、一九八八年から二〇〇八年までの二〇年間で四万〇九九〇件から六万九三〇〇件へと約一・七倍増加した。論文数の国別比較では、日本は一〇年前［一九九八年］では世界第二位、近年［二〇〇八年］では世界第五位と、近年やや後退した。新興国のブラジルは二〇位から一四位へ、韓国は一六位から一二位へ、インドは一二位から一〇位へそれぞれ上昇し、中国は九位から二位へ躍進した。(2)

今度はこうした科学界の現象が大学版として進行するのである。その角度から今回の調査結果に焦点を合わせて世界の大学教授職をみれば、「先進国」(advanced countries) と「発展途上国」(emergent countries) が区別される。今回の調査では、一五年前に一一位と後者の地位にあった韓国が急上昇を遂げてトップに立ち前者の仲間入りを果たした。ドイツも上昇しているが、日本はかつてのトップからやや後退し、翳りが生じている事実が判明した。

第四に、第三の市場化と関連して、大衆化という量的拡大に伴う競争激化が注目される。この時期に世界の大学は大衆化を遂げ、その結果、学生が増加し、それに教員の増加が伴わない現象が生じた。常勤が減少し、非常勤が増加した。常勤の割合の多い国(七〇%以上)は、マレーシア、イギリス、メキシコ、ノルウェー、日本、カナダであり、他方、少ない国（四〇%未満）は、韓国、アルゼンチン、中国、香港、ドイツ、フィンランドであって、これらの国々は身分の不安定性が高いといえる。任期制の多い国（四〇%以上）はアルゼンチン、香港、ポルトガル、韓国である。(3) 一九九二年には南アメリカは、非常勤が多かったが、今回はメキシコ、ブラジルでは改善されたのに対してアルゼンチンでは、学生急増に間に合わず、非常勤が圧倒的に多い。

第五に、情報技術革新が加速し、教育や研究をめぐる大学改革を活発化させる方向を推し進めていることを見逃せない。情報技術（IT）は情報の処理や伝達（通信）の工学やその社会的応用技術の総称であるし、特に通信は情報通信技術（ICT）と呼ばれるが、これらは急速に世界の社会ひいては大学の変貌を招来している。一九六〇年代に進行した電気とコンピュータが結合した情報化は成熟して、情報技術の発展を加速し、一九九〇年代から登場した知識基盤社会では、コンピュータ、インターネット、携帯電話、携帯情報端末などを媒介としたＩＴは、各種情報の収集・加工・通信・保管・共有などに不可欠の存在となった。したがって、いかなる大学も大学構成員もこの威力から逃れることは不可能であるし、むしろ積極的な活用が欠かせないし、大学の学事を遂行するためのＩＴと関連したインフラ整備が大学の生き残りのカギを握る側面は少なくない。その点、今回の調査では、教育・研究機器を含めた五つの施設設備への満足度をたずねた結果、満足度の高い「持てる国」（香港、フィンランド、ノルウェー、ドイツなど）と満足度の低い「持たざる国」（アルゼンチン、日本、韓国、メキシコなど）が識別でき、経済大国の日本は後者に含まれる。

規範の変化――閉鎖性から開放性へ

世界の国々や大学は、近代化の価値が浸透するに伴い、閉鎖性から開放性の社会構造へと変革し、属性主義から業績主義へ向かって変貌を遂げつつある。本人の生まれで処遇される属性主義の社会と、実力で処遇される業績主義の社会に区別すると、前者の閉鎖社会から後者の開放社会へと動くのが近代化である。知識を素材とした専門分野を基軸にして、学問の最先端を開拓する教育研究に取り組む大学社会は、属性よりも業績を重視して近代社会を先駆する存在であるから当然、業績主義を標榜する。また、上述のＣＵＤＯＳは旧来の「知識社会１」型に支配的なエートスであるが、そこに含められている「普遍主義」は、明らかに「特殊主義」の対抗概念である。したがって、これらのモデルを加味すると、大学社会は属性主義・特殊主義よりも業績主義・普遍主義を作動させ、前者の閉鎖社会から後者の開放社会へと展開するとみなされる。

この枠組みを適用すると、今回の調査では第一に、ジェンダーの問題が最も該当する。世界の大学教授職は、国による温度差はあるものの、アルゼンチン、オーストラリア、フィンランド、マレーシア、イギリス、アメリカなどを中心に、概して女性の地位が男性の地位と対等に処遇される方向へ動いていることがわかる。他方、日本では、女性教員の処遇が世界一悪い状態に低迷している。

第二に、他の問題としては、大学教員の流動性が該当する。大学市場が閉鎖社会であると、流動性の欠如、自給率の上昇、が生じるが、今回の調査では、オーストラリア、アルゼンチン、カナダ、香港、イギリス、アメリカなどを中心に、世界的に流動性が高まる方向へ移行しつつある。日本も若干高まっているが、依然として大学教員による大学間の移動率は少ない。しかも日本は、アメリカと対照的に威信の高い大学の自校閥が高く、自給率が高い。その点では、日本の大学社会は閉鎖社会を形成し、近代化に立ち遅れている(4)。

流動性と学問的生産性の相関性は必ずしもあるとはいえないという、今回の実証結果は、開放社会と学問的生産性との相関性という仮説を否定するが（5章参照）、必ずしも全面否定するとは限らない。なぜならば、流動性には物理的移動と準拠集団という二つの側面があるからである。物理的移動という「見える大学」型が少なく不振でも、準拠集団との相互作用という「見えざる大学」型が機能すれば、学問的生産性との相関性は高くなるはずである。両者を組み合わせた類型は、開放型、中間型、閉鎖型、となる。具体的には、開放型（＋＋）、中間型1：「見える大学型（＋－）、中間型2：「見えざる大学型」（－＋）、閉鎖型（－－）、となる。日本は中間型1が増加中であるが、開放型への展開が課題である。

トップダウン型管理運営方式と官僚制の進行

大学の管理運営方式が同僚的管理運営方式から企業的管理運営方式へと変貌を遂げ、官僚制化が進行するのに伴い、大学教授職の伝統的地位の凋落が生じている。第一に、すでに一九九二年のカーネギー調査の時点で、欧米諸国の大学ではかなり進行していた、この管理運営の官僚制化は、この一五年間にさらに拍車がかけられ、大学教授職の地位の低下を招くことになった。

第二、経営者と大学教員の関係が「知の共同体」型から「知の経営体」型へと変化した。元来、ヨーロッパ大陸型の大学は、講座の教授が強力な権限をもち、これら講座主任たちの選挙によって学部長や学長が選ばれる、学部自治型の管理運営方式であったのに対して、アメリカの大学は、学長は理事会が選び任命する大学自治型の管理運営方式であった。前者はレクター型、後者はプレジデント型であるが、前者から後者への移行が進行し、両者の間の葛藤が深まることになった。

一九八〇年代から、西欧諸国では、大学の権限や意思決定が経営者に移行した。クラークが指摘した、アントレプレヌール大学（起業大学）(5)の登場に伴い、前者のボトムアップ型の管理運営から、後者のトップダウン型の管理運営へと移行したのである。こうして、官僚制化に伴い、大学教員と管理者との意思疎通は悪化をたどることになったのは当然の帰結である。日本の場合は、二〇〇四年の国立大学法人化以後、こうした欧米型の構造が急浮上したのであるし、それを反映して、特に国立大学教員を中心に不満がつのっている(6)。

予算・資源配分――選択と集中方式

世界的に国際競争が高まる時代に、高等教育や大学のセクターの経済発展に果たす比重が高まり、予算や資源の当該セクターへの重点配分が必要性を高めることになったにもかかわらず、現実には国家間の格差や大学間の格差が顕著に進行しており、当該セクターへの投資や支援は必ずしも潤沢ではない。第一に、ＯＥＣＤ調査に依拠すると、国家が高等教育を支援する公的高等教育費がＧＤＰ比一・〇％であるのに、二％に近い国から〇・五％程度の国まで格差は大きい。かかる先進国を含め経済成長が停滞し、予算捻出が困難な状況に直面している国々は少なくなく、概して少ない予算や経費で大きな成果を追求せんとする。その結果、国際競争力のある機関に投資して、ピークを上げようとする「選択と集中」方式の予算・資源配分が顕著となる。こうしたシステムレベルの競争主義の政策は、機関レベルでは、「知の経営体」が強まる傾向と符合し、経営が教学を圧迫する傾向を強めざるを得ない。

第二に、ＧＤＰに対する公的高等教育費の比率の多寡がシステムや機関レベルの施設・設備などの教育研究環境の格差を顕著にする。興味深いのは、ＧＤＰ比と環境悪化とは相関を示しており（13章参照）、ＧＤＰ比が少ない国は、労働条件、生活時間、給与などの指標から世界的にみた大学の環境が悪化し貧困化しており、そのことが大学教員の意識に直接間接に影響を及ぼす事実が読み取れることである。労働条件に対する満足度では国による格差が少なくないが、日本の場合、環境悪化とそれに対する大学教員の不満度やストレスは世界的にきわめて高い。それにもかかわらず、現在の職業への満足度は高いという矛盾がみられるのは、奇妙な現象である。専門分野への愛着の深さが何よりも学問への愛着と同時にこうした満足感を惹起しているのに違いないと解される。

研究と教育の分化・断片化

大学教授職の社会的機能に焦点を合わせると、研究、教育、サービスなどが重要な使命であり、役割である。この中で最も重要な機能は研究と教育である。教育は、「教授――学習」から構成されるから、研究、教育、学習が重要であると置換してもよかろう。研究と教育と学習の統合（R-T-S nexus）は、フンボルト理念以来の理念であるにもかかわらず、研究主義が跋扈し、研究と教育と学習どころか研究と教育の統合さえ困難な現実がある。その意味で、現状の直視と改革が課題とならざるを得ない。第一に、研究主義の克服が問われる。一九九二年のカーネギー調査では、研究志向のドイツ型、研究と教育半々志向のアングロサクソン型、教育志向のラテン・アメリカ型が区別できたが、今回は、ドイツ型が増加した[7]。研究と教育を統合するよりも、分化・断片化する方向へ展開している。そこには、①各国の高等教育政策が研究を強調し、研究重視大学と教育重視大学へと分化・分断化すること、②大学教員の任用・昇任等で研究を中心とした報賞制度（reward system）が作用すること、③教育より研究のほうが大学市場での可視性が高いこと、④二一世紀に登場した世界大学ランキングが研究生産性を重視すること、などの理由が働いていると解される。しかし、ユニバーサル化が急ピッチで進行する今後は、教員の教育力や学生の学習力が重要である以上、これらの原因を見直し、新たな時代に向けた革新が必要である。

第二に、両立性の模索が欠かせない。その点、研究と教育の両立性が可能とする割合は、国によって区々であるが、アルゼンチン、ブラジル、韓国、メキシコ、アメリカなど、両立性の可能性が高い国が少なくない。概して研究主義が強まっているにもかかわらず、両立性が高い理由の背景には、研究を前提とした教育の重要性をシステムや機関を通じて取り組む仕組みが発達していると解される。その点、日本では両立可能性が世界的に最も低い。その理由は、システムや機関レベルでの取り組みが欠如し、スカラーシップ観の確立が不十分であるからに違いない。明治以来、研究主義を醸成してきたのに加え、最近はFD政策に見るごとく、システムを上げて研究を看過して教育主義を偏重している。その点、フンボルト理念の再考が欠かせない。(8) 日本での両立困難性が顕著なのは、極端な政策変更の中で、大学教員の意識に葛藤と迷いが生じている証拠であって、特に日本の若手教員が両立に困難を感じている事実は、二一世紀型大学教授職の担い手を育成する意味でも見逃せないゆゆしき問題であろう。

日本の場合、伝統的に研究志向が強い反面、教育志向が弱いうえに、教育の整備が立ち遅れた事情がある。その証拠に、教育条件・環境、組織的取り組み、カリキュラム・内容などの点で国際的にみてきわめて不十分であるばかりか、大学院での研究者ではなく教育者・教師の養成のあり方も、区々である中で、アメリカを例に引いて比較すると、日本はかなり問題を抱えていることがわかる（12章参照）。

世界的に教員の能力開発や自己向上のあり方が問われる点では、大同小異であるが、研究と教育の関係に関しては、ユニバーサル化が深まる今後の二一世紀には、世界的に単に両立するのではなく、いかに統合するかが新たな課題になっていることは改めて強調すべきである。

3　各国の大学教授職の特徴

本調査結果に具現した世界一八カ国のそれぞれの特徴を総括してアルファベット順に配列してまとめてみた（表終-2参照）。区分は、学問的生産性、流動性等（流動性、移動希望、教授比率、任期制の定着度）、管理運営等（トップダウン、意思疎通、同僚調整、事務職の協力、学問の自由）、評価（研究・教育（部局管理者、学外者、自己評価））、学位（博士取得率、自国での取得）、学会活動（学会員、学会レフェリー、学会リーダー）、性・年齢等（常勤率、女性率、シニア率、テニュア率）、収入（所属大学の給料、全収入）、出身階層（父親大卒）、施設・設備等（教室、実験室、図書室の設備とサービス、教育機器、コンピュータ、通信設備［インターネット、ネットワー

表終－2　各国の大学教授職の特徴

区分		項目＼国	アルゼンチン	オーストラリア	ブラジル	カナダ	中国	フィンランド	ドイツ	香港	イタリア	日本	韓国	マレーシア	メキシコ	ノルウェー	ポルトガル	南アフリカ	イギリス	アメリカ
学問的生産性		研究生産性	×		×		○		○	○	○	○	◎	×	×			×		×
流動性等		流動性	○	◎		○	×			○	×	×		×	×		×		○	○
		移動希望	●	○	○		×		○			◎		○	×				○	○
		教授比率		○								×		◎	●		○		○	
		任期制	◎	○	●			○	○	○		×	○	×	×		○	×	×	
管理運営等		トップダウン	○	●	○					×		×		×		◎		×	×	×
		意思疎通	○	×	○				×			×	×	◎	○			●	×	
		同僚調整	○	×		○					●	○	×	○	◎			×		
		事務職の協力				○	○	×	×		●	◎	×				×	×		○
		学問の自由	○			○		●	×			○			◎	×		×		○
評価	研究	部局管理者					○	×		○	×	○	◎			×	●			
		学外者	◎			○	×			○		●					×		○	
		自己評価	×							○	×		×	○		×	●	○		◎
	教育	部局管理者	○			○	◎	×	×	○	●	○	○						×	○
		学外者		×		×			●		×		×							×
		学生			×	○				◎		●				○	×		◎	○
		自己評価		○							×		●	○	○		×	○	○	◎
学位		博士取得率	×			○	×	●	○	○		○	◎	×	×					○
		自国取得					○		○	●		◎	×	×				○		○
学会活動		学会員				○	●	×	×	○	○		◎		○				×	○
		学会レフェリー		○		○	●		×	○		○	◎		×					
		学会リーダー			×	○	●				×	○	◎			×			×	
性・年齢等		常勤	●		×	○	○			○	○	○	◎	○			○			○
		女性	◎	○				○	×			●	×	○					○	
		シニア	×	●		○		×	×			◎	○	×				○		
		テニュア	●				×	×	×				●	○	○			○	◎	
収入		給料（年間）	×		×	○	×			◎		○		×	●			×		○
		全収入	×		×	○	×			◎		○		×	●			×		○
出身階層		父親大卒				○	○			×		○		●	×	○				◎
施設・設備等		教室	●				○	◎		○		×							×	
		実験室	●					◎	○	○		●	×							
		図書室	●	○						◎		×	×			○				
		教育機器	●			○		◎		○	×	×						×		○
		コンピュータ	●		×			○		◎		×				○				
		通信設備	●		×	×		○	○							◎				
		秘書	×	×	○	○	×	◎	○	○		×	×	×		●				○
		研究室広さ	●	○	×		×	◎	○			×			×	◎				○
		教育支援職員					○	◎			×	●	×						○	
		研究資金	×			○			○	◎	●	○	×	○	×		×	○	×	
		GDP 比	—			○	—	◎		—	×	●	×	—		○		—		○
研究・教育等		研究志向		○			×	○	○		○	○		×	×	◎		●	○	×
		研究時間	◎					○	○		○		○	×	×	○		●	×	×
		教育時間	×	×	○		○	×	●					○		×	○	◎		
		両立性	◎		○		×	×	×			●	○	×	○					○
		授業教材		◎		○	●		×			×							○	
		国外授業			×		×	◎				●						○	◎	
職業満足度		労働条件	○	×			◎		×		×	×	○	○	○				●	
		専門分野志向					×				●			○	◎	○	×			
		大学志向	○	×					×					○	◎	×			●	
		ストレス度	○	×	○		×				○	×	●	◎	○		×	○	×	
		職業満足		×		○	×	○				○	○		◎		×	×	●	

注1）◎最上位、○上位、無印中位、×下位、●最下位

ク、電話〕、秘書・事務室の支援、研究室の広さ、教育支援職員、研究資金、公的高等教育支援費のGDP比率）、研究・教育等（研究志向、研究時間、教育時間、研究と教育の両立性、授業教材開発、外国授業）、職業満足等（労働条件、専門分野志向、大学志向、ストレス度、職業満足）の一二に整理した。

表中に各国ごとに示した記号は絶対評価ではなく、その国が一八カ国の中で占める位置を測定した相対評価である。◎印は最上位、○印は上位、×印は下位、●は最下位にそれぞれ位置づくことを示す。上位は概して好ましい特徴を示し、下位は、逆に好ましくない特徴を示す。一見して、◎印が多い国と●印が多い国とが識別できる。前者は、フィンランド（八個）をトップに、韓国（七個）、香港（六個）、アルゼンチン、メキシコ（以上五個）、ノルウェー、日本（以上四個）、が続く。後者は、アルゼンチン（一〇個）をトップに、日本（八個）、イタリア（五個）、中国（四個）が続く。香港はフィンランドと共に、施設・設備等が優れているが、その対極は、アルゼンチンであり、施設・設備が最下位に存在する場合が多く、それに日本が続いている。

各国の特徴を簡単に概括すると次のようになる。

アルゼンチン

施設・設備の整備に注目すると、教育支援職員が中位、秘書・事務室（以下では秘書と略）と研究資金が下位に位置する以外は最下位にランクされており、一八カ国の中で最も貧弱だといえる。公的高等教育支援費のGDP比率のデータが欠如するため、他の国の例を参考にすると、その低さが直撃しているのは明白である。学問的生産性（実際は研究生産性を指す。以下、生産性と略）も低位に位置する。研究時間が最も多く、教育時間が少ない構造は生産性に反映されていない。研究志向とはいえ、専門分野志向はそれほど強くなく、博士取得率も低いので、韓国、カナダ、ドイツ、香港、日本、アメリカなどの学問先進国には及ばない。研究と教育の両立性志向は高いので、日本のように研究と教育が分化し、分断化している度合は少ない。研究の外部評価は最も高く、生産性の高い香港に似ているが、自己評価が高い香港とは異なる点で、自主性・主体性が弱い印象を与える。そのことは、生産性が向上していない理由であろう。

教授比率は中位であるが、シニア比率が少なく、若手教員が多く、パートタイムが一八カ国の中で最多を占める。任期制の導入の点で他の国を圧して一番高いこと、テニュア比率が最低であることなどから判断して、身分は不安定であり、教授昇任までの過程は競争がかなり激しく、流動性も高い。しかし学内への同調度は高く、大学離れは少なく、不満も少ない。

管理運営ではトップダウンの官僚制化は進行していないし、管理者と教員間の意思疎通や同僚調整も良好であり、ストレスも少なく、労働条件もよく、学問の自由の度合も高い。他の国に比較すれば、かなり恵まれた状態がうかがわれる。それにもかかわらず、これらの効果が生産性向上の点では成果に結合していないのは、施設・設備等の劣悪さをはじめ、女性比率が最高、非常勤が最多、テニュアが最小、博士取得率、シニア比率などが低く、収入が低いことなどが複合的に作用していると推察される。研究時間が多く教育時間が少ない点はドイツ型を示しているが、研究生産性を向上させる条件が乏しく、彼我の差は大きい。研究と教育の両立性を志向するスカラーシップ観は高いのであるから、それに見合うように、諸条件を整備して大学教授職を創造することが課題である。

オーストラリア

施設・設備は、秘書が下位、図書室、研究室の広さなどが良好である以外は、中位に位置している。ちなみに、研究室のスペースは、フィンランドとノルウェーをトップにドイツ、オーストラリア、カナダなどで広い。日本はアルゼンチン、ブラジル、中国に次いで狭く貧弱である。さて、生産性は、上位でもなく下位でもなく、平均的で中間層を形成している。他の国と比較した場合、一見して流動性が一八カ国の中で最も高く、教授比率が少なく、女性比率が高く、シニアの割合が最小で若手教員が多く、ピラミッド型教員構成の中で任期制も定着している。活力が漲り、閉鎖性を打破した開放性の進展がみられる。

最近一五年間にアングロサクソン型の研究・教育の半々志向からイギリスや香港と共に脱して、研究志向が高揚しており、教育時間の割合が少なくなっている。少ないとはいえ、授業教材開発では最高値を示し、世界的に留学生比率の高い構造に対応した教育改革に熱心であることを示唆している。しかし、教育の評価は、学外者評価は少なく自己評価が中心に進められている。それはさておき、これらの要因、とりわけ研究活動の効果が必ずしも研究生産性と結合していない印象を与えるのはなぜか。その疑問は管理運営等の項目に注目してみると氷解するだろう。管理運営では参加国の中でトップダウンの官僚制が最も進行しており、管理者と教員の意思疎通や同僚調整もよくない。流動性は高いが、大学離れが強く、移動希望も多く、労働条件が悪く、職業満足度が低い、という悪循環がみられる。イギリスと共通した合理化、官僚制化、「知の経営体」などの色彩の濃厚な方向へ足早やに展開している構造の中で、新たな大学教授職像の構築が問われる。

ブラジル

施設・設備は秘書が良好、コンピュータ、通信設備、研究室の広さが下位である以外は中位である。生産性は下位に位置する。研究志向や研究時間は平均的であり、研究と教育の両立性志向は高いが、教育時間が多いせいか、研究へのコミットメントは少ない。評価の仕方は、研究も教育も平均的である。教育への取り組みが中心だとすると、学生による教育評価が少なく、それは学生を重視しているとは読めない結果である。ラテン・アメリカは、中世大学のボローニャの流れを汲み、学生中心の伝統があることを想起すると、もう少し学生志向であると期待されるが、やや意外な結果ではある。

翻って、管理運営のトップダウンは顕著でなく、官僚制の進行は少ないなかで意思疎通は良好、ストレスの度合いも低いという結果がみられるにもかかわらず、それが生産性の向上と結合していない。しかし、常勤が少なく非常勤が多く、任期制の施行は一八カ国の中で最低である点を勘案すると、そのことが身分が概して不安定であるのに加え、移動希望者が多い現実をもたらしているのであろう。日本のように、常勤で大学への忠誠度が高い組織に比較して、大学以外に就職してパートタイムで勤務する教員が多い現実を反映していると解される。最近減少しているとはいえなお非常勤が多いためか大学から受け取る給料は少なく、年収も少ない。これらの諸点は、教育活動はともかく研究活動を希薄にし、その生産性を高めるためにはマイナス要因に作用している可能性が少なくないであろう。

以上から、大学教授職の成熟度に関しては、いまだ発展途上にあるといえるが、研究と教育の両立性が高く、合理化による官僚制化がそれほど進行していないなど特徴がみられる。しかし、全体にパートタイム教員が少なくなく、身分が不安定などの特徴がみられ、専門職を確立するために不可欠な自主性・主体性を占う自己評価度も英米等に比較して高くない点で現状の打開には困難が予想される。

カナダ

施設・設備は、教育機器、秘書、研究資金が上位、通信設備が下位のほかは中位で、総じてかなり恵まれている。公的支援費の高いＧＤＰ比率の効果とみなされる。生産性は中位を形成している。出身階層、博士取得率、給料・年収はいずれも上位を占め、大学教授職の先進国の特徴を示している半面、この種の恵まれた環境は、かえって研究生産性の伸び悩みを印象づける。その点、研究・教育等の項目を見ると、授業教材開発のほかは平均的であることがわかる。しかし、評価には特徴があり、研究では学外者評価が上位、教育では逆に学外者は下位、部局長以上の管理者や学生の評価が上位にくる。日本とは対照的に、学生を重視していることがうかがえる。

翻って、流動性や性・年齢等の項目をみると、常勤は多く非常勤は少なく、シニア率は高く年配教員が多い構造を呈し、学会活動は会員、レフェリー、リーダーのいずれも活発である。女性比率をはじめ教授比率、テニュア定着度、任期制施行度は平均的である。移動希望は中位であるが、機関間移動による流動性は高い。

トップダウンによる官僚制の進捗は平均的であり、同僚調整、事務職員の協力などは良好であり、とりわけ学問の自由の度合も高い。こうした諸点を総合すると、教授への任用・昇任には少なからず競争・緊張が作用しているはずである。以上から、現状の諸点は、生産性向上に直結しているか否か定かでないとしても、概して恵まれている点を除けば特に否定的な要因は見当たらない以上、潜在力は大きいと観察できよう。

　現状克服のために強いていえば、大学教授職の理念を追求する観点から平均値が多い項目の底上げを図ることが欠かせない。若手教員の補充はその一例である。とりわけ必要なのは、研究と教育の両立性を模索するスカラーシップ観の確立が不可欠であろう。一八カ国の中では、置かれた環境等では概して安定した状態にあるから、それが理念の模索に連動すれば、自ずから生産性向上を導くに違いない。

中　国

　施設・設備は、教室と教育支援職員の項目で上位、秘書と研究室の広さでは下位、その他の項目では中位に位置している。生産性は上位と高い。出身階層は高い。研究志向ではなく教育志向であり、研究時間は中位でそれほど多くなく、教育時間は上位と多い。研究と教育の両立性は下位であり、研究と教育が分業化し、断片化する傾向がみられる。教育志向とはいえ、授業教材開発は最も低調で、国外授業も不振であり、教育が内容的に良好とはいえそうにない。こうした状況の中で研究生産性が高いのはなぜか。この疑問を抱え、各項目に注目してみよう。学問探求の目安になる専門分野志向に注目すると、その割合は低く、しかも博士学位取得者の割合も少ない。学問志向がかなり弱い。学会活動では、会員、レフェリー、リーダーいずれも参加一八カ国の中で最低である。これらの諸点からみると学問へのコミットメントは国際的には低く表れている。

　機関間の移動による流動性に注目すると、流動性は悪く、移動希望は少ないから、同じ大学に留まる傾向が強い。日本と同様にインブリーディングが高くなると推察される。常勤が多く、女性比率、教授比率、シニア、任期制定着は平均的である。女性比率が少なく、教授比率が多く、シニアが多く、任期制が定着していない日本に比較して、教授ポストが少なく、若手教員が多く、任期制があり、教員間の競争を帰結する構造が存在する。特にテニュアが少ない構造は身分の不安定性と、学内の任用・昇任に相当の緊張や葛藤が作用することを意味する。かくして、研究活動や研究業績が任用・昇任の基準として不可欠となれば、研究生産性へと一挙に圧力がかかるのは当然である。

給料・年収が少ない現実も後押しするだろう。日本円に換算して五五・九万円は、日本（八六七・〇万円）の六・五％に過ぎない。評価に注目すれば、研究では学外者評価は少ないが、教育の評価の場合と同様に学内の部局長以上の管理者のトップダウン型の評価が大きな比重を占める。この種の力学の所産は、当然ながら高いストレス度と低い職業満足度を帰結する。

管理運営では、トップダウンの官僚制化は英米日のように進行していず、意思疎通、同僚調整など中位であり、事務職員の協力は良好。学問の自由度は中位である。

以上から、全体に学問的志向が低調で、職業への不満が高いにもかかわらず、他機関へ移動する意志はなく、流動性は悪い状況の中で昇任を目指して研究生産性を上げなければならない構造が作用している。高い生産性を裏書する理由は、概ねその辺にあろう。専門分野志向の希薄性、研究と教育の両立性の脆弱性など二一世紀の大学教授職の確立には不安定要因が少なくない現状にかんがみ、理念再構築の課題がある。

フィンランド

施設・設備は教室、実験室、教育機器、秘書、研究室の広さ、教育支援職員などで最上位、コンピュータ、通信設備で上位であり、参加国の中で抜群である。最上位を占めるＧＤＰ比率の効果がこの好結果に具現していると解される。生産性は中位である。研究志向は高く、研究時間は多く、教育時間は少ない、という条件が必ずしも生産性向上に反映されていると読みがたい。研究と教育の両立性が乏しく、研究と教育の分断化を生じ、研究偏重をきたしている。ただ、教育の比重が少ない中で、授業教材開発では平均的であるが、国外授業では最高を示し活発である。研究評価でも教育評価でも、部局長以上の管理者による評価は少ない点が注目されるが、そのほかの評価は平均的に行われている。その意味では学内でトップダウン的に評価が行われてはいないことがわかる。

研究偏重であるにもかかわらず、生産性が伸び悩む理由は、専門分野志向が平均的であるばかりか、シニアが少なく若手教員が多いことを反映して博士学位取得者が最下位（実際には4章で分析したごとく取得率の算出不可）

と少なく、学会活動でも学会員が少なく、学問的な基盤が多少脆弱な点にあるだろう。ほぼピラミッド型の人口構成を示し、競争が組み込まれ、テニュアが少なく身分が不安定である事実は、任用・昇任過程に緊張をもたらす。加えて、任期制は施行されているが、大学離れは平均的であり、流動性は多くも少なくもなく中位である。女性教員は多い。

これらの諸点が生産性を規定しているか否かは定かではないとしても、現状では高い生産性を導くには至っていない。給料・年収も特に上位でも下位でもなく、平均的である。しかし、管理運営では問題が露呈している。すなわち管理運営ではトップダウンの官僚制化、管理者と教員の意思疎通、同僚調整など中位に位置しながら、事務職員の協力が下位と悪い。とりわけ学問の自由の度合いは一八カ国の中で最下位を示し、その点で官僚制が進行している実態を見逃せないだろう。

以上、施設・環境に恵まれながら、合理化が進行し、ストレスや不満が高く、若手教員が多いとはいえ、将来に向けて不安を抱え、とりわけ研究と教育の両立性が乏しい点を中心に、大学教授職の理念の確立が不安定な状況に陥っていると観察できる。

ドイツ

施設・設備は、実験室、通信設備、秘書、研究室の広さ、研究資金が上位、その他は中位である。フィンランド、香港、ノルウェーには多少及ばないものの恵まれた状況にある。生産性は高い。ドイツの大学教授は伝統的に威信が高いことからすれば、出身階層は特に高いとはいえない。若手教員が多いためにか、学会活動も会員やレフェリーの割合が少なく、給料・年収も平均的である。しかし博士取得率やその自国での取得率は上位と高く、研究志向や研究時間が上位に位置することから、研究志向性が高い。反面、教育時間は最低。研究と教育の両立性が乏しく、授業教材開発も低い。研究評価はともかく、教育評価には部局長以上の評価や外部評価などが少ない。

こうしたことは、研究と教育の分業化が進行し、研究偏重・教育軽視の断片化が強いことを示唆する。その背景には、シニアが少なく、若手教員が多く、研究者育成の力学が作用していると解される。しかもテニュアがなく身分が不安定な実情がみられる。日本や韓国と同様に女性比率が少ない点も注目される。教授比率は平均的であり、特に鋭いピラミッド型ではないが、日本のような逆ピラミッド型ではなく、高い任期制の定着、移動希望を考慮すると、教授への昇進過程は厳しい。大学離れも高い。機関間の流動性は日本とは異なりかなり高い。ストレスは中位、職業満足度も同じく中位に位置している。

管理運営では、トップダウンや同僚調整は中位であるが、管理者と教員の間の意思疎通、事務職の協力をはじめ、学問の自由は下位を示しているから、官僚制化がかなり進行している事実は否めない。全体に、若手教員が比較的多いこともあるが、概して研究偏重を示し、移動希望が多く、学問の自由度が低いなど、概して教員集団の中に葛藤が存在し、教育の重要性が高まるユニバーサル化時代の大学教授職の確立にとっては不安要因と不確実性がみられる。

香　港

施設・設備では、研究室の広さは中位であるが、図書室、コンピュータ、研究資金では最上位を示し、教室、実験室、教育機器、秘書は軒並み上位と良好であり、一八カ国の中ではフィンランドに次ぐ高水準にある。給料や年収は最高を示しており、大学教授職の世界では経済大国の趣がある。ＧＤＰ比率は事実上は高く、その反映と推察される。生産性は高い。これは、最近、タイムズの二〇一〇年世界大学ランキングで香港大学（二一位）が東大（二六位）を抜きアジアでトップの座に躍進した実力と通底する。(9) 任期制が定着し、流動性が高いことは、機関間の移動が常態になっている証左であろう。常勤職が多い点は身分の安定性を示唆する。しかし、出身階層が低い以外は、研究・教育や職業満足度などの項目において、上位でも下位でもない中間に位置している。特に研究志向でも教育志向でもなく、研究と教育の両立性も平均的である。その意味では、生産性の高さを十分説明していない。しかし、学会活動は会員もレフェリーも活発であるから、これは高い生産性の誘因となっているだろう。また、研究評価には部局長以上の管理者、学外者、自己評価のすべてにおいて上位を示すし、教育評価も学生による評価が最上位、部局長以上の評価も高いことを勘案すると、厳しい評価システムの作用と高い生産性とは相関があろう。

加えて、管理運営では、意思疎通、同僚調整、事務職の協力、学問の自由などで中位を示しているが、トップダウンによる官僚制化が進行している事実が読み取れるので、概して、アカデミック・キャリアに合理化や競争を組み込んだ市場原理が強く刻印されているといえる。全体に、アカデミック・キャピタリズムとはいえないにしても、一八カ国の中でも「知の経営体」のトップランナーとして大学教授職像の構築を挑戦的にたどっていると解される。

イタリア

施設・設備は、総じて中位であるが、教育機器、教育支援職員の項目は下位に位置するため、そこには低いGDP比率の反映が推察される。生産性は高い。研究志向や研究時間が上位に位置し、教育時間、研究と教育の両立性、授業教材の開発などは中位に位置する。研究偏重型である。したがって、学問志向も高いかといえば、必ずしもそうではなく、出身階層や学位取得率は中位を占め、特に専門分野志向は一八カ国の中で最低であり、その点で一貫性に欠ける。学会活動も、会員率は高いが、リーダー率は低い。それでは、研究評価に特徴があるかといえば、部局長以上の評価や自己評価は下位、学外者評価は中位であるから、第三者評価を多少重視している程度で、特に注目すべき特徴を見出せない。このように、高い生産性を説明するには、研究志向と研究時間の多さ以外に適切な要因が見当たらない。

常勤度は上位でパートタイム勤務は少ないが、女性比率、シニア、テニュア、給料・収入などは平均的な割合を示している。加えて教授比率や任期制の定着も中位であることを勘案すると、任用・昇任過程は日本ほど競争が乏しいとはみなされない。その反面、大学離れは平均的であるから、機関間の移動による流動性は乏しく、同じ大学に留まる割合が高い。そのせいにもかかわらず職業満足度は中位であって、組織内部の圧力に起因するストレスは少ない。

翻って、管理運営では、トップダウンの度合、管理者と教員の意思疎通などは中位と、官僚制化は進行しつつある半面、同僚調整や事務職員の協力の点では一八カ国の中で最下位であり、その点が良好である日本とは対照的である。概して参加国の中では数字的に平均的な大学教授職像を描いていながら、同一大学内に留まって研究偏重に陥る閉鎖的風土がみられ、そこには葛藤やストレスが強く内包されており、ユニバーサル化が進行するのに対応した二一世紀型の開放的な大学教授職像を構築する兆候を読み難い。

日本

施設・設備は、研究資金が上位、通信設備が普通以外は、教室、図書室、教育機器、コンピュータ、秘書、研究室の広さと軒並みに下位、実験室と教育支援職員では最下位である。参加国の中ではアルゼンチンに次いできわめて貧困な状態を露呈している。この貧困さの中で生産性は高い。OECD諸国の中でGDP比率が最下位を占める事実とこの劣悪さには相関がある。学会活動は、学会員率が中位以外は、レフェリー、リーダーの項目でいずれも高い。博士取得率は高く、その自国での取得率は最高である。授業教材開発は下位、国外授業は最下位を示し、しかも研究と教育の両立性も最下位を示している。こうして研究志向が強い反面、教育志向は弱く、専門分野志向は平均的である中で、研究に比べ教育への取り組みがあまりに見劣りする。シニア比率が最高であり、教員の老齢化が進行している結果、若手教員の門戸を閉ざし、ポストドクトラルの失業など若手教員の任用・昇任に与える影響は少なくない。女性比率は一五年前と同じく参加国の中で最低であり、「日本問題」といえるごとくジェンダー問題が顕著に存在する。機関間の移動による流動性は乏しく、教授比率は大きく逆ピラミッドの教員構成を示し、任期制は定着していないため、大学離れはいまだ平均的であるとしても、移動希望は一八カ国の中で最高の割合を示している。大学の荒廃が大学教授職に与える影響は潜在的にも顕在的にも高まっている。

英米のピラミッド型ではなく、逆ピラミッド型である以上、教授への任用・昇任過程は、競争が少なく容易であるはずであるから、英米の構造に比して、その点での緊張や葛藤は少ないはずである。しかし、流動性が少ない閉鎖的構造には日本独特の「タテ型社会」の力学が作用している点も考慮すべきかもしれない。その点、心理的緊張を示すストレス度も一五年前はトップ、今回はイギリスと韓国に抜かれたものの数値的には依然として著しく高い。両国は、市場原理を媒介とした合理化、官僚制化、競争を短期間に強化した証拠である。労働条件が劣悪とする割合もイギリスほどではないが、高い。にもかかわらず、不思議なことに職業満足度は高い。そこには、貧困、ストレス、葛藤に煩わされているにもかかわらず、学問への愛着が生甲斐になっている意識構造がほのみえる。給料・年収が香港には及ばないが、参加国平均（四三三・九万円）の二倍近くの額（八四七・〇万円）と上位につけ、外国に比較すると相対的に良好であるから、その点で歯止めがかかっている側面もあるかもしれない。

翻って、管理運営では、一五年間に官僚制化が急速に浮上し、トップダウンが進行し、管理者と教員の間の意思疎通が悪い状況を帰結した。にもかかわらず、同僚調整や事務職員の協力が良好であり、学問の自由度も高い。合理化や効率化を促進する「知の経営体」が進行する状況の下で、従来からの「知の共同体」が辛うじて下支えする風土が温存されているのである。概して、アカデミック・キャリアには、開放性と閉鎖性の葛藤が顕著に投影される中で、研究と教育の両立性が極端に低い事実に象徴されるように、スカラーシップの理念の構築に進展がみられず、新しい時代に対応した大学教授職の模索に課題が少なくない状態が出現している。

韓　国

施設・設備は、実験室、図書室、秘書、教育支援職員、研究資金がすべて下位、その他は中位と、全体にはあまり芳しくない。日本同様に、GDP比率の低さとの関係があろう。それにもかかわらず生産性は一八カ国の中でトップに位置づく。それはなぜであろうか。一五年間に一一位から一挙に一位に躍進した「ミラクル韓国」の秘密が問われる。日本は出身階層が上位であるのに対して中位、専門分野志向は両者共に平均的である点で、似たり寄ったりである一方で、日本とは研究時間が多く研究と教育の両立性も高い点で異なる。その点が生産性と関係が深い原因と推察される。研究に集中して国際競争力を喚起する政策は、各国との自由貿易協定（FTA）を締結して、国際市場の競争に参入する政策と似通っている。小さい国内市場のみでは生き残れない資源小国のサバイバル戦略の点では日本も共通であるはずであるが、日本はかなり後手に回っている。通貨危機（一九九七〜九八年）後の戦略転換は、一五年以内に研究集中戦略を断行したのと共通性が高い。研究集中に加え博士取得率が最高であることも見逃せない。自国での取得率は最近上昇中であるとしても、世界的にはいまだ低迷している点は、英米など外国依存度の高い証左である。そのことに関しては、ＯＥＣＤ加盟先進国にしては独立性が見劣りするとも、逆に国際化が進展しているとも読めるかもしれない。後者の場合、英米で訓練を受けて帰国した、学問的な意欲が旺盛な教員が多いことが生産性を促進するのかもしれない。日本では学生を中心に英米への留学が激減している現在、逆に中国と共に韓国は活発である。また、学会活動に注目すると、学会員、レフェリー、リーダーの三部門ですべて最上位に位置づくから、日本をはるかに超えて、研究志向の体質がうかがえる。

それと同時に、常勤は最小で、任期制が定着し、テニュアは最低である事実は、身分が不安定で、同じ大学の中での任用・昇任過程に強烈な緊張や葛藤を喚起する。女性の比率は日本と同様少ないので、閉鎖的であるうえに、教授比率とシニア率は中位であるから日本ほど教授ポストも年配教授も多くなく、任用・昇任をめぐる競争はきびしい。研究評価や教育評価に自己評価が弱く、部局長以上管理者のトップダウン型の評価が強い構造も影響が少なくないはずである。日本、中国と同様にインブリーディングが高い傾向がある。それでも、流動性、大学離れ、移動希望などは中位であり、しかも、給料・収入（三九四・五万円相当）も中位に位置づくのをはじめ、労働条件は日本とは対照的に良好、職業満足度は日本と同じく高い。それにもかかわらず、ストレスは一八カ国の中で最悪を示す点に特徴がある。日本では労働条件が悪くストレスも高く満足度が高いのに対して、労働条件が良好なのにストレスが高く、にもかかわらず満足度は高い。この相違は興味深い。

その点、日本とは異なる風土に注目する必要がある。すなわち、管理運営では、トップダウンの官僚制化の進捗度は中位であり、学問の自由度も同様である反面、意思疎通、同僚調整、事務職員の協力の項目ではすべて下位と日本とは対照的に悪い。そこには「知の共同体」はもはや機能せず衰弱している。全体に、世界的に研究生産性を急速に高めた点に特徴がある傍ら、合理化や市場原理が浸透し、閉鎖性と開放性が同居する中で教員集団に緊張や不満が少なくない風土が形成されているのである。それにもかかわらず、日本とは異なって研究と教育の両立性が追求されている点では、二一世紀型大学教授職の構築に向けて一歩前進していると観察される。

マレーシア

施設・設備は、研究資金が上位、秘書が下位を示し、その他すべての項目で中位を占めている。生産性は下位に停滞している。専門分野志向は上位であるが、中国や南アフリカに似て、研究志向よりも教育志向であり、教育時間は多いが研究時間は少なく、しかも研究と教育の両立性は低いので、研究と教育は分業化し、断片化し、教育偏重が支配的であると解される。このように教育偏重が、中国とは異なるとしても、南アフリカと似て研究生産性の停滞を招く原因と解される。教授比率は一八カ国の中で最少のため、鋭いピラミッド型であり、当然ながら任用・昇任競争が日本など比較にならないほど厳しくなると予想されるが、それでも任期制は定着していない点を差し引くと多少緩和されるかもしれない。テニュア制度の定着が発達しているため、テニュアポストに任用後の身分は安定する。

日本とは異なり、アルゼンチン、フィンランド、ドイツなどと同様にシニアの比率が少なく、若手教員が多いせいか、博士取得者は少なく、自国での取得率も少ない。学会活動も学会員、レフェリー、リーダーの項目で、特に顕著な特徴が見出せない。これらの数字を見る限り大学教授職はいまだ発展途上にあることがわかる。機関間の移動による流動性は少なく、大学離れは少ないのに、移動希望は多いため、同一大学に留まる傾向が強い。その意味では、大学内部に閉鎖的空気が漂う印象を与えるにもかかわらず、実際には心理的緊張であるストレスは少ない。職業満足度は、他国と比較した場合それほど高くも低くもなく平均的である。

管理運営に目を転じると、すでに官僚制化が進行しトップダウンが進行しているが、管理者と教員の意思疎通は一八カ国の中で最も良好であり、しかも同僚調整もまた良好である。これらのことを勘案すると、合理化や官僚制化はすでに生じているとしても、「知の経営体」への展開は欧米諸国ほど顕著には生じていないとの印象を与える。概して、中世大学さながら教育偏重が強い風土において、合理化が進行し、競争が強まる構造の中で教員集団に満足と不満の交錯する葛藤が出現しており、その克服が課題であると同時に、研究と教育の両立性が希少な現実を見直し、研究生産性の向上を含めていかにして大学教授職のスカラーシップ観を確立するかが問われている。

メキシコ

施設・設備は、研究室の広さと研究資金が下位、その他のすべての項目で良くも悪くもなく中位に位置するので、マレーシア、南アフリカ、イタリア、ポルトガルなどと似た構造を呈している。生産性は下位。教育志向が強く、研究時間は少ない。教育評価での自己評価が高い以外、研究と教育の評価はすべて平均的で特に顕著な特徴は見出せない。出身階層は低く、博士取得率は少なく、そのせいか発展途上国の色彩が強い。学会活動は、学会員率は高いが、リーダーは中位、レフェリーは低い。学問への関心は高く、その証拠に専門分野志向は一八カ国の中で最高を示し、しかも研究と教育の両立性は高い。教育偏重気味であるとしても、研究と教育が分業化し、断片化に陥っていない。その点は、教育偏重で両立の乏しいマレーシアとは異なり、教育偏重だが両立性の高いアメリカとの類似性が高い。教育評価が自己評価型なのもアメリカと似ている。

他方、大学への愛着は最高であり、流動性は少なく移動希望は少ない。常勤、女性比率、シニアなどは平均的であるが、テニュア実施率は高く、ポスト就任以後の身分が安定している。しかし、給料・年収（一四・一万円相当）は一八カ国の中で最下位を示す。教授比率は最も多く、逆ピラミッド型の教員構成であり、任期制は定着していないため、同一大学内であまり競争を伴わず教授までトコロテン式に昇任できる仕組みになっている。この構造的に観察できるぬるま湯的な風土は日本のそれを髣髴させるほど酷似している。

管理運営では、トップダウンの官僚制化もそれほど進展していないし、同僚調整は参加国きって良好であり、管理者との意思疎通も良好であり、学問の自由度はこれも一八カ国で最上位を示し、ストレスはなく、職業満足度も最高。中世大学さながら教育中心の伝統型の風土を刻印した大学教授職像を温存し、教育熱心で、身分は安定し、職業への満足度も高く、いわば教授天国の観を呈しているのである。表面的には、アメリカと共に、ユニバーサル化に対応した大学教授職像を先取りしているようにもみえる。とはいえ、いまだ閉鎖的な構造を呈し、近代化に乗り遅れ、研究生産性の風土は乏しいという難点がみられるので、研究生産性を高めて教育との統合性をいかに模索するかが今後問われるはずである。

ノルウェー

施設・設備は、特に研究室の広さ、通信設備が最上位を占め、図書室とコンピュータが上位を占め、その他は秘書が最下位を占める以外は平均的である。概して恵まれているのは、フィンランド同様にGDP比率が高いことの反映である。生産性は中位である。出身階層はアメリカほどではないが日本、カナダ、中国等と同様に高い。博士学位取得、性・年齢、シニア比率、給料・収入などの項目では、特に長所短所はなく平均的な姿を呈している。日本のように、博士取得率が高くなく、女性が少なくなく、年配者が多くない。機関間の流動性、他機関への移動希望、教授比率、任期制定着なども押し並べて平均的であるから、極端に鋭いピラミッド型でもなく、競争が特に過酷ではなく、機関間の移動も特に頻繁ではないと読める。それでも、日本に比較すれば、競争的で流動的である。

上記のように生産性は中位であるが、研究志向は一八カ国で最上位を占め、研究時間は多く、教育時間は少ない。この構造は、ドイツやフィンランドと似ている。学会活動も、リーダー率が低いが、それ以外は平均的である。学問への忠誠心を占う専門分野志向も高い。しかし、研究と教育の両立性は高くないので、研究と教育は分断し、ドイツと同様に研究偏重に陥っている。教育の比重は低いが、学生の教育評価が高いことは注目される。しかしながら、こうした強烈な研究志向は生産性をもう少し押上げても不思議ではないという疑問が生じざるを得ない。労働条件、ストレス、職業満足度も他国と比較して平均的である。研究志向が最上位なのをはじめ、これらの諸点を勘案すると、生産性の伸び悩みを印象づける。

その原因は、管理運営では、トップダウンの官僚制化が一八カ国の中で最もみられず、教授会自治が作用し、意思疎通や同僚調整は平均的であるのに、学問の自由の度合いは下位で、大学離れが強いという、やや矛盾した状態と関係があると解されるのではあるまいか。全体に、合理化や官僚制化がそれほど進行しておらず、施設・設備等も恵まれた環境にある中で、研究偏重に陥り、学生の教育評価に特徴があるとはいえ、研究と教育の両立性が十分ではないため、ユニバーサル化時代に通用する確たるスカラーシップ観を確立する課題がある。

ポルトガル

施設・設備は、研究資金が下位のほかはすべての項目で平均的な位置を占め、特に目立つ点が見出せない。生産性は中位。教育時間は上位を占め多いのに対して、研究時間は中位、研究志向も同様である。研究評価は、部局長以上評価、自己評価が共に最低、学外者評価も少ないから、総じて評価が行われていないという興味深い結果が出ている。専門分野志向も少なく、学問的関心が弱い。出身階層は中位であり、西洋ではノルウェーのように上位ではなく、イタリア、ドイツ、フィンランドなどと類似している。研究と教育の両立性は日本のように低くはなく、平均的であるとしても、研究と教育がやや統合性を欠き、分断化し、教育偏重に傾斜する傾向がみられる。しかし、学生を重視しているかといえば、学生による評価は少ない。研究と同じく教育でも自己評価は少なく、自己評価を重視するアメリカとは対照的であるので、自主的・主体的に研究・教育を改革する風土が希薄であるとみなされる。

博士学位取得、性・年齢、給料・収入などは、非常勤が少なく常勤が多いこと以外は、すべて平均的な割合である。教授比率は少なくピラミッド型であり、しかも任期制は定着している点を勘案すると、学内における任用・昇任の過程は競争的である。ストレスは高く、しかも職業満足度は低い。しかし大学離れは高いかといえば、高くも低くもない。同一大学内に留まる傾向はかなり高いことに加え、機関間の移動による流動性は乏しいから、大学教授市場は開放的であるよりも閉鎖的であるとみなされる。管理運営では、いずれの項目も中位で、合理化や官僚制化の点で特に顕著な特徴がみられず、学問の自由度も中位であるものの、事務職員の協力の点では下位に位置する。

参加国の比較からすると、概して、平均的な大学教授職像を呈しているが、構造的には、ピラミッド構造は存在しながらも、閉鎖性から開放性への過渡的な展開が大学教授職集団の閉鎖性、ストレス、職業満足度に反映し、不満や葛藤をもたらし、研究と教育の分断化が生じる中で新たな専門職像を確立すべく、その打開が模索される段階にある。

南アフリカ

施設・設備は、研究資金が上位、教育機器が下位のほかは全項目で中位に位置する。特に恵まれているとも、特に悪いともいえない。研究資金は上位だが生産性は下位である。教育時間は最上位を占め最多である反面、研究時間は最下位を占め最小であり、研究志向も最小である。これらの教育偏重の傾向は、研究生産性の不振に明白に反映されていると解される。比重の高い教育では、授業教材開発では平均的であるが、国外授業では高いという特徴がみられ、国際化の進捗がみられる。専門分野志向は平均的であり、研究と教育の両立性も同様である。しかし、研究と教育はかなり分断化しており、研究を踏まえた教育の発展に成功しているとはいえない。

出身階層や博士取得率は共に平均的。女性比率は平均的であるが、日本に比べて良好である。常勤率や教授比率はこれも平均的である。任期制の未定着、テニュアの定着、シニア比率の大きい度合いを勘案すると、学内でテニュアポストに任用されれば身分は安定するとみなされる。その意味では、機関間の移動による流動性、大学離れ、移動希望などは抑制されると推察される。その点、いずれの項目も平均的である。にもかかわらず、ストレスは高く、職業満足度は低いので、なぜこの結果を導くかは、主として学内の任用・昇任過程の身分が安定するまでの競争に起因すると推察される。また、給料・年収が悪いことは一つの理由かもしれない。しかし、それ以上の主たる原因は次の点に宿るに違いない。すなわち、管理運営では、トップダウンが進行しており、管理者との意思疎通は参加国の中で最悪であること、同僚調整、事務職員の協力も下位、学問の自由の度合いも下位、と悪いのである。

概して、教育偏重の伝統を温存する傍らで、合理化や官僚制化が進行し、閉鎖性と開放性のあいだの葛藤が生じており、スカラーシップの確立ができないまま、生産性の向上を阻害する独特な風土が醸成されているとみられ、その改革が課題である。

イギリス

施設・設備は、教育支援職員が上位、教室と研究資金が下位のほかはすべて中位に位置し、平均的である。給料・収入も平均的である。出身階層、博士取得率、自国取得率も平均的な数字である。生産性も上位でも下位でもなく中位に位置づく。率直にいって、世界の学問中心地に君臨してきたし、今なおロンドン・タイムズ、上海交通大学などの世界大学ランキングの上位をアメリカともども占拠する常連であるイギリスにしては、中位に低迷するのは不思議である。なぜであろうか。研究志向が強い反面、研究時間は乏しく、研究資金が少なく、教育時間は中位。研究と教育の両立性は平均的なので、極度な研究と教育の分解は生じていないが、分断化途上にあると観察される。こうした状況の中で授業教材開発は上位、国外授業は最上位に位置し、国際化が進展しており、教育に特色がみられる。アメリカと同様に教育では学生による評価ならびに自己評価を重視している。このような教育重視は研究生産性が伸び悩む理由の一つであろう。教育生産性の向上が研究生産性とは連動せず、高い研究志向の意識を裏切る結果を招来している。

他方、教員構成は、任期制の定着はないとしても、教授比率は少ないため、ピラミッド型を呈しており、任用・昇任過程はそれが構造的に乏しい日本に比較して構造的に競争的である。ただ、シニア比率が中位、テニュアの定着がみられることなどを勘案すると、競争的な任用・昇任を無事通過してテニュアを獲得した教員は、身分の安定が得られるし、実際にシニアが少なくない事実は、すでに身分の安定した教授が少なくないことを示唆する。とすれば、この種の地位安定後の教授と低い研究生産性に関係があるのであろうか。さらに、日本とは違って、女性比率が高く、流動性が高く、開放性が進行していることは特徴である反面、大学離れは一八カ国の中で最高であり、移動希望は多く、ストレスは高く、労働条件はこれもまた参加国の中で最悪、そして職業満足度はまたしても最悪である、という瞠目すべき現実がある。

このような不満は、研究志向が裏切られること、競争が激烈であることばかりではなく、合理化や官僚制化の進行と関係が深いはずである。実際、管理運営では、トップダウンの官僚制化が著しく進行し、管理者と教員の間の意思疎通が乏しい。このことは、同僚調整や事務職員の協力、学問の自由の度合がそれぞれ中位だとしても、決して良好とはいえない。概して、一五年前の時点よりも、合理化や官僚制化が顕著に進行する中で、研究志向の増大と研究時間の減少、研究資金の目減り、ストレスの増大などキャリアには甚大な圧力、緊張、葛藤が投影されて深刻さを増している。

かくして、長い間、「知の共同体」の同僚制を維持してきた大学教授職は、合理化や官僚制化の圧迫を受けて崩壊し始め、この一五年間にアングロサクソン型の特徴であった研究と教育の半々志向から脱落を余儀なくされた結果、ドイツ型の研究志向を追求しながらも研究生産性が低迷する中で、新たなスカラーシップ観の再建と大学教授職の再考が問われている状況がうかがわれる。

アメリカ

施設・設備は、教育機器、秘書、研究室の広さが上位である以外は、中位で、ドイツとやや似た構造を呈している。生産性は下位。これは、イギリスと同様に学問中心地を形成している現実を勘案すると、中位に位置するイギリス以上に不思議な現象といわざるを得ない。なぜ低迷しているか。今回の結果は、研究大学よりもコミュニティ・カレッジの特徴に近い特徴を示しているようにみえる。学問中心地の研究生産性に貢献している大学は、全米約四〇〇〇の中の五％、すなわち二〇〇程度の研究大学であることを勘案すると、こうした研究生産性の高い研究大学の割合がサンプル的に少ないのかもしれない。そのような疑問は生じるが、今回の結果は興味深い。なぜならば、一五年前に研究と教育の半々志向を示したアングロサクソン・モデルの中で、イギリス、オーストラリア、香港などがこぞって研究志向へと転向したのに、ひとりそれを踏襲して、研究志向よりも教育志向が一段と進行したからである。それに伴い、研究時間は下位に位置し劣化した。この点に生産性低迷の原因があろう。

いずれにせよ、日本とは異なり、研究と教育の両立性は高いことは注目すべきであるばかりか、教育生産性自体はかなりの高まりがみられるに相違ないと推察される。教育において学生による評価は高く、自己評価は一八カ国の中で最高を示す。とすれば、ユニバーサル化時代の学生の超多様化へ対応する意味では注目すべき先進的な動きである。が、研究生産性は低迷しているので、それを補完するために、研究生産性の高い研究大学との連携が重要性を増す。日本とは異なり、研究と教育の両立性志向は高いので、研究と教育の分断化を阻止する意識が強いのに加え、制度的にも、学士課程は教育、大学院は研究と専門職を分業化し、大学全体で研究と教育を連携させる伝統がある。その意味では、研究と教育の連携・統合が参加国の中では、最も成功裡に進行しているとの観測が可能である。

翻って、その他の項目を調べると、アメリカは上位と中位の数字が少なくない。出身階層はマレーシア、香港、メキシコなどとは対照的に一八カ国中の最上位であり、博士取得率、自国取得率は共に高い。また、学会活動はレフェリー、リーダー輩出率は平均的であるが、学会員輩出率は高く、学問志向は旺盛である。性・年齢では、常勤が上位以外、女性比率、シニア、テニュアはいずれも平均的である。それでも、これらは学問的な先進国を裏書きする傾向である。給料・年収は香港には及ばないが、カナダ、日本と共に高い。

流動性は上位、移動希望も同様に上位を占め高く、大学教授市場の開放性を物語る。教授比率は中位であり、任期制も中位に位置することから、極端なピラミッド型ではないが、日本とは異なり競争的な装置を形成している。定年制が廃止された中での任用・昇任過程の競争は激しいし、流動性も高いから、アカデミック・キャリアに刻印される緊張はいやが上にも高まるはずである。しかしストレスは高くも低くもなく平均的である。そこには市場原理や競争原理を早くから制度化した結果によって緊張の緩和現象が反映されていると解される。職業満足度をみても低くはなく、労働条件は平均的であり、特に大学離れが多くはなく、平均的な値を示している。

問題は、管理運営におけるトップダウンは上位を占め、合理化や官僚制化は着実に進行している事実である。にもかかわらず、管理者と教員の意思疎通や同僚調整は平均的であるばかりか、事務職員の協力は高く、とりわけ学問の自由の度合いは上位を占めることがわかる。

概して、合理化、市場原理化、官僚制化をトップランナーとして推進している中で、研究生産性が下位に位置づくのは期待を裏切る傾向であるとしても、研究と教育の両立性を志向したスカラーシップ観を基盤に教育志向を担保し強化している点に、ユニバーサル化の時代を先導する大学教授職の一つの典型的ともいえる特徴が見出せる。

4　二一世紀型大学教授職の構築

世界的動向にみられる主な特徴

二一世紀型の大学教授職の構築を考える場合には、現在生じている特徴を踏まえて、今後の方向性を探る必要がある。これまでの考察に基づいて、次のような七点の特徴が見出される。

①学問的生産性（特に研究生産性）の多寡について学術雑誌論文を指標に調べると、その先進国は韓国、日本、イタリア、ドイツ、香港、中国などで、ベスト六位までにアジア圏が六七％の四カ国を占め、最近の躍進がめざましいことを物語る。二一世紀はアジアの時代に移行する兆候が察知できるだろう。他方、途上国は、メキシコ、ポルトガル、マレーシア、ブラジル、アメリカ、アルゼンチンなどである。ラテン・アメリカが多い。参加国に温度差があることが注目される。

②学問的生産性の規定要因は、施設・設備、教育・研究志向、流動性、管理運営、評価などが複雑に作用して形成されている。先進国は、概して研究志向で研究時間が多く、任用・昇任過程に構造的に競争が組み込まれている。例えば、この一五年間に一一位からトップに躍進した韓国の場合、日本ほど教授ポストも年配教授も多くなく、任用・昇任をめぐる競争はきびしく、部局長以上の管理者によるトップダウン型の研究および教育評価が実施され、さらに研究志向は強いが研究と教育の両立性志向のスカラーシップ観が強い、という特徴がみられる。日本の場合、

評価は大同小異であるが、競争は緩慢、特に両立性のスカラーシップ観が参加国の中で最低である点に彼我の大きな相違がある。

③大学は「第三期教育」の台頭と呼応して、伝統的性格を変容させ大衆化や多様化を深めている。常勤職はテニュアの減少、任期制の増加によって衰退した反面、非常勤職＝パートタイムが増加した。アメリカやカナダでは大学や大学院卒から大学教員へ参入する伝統的なアカデミック・キャリアが減少し、他から参入する「アクシデント型」や「ハイブリッド型」が増加した。欧州でも、南欧のイタリア、ポルトガルは伝統型を残し、北欧のノルウェー、フィンランドなどは公務員型・組合型を留める傍ら、イギリス、ドイツなどは変貌している。南米のブラジル、メキシコはパートタイムに改善がみられるものの、アルゼンチンは改善がみられない。日本は最近、非常勤が常勤を凌駕した。

④欧米諸国で一五年前に観察された市場原理が世界的に急速に浸透し、大学の合理化・官僚制化が進行し、管理運営のトップダウン化が進行した。その先進国はアメリカであるが、合理化、市場原理化、官僚制化をトップランナーとして推進している中で、流動性が高く、しかも学問の自由の度合はかなり高い。同じく先進国のイギリスは、ストレスは高く、労働条件は参加国の中で最悪、職業満足度も最悪と深刻な状態を露呈している。さらに、オーストラリアや香港など深刻であるので、市場原理がアングロサクソン系で先行している事実がうかがえる。その他は、日本、マレーシア、南アフリカで深刻さが増している。他方、北欧のノルウェー、ラテン・アメリカのアルゼンチン、ブラジル等は比較的緩慢に進行している。世界的に「知の共同体」から「知の経営体」へ加速する動きがある中で適度な改革は必要であるとしても、「学問の府」であり、学問の発展に貢献することが主たる理念や使命である大学や大学教授職にとっては、極度に市場原理化すると弊害をもたらす危惧が大きい。

⑤施設・設備等には、国による温度差が大きい。フィンランド、香港、ノルウェー、ドイツ、それにアメリカ等は豊かな環境を形成し、アルゼンチン、日本、韓国、ブラジルなどは貧しい環境を形成している中で、ＧＤＰに公的支援費が占める割合が一・〇以上と高い国は、概して豊かな環境を形成していることがわかる。日本は韓国と共

にOECD諸国内では最低であり、それが貧困な環境に反映されている。特に日本は経済大国に値しない恥ずべき現実を即刻見直す必要がある。

⑥大学教授職の理念や使命が世界的に混迷している現在、いかなる方向を模索するかは重要である。この点に関する直接の質問はないので省察する以外ない。大学教授職の理念としては、一九世紀以来、フンボルト理念を踏まえて研究と教育の両立が課題となった。今回の調査では、その肯定度が高い国は、アルゼンチンを筆頭にブラジル、韓国、メキシコ、アメリカであり、ラテン・アメリカの比重が高く、韓国を例外として研究生産性の低い国が多いことがわかる。肯定度の低い国は、日本を筆頭に、中国、フィンランド、ドイツ、マレーシアであり、フィンランドを例外として、研究生産性の高い国が多い。他方、一五年前に比較して、今回は研究志向の国が大勢を占めるに至った。これは大きな変化であり、研究と教育の両立が損なわれて、次第に両者の分化、分断化が進行している証拠にほかならない。学事の車の両輪が連携、統合を達成し、研究生産性と教育生産性を高めることが、他の制度にはみられない大学、ひいては大学教授職の近代大学登場以来の理念であり使命であるとすれば、いまや大きな転換点を迎えていることになる。

⑦二一世紀に大学教授職の向かうべき方向は、最初に提示した枠組みに照らして、帰属主義から業績主義、特殊主義から普遍主義、閉鎖性から開放性、であるとすれば、世界の大学は大なり小なりその方向へ展開してきている。グローバル化の影響を受けて、国境を越えた移動や流動性が高まり、市場原理の影響を受けて、合理化や官僚制化が進行し、「知の共同体」から「知の経営体」への動きが加速しているのに加え、知識社会の影響を受けて、知の発見、伝達、応用、統制が分化し、断片化する傾向が強くなっている。従来の大学では掌握できないような、「第三期教育の時代」が急速な勢いでもって台頭している。そのような状況変化に対峙しながら、大学教授職は学問の発展を基軸にした「学事」を十分発展させるために、変化する状況からの要求を取捨選択しながら、創意工夫を凝らして、専門職としてのアイデンティティを模索する以外にないといわざるをえないだろう。

表終-3　理念・開放性・威信

		アルゼンチン	オーストラリア	ブラジル	カナダ	中国	フィンランド	ドイツ	香港	イタリア	日本	韓国	マレーシア	メキシコ	ノルウェー	ポルトガル	南アフリカ	イギリス	アメリカ
理念	研究生産性	×		×		○		○	○	○	○	◎	×	●			×		×
	専門分野志向					×				●			○	◎	○	×			
	両立性	◎		○		×	×	×			●	○	×	○					○
	学問の自由	○			○		●	×			○			◎	×		×		○
	学生の教育評価			×	○				◎		●				○	×		◎	○
	自己評価		○							×		●	○	○		×	○	○	◎
	（計）	2	1	−1	2	−1	−3	−1	3	−2	−2	1	0	4	1	−3	−1	3	4
	順　位	5	7	11	5	11	17	11	3	15	15	7	10	1	7	17	11	3	1
開放性	階層				×	×			○		×			○	×				●
	流動性	○	◎		○	×			○	×	×		×	×		×		○	○
	女性比率	◎	○				○	×			●	×	○					○	
	教授比率		○								×	×	◎	●		○		○	
	任期制	◎	○	●			○	○	○		×	○	×	×		○	×	×	
	（計）	5	5	−2	0	−2	2	0	3	−1	−6	−1	1	−3	−1	1	−1	2	−1
	順　位	1	1	15	8	15	4	8	3	10	18	10	6	17	10	6	10	4	10
威信	博士学位				○	×	●	○	○		○	◎	×	×					○
	リーダー			×	○	●				×	○	◎			×			×	
	給料	×		×	○	×			◎		○		×	●			×		○
	（計）	−1	0	−2	3	−4	−2	1	3	−1	3	4	−2	−3	−1	0	−1	−1	2
	順　位	9	7	14	2	18	14	6	2	9	2	1	14	17	9	7	9	9	5

二一世紀型大学教授職――理念・開放性・威信の国際比較

これまで考察した観点を踏まえて、世界の大学教授は二一世紀に、いかなる専門職像を形成しつつあるかを試論的に検討してみよう。**表終-3**には、各項目を理念（研究生産性、専門分野志向、研究と教育の両立性、学問の自由、教育の自己評価）、開放性（階層＝父親大卒、流動性、女性比率、教授比率、任期制）、威信（博士学位取得、学会のリーダー、給料）に括って国別比較を試みた。◎最上位に2点、○上位に1点、無印に0点、×下位にマイナス1点、●最下位にマイナス2点を配点して順位を付した。その結果、理念では、アメリカとメキシコをトップにイギリスと香港が上位を占め、フィンランド、ポルトガル、日本が下位を占めた。オーストラリアを別とすれば、アングロサクソン系が上位を

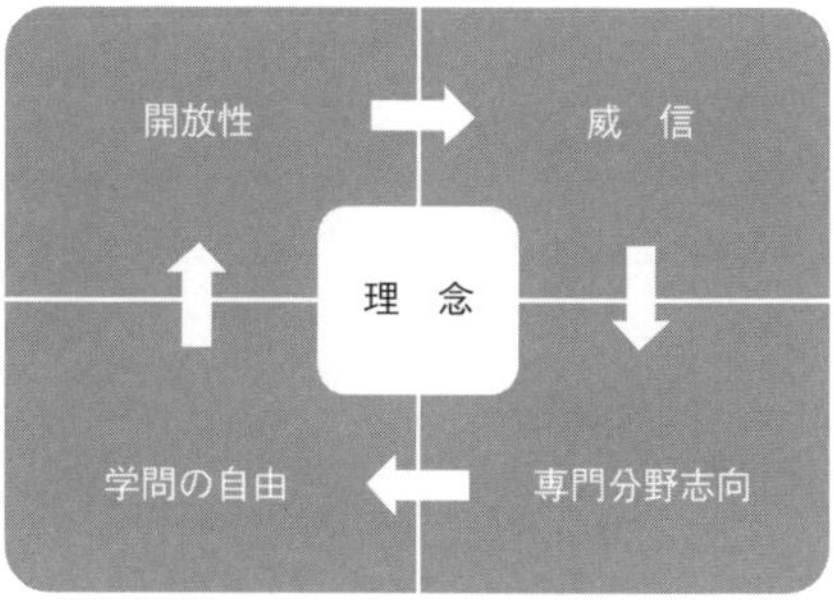

図終-2　大学教授職の形成

占めている。開放性では、アルゼンチンとオーストラリアがトップで、香港、フィンランド、イギリスが上位を占め、日本を最下位にメキシコ、中国が下位を占めた。ここでもアングロサクソン系がかなり上位を占めている。威信では、韓国をトップに、日本と香港が上位を占め、大学教授職の地位や評判を獲得している。他方、中国を最下位にメキシコ、ブラジル、フィンランド、マレーシアが下位を占めた。日本、韓国、香港のアジア系が上位を占め、概してラテン系が下位を占めているのが目立つ。

総じて、日本は威信が高い反面、理念面では他国から格差をつけられており、開放性でも見劣りする。閉鎖性から開放性への転換が大学教授職の近代化を占う指標だとすれば、近代化が遅れており、二一世紀型大学教授職の確立に向けての歩みは緩慢である。これに対して、研究生産性がそれほど高くなかった英米は近代化に一日の長があり、イギリスは開放性にも先んじている。研究生産性の高い国の中では、香港のみが理念、開放性、威信にトップクラスを占め、大学教授職のトップランナー的な地位を築いていることがわかる。韓国は威信は高いものの理念や開放性は日本ほど極端ではないとしても、遅滞している。中国は理念が立ち遅れ、それ以上に開放性やとりわけ威信の確立が遅れているので、近代化以前の段階にあるとみなされる。ラテン・アメリカ諸国も威信の確立に遅れ、いまだ大学教授職の発展途上国の域を出ていないと目される。

これらを整理して二一世紀型大学教授職形成の観点から、理念面を軸に図式化すると、図終-2となる。専門分野志向を出発点に、学問の自由を確保し、開放性を確立し、さらに威信を確立し、循環的に、さらにはスパイラル的に専門職の向上に向けて高まることを示す。

そのような観点を基に先の表を整理し直した（表終-4参照）。それによると、総合的にアメリカと香港がトップ、韓国とカナダが上位を占め、他方、中国とフィンランドが最下位、ブラジル、イタリア、ポルトガル、南アフリカが下位を占める。概して、上位を占めるアングロサクソン系には二〇世紀型を脱して二一世紀型を目指す先導性がみられる。ラテン系も威信の確立には遅れているものの理念の側面では比較的良好であるし、北米も良好である。ヨーロッパでは、ポルトガル、イタリア、ドイツなどがあまり良好とはいえないし、北欧のフィンランドやノルウェーも同様である。アジアは、中国以外は上位に位置する。日本は六位とかなり上位に位置するが、威信が高い反面、理念の確立が極度に緩慢である点を看過できない。香港、アメリカ、イギリス、アルゼンチン、韓国、カナダ、などに比較して、立ち遅れが顕著であり、二一世紀型大学教授職の再建に真剣に取り組むことが焦眉の急を告げているといわなければならない。

5　世界の中の日本の大学教授職――その変貌と今後の展望

以上に縷々論じてきたように、世界の大学教授職は現在、大きな変貌を遂げている事実があり、種々の問題点や課題が山積している事実が読み取れる。そのことは、大学教授職をめぐる社会的条件、社会的構造、社会的機能の各側面において生じている。上で論じたように、社会的条件では各種の環境変化への対応があり、社会的構造では大学教授職の規範、管理運営方式、予算・資源配分などがあり、社会的機能では学事、とりわけ研究と教育の両立、さらには研究・教育・学習の統合（R-T-S nexus）の問題があることがわかる。世界の大学教授職と同様、日本の大学教授職も変貌を遂げてきており、世界と共通した変化に加え、独自の変化に直面している。世界と比較しながら、二一世紀の進むべき方向を洞察しながら、単なる大学教員ではなく「専門職」として構築するのに欠かせない課題や展望を見極める必要がある。以下では、本書を振り返りながら、留意すべき点を何点か論じてみよう。

第一に、社会的条件の中の社会変化と関わって開放性の問題がある。社会変化はグローバル化、知識社会化、市場化が連結して、大学や大学教員の一層の開放性を求めているにもかかわらず、日本の大学教員の移動に基づく流

表終-4　21世紀型大学教授職

	アルゼンチン	オーストラリア	ブラジル	カナダ	中国	フィンランド	ドイツ	香港	イタリア	日本	韓国	マレーシア	メキシコ	ノルウェー	ポルトガル	南アフリカ	イギリス	アメリカ
理念	2	1	−1	1	0	−1	0	3	0	−3	1	−1	0	0	−2	−1	3	3
専門分野	0	0	0	0	−1	0	0	0	−2	0	0	1	2	1	−1	0	0	0
学問の自由	1	0	0	1	0	−2	−1	0	0	1	0	0	2	−1	0	−1	0	1
威信	−2	0	−2	3	−4	−2	1	3	−1	3	4	−2	−3	−1	0	−1	−1	2
(計)	1	1	−3	5	−5	−5	0	6	−3	1	5	−2	1	−1	−3	−3	2	6
順　位	6	6	13	3	17	17	10	1	13	6	3	12	6	11	13	13	5	1

注1）各スコアは◎(最上位)＝2、○(上位)＝1、無印(中位)＝0、×(下位)＝－1、●(最下位)＝－2を集計した結果。

動性はこの一五年間に多少好転したとはいえ、依然として閉鎖性をとどめている事実が明らかになったといわざるを得ない。もちろん、中国、イタリア、マレーシア、ポルトガルなど流動性が低い国もあるとはいえ、オーストラリア、アルゼンチン、カナダ、香港、イギリス、アメリカなどに比較すると日本の現実は閉鎖的である。例えば、閉鎖性を象徴するインブリーディング＝自校閥の割合を見ると、有力大学では依然として高く（東大、京大、早稲田、慶應などはほぼ七〇％以上）、三分の一以下に抑制しているアメリカの研究大学（ハーバード、イェール、プリンストンなど）の慣行に比べて、立ち遅れが甚だしいといわざるを得ない。

流動性と関連し、世界的なグローバル化、市場化と関わって、競争性の問題がある。その点、教授への任用・昇任過程には競争が組み込まれ、展開されている世界の趨勢からすれば、日本の制度では概して競争が少ない。制度的には、新堀調査（一九六五年）に見るごとく、従来は欧米では教授とそれ以下の職階の割合が「ピラミッド型」、日本では「エントツ型」であった[10]。日本では外国に比較して容易に教授に昇任できる点で競争が乏しい構造を呈していた。これが最近の潮木調査（二〇〇九年）ではむしろ「逆ピラミッド」と化し、無競争でも教授に昇任できる仕組みが進行している事実が露呈した[11]。確かに、例外的にメキシコのように教授比率の高い国があるが、マレーシア、イギリス、ポルトガル、オーストラリア、ブラジルなどをはじめ大多数の国々は日本のように閉鎖的ではない。国際的に見て日本では過去四〇年間に教授のポストは量産された反面、質保証の装置は後退したのであり、いったん講師や准教授に就任すると、トコロテン式に教授までたどりつき、定年を迎えられるシステムが成立しているのである。本来ならばそれに歯止めをかけるはずの「任期制」はいまだ定着していない。一九九六年に導入した選択的任期制も若手には適用されても教授には適用されない事例が多く、沈滞ムードを打開するには至っていない。これでは「愚者の楽園」と揶揄されかねないだろう。その陰ではこの間、若手やポスドクの就職難が著しく進行したのは周知のとおりである。競争過剰にも問題があるが、競争皆無にはもっと問題がある。

なお、関連して、日本の学者の「内向き」傾向についてはすでに論及したが、若者の同様の現象は大学教授職の将来像を考える場合に無視できない。例えば、二〇〇九年現在のハーバード大学への留学生は、六六六人中、韓国四二人、中国三六人、シンガポール二二人、インド二〇人、……日本五人である。[12] 当該大学は、世界大学ランキング一位にある大学の卒業生が将来世界のリーダになる確率は高いはずであるから、そのネットワークに参画するチャンスは喪失しつつあり、その意味での国益は損なわれつつある。少なくとも韓国や中国などアジアの国々の後塵を拝している。

第二に、大学政策の課題がある。政策は、この時期に、各種教育改革とFD推進、資源の競争配分、男女共同参画社会、管理運営のトップダウン化、進学率の拡大などへの動きを顕著に推進した。①教育改革の場合、教育の質保証を担う大学教員の資質開発の一環としてFD政策が推進されたのは重要な点であるものの、研究と教育の両立・統合を図る方向ではなく、むしろ教育偏重によって、両者の分断化を図る方向へと動き、政策は教育偏重、意識は研究偏重と乖離を深め、その間で一八カ国の中で研究と教育の両立が最も困難というほどまで大きく教員の葛藤を増幅した。②大学ファンディングは、選択と集中の競争配分へと移行した結果、大学格差を助長し、研究大学以外の大学教員では、予算縮減、研究費カットに起因する不満が増加し、ストレスや大学離れの大きな原因になった。③男女共同参画社会の法制化（一九九九年）が施行されたにもかかわらず、ＯＥＣＤ諸国の女性教員比率の平均が四〇％前後であるのに、日本のそれは一五％前後にとどまるなど、女性教員の立場の改善は遅々とし、国際的にも低迷していることが判明した。④管理運営のボトムアップからトップダウンへの転換は、国立大学の法人化政策によって生じ、一五年前に欧米の教員に認識されていた、官僚制が顕著に進行した結果、現在、深刻さを増している欧米を追随する実態が浮上した。⑤進学率の拡大は、大学教員の学生観の見直しを要請することになったにもかかわらず、世界的にみて研究と教育の両立性が乏しく、学生への配慮や学習支援が乏しい。香港、アメリカ、ノルウェー、カナダなどに学生の教育評価を重視し、教育を重視する動きがみられるが、概して、ユニバーサル化時代に入り、学生の超多様化が顕著になりつつある現在、日本の現状では学生と教員の間の距離は縮小し難いといわざるを得ない。

第三に、大学の社会的構造に焦点を当てた大学組織と生活では、管理運営、研究費の配分、労働条件、生活時間、収入・給料、ストレス、などの側面が関係する。

①管理運営は、上で述べた政策によって起動し、大学のフィルターを通して改革が定着した。従来の教授会自治を排して、学長や理事会に権限を集中して、管理運営の合理化を図る動きは欧米で先行し、日本では従来の文部科学省が直接統制するのではなく、監督する方向へと動き、そのかわりに学長等が「代理人」になる構造が出現した。こうした動きは、以下で述べる研究費配分と連動して、教員間の協同と調和を図る「知の共同体」を解体して、教員間の敵対と分断化を図る「知の経営体」の方向に作用している。

管理運営のトップダウン型は、今回の調査では、オーストラリアを筆頭に、イギリス、アメリカ、香港、マレーシア、南アフリカ、日本などで顕著にうかがえ、ノルウェー、アルゼンチン、ブラジルでは教授会自治型の共同体をいまなおかなり残していた。日本では、管理者と教員の間の葛藤は深まったが、教員同士の共同性や職員の教員支持などは、伝統を継承した日本的特徴を呈して、バランスをとっている側面がみられるものの官僚制化と自治型の葛藤が深まりを示していることに変わりない。

②この時期、研究費の配分は、競争による傾斜配分方式によって、研究力の強い研究大学に有利に作用し、非研究大学や教育大学には不利に作用する結果を招き、大学間に格差を生じることになった。予算・研究費の獲得に比

較的有利な理系と不利な文系との格差が生じた。世界的に、外部資金調達が大学の存亡を決める公算は高まり、その分、公的支援費の意味が重くなった。その点、GDP比率の高い国は、施設・設備などの環境が豊かであり、低い国は貧弱であって、前者にはフィンランド、香港、ノルウェー、カナダなどが位置し、後者には、アルゼンチンや日本が位置する。日本は、劣悪な環境をOECD並みへと改善する急務がある。一九八〇年代に国立大学を中心に生じた劣悪な環境は、「知の棺桶」と揶揄されたが、今日の状況は「知の墓場」とはいわないまでも大同小異の状態に疲弊している。施設・設備の荒廃、運営費交付金や研究費の減少は、今後、貧すれば鈍する結果を招くのは必至であるから、中長期的には大学や大学教員の衰退を反映して、日本社会の発展に少なからぬ後遺症をもたらすと危惧される。

③生活時間をみると、この一五年間、世界の大学教員は一週間あたり四〇時間を最頻値とした生活を送っている点で共通性がある。平均的には、学期中は教育と研究に二〇時間、休暇中は教育五時間、研究三〇時間を費やしている。この一五年間に授業をはじめ管理運営やサービスの時間は増えた半面、研究時間は減少した。特に、アメリカ、イギリス、メキシコ、マレーシア、日本などは研究時間が少ない。かかる研究時間の劣化は、設置者、専門分野、職階、取得学位の別に調べても大同小異である。研究志向の強い日本の大学教員には疎外感を生む原因になっており、国際的にも日本の教員の心理的緊張やストレスが依然として高い原因になっていると推察される。

④給料・年収はシステム間の温度差が大きい。国際的には、教育よりも研究を重視して給与が支払われており、その意味で報賞体系は研究中心である。研究生産性が高い国は概して給料が高い。一八カ国の平均は五万一〇五〇ドル［日本円では一ドル＝八五円で換算して四三三万九〇〇〇円］で、香港、日本、カナダなどは高く、メキシコ、中国、アルゼンチン、南アフリカ、マレーシア、ブラジルなどは低い。しかし研究時間自体は劣化をたどっている国が少なくない。

第四に、社会的機能と関わって、学問的生産性と評価の問題がある。大学や大学教員の社会的使命は、車の両輪たる研究と教育による社会的貢献であるから、研究生産性と教育生産性を含めた「学問的生産性」（academic productivity）の向上が重要である。したがって、研究生産性、研究と教育の葛藤、評価の各観点からの吟味が欠かせない。日本の大学教員の研究生産性は、自己申告を基にする限り、一五年前には世界トップの座に君臨し、今回の調査においても、量的には高い水準にあることがわかった。韓国、日本、イタリア、ドイツ、香港、中国などは上位集団である。

もちろん、分野、ジェンダー、年齢、大学の種類、研究費、研究施設・設備、学生の学力、学会参加回数、研究時間数、研究志向と教育志向の関心の所在、などで差異がある。高い研究生産性の輩出は、理工系、男性、四五歳以上五五歳未満層、研究大学、豊富な研究費、良好な研究施設・設備、高い学生の学力、多い学会参加数、多い研究時間数、高い研究志向度、などと相関が高い。研究生産性の温度差は種々の要因によって規定される。年齢・性など個人的属性に加えて、専門分野（専門分野間の相違、学会活動など）、大学政策（大学格差、ジェンダー・バイアス、競争的研究費配分、時間劣化、学生の学力低下など）、大学（国立・私立、研究大学・一般大学、研究施設・設備など）によって社会的に規定されていることがわかる。研究生産性の向上には、各国で進行している「選択と集中」によるピークの向上と同時に、システムの裾野を構成する多くの大学や大学教員に対するGDP比率の上昇など投資によって底上げを図る政策が欠かせない。

研究と両輪をなす教育の重要性は、ユニバーサル化の進行する二一世紀では一段と増す。世界的に概して教育時間が増加している事実は、教育の重要性が増していることを裏書きすると同時に、世界的に研究志向が顕著に進行した事実を否めない。一九九二年時点に認められた、研究志向、研究・教育志向、教育志向の三類型の中で、後者の二つが後退して、前者に吸収されつつある。グローバル化、知識経済、市場化が進行する中で、研究重視のパラダイム、報賞体系、競争主義が加速していることを反映しているに相違ない。この動きと世界大学ランキングの登場は無関係ではない。その点、大学やグランゼコールを擁して教育重視の強いフランスがランキングで下位に低迷して苦戦するのは、世界的に研究パラダイムが席巻している証左である[13]。フランスが参加していないので、分析ができないのは残念だが、二一世紀が教育の時代であることを想定すると、世界大学ランキングの指標は研究と教育の両立が志向されなければならないだろう。

このことは、研究と教育の分業化や断片化を招く兆候である知識社会化の時代には、研究志向は回避できないが、ユニバーサル化時代には、教育志向が回避できないという、パラドックスが存在する。台頭する「第三期教育」の潮流の中に大学が埋没し、大学教授職が単なる教員に甘んじるのであれば、小中学校教員並みの教育志向のみでよかろう。大学の消滅を否定し、復権を図るのであれば、この分解、分断化を克服して、むしろ研究と教育の統合が欠かせない。その点、両者の両立性は、英米とは対照的に、日本の教員は困難とする度合が最も高いので、そのことは日本の大学と大学教授職のアキレス腱にほかならない。政策的には教育偏重のＦＤ政策の見直しを含め、この改革に努め、さらに前進して、研究・教育・学習の統合（R-T-S nexus）に至ることが焦眉の課題である。

おわりに――提言

以上の考察を踏まえて、結論として若干の提言を行いたい。

1．大学教授を閉鎖構造から開放構造へと転換して、流動性を高めるために、次の改革が必要である。①教授比率を抑制し逆ピラミッド型からピラミッド型へ改革すること、②任期制を助教から教授までのアカデミック・キャリア全体に拡大すること、③主要大学に温存されているインブリーディングを抑制し、アウトブリーディングを実現すること、④大学教員の年功序列・終身雇用型の雇用を見直し、年金制度の改善を条件として、アメリカと同じく定年制を廃止すること。

2．大学政策の課題としては、次の改革が必要である。①公的支援費のＧＤＰ比率をＯＥＣＤ水準に引き上げること、②研究と教育の分離ではなく両立の方向を極力模索すること、②予算配分は、底辺の底上げを行ったうえで選択と集中方式でピークを上げること、③女性教員の比率を少なくともＯＥＣＤ水準四〇％へ引き上げること、④管理運営のトップダウン型の官僚制化はボトムアップ型の「知の共同体」を担保して調整すること、⑤学習者の視点を重視するユニバーサル型あるいは第三期教育型の学生観を創造的に摂取し、新たな専門職を確立すること。③若手教員の任用を増加させ次世代の大学教授職を養成すること。

3．大学組織と生活の改革には次のことが必要である。

①管理運営のボトムアップ型を担保したトップダウン型の改革を行うこと、③研究時間の劣化を抑制し、特に若手教員の研究における国際競争力を醸成するために研究時間を確保すること。

4．学問的生産性と評価の観点から次の改革が必要である。

①大学教授職が従事する学事の中心を占める研究と教育の統合的かつ調和的発展を模索すること、②研究・教育・学習の統合（R-T-S nexus）を追求することによって専門職のスカラーシップ観を確立すること、③専門職としての大学教授職を養成するために大学院教育の組織的な充実を図ること。

【注】

（1）Merton, R. K., *The Sociology of Science: Theoretical and Empirical Investigations*, edited by Storer, N., Chicago: The University of Chicago Press. 1973. Gibbons, M., Limoqes, C., Nowotny, C., Schwartzman, S., Scott, P., and Trow, M., *The New Production of Knowledge: The Dynamics of Science and Research in Contemporary Societies*, London: Sage Publications, 1994.

（2）文部科学省『平成二二年版科学技術白書』二〇一〇年。

（3）Bennion, A., and Locke, W., "The Early Career Paths and Employment Conditions of the Academic Profession in 17 Countries", *European Review*, Vol. 18, Supplement No. 1, May 2010, p. 21.

（4）有本章『大学人の社会学』一九八一年。山野井敦徳編著『日本の大学教授市場』玉川大学出版部、二〇〇七年。Horta, H., Sato, M., and Yonezawa, A., "Academic Inbreeding: exploring its characteristics and rationale in Japanese universities using a qualitative perspective," *Asia Pacific Educ. Review*, Published online: 23 Sept. 2010.

（5）Clark, B. R., *Creating Entrepreneurial Universities: Organizational Pathways of Transformation.* Oxford: International Association of Universities and Elsevier Science Ltd, 1998. 世界的動きについては、江原武一・杉本均編著『大学の管理運営改革――日本の行方と諸外国の動向』東信堂、二〇〇五年、参照。

（6）有本章編著『変貌する日本の大学教授職』玉川大学出版部、二〇〇八年。

（7）有本章・江原武一編著『大学教授職の国際比較』玉川大学出版部、一九九六年。

（8）大学審議会答申「二一世紀の大学像と今後の改革方策について」一九九八年。中央教育審議会答申「学士課程教育の構築に向けて」二〇〇八年。フンボルト理念との関係では次の文献参照。Humboldt, W. von, "On the Spirit and the Organizational Framework of Intellectual Institutions in Berlin," 1910, Translated by Shils, E., Minerva 8 (1970): pp. 242-250. Clark, B. R., "The Modern Integration of Research Activities with Teaching and Learnig," *Journal of Higher Education*, 68, No. 3 (May June 1997), pp. 241-255. 菊池城司『近代日本における「フンボルトの理念」――福田徳三とその時代』高等教育研究叢書五三、一九九九年。潮木守一『フンボルト理念の終焉？――現代大学の新次元』東信堂、二〇〇八年。有本章「日本型ＦＤの陥穽――教員と学生の距離との関係」『比治山高等教育研究』第三号、三―二三頁、二〇一〇年。

（9）石塚公康『世界の二〇〇位に入った日本の五大学』（タイムズ・ハイヤーエデュケーション「世界のランキング」による）読売新聞、二〇一〇年九月二九日。Cf. Thomson Reuters, *The World University Rankings 2010*.

（10）新堀通也『日本の大学教授市場』東洋館出版社、一九六五年。新堀通也・有本章「大学教授の経歴型の国際比較」『社会学評論』一九巻三号、一九六九年。Arimoto, A., "Inbreeding in the Research University and Its Implications; The Formation and Development of a Differentiated Society in Japanese Higher Education System", Kehm, B. M. (Hg.), Hochshule im Wandel: Forschungsgegenstand; Festschrift für Ulrich Teichler. Campus Verlag. Frankfurt/ New York, Jun 2008, pp. 335-348.

（11）潮木守一『職業としての大学教授』中公叢書、二〇〇九年。

（12）「内向きの学生」朝日新聞、二〇一〇年八月一日。

（13）*International Herald Tribune*, "France wrestles with its 2 tiers of higher education", Monday, October 11, 2010.

（有本　章）

索　引

〔ア　行〕

〔カ　行〕

〔サ　行〕

〔タ　行〕

〔ナ 行〕

〔ハ 行〕

〔マ　行〕

〔ヤ 行〕

〔ラ 行〕

〔ワ 行〕

執筆者　（執筆順）

有本《ありもと》　章《あきら》
くらしき作陽大学・作陽音楽短期大学学長

江原《えはら》　武一《たけかず》
立命館大学教育開発推進機構教授

阿曽沼《あそぬま》　明裕《あきひろ》
名古屋大学大学院教育発達科学研究科准教授

黄《こう》　福涛《ふくとう》
広島大学高等教育研究開発センター教授

小方《おがた》　直幸《なおゆき》
東京大学大学院教育学研究科准教授

浦田《うらた》　広朗《ひろあき》
名城大学大学院大学・学校づくり研究科教授

木本《きもと》　尚美《なおみ》
県立広島大学総合教育センタ－講師

藤村《ふじむら》　正司《まさし》
広島大学高等教育研究開発センター教授

南部《なんぶ》　広孝《ひろたか》
京都大学大学院教育学研究科准教授

長谷川《はせがわ》　祐介《ゆうすけ》
大分大学教育福祉科学部講師

天野《あまの》　智水《ともみ》
琉球大学大学教育センター准教授

西本《にしもと》　裕輝《ひろき》
琉球大学大学教育センター准教授

大膳《だいぜん》　司《つかさ》
広島大学高等教育研究開発センター教授

葛城《くずき》　浩一《こういち》
香川大学大学教育開発センター准教授

福留《ふくどめ》　東土《ひでと》
広島大学高等教育研究開発センター准教授

村澤《むらさわ》　昌崇《まさたか》
広島大学高等教育研究開発センター准教授

□編　者

有本　章（ありもと　あきら）

1941年広島市生まれ。広島大学大学院教育学研究科博士課程修了。教育学博士。教育社会学（高等教育論）専攻。第1次新渡戸フェロー、大阪教育大学教授、広島大学高等教育研究開発センター長・教授、比治山大学高等教育研究所長・教授等を経て、くらしき作陽大学・作陽音楽短期大学学長、広島大学名誉教授、日本学術会議連携会員。

著書に『大学人の社会学』（学文社）、『マートン科学社会学の研究』（福村出版）、『大学教授職とFD』（東信堂）、編著に『「学問中心地」の研究』『大学改革の現在』（東信堂）、『大学教授職の国際比較』『大学のカリキュラム改革』『変貌する日本の大学教授職』（玉川大学出版部）、『高等教育概論』『大学力』『教育社会学概論』（ミネルヴァ書房）、訳書に『高等教育システム』（東信堂）、『大学教授職の使命』『大学院教育の国際比較』（玉川大学出版部）ほかがある。

高等教育シリーズ 153

変貌《へんぼう》する世界《せかい》の大学《だいがく》教授職《きょうじゅしょく》

2011年8月10日　初版第1刷発行

編著者――――――有本《ありもと》　章《あきら》
発行者――――――小原芳明
発行所――――――玉川大学出版部
〒194-8610　東京都町田市玉川学園 6-1-1
TEL 042-739-8935　　FAX 042-739-8940
http://www.tamagawa.jp/introduction/press/
振替　00180-7-26665
装幀――――――渡辺澪子
印刷・製本―――日新印刷株式会社

乱丁・落丁本はお取り替えいたします。

ISBN978-4-472-40437-5 C3037 / NDC377